U0451195

中国社会科学院学部委员专题文集
ZHONGGUOSHEHUIKEXUEYUAN XUEBUWEIYUAN ZHUANTI WENJI

国运制造

改天换地的中国工业化

金 碚○著

中国社会科学出版社

图书在版编目(CIP)数据

国运制造：改天换地的中国工业化 / 金碚著. —北京：中国社会科学出版社，2013.1

（中国社会科学院学部委员专题文集）

ISBN 978-7-5161-1838-2

Ⅰ.①国… Ⅱ.①金… Ⅲ.①工业化—中国—文集 Ⅳ.①F424-53

中国版本图书馆 CIP 数据核字（2012）第 296325 号

出 版 人	赵剑英
出版策划	曹宏举
责任编辑	卢小生
责任校对	王雪梅
责任印制	戴　宽

出　版	中国社会科学出版社
社　址	北京鼓楼西大街甲 158 号（邮编 100720）
网　址	http://www.csspw.cn
	中文域名：中国社科网　010-64070619
发 行 部	010-84083685
门 市 部	010-84029450
经　销	新华书店及其他书店

印刷装订	环球印刷（北京）有限公司
版　次	2013 年 1 月第 1 版
印　次	2013 年 1 月第 1 次印刷
开　本	710×1000　1/16
印　张	28.5
插　页	2
字　数	453 千字
定　价	86.00 元

凡购买中国社会科学出版社图书，如有质量问题请与本社联系调换
电话：010-64009791

版权所有　侵权必究

《中国社会科学院学部委员专题文集》
编辑委员会

主任 王伟光

委员 （按姓氏笔画排序）

王伟光　刘庆柱　江蓝生　李　扬
李培林　张蕴岭　陈佳贵　卓新平
郝时远　赵剑英　晋保平　程恩富
蔡　昉

统筹 郝时远

助理 曹宏举　薛增朝

编务 田　文　黄　英

前 言

哲学社会科学是人们认识世界、改造世界的重要工具，是推动历史发展和社会进步的重要力量。哲学社会科学的研究能力和成果是综合国力的重要组成部分。在全面建设小康社会、开创中国特色社会主义事业新局面、实现中华民族伟大复兴的历史进程中，哲学社会科学具有不可替代的作用。繁荣发展哲学社会科学事关党和国家事业发展的全局，对建设和形成有中国特色、中国风格、中国气派的哲学社会科学事业，具有重大的现实意义和深远的历史意义。

中国社会科学院在贯彻落实党中央《关于进一步繁荣发展哲学社会科学的意见》的进程中，根据党中央关于把中国社会科学院建设成为马克思主义的坚强阵地、中国哲学社会科学最高殿堂、党中央和国务院重要的思想库和智囊团的职能定位，努力推进学术研究制度、科研管理体制的改革和创新，2006 年建立的中国社会科学院学部即是践行"三个定位"、改革创新的产物。

中国社会科学院学部是一项学术制度，是在中国社会科学院党组领导下依据《中国社会科学院学部章程》运行的高端学术组织，常设领导机构为学部主席团，设立文哲、历史、经济、国际研究、社会政法、马克思主义研究学部。学部委员是中国社会科学院的最高学术称号，为终生荣誉。2010 年中国社会科学院学部主席团主持进行了学部委员增选、荣誉学部委员增补，现有学部委员 57 名（含已故）、荣誉学部委员 133 名（含已故），均为中国社会科学院学养深厚、贡献突出、成就卓著的学者。编辑出版《中国社会科学院学部委员专题文集》，即是从一个侧面展示这些学者治学之道的重要举措。

《中国社会科学院学部委员专题文集》（下称《专题文集》），是中国社会科学院学部主席团主持编辑的学术论著汇集,作者均为中国社会科学院学部委员、荣誉学部委员,内容集中反映学部委员、荣誉学部委员在相关学科、专业方向中的专题性研究成果。《专题文集》体现了著作者在科学研究实践中长期关注的某一专业方向或研究主题,历时动态地展现了著作者在这一专题中不断深化的研究路径和学术心得,从中不难体味治学道路之铢积寸累、循序渐进、与时俱进、未有穷期的孜孜以求,感知学问有道之修养理论、注重实证、坚持真理、服务社会的学者责任。

2011年,中国社会科学院启动了哲学社会科学创新工程,中国社会科学院学部作为实施创新工程的重要学术平台,需要在聚集高端人才、发挥精英才智、推出优质成果、引领学术风尚等方面起到强化创新意识、激发创新动力、推进创新实践的作用。因此,中国社会科学院学部主席团编辑出版这套《专题文集》,不仅在于展示"过去",更重要的是面对现实和展望未来。

这套《专题文集》列为中国社会科学院创新工程学术出版资助项目,体现了中国社会科学院对学部工作的高度重视和对这套《专题文集》给予的学术评价。在这套《专题文集》付梓之际,我们感谢各位学部委员、荣誉学部委员对《专题文集》征集给予的支持,感谢学部工作局及相关同志为此所做的组织协调工作,特别要感谢中国社会科学出版社为这套《专题文集》的面世做出的努力。

《中国社会科学院学部委员专题文集》编辑委员会

2012年8月

目 录

扩大对外开放，在更高的水平上发展民族工业 …………………（1）
告别短缺经济的中国工业 …………………………………………（17）
中国的新世纪战略：从工业大国走向工业强国 …………………（37）
经济全球化背景下的中国工业 ……………………………………（51）
世界贸易组织规则下的中国工业经济 ……………………………（68）
"中国制造"的世界意义 ……………………………………………（83）
高技术在我国产业发展中的地位和作用 …………………………（87）
世界分工体系中的中国制造业 ……………………………………（95）
中国工业的技术创新 ………………………………………………（112）
中国产业发展的道路和战略选择 …………………………………（133）
资源与环境约束下的中国工业发展 ………………………………（148）
科学发展观与经济增长方式转变 …………………………………（172）
1978 年以来中国发展的轨迹与启示 ……………………………（191）
财富的觉醒——中国改革开放三十年的道路 ……………………（208）
工业改革开放三十年实践对中国特色社会主义的理论贡献 ……（219）
中国工业化的资源路线与资源供求 ………………………………（232）
世界工业化历史中的中国改革开放三十年 ………………………（263）
中国工业改革三十年 ………………………………………………（278）
中国工业变革振兴六十年 …………………………………………（291）
国际金融危机与中国工业化形势 …………………………………（313）
中国工业化六十年的经验与启示 …………………………………（318）
资源环境管制与工业竞争力关系的理论研究 ……………………（323）
国际金融危机下的中国工业 ………………………………………（346）

中国工业的转型升级 …………………………………………（362）
资源约束与中国工业化道路 …………………………………（382）
牢牢把握发展实体经济这一坚实基础 ………………………（388）
全球竞争新格局与中国产业发展趋势 ………………………（395）
"十二五"开局之年的中国工业 ………………………………（426）

扩大对外开放,在更高的
水平上发展民族工业

邓小平早在1984年就指出:"总结历史经验,中国长期处于停滞和落后状态的一个重要原因是闭关自守。经验证明,关起门来搞建设是不能成功的,中国的发展离不开世界。当然,像中国这样大的国家搞建设,不靠自己不行,主要靠自己,这叫做自力更生。但是,在坚持自力更生的基础上,还需要对外开放,吸收外国的资金和技术来帮助我们发展。这种帮助不是单方面的。"[①] 他还指出:"吸收外国资金肯定可以作为我国社会主义建设的重要补充。当然,这会带来一些问题,但是带来的消极因素比起利用外资加速发展的积极效果,毕竟要小得多。危险有一点,不大。"[②] 邓小平的这一论断,对我国的改革开放产生了十分重要的推动作用,使我国的经济在对外开放中得到了迅速的发展。近年来,我国改革开放的形势有了新的发展,出现了一些新问题,特别是如何在对外开放条件下发展我们自己的民族工业,日益成为我国经济发展的一个重大战略问题、一个"生死攸关"的问题。而邓小平上述论断的基本精神仍然具有现实的指导意义。

一 实行对外开放就是参与国际分工和国际竞争

20世纪80年代以来,我国经济对外开放取得了重大成果,对国民经济发展起到了巨大的积极作用。近年来,我国经济正在发生深刻的变化:

[①] 《邓小平文选》第三卷,人民出版社1993年版,第78页。
[②] 同上书,第65页。

一是经济开放日趋扩大；二是面临的国际竞争日趋激烈。其实，对外开放与国际竞争本身就是同一块硬币的两面。

一旦实行对外开放，国际竞争就是不可回避的，一个国家的民族工业如果回避国际竞争，就永远成不了体魄健壮的巨人，也永远无法实现工业化和工业现代化。我国民族工业参加国际竞争首先是从使国产工业品进入国外市场开始的。依靠的主要是在资源竞争上的绝对优势和比较优势，即以国内廉价的劳动力、土地和原材料，生产具有价格竞争力的工业品，通过对外贸易，打入国外市场。但是，近年来这种情况正在迅速地发生变化。

首先，我国经济的日益开放，使得国外的企业也可以利用我国要素市场上的廉价资源。

其次，其他发展中国家也在逐步实行经济开放，那里也会有廉价资源的供给，同我国形成竞争态势。

最后，随着国民经济的发展和人均国民收入的不断提高，我国的要素（资源）价格不断上涨。

总之，我国民族工业在资源竞争中的优势正在逐步减弱。这实际上是几乎所有的发展中国家都经历过或必将会经历的历史过程，即经济发展水平的提高导致低价资源优势的丧失。

从90年代起，如何增强我国工业品的产销竞争力开始成为民族工业参与国际竞争的主要课题。当然，这并不排除民族工业可以继续利用国内廉价资源的有利因素。但是，仅仅依靠资源价格的低廉已越来越不够了。尽快形成大规模的生产能力，并使国产工业品在价格性能比上接近和优于外国产品，是民族工业发展的关键所在。在这方面比较有代表性的是，一些国产家用电器在国内市场由劣势转变为优势，直至进入国外市场。我国出口总额占世界出口总额的比重从1980年的0.9%，提高到1994年的2.9%，在世界的位次从1980年的第26位提高到1994年的第11位。而在我国越来越多的工业品打入国外市场的同时，也有越来越多的外国工业品进入我国市场，于是，我国工业品与外国工业品之间的国际竞争显现出犬牙交错的态势。

90年代以来，民族工业面临的国际竞争形势的另一个突出现象是：外国资本大举进入，形成与我国民族工业之间的资本竞争态势。外国资本以收购、兼并、在与我国企业合资中获取控股地位等方式，将一些民族工业企业转变为外资（或外商控股的）企业。现在，在有些过去完全是由我国民族工业占据国内市场的行业中，外国资本已形成很大的竞争优势，有的甚至已居主导地位。例如，化妆品、啤酒、饮料、某些家用电器等产品的市场，都被外商渗入和不断蚕食，我国产品正大块大块地失去原有的市场份额。

总之，以资本实力上的竞争优势对我国民族工业展开攻势，争夺市场份额，以致形成使其产品（包括由其控股的中外合资企业生产的产品）大范围占领我国市场的态势，已成为一些外国大公司进入我国市场所采取的一种引人注目的竞争战略。

改革开放以来，我国工业的国际竞争力有了较大提高，这突出地表现在：在我国出口商品中，工业制成品所占的比重已从80年代的不到50%，提高到了现在的85%以上；在外贸政策上，我国工业品市场的保护度大幅度下降，仍能保持贸易顺差；我国工业品出口额占世界出口总额的比重也有明显提高。

但是，我们也不能不看到，与国际资本，尤其是大型跨国公司的国际竞争力相比，我国工业企业在各方面的差距毕竟还很大。作为一个发展中国家，要赶上工业发达国家绝不是短时期内就可以做到的事情。随着对外开放的扩大，我国工业企业国际竞争力不足的问题必然会越来越突出地暴露出来。这是根本不值得惊讶的，更不要一见竞争对手的强大就惊慌失措，怀疑对外开放政策的正确性。因为实行对外开放本来就没有也不应该天真地奢求单方面地从外商那里获得好处，从根本上说，对外开放只是意味着我们有信心、有气魄参与国际竞争，并在国际竞争中发展、壮大我国的民族经济。

二　在扩大开放中学会"利用外资"

与世界许多国家，尤其是大多数发展中国家一样，我国将利用外资作为发展经济的一种有效的途径。实行改革开放以来，我国在利用外资方面取得了令人振奋的成绩，随着对外开放的进一步扩大和我国投资环境的不断改善，将有越来越多的外国资本进入我国。外资的进入，带来了资金、技术、管理经验，使我国工业进一步接近国际市场，同时也扩大了就业，增加了我国员工和政府的收入（税收）。引进外资的多少甚至成为改革开放成就的重要标志之一。

但是，当我们庆贺引进外资的成功时，另一个突出的问题摆在我们面前：如前所述，引进外资并非只是引进一种可以为我所用的资源，而实际上同时也引进了国际竞争的一种最激烈的形式，引进了一头要在市场竞争中与我国的民族工业一争高低，以致试图大口吞食我国民族工业领地的"怪兽"。例如，一家中国企业，经过多年的建设，形成了相当的生产能力，一天，一家外国公司购得了这家企业的全部或大部分股权，此后，无论这家企业再生产什么产品，往哪里销售，它都不再是"中国企业"了。换句话说，你经过几年、十几年以至几十年的努力才建立起来的一家企业，在资本市场运作或企业产权交易运作的瞬间便不可思议地完全改变性质，变成不为你所拥有和控制的东西。

在资本实力的竞争中，你可以"利用外资"，但外资也要利用你。究竟是谁利用谁？取决于各国企业间国际竞争力的比较。

于是，我们不得不重新思考一个问题：利用外资究竟意味着什么？如何才能真正有效地"利用外资"？

市场经济的一条基本规则是：天下没有免费的午餐，一切依赖于交换：你要"利用外资"，就必须以"被外资利用"的条件去同外国人（外商）交换。让外国人分享利润，赚比在他们的国家可以赚到的更多的钱，这是最起码的条件。不过，这样的条件只能满足"胃口"较小的外商，所以，我们从中也只能获得不太大的利用外资的利益。要想更多地利用外资，你就得出更高的"被外资利用"的价码，即满足外商更大更多的要求。那么，"胃口"很大的外商要求什么呢？他们要占有你的市场，要兼并、收购你的企业，要控制整个行业……资本的"胃口"是无限大的，这本来就是它的天性。从这一意义上说，150多年前用炮舰作后盾的外国资本同今天打着"为中国的现代化作贡献"旗号的外国资本并没有本质的区别。用"帮助"、"友谊"之类的美好语言来粉饰资本的天性，不是无知就是愚蠢。

不过，更愚蠢的是，因为担心或惧怕外国资本的"侵略"本性而拒绝引进和利用外资。在现代市场经济条件下，资本是发展生产力的"第一推动力"，"一切生产力都表现为资本的生产力"（马克思语）。从某种意义上说，拒绝引进外资和利用外资，就是拒绝先进的生产力！

所以，问题不在于是否要引进外资，而在于如何才能真正有效地利用外资，使外国资本在获得自身利益的同时，确实也成为促进我国经济发展的有利因素。

实际上，至今为止，在这个世界上，我们还从来没有见到过一种经济制度或经济政策是只有利没有弊的，所以，要使一种经济制度或经济政策获得最大限度的有效性，绝不能只靠单项"偏方"。对外开放也绝不例外。我们不能天真地以为"一开放就灵"，或一引进外资就如同服下了"万灵仙丹"，经济现代化的"奇迹"必然出现。天底下不会有这种省力的便宜事。

不要讳言对外开放、引进外资会让我们付出一定的代价。但是，今天的世界是一个各国日益走向开放的世界，因为，绝大多数国家都从自身的历史经验中懂得：只要不无视条件、不无视国家根本利益地走向极端，更大的开放比更多的封闭更为有利。

三 我们永远不能放弃自力更生

正是国际资本进入我国，同我国民族工业形成竞争态势这一事实表明：一方面，对外开放是发展我国民族工业，实现工业化和工业现代化的必由之路，除此之外，绝没有第二条道路。另一方面，对外开放的道路绝不是一条铺满鲜花的平坦大道，实行对外开放就是参加国际竞争，就是要到国际市场上去拼搏，就不得不准备经历一次又一次"敌强我弱"的苦斗，承受一次又一次竞争失利的磨难，这就是现实的逻辑！无法回避的客观逻辑！所以，我们没有其他选择，只有一条不归路：投入国际竞争的旋涡，经受国际竞争的磨难，赢得国际竞争的考验。

不能在国际竞争中自强，就会在国际竞争中灭亡！这就是我国许多产业面临的严酷现实。

一个国家要赢得国际竞争，一个最基本的条件就是必须坚持自力更生的方针。放弃自力更生，就意味着失去了赢得国际竞争胜利的信心、勇气、魄力，因此，连取胜的机会都没有了！

我们应该清醒地看到，通过引进外资，我们可能得到什么，不可能得到什么？所以，能拿来的拿来，拿不来的就必须自己干。

利用外资可以获得资金，但获得资金是要付出代价的，有的时候，这种代价我们是付不起或得不偿失的，此时，必须靠自己的资金积累和投入。

利用外资可以获得先进技术，但一般不可能获得最先进的技术。道理再简单不过：外国公司是我们的合资伙伴，同时也是竞争对手，外国的竞争对手绝不会将有可能对它自己形成竞争压力的最先进技术、最有市场潜力的新产品设计转移给我国企业。中国有句俗话："师傅教徒弟，总要留一手。"何况外资并不总是我们的"师傅"。所以，没有自力更生的创新能力，就不可能实现真正的技术现代化和工业产品的高附加值。

引进外资可以使一些工业部门较快地形成生产能力，建立起一定的发展基础，但任何工业部门要真正站得住脚跟，不靠中国人自己的努力是绝对不行的。极端一点说，完全靠外资，只能形成中国土地上的外国"殖民地工业"，不可能有中国自己的工业！

江泽民说："我们这样大的社会主义国家搞现代化建设，必须处理好扩大对外开放和坚持自力更生的关系，把立足点放在自己力量的基础上。要引进先进技术，但必须把引进和开发、创新结合起来，形成自己的优势；要利用国外资金，但同时更要重视自己的积累。"他又说："独立自主不是闭关自守，自力更生不是盲目排外。讲独立自主、自力更生，绝不是要闭关锁国、关起门来搞建设，而是要把对外开放提高到一个新的更高水平。"江泽民的这些论述是对邓小平对外开放思想的进一步发挥，是集我国几十年经济建设正、反两方面的经验教训而得出的精辟认识，是发展民族工业唯一正确的道路。闭关自守、盲目排外不是真正的独立自主、自力更生，而是愚蠢的自我毁灭，自我"开除球籍"。

我们自己的力量是对外开放的前提（没有力量的民族不能抵御对外开放的冲击，终将被外来的洪流所湮没，尽管开放也带来了许多利益），自力更生是获得对外开放的最大利益的基础。同时,实行对外开放,大踏步地走进国际经济,是增强自力更生能力的真正有效途径。所以,做到对外开放和自力更生的统一,是任何国家,特别是中国这样的大国发展经济,实现现代化的真正"秘诀"。

四 在更高的水平上对外开放,就要在更高的水平上发展民族工业

实践证明,我们必须进一步扩大对外开放,"要把对外开放提高到一个新的更高的水平"。而更高水平的对外开放意味着更高水平的国际竞争,因此,必须在更高水平上发展我们自己的民族工业。

经过十多年的改革和发展,我国经济的对外开放格局发生了巨大的变化。国际上通常用外贸依存度(进出口贸易总额/国内生产总值)来衡量一国的对外开放程度。而到90年代中期,我国的外贸依存度甚至大大超过了被公认为世界上最开放的国家之一的美国(见表1)。

表1　　中美对外贸易依存度比较

国家	年份	进出口贸易总额/国内生产总值(%)
中国	1980	12.6
	1994	43.9
	1995	39.5(39.4)
美国	1986	16.8
	1994	17.8(18.1)

注:括号中为根据世界银行资料计算出的数字,其他为《中国统计年鉴》上的数字。
资料来源:《中国统计年鉴》(1996)、世界银行《1988年世界发展报告》和《1996年世界发展报告》。

随着我国经济的高速发展和对外开放的不断扩大,我国经济的国际竞争态势发生了根本性的变化。

第一,我国已从一个弱国发展为一个工业生产大国,因而国际比较利益关系发生了巨大的变化。

80年代以前，我国经济与国际经济之间存在很大的结构差异，我国产品与重要贸易国之间存在很强的绝对比较利益关系，基本的国际分工关系是：我国以初级产品换取外国的制成品。同时，我国居民的收入水平、消费水平和消费结构也同世界主要工业生产国存在很大的差距，加之当时实行较为严格的保护政策，所以，外国的一般工业品很难进入我国的工业消费品市场。

经过十几年的改革开放，我国经济发生了极大的变化。产业升级和技术扩散导致我国工业品的档次与其他工业生产国逐渐接近，差异性缩小，替代性增强，而可替代性越强，工业品之间的市场竞争就越激烈；同时，随着居民收入水平和消费水平的提高，对商品的需求结构也逐渐与其他国家相接近。例如，过去，我国主要生产和消费低档工业品，外国的电视机、照相机、电冰箱等对我国大多数居民来说是不可企及的"奢侈品"；现在，我国居民也要购买电视机、照相机、电冰箱等高档商品，于是，所有的工业生产国，尤其是工业大国的大型企业和企业集团都看中了中国这个有巨大潜力的市场。此时，我国也建立了许多生产这些已属"大众消费"品的工业企业，而且，生产能力迅速扩大。到90年代，我国已成为一个工业生产大国，市场容量第一次成为关系我国工业发展的关键问题。总之，十几年来，我国与其他主要工业生产国之间的经济结构特征差异和比较利益关系发生了明显的变化，所以，我国与其他工业品生产国之间的产业竞争大大增强了。

由于比较利益关系的变化，我国工业品出口的战略目标也发生了根本的变化，从主要追求"创汇"额目标转向更注重成本—效益目标。过去，产品出口主要是为了赚取外汇，用以购买我国不能生产的外国工业品，特别是我国无力生产但建立和发展民族工业又极为需要的机器设备，所以，进出口的盈亏问题并不十分重要（企业亏损，政府可以补贴）。现在，出口主要是为了获得盈利，所以，成本—效益关系变成第一位的因素。这样，我国企业就开始真正进入了国际市场竞争的旋涡。

不仅如此，随着我国工业品结构的不断升级，收入弹性和价格弹性较高的产品在工业品中的比重大大提高，这使得工业品的国际竞争更加白热化，影响产品国际竞争力的各种因素的重要性都凸显出来。因而，只具有单方面优势的产品（大多数传统产品都是如此）就不能再保持其国际竞争力。

第二，我国市场从严密封闭到大幅度对外开放，使国内外市场逐步融为一体。

随着经济开放的不断扩大，我国国内市场成为国际市场的组成部分，我国工业参与国际竞争的会议发生了很大变化：从主要是争取产品出口，更多地进入国外市场，发展到必须在国内和国外两个市场上同外国产品进行市场竞争。由于我国潜在市场巨大，对有些工业品来说，我国已是世界上唯一尚未开发的大规模市场，所以，各主要工业品生产国争夺中国市场的竞争异常激烈。

一个半世纪以前，西方国家的工业品无法大规模进入贫穷、落后、封闭的中国，列强们企图以鸦片和炮舰打开中国市场的大门，于是，演变出一部苦难和悲壮的中国近代史。

今天，中国不再贫穷、落后，也不再闭关锁国。中国怀着强烈的自信心，大开国门，中国要到外国市场上去争一块地盘，也欢迎外国到我国市场来一争高低。有点像足球比赛的"主、客场制"，你来我往，公平竞赛。换句话说，我国工业品同外国工业品之间的国际竞争，"战火"从国外烧到了国内，对我国的企业来说，从过去的小规模跨海"远征"作战，变为不仅要到外国去开展战略性"攻坚战"，也要在自己的家门口和院墙内同外国企业进行大规模的"阵地战"和"肉搏战"，这可以说是中、外企业在包括我国市场在内的世界市场上进行的不分前方后方的"全方位的立体战"。

随着国内、国际市场的沟通、融合，企业的行为和制度必然发生许多变化。其中，比较突出的一个现象是：我国与外国工业之间的竞争从主要是中小企业之间的竞争发展到大企业及企业集团之间的竞争，这将使国际市场结构发生质的变化，许多行业都成为不完全竞争的市场（寡头竞争市场），因而各国大型企业之间的国际竞争越来越具有全球战略的性质。

第三，我国经济从单一利益格局发展为多元利益格局，从而使国内、国际竞争相互交织，形成越来越复杂的竞争关系。

经济改革以来，我国经济结构和经济利益格局发生了实质性的变化，这一变化使我国经济的国际竞争态势完全改变了面貌：在计划经济体制下，我国企业在同外国企业的关系上基本上是"一致对外"的，因为，当时我国经济体制的利益结构趋于单一化，即使是在实行改革开放的相当一段时期内，我国企业的进出口自主权一直受到严格的限制，少数几家国有外贸公司之间有较严格的分工，所以，在对外关系上基本上仍然没有国内竞争。

现在，情况发生了根本的改变。我国企业（包括生产企业和外贸公司）之间、地区之间在发展国际经济关系上也有越来越激烈的竞争。因为，我国经济利益关系已经多元化，加之国家政策协调能力不足，各企业以及各地区间已很难做到"一致对外"了。所以，对于我国企业来说，国内竞争与国际竞争交织在一起，竞争态势变得更为错综复杂。

利益结构多元化的进一步发展，还使我国企业与外国企业之间的关系发生了很大的变化。中外企业之间既可以竞争，也可以合作、联合，"对手"与"伙伴"的角色随时都有可能发生变化。甚至有的中国企业或地区还会把和外国企业联合（采取合资、合作、联营等各种方式）作为同本国其他企业或其他地区竞争的手段。我们不必过分感情激愤地谴责这种现象，因为利益结构的多元化必然使中外企业间的竞争关系变得"敌友难分"。

各国经济发展的经历表明，国内竞争对国际竞争的影响是双重的：一方面，国内竞争有利于提高本国企业的国际竞争力，因而要本国企业在发展国际关系时一定要"一致对外"，不仅是难以做到的，而且即使能够做到，也并不一定有利于本国企业参加国际竞争，其长期效应是值得怀疑的，所以，"一致对外"的政策和体制未必可取。另一方面，在国际竞争中，本国企业无节制地"自相残杀"，会产生"渔翁得利"或"肥水流入外人田"的不利后果，所以，无视本国企业或地区在进行对外经济活动中的"内斗"行为，也不是正确的政策。如何在这两方面的权衡中把握适当的政策尺度和政策力度，是政府制定和实施产业组织政策的关键之一。

第四，我国经济同外国之间从"锋线"竞争发展为"多角"竞争，促使国际竞争策略升级。

80年代以前，我国企业参与国际竞争的方式比较单纯，主要只是贸易竞争，即在对外贸易领域，尤其是在出口贸易环节中进行，对我国来说感受到国际竞争压力的主要是与外贸产品的生产和销售有关的企业，形象地说，那时的国际竞争只是在我国同外国贸易往来的"锋线"上展开。90年代以来，国际竞争的形式大为改变，即向经济活动的各个环节伸展。从一般的贸易竞争，发展为大规模产销竞争、技术控制竞争和资本实力竞争，国际竞争向"多角化"、"立体化"方向发展。

值得注意的是，现在，世界上的一些主要工业生产国的政府也被越来越多、越来越深地卷入了工业竞争，战略性贸易政策成为各政府支援本国企业的手段；政府之间就贸易政策进行的"讨价还价"本身也成为国际竞争的组成部分。例如，西方国家在有关中国恢复"关贸"缔约国地位和进入世界贸易组织问题上所表现出的态度，绝不只是对"自由贸易"原则的信仰和坚持，而在很大程度上是出于对它们"国家利益"的维护。同样，我国政府在这一问题上也必须维护自己国家的利益。

我国实行对外开放的时间晚于一些新兴工业化国家（或地区），可以说是错过了六七十年代国际竞争形势比较宽松的时期。当我国工业大规模发展和进入国际市场的时候，世界经济的竞争态势已经是今非昔比了。在新的国际经济形势下，各国都以前所未有的"严阵以待"的临战态度来面对国际竞争，无论是企业还是政府，在国际竞争策略和对外经济关系的政策和战略上都表现出前所未有的敏感性。连美国也开始变得越来越"小气"和斤斤计较，无论是对中国还是对日本或西欧国家，以致一度"援助"过的中国台湾，都是贸易摩擦接二连三，动辄就威胁要动用"301条款"或实施什么"经济制裁"，完全不再有往日自诩的那种"大家风度"。

我国就是在这样的国际经济形势下打开国门、迎接国际竞争的挑战的。所以，我国实行对外开放的实质就是，要以很大的胆略，自信勇敢地参与国际竞争，通过赢得国际竞争来实现国民经济的现代化。因此，提高国际竞争力是发展我国经济的关键。不能在国际竞争中自强，就会在国际竞争中灭亡！这已成为我国许多行业面临的严酷现实。

第一，我国的一些具有比较优势的传统产业，仍然会具有较高的国际竞争力，能够保持较大的国际市场份额，例如，我国是世界上最大的纺织品和服装生产国和出口国，1995年，我国纺织工业纤维加工总量810万吨，服装产量82万件，均为世界第一。从1987年至今，我国纺织品和服装的出口数量一直保持世界第一位，1995年，出口数量约占全球的14%。1994年和1995年，我国纺织品和服装出口金额也居世界第一。据有关部门预测，到2000年，我国纺织工业不仅总体生产规模、纤维加工总量仍将居世界第一（达到950万吨，比1995年增长17.3%），而且，主要产品（化纤、棉纱、棉布、服装、毛纺织机织物等）的产量也将均居世界第一。2000年，我国纺织品和服装出口创汇550亿美元，出口纺织和服装折纤维量300万吨，分别占全球的12.2%和13.3%，仍稳居世界之首。但是，我国不少的传统优势产业的成本—价格优势正在减弱，经济效益下降。1995年，全国国有纺织企业亏损70亿元，盈亏相抵后净亏损20亿元。纺织行业的龙头——服装业，总体效益水平也在下降，1995年，服装工业的亏损面已达57%。因此，要进一步提高民族产业的国际竞争力，必须进行体制改革、技术升级和结构特征，以适应新的国际竞争形势。

第二，我国的一些技术含量不够高、比较优势不强的产业，例如饮料工业，正在受到外国品牌产品（包括进口的和外商投资企业的产品）的强大攻击和围困，不仅难以大规模地进入国外市场，而且，连如何稳固本国市场也成为一个严重的问题。以国际竞争最激烈的啤酒和碳酸型饮料为例，国内61家年产5万吨以上的啤酒厂中，已有70%与外商合资，加上正在与外商商讨合资的已达50家，占总数的82%，其中，大多数是国货名牌厂家，像北京双合盛五星啤酒厂被美国亚洲战略投资公司以60%的比例控股，北京啤酒、杭州啤酒、烟台啤酒与香港中策公司合资，广州啤酒厂被生力啤酒租赁，美国AB公司收购了武汉中德啤酒，澳大利亚富士达收购了天津渤海啤酒厂。现在，只剩下青岛啤酒厂和珠江啤酒厂等少数几家仍维持自身独立的身份；我国国产的碳酸型饮料中，如今只剩广东的健力宝一枝独秀，当年的全国八大名牌饮料中，现在除上海正广和之外，其他7家均同外商合资：北京、重庆、广州的3家与百事可乐合资，另外4家与可口可乐合资。

第三，技术成熟。我国已形成了大规模市场能力的产业，例如洗衣机、电冰箱、电风扇、空调等,在获得十几年长足发展的基础上,目前也面临新的国际竞争的挑战,品牌竞争到了白热化的程度。外国资本也有夺回中国市场的明显战略意图。

第四,技术含量不高。我国产品质量已接近世界先进水平的产业,例如彩色电视机产业,则面临着更大的国际竞争压力。我国基础元器件工业薄弱、核心技术仍被控制在外国公司手中。同时,我国企业的研究开发实力不强等深层次的弱点正在显现出来。

第五,至于技术含量高的产业,我国尚未形成国际竞争力,例如汽车工业,以及高新技术产业,例如电子计算机工业,要形成我们自己的民族产业,则还要经过长期的艰苦奋斗。

国际竞争的形势是十分严峻的,这表明,我国的民族产业正进入一个新的发展阶段。总体上说,我国的大多数产业已经渡过了"从无到有"的初创时期,经过生产能力的迅速扩张,从小到大地成长壮大,正在进入"由弱变强"的时期。民族产业发展到今天,我们确实有许多理由值得骄傲,但是,不可否认的是,我国的产业发展还要经历一个很长的"敌强我弱"的艰难时期,这将是一个充满着更多的生死恶战的国际竞争相持时期。只有经过艰苦卓绝的努力,渡过产业发展的这一个最关键时期,我们的民族产业才能真正立足于世界产业的强者之林。

总之,对外开放扩大的同时就是国际竞争的加剧。我国十几年来对外开放取得的巨大成就,也使我国工业面临的国际竞争态势发生了极大的变化,并使国际竞争第一次成为关系到我国整个国民经济发展的生死攸关的问题。我们可以用"高速增长"四个字来表明从改革开放以来的十几年我国工业发展的主题;而如果也要用四个字来表明未来十几年甚至几十年我国工业发展的主题,那就将是"国际竞争"!所以,在国际竞争中发展我国的民族工业,是在更高水平的对外开放和更高水平的国际竞争形势下,我国经济必须面对的严峻挑战。

五　在更高的水平上发展民族工业，
　　也须依靠更有效的国家政策

从根本上说，发展民族工业必须走扩大开放和参加国际分工、国际竞争的道路。但不等于说不需要国家对民族工业的支持。如前所述，在今天这个国际竞争日趋激烈的世界上，实际上，各国政府都在介入国际经济竞争，都在以不同的方式帮助本国企业，尽可能为本国企业在国际竞争中取胜提供有利的条件。

过去，一国政府帮助本国企业的最常用手段之一就是实行保护政策。传统的保护主义政策的主要意图是对外国产品进入本国市场，或外国竞争对手进入本国产业设置障碍（或壁垒）。这种政策今天在一定范围内还可以使用，尤其是发展中国家的"幼稚产业"以及（包括发达国家在内的）某些特殊行业（例如纺织品），有理由实行保护政策。尽管如此，保护也是有限度的和时限的。从世界范围看，实行自由贸易、市场准入和国民待遇原则，已成为国际公认的方向，保护主义至少在原则上被认为是不合潮流的和无利于国际经济发展的。所以，即使需要保护，也只能是权宜之计。

有趣的是，与保护政策相伴的往往是优惠政策，即为了吸引外资或发展对外贸易而向国外合作伙伴提供各种特别有利的条件，因而使外商能够享受比本国企业还要优越的待遇，人称"超国民待遇"。这种保护和优惠并存的现象正是我国 80 年代以来对外经济政策的显著特点之一。这样的政策曾经起过重要的积极作用，但正在走向它的历史终点。新的不可逆转的趋势是：保护政策和优惠政策都将日趋减弱，创造平等竞争的市场环境将成为我国对外经济政策的最主要的内容之一。

不过，自由贸易也好，市场准入、国民待遇也好，"世界大同"毕竟还不是今天的事实。所以，任何国家的政府都一定会更关心本国企业和本国产业的发展，有责任给本国企业和产业的发展以更多的"关照"，如果不是这样，甚至连政府本身的存在都是不可思议的。

所以，实行对外开放是一回事，实行扶持、发展本国民族工业的政策又是另外一回事，两者都不构成否定对方的理由。

遗憾的是，人们往往有意无意地将扩大对外开放政策和发展民族工业的政策视为对立的东西。好像一说要实行对外开放，就再不能说发展民族工业，更不能说保护民族工业，否则就会被斥为"保守"或"反对对外开放"。尤其值得注意的是，近年来，由于缺乏经验，或者制度不完善，也不排除某些人为了个人的私利，在与外商的交易中，发生了不少有损我国民族工业和国家利益的事情。有些事情外商可以做，却不允许我们自己的企业做。例如，美国可口可乐公司、百事可乐公司可以在我国各地建立那么多的罐装厂，而我国自己的饮料企业却由于种种限制而做不到；不少采购项目，有意排除本国供应的可能，即使本国企业可以供给，也非要买外国的不可；特别是在有些涉及企业产权（包括无形资产，如产品商标）转让的交易中，我国企业"上当"、"吃亏"所受的损失和伤害，是十分令人痛心的。有人大声惊呼：

"中国民族工业是否到了'最危险的时候'？"

"外资大肆抢占××市场，我国企业可能'全军覆没'！"

"中国会不会沦为'殖民地经济'？"

当然，我们不能因看到一些令人触目惊心的案例，就对全局的判断失去客观性。改革开放以来，从总体上看，我国民族工业的实力和国际竞争力是不断增强的，民族工业是我国经济的主体这一事实并没有改变。

由于我国是一个发展中国家，经济实力与发达国家还有很大的差距，一些需要高投入、高技术的行业以及一些靠几十年艰苦经营才能占有较大市场份额的行业，我国企业在短期内不可能有与外国大公司一争雌雄的实力，所以，在国际竞争中失利或暂居弱势是可以预料的。但是也应该看到，现在，在越来越多的行业中，我国已开始有可以与外国公司进行较量的企业，这些企业将成为我国民族工业的脊梁。政府的责任是，要为这些民族工业脊梁的企业提供更有利的条件，并且，建立并创造能够出现越来越多能成为民族工业脊梁的大型企业的制度和政策环境。

总之，政府为民族工业的昌盛培育沃土，企业为民族工业的发达竭尽全力，每一个中国人都为发展民族工业投入一份热情，中国的民族工业就一定会有辉煌的未来，而在发展民族工业的过程中，坚持进一步对外开放是绝对不可动摇的基本国策。我们在任何时候都不要忘记邓小平的话："对外开放具有重要意义，任何一个国家要发展，孤立起来，闭关自守是不可能的，不加强国际交往，不引进发达国家的先进经验、先进科学技术和资金，是不可能的。"[1] 通过进一步扩大对外开放，促进民族工业在更高的水平上得以发展、壮大，成为具有强大国际竞争力的产业群体，是我国实现经济现代化的必由之路。

(原载《上海证券报》（资本周刊）1997年1月14日)

---

[1] 《邓小平文选》第三卷，人民出版社1993年版，第117页。

告别短缺经济的中国工业

从90年代中期以来,中国宏观经济的态势发生了根本性变化,即短缺经济彻底结束,工业品的大量生产导致市场供应的相对过剩,卖方市场被买方市场所代替。从此,中国工业经济发展进入了一个新的时代。层出不穷的新现象、新问题和新矛盾改变了企业的发展环境,改变了居民的生活方式,也改变了政府干预经济的政策行为。

一 市场需求成为工业增长的最显著制约因素

长期以来,中国经济增长具有储蓄—投资推动的特点,即由高储蓄率支撑高投资,高投资推动高增长。70年代末以来,中国绝大多数年份的资本形成率(投资率)超过35%,有的年份高达40%以上(见表1)。而且,有关的统计资料表明,近二十年来,最终消费对经济增长的贡献份额趋于下降,而投资需求的贡献份额趋于上升。1979年,最终消费需求对GDP增长的贡献率为81.21%,1996年下降为62.05%;1979年资本形成(投资需求)对GDP增长的贡献率为20.56%,1996年上升到32.88%(见表2)。消费对经济增长贡献率的相对减弱可以从居民消费与储蓄的行为得到解释,即随着收入的提高,居民储蓄的增长速度一直高于消费的增长速度。1992—1998年,除了1993年之外,各年份居民储蓄余额的年增长率均远高于消费品总额年增长率(见表3),特别是1997年和1998年,居民储蓄余额年增长率与消费品总额年增长率之比分别高达1.98∶1和2.51∶1(见图1)。

表1　　　　　　　　　　二十年来的投资率和消费率　　　　　　　　　单位:%

年　份	资本形成率（投资率）	最终消费率（消费率）	年　份	资本形成率（投资率）	最终消费率（消费率）
1978	38.0	61.8	1988	36.8	62.7
1979	36.5	64.9	1989	36.0	62.4
1980	35.2	65.9	1990	34.7	61.3
1981	32.5	68.1	1991	34.8	60.8
1982	33.2	68.7	1992	36.2	59.9
1983	33.8	67.7	1993	43.3	58.3
1984	34.4	65.5	1994	41.2	58.2
1985	37.8	64.4	1995	40.8	59.0
1986	37.7	64.1	1996	39.6	60.5
1987	36.1	62.3	1997	38.2	59.9

注：本表按当年价格计算。
资料来源：《中国统计年鉴》(1998)。

表2　　　　　　　　三大最终需求对GDP增长的贡献率　　　　　　　　单位:%

年份	最终消费贡献率	资本形成贡献率	净出口贡献率
1979	81.21	20.56	-1.77
1980	74.72	24.26	1.03
1981	95.12	-2.57	7.46
1982	55.94	30.49	13.58
1983	65.17	41.70	-6.86
1984	61.94	42.61	-4.55
1985	66.26	56.36	-22.62
1986	57.36	34.31	8.33
1987	55.06	28.83	16.11
1988	65.37	40.17	-5.54
1989	67.90	34.05	-1.95
1990	43.63	18.83	37.54

续表

年份	最终消费贡献率	资本形成贡献率	净出口贡献率
1991	60.14	36.24	3.62
1992	61.23	46.23	-7.46
1993	48.98	62.08	-11.06
1994	55.78	33.80	10.42
1995	59.49	37.55	2.96
1996	62.05	32.88	5.07

资料来源：国家发展计划委员会宏观经济研究院：《启动消费需求，促进经济增长》，《上海证券报》1998年4月7日。

表3　　　　　　　　　居民消费增长率和储蓄增长率的比较

年份	消费品总额年增长率（%）	居民储蓄余额年增长率（%）	储蓄与消费之比（消费=1）
1992	17.7	26.8	1.51
1993	28.4	27.9	0.98
1994	30.5	45.8	1.50
1995	26.8	37.8	1.41
1996	20.1	29.9	1.49
1997	10.2	20.1	1.97
1998	6.8	17.1	2.51

资料来源：国家计委经济研究所：《上海证券报》1999年3月10日第7版。

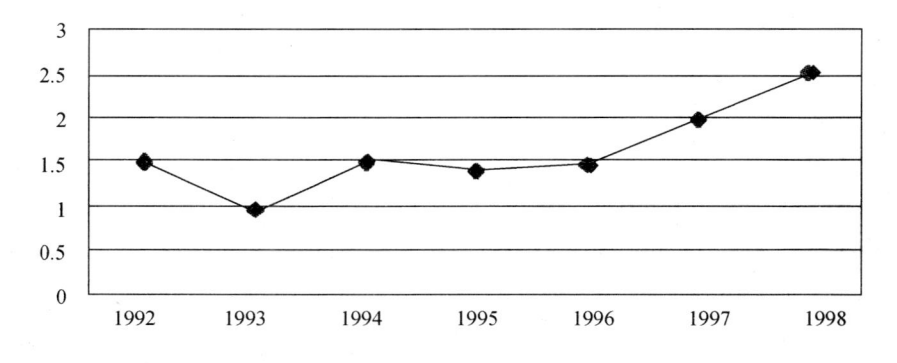

图1　储蓄增长与消费增长之比（消费=1）

由于居民最终消费需求不足,中国工业增长必须依靠投资、出口和政府支出所提供的需求空间。但是,1997年下半年以来的亚洲金融危机大大压缩了出口增长的空间,于是,扩大国内需求成为工业增长的希望所在。问题是,国内需求结构正在发生深刻的变化。首先,体制改革的深入使公款消费的比重相对减少。其次,居民生活未来不确定性的增强以及收入增长预期的悲观,使得个人消费行为更趋谨慎。最后,国有银行商业化改革有效地限制了信贷扩张的任意性,加之打击非法、违规金融活动力度的增强,使得企业的软约束盲目投资行为受到很大制约。为了应付有效需求不足,实行较松的货币政策和扩张性的财政政策成为政府必然的政策选择。

1996年以来,为了鼓励增加投资,中国人民银行连续6次下调存贷款利息率(见表4),从1998年1月1日开始,中国人民银行取消了对国有商业银行贷款规模的限额控制,逐步实行资产负债比例管理和风险管理。这表明,银行的自我约束机制已基本形成,行政性的贷款额度控制实际上已失去了意义。

表4　　　　　　　　　　1996年以来的连续6次利率下调　　　　　　　　单位:%

	1996年5月1日	1996年8月23日	1997年10月23日	1998年3月25日	1998年7月1日	1998年11月至今
1年存款	10.98	7.47	5.67	5.22	4.77	3.78
3年存款	12.24	10.80	6.21	6.21	4.95	4.14
1—3年贷款	13.14	10.98	9.48	9.00	7.11	
6个月至1年流动资金贷款	10.98	10.08	8.64	7.92	6.93	
存款平均降幅	0.98	1.50	1.10	0.16	0.49	
贷款平均降幅	0.75	1.20	1.50	0.60	1.12	

资料来源:《上海证券报》1998年5月8日、7月1日。《中国改革报(时代周刊)》1998年7月9日。

由于货币政策未能获得预期效果,自1998年起,政府对扩张性财政寄予更大的期望,发行1000亿元长期国债,加大基础设施投资。在财政货币政策的双重作用下,投资总量迅速增长。1998年全社会固定资产投资增长14.1%。其中,国有经济投资增长19.6%,集体经济投资下降3.5%,城乡居民个人投资增长6.1%,其他经济投资增长19.1%。

尽管短期宏观政策对扩张需求和刺激增长起到了一定的作用,但是,市场需求特别是最终需求成为工业增长的最显著制约因素已是普遍存在的事实,中国工业将在市场需求约束下开拓新的增长空间已历史性地成为一个无可回避的课题。

二 从成本竞争到质量、服务、创新竞争

1996年以来,中国经济不仅彻底摆脱了短缺经济的性质,而且进入通货膨胀率下降,经济增长率回落的时期。1998年出现了二十年来第一次负通货膨胀率,全社会商品零售价格平均下降2.6%,居民消费价格水平下降0.8%(见表5)。1999年1—2月,水平零售价格比上年同期下降2.8%,居民消费价格下降1.2%[①]。工业品价格下降幅度更大,1997年,全国工业品出厂价格平均下降0.3%;1998年全国工业品出厂价格平均下降4.1%。

表5　　　　　　　　80年代中期以来的价格指数变化

年份	商品零售价格指数	居民消费价格指数
1986	106.0	106.5
1987	107.3	107.3
1988	118.5	118.8
1989	117.8	118.0
1990	102.1	103.1
1991	102.9	103.4
1992	105.4	106.4
1993	113.2	114.7

---

① 《上海证券报》1999年3月17日第1版。

续表

年份	商品零售价格指数	居民消费价格指数
1994	121.7	124.1
1995	114.8	117.1
1996	106.1	108.3
1997	100.8	102.8
1998	97.4	99.2

注：上年=100。

资料来源：《中国统计年鉴》（1998）；国家统计局：《1998年国民经济和社会发展统计公报》，《经济日报》1999年2月27日。

在低迷的价格水平上，企业之间的成本竞争到达了白热化程度。许多产品的生产厂家大力压缩生产成本，降低边际利润，在市场竞争中竞相降价，促销手段花样翻新。因此，工业企业的平均利润率不断下降。1998年，尽管社会劳动生产率比上年提高6.9%，但工业经济效益则仍然下降。1998年全国工业企业实现销售收入63331亿元，比上年增长4.1%；实现利润1473亿元，下降17.0%。亏损企业亏损额1556亿元，比上年多亏22.1%，其中，国有及国有控股企业亏损1023亿元，多亏21.9%；年末产成品库存达6094亿元，比上年末增加320亿元，增长5.5%。

在激烈的竞争中，一些企业认识到，价格竞争只是市场竞争的初级手段，质量、服务、创新才是企业更有效的制胜之道。1998年，一些优势企业在提高产品质量和服务水平，以及技术创新和产品升级上投入更大力量，获得了更强的市场竞争优势。但是，在生产能力过剩、市场容量有限的条件下，一些企业的壮大和大规模扩张，往往意味着更多企业承受更大的压力，以致陷入困境。因此，在中国目前的经济条件下，企望大多数企业都摆脱困境是不现实甚至是不合理的，因为，在相对经济过剩的客观环境中，一些企业的竞争胜利正是以另一些企业的竞争失利为代价的：一些企业的产品成本、价格下降，增大了市场占有份额，意味着另一些企业因成本、价格偏高而被挤出市场；一些企业的产品质量提高，不断扩展市场，意味着另一些企业因产品质量相对较差而难以维持市场地位；一些企业通过产品更新，更好地满足了顾客需要，意味着另一些企业因产品陈旧而失去顾客青睐；一些企业实现了技术创新，开拓出新的增长空间，意味着另一些企业因技术相对落后而承受被淘汰的压力。

在生产能力普遍过剩、绝大多数工业品处于供过于求的条件下，工业结构的调整不能再主要采取填补空白、重点倾斜的方式来实现，而将更多地通过企业间的兼并、收购、联合等资产重组的方式来实现。因此，告别短缺经济后，企业资产重组成为越来越普遍的现象，"资产经营"成为最常用的商业用语之一。

短缺经济的终结是中国人民努力奋斗了二十年的结果，是中国经济体制改革伟大进展的体现。中国人几十年盼望短缺经济的终结，而当短缺经济终于完结时，人们在享有成就的同时又开始了新的困惑。告别短缺经济后，作为消费者，人们的感觉越来越好：市场供应极为丰富，新产品层出不穷，服务质量日益提高，日常生活更为方便；而作为生产者，人们所承受的压力却越来越大：企业管理更为严格，工作中不敢泄怠，企业说不定哪天会陷入危机，下岗失业可能成为现实。只有在这时，人们才发现，不仅匮乏是痛苦的，丰硕也会带来困难，于是，更多的人真正认识到什么是市场经济，更多的企业真正理解了什么是"危机"和"末日"。

市场经济的竞争环境为中国工业的进步创造了有利条件，一些在短缺经济条件下千呼万唤难以解决的问题，此时终于有了解决的契机：劳动力流动日趋频繁，劳动人事制度经历彻底改革；地区封锁被迫打破，以龙头企业为中心的企业网络逐渐形成；分配机制发生重大变革，人才价值受到越来越高的评价；单一所有制的格局被打破，多种经济成分并存得到更广泛的承认；科技产业化有了更强的动力，产品更新速度明显加快；产业垄断的格局被逐个打破，最顽固的独占者也不得不接受降低产业进入壁垒的冲击。总之，中国经济越来越充满生机和活力，创新机制逐渐形成和强化，工业现代化的步伐日益加快。

三 从资金供给约束到效率约束

改革二十年来，投融资市场机制的逐步形成对中国工业发展产生了非常积极的作用，增强了企业的活力，加快了投资建设的速度，推动了国民经济的高速增长。但是，由于长期以来我国经济增长主要依靠生产和投资的数量扩张来推动，高速增长过程中经济效益不高的问题越来越突出，而且资金浪费现象十分严重。

自80年代以来，尽管改革开放促进了经济效率的提高（表现为全要素生产率的提高），但是，资金的利用效率却明显下降，换句话说，现在，创造同样的GDP需要投入比过去更多的资金量。这直接表现为企业资金利税率的大幅度下降。据统计，全部独立核算工业企业的资金利税率已从80年代的20%以上，下降到90年代的不足7%（见表6）。

表6　　　　　　　　独立核算工业企业资金利税率　　　　　　　单位：%

年份	全部工业企业	国有工业企业
1979		24.80
1986	20.43	20.65
1988	20.53	20.63
1990	12.20	12.40
1991	11.88	11.81
1992	9.90	9.70
1993	10.33	9.68
1994	10.21	9.77
1995	8.29	8.01
1996	7.42	6.77
1997	6.92	6.27

资料来源：历年《中国统计年鉴》。

在资金使用效率普遍下降的同时，企业对资金的需求却没有减弱。更值得注意的是，不仅国有企业仍然存在"资金饥渴"的现象，而且不少上市公司也存在盲目筹资、大量"圈钱"的行为。中国人民银行上海市分行一项关于企业直接融资的调查显示，一些企业资金运用能力弱，直接融资后借款反而上升。在被抽样调查的9户企业中，6户为国有企业，3户非国有企业；4家上市公司，3家有限责任公司，2家股份合作制企业。

在多种融资方式中，企业首选股票发行，其次是银行贷款，最后为债券融资。被调查企业1995—1997年三年内通过直接融资增加的资金达38769万元，同时，银行借款占负债的比重却由39.35%上升到49.5%。除两户债权股权混合融资的企业外，其余7户企业的银行借款占总资产的比重都高于进行直接融资之前。企业直接融资后与直接融资前相比，股权融资企业的总资产增长162%，而利润只增长58%[①]。

  为了达到中国证监会1996年1月公布的有关配股的政策中规定的连续三年净资产收益率达到10%的配股及格线（属于能源、原材料、基础设施类的公司可以略低，但不低于9%），不少上市公司使出浑身解数，力求达标。而在我国现行会计制度下，净资产收益率指标具有一定的"包装"弹性，企业可以通过进行一定的会计处理提高账面净资产利润率。在这批公司中，真正靠主营利润等正常经营项目受益达标的公司寥寥无几。在大部分公司的利润构成中，拼凑痕迹较明显，填补利润缺口的主要是各种各样的特殊收益，包括转让资产带来的投资收益、股票短期投资收益、各种营业外收入、补贴收入等。问题是，当企业大量筹得资金后，投资决策的正确性却没有保证。在沪深两个证券交易所上市的733家公司的1997年年报中，514家作了资金使用情况的特别说明，其中，120家公司投资项目发生变动，164家公司未按计划进行投资；对于未投入项目的资金，179家存入银行，169家用于补充流动资金，31家用于购买国债或投资股票。如此多的公司违背招股说明书或配股说明书中的承诺，成为中国上市公司的一个奇观。不少募资投向改变的公司，资金利用率低，现金大量留滞。一些上市公司一方面募资未能按计划投入，资金余额很大；另一方面却又从银行大笔贷款，造成社会资源的很大浪费。

  目前，在我国企业中普遍存在一种奇特的现象：一方面千方百计地向银行要求获得贷款，寻求银行的贷款"支持"；另一方面又将银行贷款视为"包袱"和"负担"，大声疾呼要求免除银行债务，减轻财务"负担"。这表明，在投融资领域中，我国企业尚未从短缺经济的睡梦中清醒过来，仍然抱有获取无偿资金供给的强烈愿望。

[①] 《直接融资后借款反而上升》，《上海证券报》1998年5月6日第一版。

实际上，目前我国资金供给的约束已经大大缓解，银行可用于贷款的资金比较充裕，只是由于银行的决策行为趋于谨慎而表现为"惜贷"而已。所以，资金供求关系中存在的真正问题不是供给不足，而是资金使用效率不高。企业不能提供充分可信的理由来表明资金能够获得有效利用，特别是产品有市场，资金有回报，所以，银行难以放心地将资金投放给企业。这就导致形成了银行有钱、企业缺钱的难解之结。这也就可以解释，为什么在产品市场供过于求的时候，资金供求上，在企业一方仍然表现为资金短缺。从严格意义上说，目前的"资金短缺"并非真正的供不应求，而是资金使用效率低下导致相对"资金过剩"的扭曲的反映。

四 比较优势和竞争优势交互作用的演变

在告别短缺经济之后，一个明显的趋势是，对于各地区以至整个中国的工业经济发展，（自然）资源比较优势的相对重要性下降了，即各个地区以及整个中国都很难主要依靠自然资源的开发利用来实现经济现代化。特别是当中国工业经济越来越走向对外开放的时候，增强产业国际竞争力更具有决定性的意义。而在影响企业和产业国际竞争力的两个基本因素即比较优势和竞争优势中，竞争优势发挥越来越强的作用。比较优势的作用必须通过增强竞争优势才能得以实现。

在东亚各国爆发金融危机之后，看到韩国实行大公司战略和发展资本密集型产业出现了一些问题，有些人认为，中国应该吸取韩国的教训，不要急于发展大公司和过快地进行产业升级，而应该充分发挥我国的比较优势，主要发展劳动密集型产业。尤其是在进行产业调整的过程中，千万不要做"高不成、低不就"的事情，既放弃了技术层次较低的劳动密集型产业，又没有建立起有竞争力的高新技术产业，导致产业发展在国际竞争中陷入严重困境。

经济落后的国家应该主要靠发挥劳动力成本低廉的比较优势，发展劳动密集型产业（一般来说是技术水平比较低的产业），还是应该以更大的力量去发展技术水平较高的产业（一般来说是资本密集度较高的产业），尽快实行产业升级，是一个已经争论许多年的老问题，特别是从第二次世界大战结束以来，各发展中国家都必须在产业发展中对此作出十分困难的选择：如何在发挥比较优势和增强竞争优势上进行正确的战略抉择？

西方经济学的主流学派认为，国际经济关系完全是由比较优势所决定的，竞争优势实际上就是比较优势，只有尽可能地发挥各国的比较优势，才是最有效率的。所以，发达国家主要发展技术密集和资本密集的高技术产业，发展中国家主要发展劳动密集的低技术产业，这样的国际分工对大家都有好处。但是，发展中国家大都不太相信这样的理论，它们认为，如果不实现产业升级，就会在国际分工体系中长期处于十分不利的地位，经济发展不会有令人满意的前景。它们从自己的切身经验中认定：比较优势并不等于竞争优势，竞争优势可以突破比较优势的限制，而且，在现实中，比较优势只有通过竞争优势才能体现和发挥出来，所以，竞争优势比比较优势更具有战略意义。

实际上，任何国家的产业国际竞争力都是由比较优势和竞争优势两方面的因素决定的。比较优势涉及的主要是各国不同产业（或产品）之间的关系；而竞争优势涉及的是各国同一产业之间的关系。比较优势最终归结为一国的资源禀赋；而竞争优势则更加强调企业的策略行为和国家战略行为。比较优势理论的实践意义主要是强调国家间产业分工与产业互补的合理性；而竞争优势理论则主要强调了国家间产业竞争和产业替代的因果关系。

简而言之，比较优势和竞争优势的主要政策含义是：发挥比较优势意味着更加强调各国的产业发展应该"扬长避短"，而增强竞争优势则意味着更加强调各国产业发展的现实道路是"优胜劣汰"。正确处理发挥比较优势与增强竞争优势的关系的实质就是要更好地将"扬长避短"策略与"优胜劣汰"战略结合起来，一方面必须立足于中国的现实国情，充分利用国际分工的因素；另一方面又必须有民族自强的产业发展战略，争取国际分工中更为有利的地位。

中国是一个发展中的大国，已经建立了十分完整的产业结构，而且，改革开放二十年来，中国的工业结构正迅速接近世界主要工业生产国的工业结构，中国不能不重视发展劳动密集型产业，中国也不能不重视加快产业升级的步伐，以及在一些资本密集型产业和高新技术产业中同发达国家进行"狭路相逢"的竞争。

当然，即使是进入高新技术产业进行国际竞争，中国的企业也只能从自己的实际出发，量力而行，逐步积累实力，例如，中国现在完全有必要发展技术密集度非常高的信息产业，但发展信息产业也必须有一个符合国情的可行战略。北大方正集团王选教授说："在计算机行业里，目前赚钱最多的是基础软件和操作系统，但中国在十年之内不可能进入这个领域，因为我们现在还没有实力在这个最赚钱的领域中同外国大公司争夺市场，如果硬要那样做，风险太大。"北大方正的战略是先在一些不大不小的领域（例如出版领域）里做深做透，做到尽善尽美，占有很大的国内市场，然后向世界市场发展。东大阿派股份公司总经理刘积仁教授说："我国的企业现在还谈不上同美国的 IBM 和微软竞争。但是，东大阿派能够证明中国人在智慧产业方面和信息产业方面，能够做出让中国人自豪的事情。"东大阿派集中精力在具有优势的专业领域发展，取得了令人瞩目的成就。信息产业是这样，其他高新技术产业的发展也应该是这样。

处理好比较优势和竞争优势的关系，对于各地区经济发展也是一个十分关键的问题。例如，中西部地区有比东部地区更丰富的自然资源，利用资源优势发展地区工业是中西部地区经济发展的可行道路。但是，在过去的短缺经济条件下，发挥资源比较优势与现在的相对过剩条件下发挥资源比较优势相比，具有非常不同的意义。各国和各地区经济发展的历史表明，充分利用资源比较优势可以摆脱经济贫困，但经济现代化的实现最终则必须依赖于竞争优势的形成。所以，进入 90 年代后期，中西部地区越来越重视培育地区产业的竞争优势，一批明星企业和名牌产品正在中西部地区成长起来。

五　国有企业向着同其在社会主义市场经济中的地位相适应的方向演进

国有企业改革的过程，本身就是一个思想解放的过程。国有企业改革的每一次重大进展，都伴随着理论上的重大突破。我国国有企业改革最大的理论突破之一，就是从认为国有企业是计划经济制度下最优越的（或最高级的）公有制形式，转变为认识到国有企业是社会主义市场经济制度下具有特殊功能的一种企业制度形式，它只是公有制的各种实现形式之一，国有企业适合于在哪些领域中存在和发展，一方面取决于国有企业所具有的特殊性质，另一方面取决于我国所处的社会主义初级阶段的现实社会经济条件，特别是现代企业制度所具有的总体生态特征。

在社会主义市场经济条件下，国有企业作为公有制实现形式之一的性质不会改变。国有经济仍将控制国民经济命脉，对经济发展起主导作用。但是，无论如何，在市场经济条件下，国有企业只能是一种具有特殊功能的企业制度形式，而不可能像在计划经济中那样成为普遍存在的一般企业制度。因此，在向社会主义市场经济转轨的过程中，一方面，国有企业正在以建立现代企业制度的方式从政府部门的附属物变为独立的市场竞争主体；另一方面，通过非国有企业的更快增长和一部分国有企业改革为非国有企业的两种方式，而使国有企业的比重下降到同其在社会主义市场经济中的地位和特殊功能相适应的水平，这一趋势成为二十年来国有企业改革的基本表现。对此，党的十五大给予了深刻的理论阐述："只要坚持公有制为主体，国家控制国民经济命脉，国有经济的控制力和竞争力得到加强，在这个前提下，国有经济比重减少一些，不会影响我国的社会主义性质。"

告别短缺经济之后，国有企业改革仍然步履维艰。许多研究成果表明，自改革开放以来，我国国有工业企业的生产效率是逐步提高的，这表现为劳动生产率的提高、单位物耗的减少等，特别是衡量技术进步和生产效率提高的"全要素生产率"持续改善。与改革以前相比，现在国有企业的预算约束趋于硬化，企业自负盈亏的责任增强，市场竞争的压力越来越大，企业生产效率同职工的利益更为密切，所以，国有企业提高生产效率的内在积极性和外在压力都增强了，生产效率没有理由不趋于提高。

问题是，尽管计算出的生产效率提高了，但国有企业经济效益不高和盈亏状况的不断恶化也是一个不争的事实。特别值得重视的是，自80年代以来，反映企业经济效益的最重要指标之一——国有企业的资金利税率持续下降。而且，在 80 年代，国有企业的资金利税率还高于全社会平均水平，但 90 年代以来，却越来越明显地低于全社会的平均水平。1986 年，国有工业企业资金利税率为 20.65%，同期，全部工业企业为 20.43%；1992 年，国有工业企业的资金利税率降到 9.7%，全部工业企业为 9.9%；1997 年，国有工业企业降到 6.27%，全部工业企业为 6.92%。

由于各产业二十年来高速增长，迅速趋于成熟，短缺经济向经济相对过剩的转变使得产业竞争加剧，利润率平均化趋势加快，各类传统产业的利税率趋于下降具有必然性，而国有企业财务指标恶化程度更高，则具有更深刻的原因。一是我国工业化历经 50 年，目前正处于产业转换和重组时期，这方面的压力主要集中在国有企业身上。二是中国经济发展的巨大社会负担，还不可避免地要更多地由国有企业来承担，例如，国有企业负担的退休职工极其工资福利、就业压力、税负水平等明显高于其他类型的企业，这种情况短期内在总体上难以根本改变。三是克服国有企业体制的某些缺陷需要经历较长的时间，有些痼疾已是冰冻三尺，完全消除需有一个过程。

在告别短缺经济之后的激烈市场竞争条件下，国有企业所面临的压力越来越大，大多数国有企业日子不好过，几乎是不可避免的现实。而从中国经济发展的成长过程看，这未必不是一件有积极意义的事情。将国有企业推入市场，在竞争中磨炼，正是造就一批具有国际竞争力的国有企业的必由之路。我们看到，尽管国有企业超常负重，困难重重，但是，第一，几乎每一次技术检查和市场调查都表明，国有企业产品的平均质量高于其他类型企业；第二，我国大多数的名牌由国有企业所创造和拥有；第三，我国大多数产业中市场占有率最高的企业仍然是国有企业。这表明，国有企业仍然具有相对较强的竞争力。在市场竞争中，一些国有企业会因竞争失利而退出，也有一些国有企业不断增强竞争力而成为国民经济的支柱，这本身就是一个积极的过程，同原本的改革初衷也是一致的。当然，其中所伴随的痛苦和代价也在所难免。

无论如何，只有经受百炼成钢的磨炼，国有企业才能在严酷的竞争中成长为具有国际竞争力的强者。而且，我们已经看到，在激烈的市场竞争，特别是国际竞争中，我国正有一批具有较强国际竞争力的国有企业成长壮大起来，它们将成为中国民族产业的脊梁。

二十年来，我们对国有企业改革进行了理论上和实践上的艰苦探索。二十年的改革和发展极大地改变了中国经济和社会的结构，推进国有企业改革的回旋余地正在不断扩大，特别是市场经济体系的不断完善和非国有经济的发展，使得国有企业在国民经济中"独木撑天"的局面有了根本性的改变，因而，整个社会对于国有企业的重大改革可能引起的震动也有了物质上和心理上的更大承受能力。

未来，国有企业仍将在中国的国民经济中占据重要的关键性的地位。尽管国有企业在国民经济中所占的比重不断下降，但在相当长的时期内，中国还会存在比一般市场经济国家更多一些的国有企业，这是有中国特色的社会主义或社会主义市场经济的特征之一，也是中国特有的社会环境使然。世界上没有一种企业制度是十全十美的，国有企业也是这样：有其特有的优点，也有难以完全消除的缺点。通过改革，国有企业将发挥它们特有的优势，但也很难完全消除它们的某些劣势。必须准备在获得国有企业所带来的巨大利益的同时，付出某些不可避免的代价，而以更为灵活可行的企业组织方式和更为科学的管理手段来实现能使国有企业扬长避短的目标。

在二十年来的改革实践中，对公有制的实现形式已经进行了各种有益的探索和尝试，有的失败了，但留下了十分有价值的经验教训；有的成功了，并且在进一步地完善和发展；也有的今天仍然在试验之中，成败得失有待历史裁决。我们看到，正是在这一过程中，国有企业的面貌已经而且正在发生着根本性的变化。这一变化的实质是：随着经济从计划经济体制向社会主义市场经济体制的转变，国有企业必须迈进市场竞争的大海，并且在市场竞争的过程中实现自身的制度创新，以适应变化了的生存环境，适应相对过剩条件下企业间更为激烈的效率竞赛。从根本上说，国有企业改革的实质就是要在企业制度的历史优选过程中，以其具有效率和竞争力的新体制以及令人满意的行为和绩效，来证明自己存在和发展的理由。

六　政府工业政策的适时调整

告别短缺经济之后，政府的经济职能正在改变，工业政策正在发生根本性的变化，而且，这种变化将越来越显著，越来越深刻。

第一，由于宏观经济态势的根本性变化，政府投资政策从主要将投资作为生产驱动力，逐渐转变为更注重将投资作为需求拉动力来作为政策调控的杠杆。作为生产驱动力，投资是增加未来供给的源泉，在短缺经济条件下，政府的投资政策几乎完全是从增加产出、填补空白、缓解瓶颈、克服供给不足的意向出发的。而在告别短缺经济之后，生产能力已经有很大提高，即使存在产业空白和供给瓶颈，也已经不具有阻碍经济增长的全局性意义，供不应求的现象几乎已经消失。但是，政府的投资政策并没有失去意义。当然，现在的政府投资行为已经不主要是，或者不仅仅主要是从驱动生产，增加供给的意向出发，而更多的可能是从扩大需求的意向出发，因为，作为需求拉动力，政府投资是实现需求管理的重要政策工具。

最为明显的事实是，1998年，中央政府大规模地使用了政府投资政策手段，运用财政政策增加国内投资，扩大国内需求，抵消或缓解亚洲金融危机对我国出口需求所造成的不利影响，并且填补居民消费支出不足所导致的宏观需求缺口。

第二，告别短缺经济之后，政府对工业经济运行的调控从主要着力于增加产量，转变为更注重对部分行业实行总量控制，特别是对生产能力过剩的行业实行限产、压产。近期以来，纺织业中的棉纺、毛纺、丝绸以及煤炭、钢铁、建材、炼油等被列入重点控制（限产、压产）范围。1998年，纺织行业全年压缩淘汰棉纺纱锭512万锭，分流下岗职工66万人。从鼓励增产到实行限产、压产，突出地表明了政府对工业经济运行进行调控的着力点和政策方向已经发生了根本性的变化。

第三，告别短缺经济之后，政府的工业品价格政策从以高价限制为主转变为以低价限制为主。在短缺经济条件下，绝大多数工业品都有价格向上漂移的动力，为了避免价格过度上涨所导致的矛盾和过大社会代价，政府通常需要对工业品实行抑制价格过快、过度上涨的政策。而在告别短缺经济之后，绝大多数工业品都失去了价格向上漂移的动力。相反，由于企业之间的激烈竞争，降价手段可能被过度使用，甚至产生低价倾销的不公平竞争行为。因此，政府开始试图运用某种政策手段来阻止或限制价格的大幅度下降。这种政策手段包括：以行政手段制定某种产品（如平板玻璃）的最低价格；制定行业统一价格并规定最大折扣幅度；指导行业协会制定行业协调价格（"自律价"）和最大浮动幅度；鼓励企业进行价格"自律"，等等。当然，政府对工业品价格的低价限制是否能产生有效的作用，是个难以获得统一认识的问题。不过，政府的工业品价格政策的调控意向从以高价限制为主转变为以低价限制为主，毕竟表明了政策特征和政策性质发生了重大改变。

当然，对一些垄断行业的价格管制政策同对竞争性行业的价格调控政策有很大的区别。垄断性行业具有比竞争性行业强烈得多的通过维持高价格获取利润的动机，也有制定垄断价格以获得垄断利润的条件和可能性。对于这样的行业（例如电力、煤气、自来水等），政府仍然保持以高价限制为主的政策调控意向。

近年来，一些行政性垄断行业（有的可能不属于严格意义上的工业）受到越来越强烈的批评。其中，最突出的是"中国电信"凭借其垄断地位所进行的价格盘剥和掠夺性定价，已经是怨声载道，成为众矢之的。1999年3月1日实行的邮电调价也被新闻界批评为"名降实升"，而且，结果是"邮电资费总体水平大幅度上升"。在全社会价格总水平下降的条件下这是一种很不合理和很不公平的行为[1]。政企不分的体制和政府主管部门的自利性是导致不合理价格行为的主要原因。因此，对这些行业进行产业组织的彻底改革已提上了中央政府的议事日程。

第四，信贷政策从主要着力于支持生产，转变为同时也注重鼓励消费。在短缺经济条件下，几乎所有的信贷政策和信用工具都是为了支持生产，消费行为根本不在信贷政策的视野之内。告别短缺经济之后，国内消费需求偏低成为我国经济增长过程中的一个现实矛盾。中国目前相对经济过剩不仅表现为一般市场经济所具有的供大于求特征，而且表现为中国经

---

[1] 参见《南方日报》1999年3月17日。

济特有的消费需求不足特征。

（1）消费倾向较低，储蓄倾向很高。世界大多数国家的储蓄率为15%—25%，即使是作为世界高储蓄国的日本和东亚各国，储蓄率也一般为30%—35%，而90年代，中国的储蓄率却高达40%以上，成为一个"世界奇观"。

（2）社会消费品零售总额和储蓄存款的70%以上集中于城市（市区）。1996年，社会消费品零售总额中，城市（市区）占70.2%；如果包括县城，全部城市的消费品零售总额占全社会消费品零售总额的90%。1996年年底，全国城乡储蓄存款中，城市（市区）占70.7%；如果包括县城，全部城市的储蓄存款占全国城乡储蓄存款的91.8%。我国消费需求和潜在的购买力偏于城市，而农村消费需求和潜在购买力低下，制约了全社会消费需求水平的提高。

（3）公费消费所占比重较大，但改革以来公费消费比重总体上呈下降趋势。1991年，在最终消费中，政府消费占21.5%，1997年下降到19.3%（见表7）。过去，我国许多产业的发展在很大程度上是靠公费消费拉动的，目前，仍有不少产业（包括服务业）是靠公费需求支撑的。随着可支配收入不断向个人转移，政府实行廉政措施，限制集团购买力，加之许多国有企业和国有单位紧缩开支，我国最终消费品产业（包括服务业）的发展必然越来越依赖于私费消费。公费消费和私费消费具有显著的行为差别，从公费消费向私费消费的转变将明显地改变产业的需求曲线，一些过去主要靠公费消费拉动的产业将深感私费消费拉动力度不足的困难，这是有关产业发展面临的一个重大挑战。

表7　　　　　　　　政府消费和居民消费的比重　　　　　　　　单位：%

年份	政府消费	居民消费
1991	21.5	78.5
1992	21.9	78.1
1993	22.3	77.7
1994	22.0	78.0

续表

年份	政府消费	居民消费
1995	19.4	80.6
1996	19.1	80.9
1997	19.3	80.7

资料来源:《中国统计年鉴》(1998)。

(4) 与国内需求相比,出口需求占有很大比重。东亚各国经济增长的一个显著特点是在很大程度上依靠出口需求的拉动作用,因此,出口增长对经济增长的影响很大。出口需求是弥补国内需求偏低的一个重要因素。改革开放以来,我国的经济增长也表现出与东亚各国这一相同的特点,90年代以来,出口总额占国内生产总值的比重高达20%左右。1997年开始的亚洲金融危机对中国的出口产生了很大的不利影响,1998年,出口总额仅增长了0.5%。1999年1—2月,出口总额比上年同期下降10.5%。在大宗出口产品中,机电产品出口下降1.9%,服装下降26.8%,纺织纱线、织物及制成品下降10.7%,鞋类下降12.5%,玩具下降12.4%,塑料制品下降20.6%。亚洲金融危机对中国出口增长的负面作用必然对整个中国工业经济产生很大的不利影响。

为了克服上述不利影响,必须实行积极扩大国内需求的政策,这可以从扩大投资需求和扩大消费需求两个方面入手。问题是,扩大投资需求最终还是要由消费需求来实现。脱离最终消费需求的投资只会导致更大程度的供过于求。因此,扩大消费需求对于经济长期持续增长具有根本性的意义。中国目前的情况是:一方面,国民收入分配格局已向居民倾斜,因此,扩大需求必须是在更大程度上扩大居民的最终消费;另一方面,中国大多数居民的可支配收入水平又很低,而且,随着经济的市场化,居民生活的风险性增强,消费支出趋于谨慎,加之相当一部分居民(如下岗职工)的收入较低,对未来的收入预期不甚乐观,所以,如果增加居民在一些方面(如住房)的支出,那么,势必会降低其他方面的消费支出。两者相抵,究竟能否增加总的消费倾向,仍是一个未知数。因此,对于扩大居民消费需求,仅仅立足于居民现期的购买力是不够的。必须鼓励消费信用的发展，将居民的一部分未来购买力实现为现期的有效需求，才能支撑经济的持续增长。特别是对于高价值的消费品产业，如住宅、汽车等，如果没有消费信用的支撑，是很难有广阔的发展空间的。

　　因此，鼓励消费信用的发展，对于扩大国内需求，促进国民经济的快速、持续、健康发展具有重大的战略意义。告别短缺经济之后，政府越来越认识到消费信贷的这一重要意义。因此，政策意向从限制甚至禁止进行个人消费信贷转变为鼓励开展个人消费信贷。最近，中国人民银行发布《关于开展个人消费信贷指导意见》，要求各有关金融机构积极稳妥地开展信贷业务，加大消费信贷投入，不仅要增加对住房消费贷款和汽车消费贷款，而且还可以试办其他新品种的消费贷款，如耐用消费品贷款、教育助学贷款、旅游贷款等，也可以为生产厂家和商家提供多种形式的金融服务，促进开展信用销售。这是政府信贷政策变化的一个十分明显的信号。

（原载《中国工业经济》1999 年第 5 期）

中国的新世纪战略:从工业大国走向工业强国

20世纪下半叶,曾经"一穷二白"的中国,历经艰难曲折,以巨大的努力和付出,终于奠定了工业化和经济现代化的坚实基础,实现了从落后国家向工业大国的伟大跨越。新中国成立以来的五十年,中国工业总产值以年平均13.6%的速度高速增长,其中,1949—1978年年均增长12.9%,1979—1998年年均增长15.9%。工业增加值由1952年的119.8亿元增加到1998年的33541亿元,按可比价格计算,增长了158倍。1998年中国制造业增加值26353亿元,居世界第四位。主要工业品中,钢、煤、水泥、化肥、电视机等产量居世界第一位,发电量、棉布、化纤等产量居世界第二位。中国经济总量跃居世界第七位(1998年国内生产总值为79553亿元)。中国在成为工业生产大国的同时也正在越来越不可回避地面临国际竞争的强大挑战,历史没有给中国留下哪怕是十分短暂的喘息机会,只有尽快地建设成为一个工业强国,中国才能在国际社会中拥有真正的大国地位。

一 工业发展实现伟大的跨越

从50—70年代末,中国工业化战略的基本特点是:在封闭经济条件下,进行自力更生的工业建设,以高关税、高估本币等方式推进进口替代;工业生产以供应国内市场为目标。经过二十多年的发展,初步奠定了工业化的基础,建立起比较完整的工业经济体系。

70年代末,中国工业化进程进入改革开放的新时期。这一时期中国工业化战略的基本特点是：实行对外开放，利用国内、国际两个市场和国内、国外两种资源，特别是鼓励利用外资；以逐步降低关税和本币较大幅度贬值（以及实行双轨制汇率）等方式推进出口替代。到80年代末，完成了从主要出口初级产品向出口工业制成品的转变，1998年我国出口商品中工业制成品的比重上升到88.8%（见表1）。在这一阶段，伴随着改革的推进，市场经济以其强大的力量迅速地消灭了几乎所有传统产业领域中的经济短缺现象，填补一般产业"空白"和"短线"的历史任务均告完成。各传统产业都进入了成熟阶段，中国成为世界瞩目的工业生产大国。

表 1　　　　　　　　中国进出口商品结构的变化　　　　　　　单位:%

年 份	出口商品结构		进口商品结构	
	初级产品	工业制成品	初级产品	工业制成品
1980	50.3	49.7	34.8	65.2
1990	25.6	74.4	18.5	81.5
1994	16.3	83.7	14.2	85.8
1995	14.4	85.6	18.5	81.5
1997	13.1	86.9	20.1	79.9
1998	11.2	88.8	16.4	83.6

资料来源：《中国统计年鉴》（1999）。

90年代中期开始，中国工业化过程发生了一系列深刻的变化。这一阶段工业化战略的显著特点是：积极参与国际分工和国际竞争；国内市场和国际市场趋向一体化，即国内市场开放成为国际市场的组成部分；以不断降低关税（少数产业的有限保护）和有管理的浮动汇率（汇价保持基本稳定）等方式，推进工业经济的国际化。这一阶段工业化的主要任务是增强工业国际竞争力，为将我国建设成为工业强国而奋斗。

从对中国工业化过程的简要回顾可以看到，当前，中国工业化正进入国际竞争时代。70年代末以前，国内外资源配置处于分隔状态，中国工业制成品基本没有出口竞争力,进出口商品结构的基本特点是:出口商品以初级产品为主,而进口商品以工业制成品为主。70年代末至90年代中期,中国工业发展充分利用了国际经济的比较优势,即依靠廉价的人力、土地和原材料资源生产具有比较利益的工业制成品,参与国际交换。这一时期,进出口商品结构发生了重大变化:出口商品转变为以工业制成品为主,进口商品也以工业制成品为主,进出口相比,进口商品的工业制成品比重高于出口工业制成品比重。90年代中期以来,中国经济的比较利益格局发生重大变化,国际资源配置也开始发生深刻变化,进出口商品结构特征表现为:出口商品以工业制成品为主,进口商品也以工业制成品为主,但进出口相比,出口商品的工业制成品比重高于进口商品制成品比重,而且,机电产品超过纺织品和服装成为第一大出口商品,这表明,中国工业参与国际竞争不仅要依赖比较优势,而且必须越来越注重增强竞争优势(见表2)。

表2 中国工业化的阶段

	50—70年代末	70年代末至90年代中	90年代中期以来
工业化战略	封闭经济,自力更生,进口替代	对外开放,利用外资,出口替代	参与国际分工和国际竞争,走向工业现代化
工业化的主要任务和成就	初步奠定工业化基础,建立比较完整的工业经济体系	告别短缺经济,成为工业生产大国	增强工业国际竞争力,为建设成为工业强国而奋斗
市场条件	国内市场	国内、国际两个市场	市场一体化:国内市场成为国际市场的组成部分
汇率政策	固定汇率,高估本币汇价	双轨制汇率,本币大幅度贬值	有管理的浮动汇率,汇价保持基本稳定
关税政策	高关税壁垒	保持关税壁垒,逐步降低关税水平	低关税,少数产业的有限关税保护
进出口商品结构	出口商品以初级产品为主;进口商品以工业制成品为主	出口商品以工业制成品为主;进口商品也以工业制成品为主,进口工业制成品比重高于出口工业制成品	出口商品以工业制成品为主;进口商品也以工业制成品为主,出口工业制成品比重高于进口工业制成品

续表

	50—70年代末	70年代末至90年代中	90年代中期以来
国际资源配置	国内外资源配置处于分隔状态	发挥国际经济比较优势，依赖资源禀赋，获取比较利益	在利用比较优势的基础上，更注重增强竞争优势

资料来源：笔者整理。

二 中国工业化进入承前启后的转折时期

20世纪八九十年代，中国完成了初步工业化过程，按汇率计算我国人均GDP超过800美元，而按购买力平价计算我国的人均GDP已达3000美元左右，沿海较发达的地区实际上已进入中等收入阶段。可以说，在现有的技术水平下，从一般的结构分析角度看（主要是工业特别是制造业的产出量占GDP的比重），中国工业化已完成了数量扩展，出现了成熟经济的各种现象。其主要标志是：一般的工业生产技术特别是加工工艺广泛扩散；产量迅速增长并接近最大化均衡状态，主要工业产品的产量居世界前列；生产成本和价格降低，利润平均化并趋于下降；企业间的价格竞争加剧，产业集中化过程加快，越来越多的产业出现生产能力过剩现象。

表3　　　　　　　　我国工业主要产品产量居世界位次的变化

产品	1978年	1980年	1985年	1990年	1995年	1996年	1997年
钢	5	5	4	4	2	1	1
煤	3	3	2	1	1	1	1
原油	8	6	6	5	5	5	5
发电量	7	6	5	4	2	2	2
水泥	4	4	1	1	1	1	1
化肥	3	3	3	3	2	1	1
化学纤维	7	5	4	2	2	2	2
棉布	1	1	1	1	1	2	2
糖	8	10	6	6	4	4	4
电视机	8	5	3	1	1	1	1

资料来源：《中国统计年鉴》（1999）。

从 90 年代后期开始，制约中国工业增长的因素已经从过去的供应能力不足历史性地转变为有效需求的限制。越来越多的产业发现增产已经不是好消息，而压缩产量反而成为改善产业状况的必要措施，例如，煤炭行业关井压产，纺织行业压缩纺锭，冶金、建材、有色金属、石油化学等行业关闭设备陈旧、技术落后、产品质量低和污染严重、高耗能的小企业。因此，不少传统产业增长速度减缓，有些工业产品出现负增长现象，突出地表现为全国能源需求量和生产量的较大幅度下降，1999 年能源生产总量比 1998 年下降 11.3%，原煤生产量下降 16.4%（见表 4）。

表 4　　　　　　　　　　1999 年能源生产的负增长

产品	1998 年产量	1999 年产量	1999 年增长（%）
能源生产总量（亿吨标准煤）	12.4	11.0	-11.3
原煤（亿吨）	12.5	10.45	-16.4
原油（亿吨）	1.6	1.6	-0.1

资料来源：《中国统计年鉴》（1999）、《中华人民共和国 1999 年国民经济和社会发展统计公报》和《经济日报》2000 年 2 月 29 日。

在大量生产能力过剩、有效需求不足、经济增长减缓的严峻形势下，推进经济结构包括工业结构的战略性调整，拓展新的经济增长空间，成为我国经济包括工业经济进一步发展的关键问题。中央政府提出：工业结构的调整要围绕优化结构、提高质量和效益、增强国际竞争力，着重抓好四个环节：

第一，遵循市场经济规律，综合运用多种手段，限制没有市场销路的产品生产。进一步关闭技术落后、质量低劣、浪费资源、污染严重的小厂小矿，淘汰落后的设备、技术和工艺，压缩一些行业的过剩生产能力。

第二，加快企业技术改造，并向老工业基地倾斜。坚持质量第一，采用先进标准，更新和优化产品结构。努力开发有生产需求的新技术、新工艺和新产品；鼓励增产适销对路产品，特别是名优产品。

第三，经济发展新兴产业和高新技术产业，特别是发展信息、生物工程、新能源、新材料和环保等产业。同时，注意发展劳动密集型产业。

第四，推进行业改组，促进重点行业提高规模效益，优化布局。努力提高重大装备工业的基础材料工业的生产技术水平。发展第三产业，对于优化经济结构具有重要的作用。要在继续发展运输、商贸等产业的同时，大力发展信息、金融、旅游、社区服务和中介服务等产业，逐步提高第三产业在国民经济中的比重①。

问题在于，在新的历史条件下，世界和中国的产业结构变动和调整出现了许多新情况，我国很快将进入世界贸易组织，国民经济的开放越来越高，世界上产业结构变动和调整的新情况会直接影响我国经济发展和产业结构的基本格局。我们已经不可能以过去的方式来实现产业结构的调整和升级，必须寻求良性循环的新机制。现在，工业生产能力的过剩是一个世界性的现象。例如世界汽车生产能力大量过剩，但各主要生产国都并不愿放弃市场，各国政府也调整政策，以提高本国产业的国际竞争力。世界各国的企业为了拓展增长空间主要采取三种策略：第一，增强自己的核心竞争力，实行差别化战略，力图以与众不同的产品和服务保持和扩大市场份额；第二，扩大企业的生产规模和范围，通过规模经济和范围经济，降低成本，扩大市场占有率；第三，跳出传统产业，发展高新技术产业，开辟新的产业增长领域，形成所谓"新经济"格局。在这样的形势下，我国的企业、政府应采取怎样的对策，是一个严峻的挑战。

在我国产业结构调整中，最令人困惑的是：过去可以说清楚哪些产业是"长线"，哪些产业是"短线"，短线产业通常盈利率较高，长线产业通常盈利率较低，产业调整的方向可以截长补短。现在却说不清楚了，因为在现有的产业技术层面上，从市场供求状况看，大多数传统产业都成了"长线产业"。因此，不仅产业调整的内容发生了变化，产业结构调整和产业升级的机制也要变化。过去，产业调整的机制是：只要利润率高，企业（或地方政府）就会进行投资，即哪里可以赚钱，企业就往那里去。现在不同了，有些产业（主要是高新技术产业）虽然现在还没有赚钱（甚至将来也不知道能不能赚钱），企业却往里面大量投资。因为，大家

---

① 参见朱镕基总理在九届全国人民代表大会第三次会议上的政府工作报告，《光明日报》2000年3月17日。

相信这些产业将来会有盈利，或者是投资者相信别人也相信这些产业将来会赚钱。看起来是一种博弈行为，其实是产业调整机制的变化，因为，资金实实在在地投入进去了，有预见性地（当然同时也承受着很大的风险性，例如美国铱星公司的破产就是一个例证）主动投入了预期可能增长的产业领域。虽然当前可能还难以准确地计算出投资的真实回报率，但大量进入的资金确实具有促进该产业发展的强大推动力。这表明，人们对产业未来的预期（或预见）直接影响着产业调整的方向，而产业当前的盈利性以及产业价值创造链中各环节对产业结构调整的引导作用发生了很大的变化。所以，在工业发展的新阶段，所谓"资本经营"、"风险资本"的作用增强了，传统式的产业结构调整机制变化了，产业调整和升级成为同技术创新线路及金融创新密切相关的过程。

作为中国工业发展历史性转折的显著标志之一，是以环境和生态保护为主要内容的可持续发展问题越来越成为社会公众关注的问题。以破坏环境和生态为代价的初级工业化过程必须进行深刻的反思。未来的工业发展必须更多地考虑环境和生态的承受能力和社会成本、生活质量（包括环境质量）和经济增长的可持续性，而不仅仅是工业品产出量，成为衡量工业绩效的越来越重要的指标。

有学者尖锐地指出，当前中国自然生态环境面临七大突出问题：第一，水土流失日益严重；第二，荒漠化土地不断扩大；第三，森林蓄积量急剧下降；第四，草地退化、沙化和碱化面积逐年增加；第五，自然灾害日益严重；第六，大气污染十分严重，酸雨面积急剧扩大；第七，水体污染日益严重，加剧了水资源短缺。

由于近二十年来，工业发展对环境的破坏性影响，中国城市的环境污染状况越来越严重，据联合国卫生组织的一项调查，全球空气污染最严重的城市依次为：太原、米兰、北京、乌鲁木齐、墨西哥城、兰州、重庆、济南、石家庄和德黑兰。十大污染最严重的城市中，中国占了7个。1998年对全国322个城市的环境检测，其中有140个空气质量超过国家三级标准，占43.5%。根据世界银行的计算，按人力资本价值估计，中国大气和水污染造成的直接损失为240亿美元，占中国GDP的3.5%；而按支付意愿价值估算，目前中国大气和水污染造成的直接价值损失约540亿美元，约占 1995 年 GDP 的 7.7%[①]。

面对严重的环境污染和生态破坏，一方面，政府制定了整治污染和恢复生态的规划；另一方面，未来的工业发展将受到保护环境和生态的有关政策的越来越严格的限制，严重污染环境和破坏生态的工业项目将被禁止。这对中国许多产业特别是中小型工业企业的发展是一个非常严肃的课题。中国工业发展能否从以破坏环境和生态的恶性状态中走出来，实现可持续增长的良性发展模式，是关系到中国能否真正实现工业现代化的一个重大战略任务，也是能否从工业生产大国发展为工业强国的重要标志之一。

三　新世纪的强国之路

人们越来越认识到，竞争力是强国的决定因素，从工业大国成为工业强国，实际上就是增强中国产业竞争力的过程，从经济全球化的角度看，就是必须增强产业国际竞争力。所以，在工业化的新阶段，产业竞争力成为我国工业化和现代化的决定性因素。

产业竞争力归根结底是一个产业组织问题，形成有效竞争的市场结构和产业组织结构是培育和增强工业竞争力的根本途径和决定性条件。没有竞争就没有竞争力，竞争力必须在竞争过程中形成，这是一条基本的客观经济规律。目前，我国竞争力最差的产业大都是长期处于垄断地位的产业。所以，我国产业组织政策的着力点最重要的就是打破垄断，鼓励竞争。首先是要鼓励企业间的国内竞争，然后是开放市场，进行国际竞争，这是培育和增强我国工业竞争力的根本方向。

根据这一客观要求，必须鼓励各种类型的企业发展。鼓励国有企业、非国有企业，公有制企业、非公有制企业，国内企业、外商投资企业，包括大、中、小型各类企业共同发展、公平竞争。很显然，从我国企业结构的现实状况出发，为了发挥各类企业各自的优势，通过优胜劣汰的市场选

---

① 胡鞍钢：《中国改革中所面临人类发展的重大挑战》第 28、29 期（1999 年冬、2000 年春），（香港）《中国社会科学季刊》，香港社会科学出版社。

择过程，形成更具竞争力的企业群体结构，就必须优化国有企业的产业定位，优化国有企业在国民经济中的比重和配置，把目前国民经济中国有企业仍然过高的比重进一步降低到更适当的程度，这也将是优化国有企业在国民经济中的配置的必然结果。

各国的经济发展历史表明，有强大的企业才有强大的工业。我国产业竞争力不强的突出表现之一是缺乏强大的具有国际竞争力的企业，因此，许多工业品的全国平均水平明显低于发达国家。据国家技术监督局的检测，目前，我国不少工业行业的整机、成品类产品的品种少，在可靠性方面与国外同类产品有较大差距。如国产数控机床的整机可靠性一般为100—360小时，而国外同类产品可达到367—600小时；我国载重汽车轮胎的使用寿命一般为5万—6万公里，而国外先进水平为10万公里以上；国产重型载货车锥齿轮的使用寿命为3万—5万公里，而国外产品为8万—10万公里。所以，尽管我国工业品的产出量很大，价格较低，能够占有不小的市场份额，但是，从国际比较看，我国许多工业产品的价格—性能比都居于劣势。

从技术检测的结果看，目前，我国工业品质量较高的仍然是大型国有企业，其次为"三资"企业和股份制企业。1999年国家技术监督局抽查了7485家企业的218类8905种产品，合格6973种，全年平均抽样合格率为78.6%。其中：大、中、小型企业产品的合格率分别为91.9%、84.2%、70.6%；国有、"三资"、股份、集体、私营（含个体）企业抽样合格率分别为86.2%、86%、79%、73%、63%[①]（见图1）。国有企业由于改革尚未到位、历史遗留的困难和负担重，其市场竞争力受到非常不利的影响，尽管如此，目前，国有工业企业的平均产品质量仍然高于其他类型的企业。但这并不表明我国的国有企业已经是强大的具有较高的竞争力的企业群体，而是表明，我国工业企业的总体竞争力和工业产品的总体质量处于较低水平，国有企业不过是"矮子里面的将军"、"小人国中的巨人"。只有通过产业结构的重大调整，实现产业升级和产业竞争力的更快提高，中国才能真正走上从工业大国向工业强国发展的道路。

---

① 国家技术监督局1999年全年产品质量国家监督抽查通报，《经济日报》2000年2月11日。

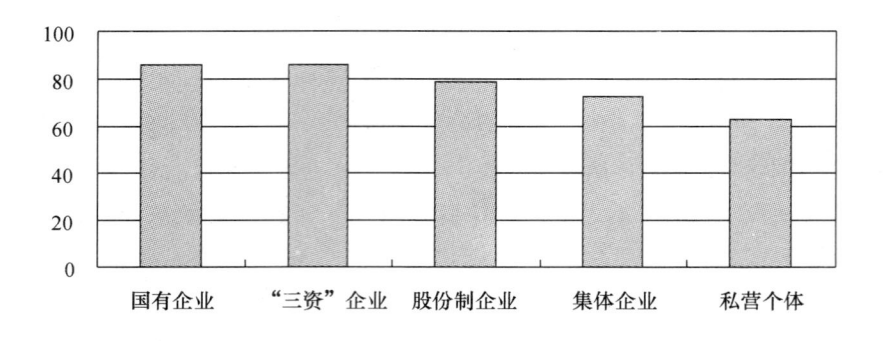

图 1　各类工业企业产品平均合格率的比较（%）

在中国从工业大国走向工业强国的未来历程中，不仅面临着产业调整和升级的任务，而且，突出地面临着产业区域布局调整的艰巨任务。西部开发和东、中部地区协调发展，是新世纪我国经济和社会发展的重要战略任务之一，也是中国从工业大国走向工业强国的重大战略部署。尤其重要的是，第十个五年计划时期（2001—2005 年）将是我国经济和社会发展的区域格局开始发生重大变化的历史转折时期。经过二十多年的改革开放和经济建设，东部地区获得了长足的发展。现在，促进中西部地区更快发展特别是西部大开发的任务已经提上了最重要议事日程。这是一项非常艰巨的历史性重大战略任务，几代人将为之奋斗和献身，它是我国最终实现现代化目标，中华民族圆强国富民之梦的决定性步骤。从这一意义上，我们完全可以说，西部大开发和中西部地区的更快发展是中华复兴的新长征，是使中国从工业大国变为工业强国的"战略决战"。

中央政府提出的关于西部大开发战略的主要举措是：第一，加快基础设施建设。以公路建设为重点，加强铁路、机场、天然气管道干线的建设。加强电网、通信、广播电视以及大中城市基础设施建设。尤其要把水资源的合理开发和节水工作放在突出位置。要抓紧做好若干重大骨干工程的研究论证和前期准备工作，争取早日开工。第二，切实搞好生态环境保护和建设。要加大长江、黄河上中游天然林保护的实施力度。陡坡耕地要有计划、有步骤的退耕还林还草。第三，根据当地的地理、气候和资源等条件，着力发展有自己特色的优势产业，有条件的地方要发展高新技术产业。第四，大力发展科技和教育。加快科技成果转换，积极培育各级各类人才，全面提高劳动者素质。第五，进一步扩大对外开放。改善投资环境，积极引进资金、技术和管理①。

尽管从我国区域经济结构的总体特征看，由于东部地区和中西部地区经济发展水平呈梯度差异，社会生产力从东部地区向中西部地区的逐级扩散、梯度推进，是一个客观必然的过程，但是，当前中西部地区发展的条件与东部地区当年的情况是有很大差别的。

二十年来，东部地区的经济发展主要依靠传统产业的高速度数量扩张；但是，由于二十年来中国的宏观经济条件发生了根本性的变化，当前中西部地区经济的数量扩张遇到了障碍：外需增长减缓，内需水平较低，大多数传统产业的发展进入成熟阶段。因此，中西部地区的经济发展不可能仅仅依靠数量增长模式来实现。

二十年来，东部地区的农业依靠比较优越的自然条件，以高产量增加收入，为地区工业化奠定了基础；现在，中西部地区的农业发展不再能够依靠高产量获得高效益，农产品结构问题（品位低）十分突出，如果不调整农业结构，很可能发生产量高、收入低，甚至农业越增产财政越困难的情况。

二十年来，东部地区主要通过一般技术的扩散和模仿来实现高速工业增长，加上生产要素的低成本供应，较快实现了农业向工业的转移；多年来，中西部地区中一些经济发展水平相对较高的地区的经济增长主要依靠自然资源（如煤炭）的开发，现在，资源开发成本上升，以资源开发和资源初级加工为基本特点的单调工业结构使得中西部地区的比较利益关系和贸易条件趋于恶化，加工能力的扩张缺乏经济效益的支撑。

二十年来，东部地区的工业化过程面对短缺经济，大多数产业处于成长阶段，产业发展可以依靠填补供不应求的缺口，获得增长空间；现在，中西部地区面对相对过剩经济，大多数传统产业进入成熟阶段，生产能力过剩，后来者的产业发展必须通过挤入饱和的市场，寻求生存的位置，市场竞争的加剧对中西部地区的产业发展形成更强的压力。

---

① 国家技术监督局1999年全年产品质量国家监督抽查通报，《经济日报》2000年2月11日。

二十年来，东部地区的发展依靠沿海区位优势，获得了得天独厚的条件；而中西部地区虽然靠巨额的交通投资弥补了区位劣势，但交通成本的上升使中西部产品的竞争力受到不利影响。特别是随着对外开放的不断扩大，中西部产品（特别是资源产品）同外国产品进行竞争，其区位因素所造成的成本负担成为不可忽视的问题。

从对外开放的态势看，当年，国内市场处于高保护状态，东部地区主要通过实行变通（优惠）政策实现对外开放，参与国际分工，幼稚产业的发展则处于被保护状态；现在，国内市场越来越开放，国际竞争压力越来越大，中西部地区的一些幼稚产业也不得不处于国际竞争的"暴露状态"之下。

总之，二十年来东部地区所面临的经济环境与今后几十年中西部地区面临的经济环境具有明显的差别。中西部地区虽然也有许多优势，但面临的挑战更为严峻，因此，必须探索适应新情况的新战略。归根结底是必须培育中西部地区经济自我发展的竞争力。

在经济发展的初级阶段，充分利用当地资源，"靠山吃山，靠水吃水"，有其必要性和合理性。但是，资源依赖型战略存在突出的缺陷：一方面，资源产业往往具有成本递增的特点，随着资源的深度开发，低成本优势渐趋消失，而且，资源产品的差异度低，进入低平均利润状态后，难以通过技术（产品）创新提高效益水平。另一方面，资源需求的增长弹性低，资源产业的价格风险和汇率风险大，即产品价格波动大，产业效益受价格变动的影响大，汇率变动对其价格和效益的影响也很大，所以，资源产业进入国际竞争后，不稳定性较强。这样，经济增长高度依赖资源开发的地区往往会受到市场景气波动和国际市场动荡的不利影响。

资源依赖型战略的合理性在于充分体现了地区比较利益原则，发挥了地区比较优势的积极作用。尽管有效利用地区资源可以奠定经济发展的基础，但是，从长远看，一个国家或者一个地区的经济发展水平同其（自然）资源的丰度并没有显著的相关性。也就是说，资源丰度高的国家或地区经济发展水平未必高，而资源匮乏的国家或地区同样能达到较高的经济发展水平。所以，经济发展仅仅依赖比较优势是不够的，比较优势必须通过竞争优势才能得以实现。

为了培育地区经济的产业竞争力,中西部地区必须实现一个重要的战略性转变:从资源开发导向转变为市场开拓导向,资源开发向深度加工发展。产业和产品结构必须适应市场需求及其变动趋势,才能有发展前途。产业和产品的竞争力最终要通过市场实现来获得评价。这是中西部地区的许多企业面临的一项重要的战略转换任务。实现这一战略转变,要求中西部地区能够产生一批优秀的企业家,发展具有核心竞争力的优秀企业。

以上分析表明:为了提高民族产业的国际竞争力,推进工业大国向工业强国的再次历史跨越,实现产业重组和产业布局的重大调整是新世纪中国工业发展的战略性任务。目前,我国的工业生产能力已经很高,但产业的国际竞争力却不强;东部沿海地区传统工业已相当成熟,但中西部地区的工业化水平仍相当低下。这是两个突出的矛盾。如果仅有庞大的生产能力而严重缺乏竞争力,如果仅有东部地区的率先工业化而中西部地区长期处于落后境地,则必然会使国民经济陷入严重困境。我国目前已经在很大程度上出现了这一问题。所以,必须通过产业重组和地区工业布局的调整,把庞大的生产能力组合成有国际竞争力的经济实体,中国工业的发展才会有广阔的空间和发展前途。

必须深刻认识到,我国产业发展已经进入了一个新阶段,国际竞争力越来越具有比生产能力更重要的战略意义,而能否形成一批有较强国际竞争力的企业群体,是增强民族工业国际竞争力的关键。所以,以增强企业效率和国际竞争力为主要目标,通过工业企业(特别是国有企业)的战略性改组,加大产业调整的力度和规模,同时加快中西部地区的发展,是我国新世纪工业发展战略的重要内容之一。

在新的世纪,中国工业将进一步融入全球经济体系,中国加入世界贸易组织后,中国工业将以世界市场为更大发展空间,同时也将面临更大的国际竞争挑战。中国加入世界贸易组织将促使民族产业全面进入国际分工和国际经济体系,在严酷的国际竞争中接受考验,在消费者的选择中决定命运。同时,我国的经济体制也将发生深刻的变化,对外开放的进一步扩大,促使我国大大加快向市场经济体制转轨的步伐。

加入世界贸易组织对我国民族产业的发展将产生十分复杂和深刻的影响。从总体上说,加入世界贸易组织有利于实现比较优势,拓展国际市场。比较优势强的产业可以更大规模地进入国际市场。同时，竞争优势弱的产业将受到很大压力，而竞争优势强的产业则可以获得更大的发展空间。无论是比较优势较强的产业还是竞争优势较强的产业（更不用说是比较优势和竞争优势处于较不利地位的产业），要保持和提高优势，都不能因循守旧，试图以传统的方式应对新的国际竞争挑战。在新的世纪，中国要实现从工业大国向工业强国转变的伟大战略目标，技术、知识、管理、体制和观念的创新是根本的动力。

（原载《中国工业经济》2000年第5期）

经济全球化背景下的中国工业

进入 21 世纪，经济全球化的趋势越来越强劲，当我国经济以更加开放的姿态融入全球经济的时候，如何进入和适应经济全球化过程就成为一个极具挑战性的问题，尽管迄今为止对于我国的许多产业和地区来说，完全置身于经济全球化还是未来生活的故事，但是，当今世界走向全球化的大格局已经形成，经济全球化已经实实在在地成为我们现实生活的国际背景。在中国的三次产业中，工业是最先开放、最先参与国际分工和国际竞争的产业，随着对外开放的进一步扩大，中国工业将率先进入经济全球化的过程之中，其发展空间和运行环境将发生巨大的变化。如何适应经济全球化过程，在经济全球化条件下生存和发展，是我国工业未来发展的一个基本问题。

一 以更为积极开放的方式参与国际分工和国际竞争

中国经济改革与开放已经经历了二十多个年头，一个封闭的经济体系已经迈过了向全方位开放的经济体系转变的决定性阶段。20 世纪最后的十几年里，中国为恢复关贸总协定缔约国地位和加入世界贸易组织作出了巨大的努力，尽管至今尚未完成全部程序，但是，在这一过程中，中国大大加快了同世界经济接轨的步伐。2001 年，中国加入世界贸易组织已成定局，这将成为中国经济发展过程中的一个里程碑性的重大事件，也是当代世界经济的一个重大事件，它标志着世界上最大的发展中国家——中国将进一步扩大对外开放，全面融入世界经济：中国经济运行的基本规则将与国际经济体系直接衔接，中国经济体制将同世界市场经济全面接轨，中国产业将以经济资源的全球配置为基础，成为世界产业分工的组成部分，中国企业将以世界市场为舞台与各国企业展开全方位竞争与合作。这同时也意味着：中国经济发展的前途将取决于在融入世界经济的过程中能否形成具有强大国际竞争力的产业和企业。

中国长期以来坚持不懈地积极争取恢复关贸总协定缔约国地位和加入世界贸易组织的努力，表明了中国新世纪经济和社会发展战略方向：以更为积极开放的方式参与国际分工和国际竞争。

世界各国经济发展的历史和现实无一例外地表明，参与国际分工与国际竞争是任何国家实现经济现代化的必由之路。但是，经济比较落后的发展中国家参与国际分工和国际竞争必然面临发达国家的强大竞争压力，甚至可能处于不利境地而产生重大的利益损失。因此，无论在历史上还是在当代，后进国家往往倾向于实行程度不同的保护主义政策。即使是今天极力主张实行自由贸易的发达国家，如美国、德国等，在历史上也曾经是实行强烈的保护主义政策的国家。而且，一旦国内经济发生不利情况，发达国家的贸易政策也会倾向于保护主义。所以，"自由贸易"与"保护主义"政策未必总是有绝对分明的界限。声称实行"自由贸易"政策的国家未必总是表里如一，言行一致；实行保护主义政策也不等于完全拒绝参与国际分工和国际竞争，而可能只是为了争取有利的国际分工和国际竞争地位，或避免不利的国际分工和国际竞争地位可能导致的国家利益损失而采取的防卫性措施，即以消极自卫的方式参与国际分工和国际竞争。因此，从历史上看，"自由贸易"通常是经济发达国家参与国际竞争的武器，"保护主义"或"公平贸易"则往往成为后进国家或劣势国家参与国际竞争的旗帜。

世界贸易组织无疑是推进全球"自由贸易"的工具，从这一意义上说，它最有利于发达国家。但是，世界贸易组织也有一定的防卫性条款，以避免造成对后进国家或劣势国家过大的冲击和伤害。世界贸易组织并没有规定在我国加入世界贸易组织时就要全面开放市场。因此，作为一个发展中国家，我国加入世界贸易组织完全有可能争取趋利避害的结果，推动和加快工业化和现代化的步伐。

在经济日益全球化的时代，拒绝国际分工和国际竞争是没有出路的。各国的对外经济贸易政策无非是选择采取以消极防卫的方式参与国际竞争，或是以积极开放的方式参与国际竞争。加入世界贸易组织实质上就是以更加积极开放的方式参与国际竞争。

中国是一个具有巨大经济规模的国家，经过五十多年的建设，尤其是二十多年改革开放所取得的成就，使中国逐步具备了选择以积极开放的方式参与国际竞争的条件和实力。当前，不仅是为了实现从工业生产大国走向工业强国的工业化任务需要中国以更加积极开放的方式参与国际竞争，而且，经济体制改革的深入也要求中国通过以更加积极开放的方式参与国际竞争来加快改革目标的实现。

在实行以积极开放的方式参与国际竞争的过程中，必须深刻认识到：发展市场经济和实行对外开放是实现现代化的必要条件，但并不是充分条件。从世界范围看，没有一个不发展市场经济和不实行对外开放的国家能够实现现代化，但在搞了市场经济和实行了对外开放的国家中，至今也只有为数不多的一些国家（或地区）实现了工业化和现代化。在当代世界上，一个缺乏国际竞争意识和产业国际竞争力的国家，是不可能实现经济和社会现代化的。缺乏产业国际竞争力的国家，即使实行市场经济和对外开放，其未来的命运也不是经济和社会的繁荣，而只能在不发达状态中徘徊，甚至面临被世界进步所淘汰的危险。所以，从对外开放中获得的是机会和现代化的希望，而能否抓住机会，使希望变成现实，则完全取决于我们能否在国际竞争中获得成功，发展和壮大我们的民族产业。

总之，加入世界贸易组织对于我国市场经济体制的建立和完善，对于进一步扩大对外开放，对于发展民族经济都将产生广泛、深刻的影响，特别是以加入世界贸易组织为标志，我国将全方位地面对正在加速全球化过程的世界经济，在经济全球化中积极主动地参与国际分工、参与国际竞争、参与新的世界经济秩序的构建，在新世纪中自立于世界强盛民族之林。

二 迎接全球化是中国经济发展的必由之路

从 20 世纪最后二十年开始，世界各国的经济和社会以前所未有的速度展现出国际化、跨国化和全球化的趋势。在 21 世纪，这一趋势将表现得越来越强劲，将所有的民族国家都卷入其中，没有哪个国家能够置身于这一世界潮流之外而不被人类文明的历史所抛弃。"国际化"、"跨国化"，特别是"全球化"的实质究竟是什么？它对人类世界未来的命运究竟会产生怎样的影响？人们并没有一致的看法。而仅仅从其表现形式看，国际化、跨国化与全球化也有明显的差别。

国际化体现的是两个或者两个以上的民族国家之间所进行的各种原料、工业产品以及服务、货币、思想与人员的交换。国际化的出发点是作为活动主体的民族国家。在这里，国家行政机构起了突出的作用，在经济国际化的框架内，分别属于各国国民经济的公司企业之间的竞争，是获得和保障良好国际贸易收支状况的重要手段。

跨国化体现的是资源，特别是资本，也包括劳动等，从一个国家向另一个国家的转移。经济跨国化的典型现象就是一个公司通过子公司、收购或者各种形式的合作与合资，把金融、技术、工业等不同类型的生产运作能力转移到另外一个国家。经济跨国化遵循的是市场膨胀逻辑，在它的作用下，众多生产要素的优化不再局限于一个民族国家框架内，而是越来越多地受到生产活动跨国化（跨区域化）的机制与过程的支配。

全球化体现的则是众多国家与社会之间多种多样的纵向及横向的联系，从这些联系中形成整个世界体系。全球化是这样一种发展过程，在这个过程中，世界部分地区发生的事件、所作出的决策以及所进行的活动，对于距离遥远的世界其他地区的个人和团体都能产生有重大意义的影响和后果。一份国际性的研究报告指出："经济全球化日益挖掉了民族国家的一个基本支柱，这就是民族市场。民族空间作为最重要的战略经济空间被正在出现的全球空间所取代。然而，这并不意味着民族国家的权力，首先是他的军事权力已经被削弱，也不意味着民族国家在经济范围内已经被跨国公司所取代，因为，有人认为，跨国公司将会变成像国家一样的民主组织。这也不意味着作为民族国家经济的国民经济已经完全失去了任何意义。在许多领域，特别是在新成立的民族国家不发达的国民经济里事情恰好完全相反。在世界最发达的民族经济（德国、美国、日本、法国、意大利、英国）之间争夺全球领导地位的经济斗争同样表明，民族的国民经济继续拥有相当重要的意义。但是，它再也不能支配竞赛规则。"①

实际上，在一百五十多年前，马克思和恩格斯在《共产党宣言》中论述资产阶级所起的"非常革命的作用"时就非常深刻地描述了经济全球化现象及其实质，他们指出："资产阶级，由于开拓了世界市场，使一切国家的生产和消费都成为世界性的了。不管反动派怎样惋惜，资产阶级还是挖掉了工业脚下的民族基础。古老的民族工业被消灭了，并且每天都还在被消灭。它们被新的工业排挤掉了，新的工业的建立已经成为一切文明民族的生命攸关的问题；这些工业所加工的，已经不是本地的原料，而是来自极其遥远的地区的原料；它们的产品不仅供本国消费，而且同时供世界各地消费。旧的、靠本国产品来满足的需要，被新的、要靠极其遥远的国家和地区的产品来满足的需要所代替了。过去那种地方的和民族的自给自足和闭关自守状态，被各民族的各方面的互相往来和各方面的依赖所代替了。物质的生产是如此，精神的生产也是如此。各民族的精神产品成了公共的财产。"②

有的学者把自19世纪以来开始的经济全球化过程划分为三个阶段。第一阶段从19世纪中叶到1900年，为全球化缓慢发展阶段。在这一阶段，欧洲、美国、日本各国的资产阶级政权都已巩固，向世界各地的扩张更加猖狂；自由竞争的资本主义逐渐向垄断资本主义转变，垄断性的公司尤其是跨国公司更加卖力地推动经济全球化；汽车、轮船以及电话等现代交通和通信工具在这个阶段后期的出现，也促进了经济全球化的发展。第二阶段从1900—1945年，为经济全球化的停滞或倒退阶段。在这一阶段，全球发生了两次世界大战和空前的席卷整个资本主义世界的大危机。这样的浩劫不仅使世界经济停滞了五十年，而且使各国的闭关自守的保护主义重新复活，构筑了重重关税与非关税壁垒，使全球化非但不能前进，还有一定程度的倒退。第三阶段从1945年到现在，为全球化迅速发展的阶段。这一阶段经济全球化进程受到三个因素的影响：其一，众多国际组织的推

---

① 里斯本小组：《竞争的极限——经济全球化与人类的未来》，中央编译出版社2000年版，第34—45页。

② 《马克思恩格斯选集》第一卷，人民出版社1972年版，第254—255页。

动。1945 年年底成立了世界银行和国际货币基金组织，1947 年签订了关税与贸易总协定，号称世界经济秩序"三大支柱"的这些经济组织极力推行金融自由化、投资自由化和贸易自由化，冲垮各国的关税壁垒和非关税壁垒，提高了经济全球化的水平。尤其是 1995 年 1 月 1 日成立的世界贸易组织正在发动"千年谈判"，制定新的贸易、投资和知识产权方面的规则，以推动经济全球化的发展。其二，跨国公司已经成为经济全球化的主体和主力军，目前已主宰了世界贸易和国际投资的 70% 以上。一个大型跨国公司的经济实力就可以超过一个中等国家。据统计，1997 年全球跨国公司 4.4 万家，其境外分支机构超过 28 万家。这些跨国公司实行全球化战略，在全球范围内配置资源和技术，抢占世界市场，将营销网络布满全球。跨国公司的发展加速了经济全球化的进程。其三，以信息技术革命为代表的高新技术革命大大地改善了运输和通信条件，便于各国往来和互通有无，使各国经济之间的融合程度不断提高①。

20 世纪后半叶以来，世界经济国际化、跨国化和全球化的进展日趋加速。迄今为止，经济全球化的核心部分和最突出表现是资本流动的全球化②。在资本流动全球化的推动下，越来越多国家的许多产业的发展都成为全球化的过程，跨国公司在全世界范围内进行资源配置和运用成为经济全球化最引人注目的现象。在经济全球化条件下，产品与服务的研究、发明、设计、生产、分配、消费能够利用在世界范围所拥有的手段（如专利权、数据库、新的信息交往技术、交通技术以及基础设施）；进入国际分工体系的跨国公司努力满足需求日益多样化的世界市场，并以此为方向，以相同的普遍规范与标准对整个世界市场进行调控；它们以全球经营为基础，努力推行全球战略，公司的资本日益为各国广大股东所拥有，这些企业越来越成为"世界企业"。尽管跨国公司都仍然拥有自己的"本国基地"，但是，其地域归属的性质正变得越来越失去了传统意义上的民族

---

① 参见中国社会科学院财贸经济研究所课题组《世界贸易组织运行机制研究》，《财经文稿》2000 年第 2 期。

② 马克思在 1848 年《关于自由贸易的演说》中就指出："在现代的社会条件下，到底什么是自由贸易呢？这就是资本的自由。排除一些仍然阻碍着资本前进的民族障碍，只不过是让资本能充分的自由活动罢了。"参见《马克思恩格斯选集》第一卷，人民出版社 1972 年版，第 207 页。

性。因此，有的外国学者认为，经济和社会的全球化已经使得"民族资本主义"转变为"全球资本主义"。他们认为："这些全球性公司在领导与改造世界经济方面正在取代国家与国家机构的职能。本来，民族国家的官方经济机构在经济事务方面（通过货币政策、税收政策、贸易管制、公共服务、国家收购战略、公务工作、国家规定的规范与标准）拥有很大的决策权。然而在最近二十年内，由于不断强化的、有系统地进行的私有化、放弃政府管制与自由化，国家权力受到很大的削弱；相反，私营公司企业、私人体系与规则的经济影响却日益上升。而且全球化进程还导致了这样一种观念的出现和传播，即国家机构的权力几乎起着完全相反的不利作用，是在国际与全球范围内阻碍市场经济充分自由发挥作用的障碍。民族国家的行动仅仅归结为进行各种限制的来源，而不是提供各种机会的源泉。"[①]

更具有实质意义的是，经济全球化意味着经济运行规则的一致性，世界贸易组织就是全世界经济运行规则趋向一致性的最具代表性的标志之一，并且以有效的方式推动着全球经济运行规则一致化的进程。无可否认的事实是，在当代世界，在全球占支配地位的经济运行规则，特别是国际经济运行规则，是资本主义的规则。那么，中国如果进入经济全球化的过程，就将直接面临两个根本性的挑战：第一，作为一个发展中国家，中国将面临资本主义市场经济规律两极分化效应有可能对我们产生的不利影响；第二，作为一个社会主义国家，中国必须面对资本主义制度对我们产生的制度对抗性影响。

正是由于存在这两个根本性的挑战（发展差距和制度差异的挑战），许多发展中国家都曾经对经济全球化存有很大的疑虑，而且，至今大多数发展中国家仍然对进入经济全球化过程抱有程度不同的保留态度。对于许多发展中国家来说，与其说是主动进入全球化过程，不如说是被动地接受全球化过程。长期以来，我国的态度更是如此。对经济全球化存有一定的疑虑和警惕是完全可以理解的，因为，经济全球化确实是利弊参半的事情。没有人可以绝对有把握地断定，全球化一定会给所有的国家甚至大多

---

① 里斯本小组：《竞争的极限——经济全球化与人类的未来》，中央编译出版社2000年版，第101页。

数的国家带来福音；更没有人可以断定，全球化一定会给全世界所有的人特别是发展中国家的所有居民都带来更多的收入、财富和福利。一些国家、一部分居民会在全球化过程中受损几乎是不可避免的。

但是，在当代世界上，经济全球化是一个不以人的意志为转移的客观事实。任何国家，只要实行对外开放，就必然要进入全球化过程，而拒绝对外开放就是拒绝现代化和拒绝人类文明的进程，实际上，就意味着拒绝在这个地球上继续生存。所以，经济全球化是任何寻求现代化的国家不可回避的潮流，顺之者昌，逆之者亡。

自20世纪80年代以来，中国经济发展取得了令世界瞩目的成就，其主要原因之一就是以非常积极的姿态和很大的胆魄迎接经济全球化。在短短二十年里，中国就从一个国民经济几乎完全封闭的国家，转变为一个经济开放度很高的国家。二十多年来，中国参与国际分工的程度日趋深入，外贸依存度迅速提高，超过了世界上大多数的大国；中国所制定的外国直接投资政策是发展中国家中条件最为宽松的国家之一，因此，中国已经成为外资进入最多的发展中国家。从20世纪90年代以来，每年实际利用外资都在400亿美元以上（见表1）。根据《中华人民共和国2000年国民经济和社会发展统计公报》，2000年全年新批外商投资项目22347个，比上年增长32.1%；合同投资额624亿美元，增长51.3%；实际利用外商直接投资额407亿美元，增长1%①。

表1　　　　　　　"九五"期间我国利用外商直接投资概况

年份	项目数（个）	合同外资额（亿美元）	实际利用外资额（亿美元）
1996	24529	732.13	423.50
1997	21001	510.03	452.57
1998	19799	521.02	454.63
1999	17100	412.38	403.98
2000	22532*	626.57*	407.72

注：*这一数据同《中华人民共和国2000年国民经济和社会发展统计公报》公布的数据略有出入。
资料来源：转引自江小涓《"十五"期间外商对华投资趋势分析》，《财贸经济》2001年第2期。

---

① 《经济日报》2001年3月1日。

当然，作为一个经济还不很发达的发展中国家，我国的许多产业和地区离经济全球化还有很大的距离。许多产业和地区甚至并不清楚经济全球化究竟意味着什么，对经济全球化还缺乏应有的准备。这一方面反映了我国产业和地区发展不平衡的现实；另一方面也说明我们必须大大提高对经济全球化的认识，增强进入经济全球化过程的紧迫感，以更大的努力来应对经济全球化的挑战。

进入21世纪，中国正以更为积极主动的姿态迎接经济全球化的进程，《中华人民共和国国民经济和社会发展第十个五年计划纲要》进一步确定了"扩大对外开放，发展开放型经济"的方针，提出："要以更加积极的姿态，抓住机遇，迎接挑战，趋利避害，做好加入世界贸易组织的准备和过渡时期的各项工作，不断提高企业竞争能力，进一步推动全方位、多层次、宽领域的对外开放。"朱镕基总理在《关于国民经济和社会发展第十个五年计划纲要的报告》中也明确提出，要"适应经济全球化趋势，进一步提高对外开放水平"[①]。这表明，在新的世纪，迎接经济全球化，以更加积极的姿态加入经济全球化过程，已经成为中国国民经济和社会发展基本战略的重要内容。

三 增强竞争力的关键是优化产业组织

在经济全球化条件下，一国所能获得的利益最终取决于产业国际竞争力的强弱。众所周知，进入经济全球化过程（其主要标志之一就是加入世界贸易组织）对于我国民族产业的发展是有利有弊的，天下没有免费的午餐，我们不能企望在获得有利机会的同时不承担任何风险。在经济全球化条件下，民族产业全面进入国际分工和国际经济体系，在严酷的国际竞争中接受考验。就对民族产业发展的直接影响而言，一般来说，进入经济全球化过程利在国际竞争力较强的产业，弊在国际竞争力较弱的产业。所以，根本的问题是产业国际竞争力的强弱。如果我们拥有强大国际竞争力的产业，就不必惧怕经济全球化的风险。当然，如果我们的大多数产业

---

① 《经济日报》2001年3月17日。

都缺乏国际竞争力，则经济全球化将使我们遭受较大的风险，承受很大的福利损失。因此，经济全球化条件下，提高产业竞争力成为越来越重要的问题。

在现实经济中，影响产业竞争力的因素很多，资源禀赋、区位条件、技术水平、管理能力、政策措施，甚至人文因素等都对产业国际竞争力产生程度不同的、直接或间接的影响。但是，产业竞争力归根结底是一个产业组织问题，形成有效竞争的市场结构和产业组织结构是培育和增强产业竞争力的根本途径和决定性条件。

产业组织的核心问题是竞争，没有竞争就没有竞争力，竞争力必须在竞争过程中形成，这是一条基本的客观经济规律。目前，我国竞争力最弱的产业大都是长期处于垄断地位的产业，或者是长期受国家保护的产业。所以，我国产业组织政策的着力点最重要的就是打破垄断，鼓励竞争。首先是要鼓励企业间的国内竞争，然后，开放市场，进行国际竞争，这是培育和增强我国产业竞争力的根本方向。对于这些产业，即使是在一定的过渡期内实行一定程度的保护措施，其政策意向也必须是强化竞争，在竞争中培育竞争力，绝不能是一味地强调维护弱者生存的权利而企望长期实施保护政策。

根据这一客观要求，必须鼓励各种类型企业的发展。鼓励国有企业、非国有企业，公有制企业、非公有制企业，国内企业、外商投资企业，包括大、中、小型各类企业共同发展、公平竞争。通过优胜劣汰的市场选择过程，形成更具竞争力的企业群体结构。其中，特别要重视鼓励企业的创新行为。在经济全球化条件下，不断创新是企业竞争力的最重要体现之一。而国有企业、非国有企业，公有制企业、非公有制企业，国内企业、外商投资企业，包括大、中、小型各类企业，都有其实现创新的资源、条件、能力和知识。形成有利于发挥这些资源、条件、能力和知识对于增强企业竞争力的积极作用的产业组织结构，是迎接经济全球化进程的关键。

从国际产业组织的角度看，增强产业国际竞争力的根本途径是参与国际竞争，没有哪个产业能够不参与国际竞争而获得较强的国际竞争力。从这一意义上说，进入经济全球化过程（其重要步骤之一就是加入世界贸易组织）本身就是培育产业国际竞争力的最重要途径之一。当然，参与国际竞争也必须有一个有效和公平的国际竞争秩序和规则，没有有效和公平的国际竞争秩序和规则，即使参与国际竞争也未必有利于产业国际竞争力的提高。特别是对于发展中国家，在比较公平的制度条件下参与国际竞争，才能保证国家安全和民族产业的生存。

因此，进入经济全球化过程并不是简单地打开国门，将民族产业无条件地抛进国际市场，同力量大大超过我们的竞争对手进行"自由竞争"和"生存斗争"。如果是那样的话，我们也就没有必要就加入世界贸易组织进行旷日持久的双边和多边谈判了。进入经济全球化过程的实质意义不仅是最大限度地实行经济开放和国际贸易的自由化，而且，更重要的是要建立一种更有效、更公平的国际竞争秩序，即国际产业组织的体制和政策构架。

产业组织的体制和政策框架的根本问题是，形成有利于企业间有效竞争而有可能获得最优市场绩效的市场结构。就国际经济而言，产业组织的体制和政策框架的根本问题则是，形成有利于各国企业进行有效和公平的国际竞争而使各国有可能获得最优市场绩效（或最大经济利益）的市场结构。而市场结构的根本问题则是企业规模以及企业间的竞争与垄断关系。因此，在经济全球化条件下，我国对外经济贸易领域需要解决的最重要问题是：如何形成有利于我国企业同外国竞争对手进行有效和公平的竞争与合作的制度和政策环境，形成有利于我国具有较强国际竞争力的企业特别是跨国经营企业成长的制度和政策环境。通过构造这样的制度和政策环境，使我国企业在全面参与国际竞争和国际合作中成长为具有强大国际竞争力的群体，形成具有强大国际竞争力的中国产业经济。

四　经济全球化背景下的产业结构调整

结构调整是我国新世纪发展战略的重要内容之一。从世界范围看，在第一、第二、第三产业中，我国第二产业的比重相当高，这一方面表明我国的工业化已经取得了显著的成就，另一方面也表明我国经济现代化的道路还相当漫长。问题的实质是，尽管多年来我们一直强调发展第三产业对于实现现代化的重要意义，但迄今为止，第二产业仍然是我国国民经济最重要的支柱。尽管第三产业的比重表现出不断提高的趋势,但第二产业的最重要地位并没有呈现相对下降的迹象。1999 年,在国内总产值构成中,第一产业占 17.7%,第二产业占 49.3%,第三产业占 33%。2000 年,全国国内生产总值比上年增长 8%,其中增长最快的是第二产业,即第一产业增长 2.4%,第二产业增长 9.6%,第三产业增长 7.8%。这表明,在 2000 年,第二产业的比重表现出继续提高的趋势,第一、第三产业的相对比重都有所下降。实际上,从 90 年代以来,第二产业的比重一直呈现上升趋势(从 1990 年的 41.6% 上升到 1999 年的 49.3%)。这表明,我国工业化仍然处于中期阶段,而从国际经济的角度看,第二产业——主要是工业——是我国三次产业中竞争力最强的产业。特别值得注意的是迄今为止,我国第二产业比重高,并不是人为的计划安排的结果,而主要是市场机制资源配置的结果,是在国际化过程中,我国产业竞争力状况的现实体现。

表 2　　　　中国改革开放以来三次产业比重变化的基本趋势　　　　单位:%

年份	第一产业	第二产业	第三产业
1978	28.1	48.2	23.7
1979	31.2	47.4	21.4
1980	30.1	48.5	21.4
1981	31.8	46.4	21.8
1982	33.3	45.0	21.7
1983	33.0	44.6	22.4
1984	32.0	43.3	24.7
1985	28.4	43.1	28.5
1986	27.1	44.0	28.9
1987	26.8	43.9	29.3
1988	25.7	44.1	30.2
1989	25.0	43.0	32.0

续表

年份	第一产业	第二产业	第三产业
1990	27.1	41.6	31.3
1991	24.5	42.1	33.4
1992	21.8	43.9	34.3
1993	19.9	47.4	32.7
1994	20.2	47.9	31.9
1995	20.5	48.8	30.7
1996	20.4	49.5	30.1
1997	19.1	50.0	30.9
1998	18.6	49.3	32.1
1999	17.7	49.3	33.0

资料来源：《中国统计年鉴》(2000)，第54页。

于是，现实经济状况向我们提出了一个重大问题：在进入经济全球化过程中，或者说在经济全球化背景下，我国产业结构演变和调整的方向将会怎样？特别是，我国工业结构调整的战略意义和方向将会怎样？

(一) 必须体现在全球化经济中具有的比较优势和竞争优势

在经济全球化条件下，一国经济的发展同世界各国具有密切的关系，因此，一国产业结构的优化必须在全球资源配置的过程中实现。从全球资源配置过程看，一国产业结构的调整和升级必须体现该国在全球经济中所具有的比较优势和竞争优势。

比较优势涉及的主要是各国间不同产业（或产品）之间的关系；而竞争优势涉及的是各国间的同一产业的关系，或者说，是各国的同类产品或可替代产品间的关系。比较优势更多地强调各国产业发展的潜在可能性，而国际竞争优势则更多地强调各国产业发展的现实态势。比较优势最终归结为一国的资源禀赋，或产业发展的有利条件；而竞争优势则更加强调企业的策略行为，有利的条件未必能使一国的某产业形成国际竞争优势；相反，一定程度的逆境往往成为刺激一国特定产业增强国际竞争力的重要因素之一。

比较优势与竞争优势之间存在密切的联系，常常是不可分割的：第一，在一国的产业发展中，一旦发生对外经济关系，比较优势与竞争优势就会同时发生作用。任何国家，即使是经济最发达的国家也不可能在一切产业中都具有国际竞争优势。这也表明，竞争优势不能完全消除或替代比较优势。第二，一般来说，一国具有比较优势的产业往往易于形成较强的国际竞争优势，换句话说，比较优势可以成为竞争优势的内在因素，促进特定产业国际竞争力的提高。也可以说，比较优势与竞争优势是可以相互转化的。第三，一国产业的比较优势要通过竞争优势才能体现，即使是具有比较优势的产业，如果缺乏国际竞争力，也无法实现其比较优势。反之，非常缺乏比较优势的产业，往往较难形成和保持国际竞争优势，一些国家原先具有国际竞争优势的产业由于国际比较利益关系的变化而失去国际竞争优势的许多案例，以及一些产业（尤其是传统产业）在国际转移的实况，可以证明这一点。总之，在各国产业发展中，比较优势和竞争优势常常是相互依存的。比较优势和竞争优势的本质都是生产力的国际比较，所不同的是，比较优势强调的是各国不同产业之间的生产率的比较，而竞争优势强调的则是各国相同产业之间生产率的比较。

加入世界贸易组织对我国民族产业的发展将产生十分复杂和深刻的影响。从总体上说，加入世界贸易组织有利于实现比较优势，拓展国际市场。比较优势强的产业可以更大规模地进入国际市场。同时，竞争优势弱的产业将受到很大压力，而竞争优势强的产业则可以获得更大的发展空间。所以，加入世界贸易组织对我国产业发展的利弊归根结底取决于我国各产业国际竞争力的强弱，取决于我们是否能在充分发挥比较优势的基础上尽快地增强各产业的竞争优势。

由此可见，立足比较优势，发展竞争优势是增强产业国际竞争力的基本战略，也是产业结构调整的指导方针。比较优势对产业国际竞争力具有基础性的影响，大力发展具有比较优势的产业可以直接获得国际分工的经济利益；而竞争优势则是产业国际竞争力的核心，培育产业竞争优势才能最大限度地持续获得长久利益。而且，即使是具有比较优势的产业，也要培育竞争优势，国际经济合作要以比较优势为基础，但也必须以发展我们自己的竞争优势为方向，因为比较优势必须通过竞争优势才能得以实现。当然，增强产业竞争优势，也要以发挥比较优势为基础，即使是发展高新技术产业，也要注意发挥比较优势，即从高新技术产业中我国目前具有比较优势的环节入手逐步向核心技术领域推进。

（二）必须以全球资源为基点，以全球市场为导向

从上述资源全球优化配置的角度出发，我国新世纪产业结构的调整必须以全球资源为基点，以全球市场为导向。中国经济的规模十分庞大，从这一角度看，中国产业应该可以有一个完整的产业结构，（同中小规模的国家相比）其经济发展的资源供给和市场空间都会在更大程度上依赖于本国。但是，无论中国经济的整个产业体系有多大的完整性，在经济全球化条件下，仅仅从本国资源和本国市场的范围来判断产业结构的合理与否都是很片面的。从全球化资源有效配置的角度看，特别是从全球竞争的现实状况来分析，中国的产业发展以至整个中国经济体系的有效运行，必须突破本国经济内自我循环的狭隘眼界，而树立以全球资源为基点，以全球市场为导向的战略观念。即使是考虑到国家经济安全等问题，也应该立足于经济全球化的背景。在经济全球化条件下，能保证资源安全供应的未必是资源拥有国，换句话说，资源进口国未必比资源拥有国更缺乏安全供应的保障，这就像是在生产社会化的条件下不种粮食的人未必比种粮食的人饿肚子的风险更大一样。根本的问题是生产效率的高低和竞争力的强弱，而在经济全球化条件下，只有以全球资源为基点，以全球市场为导向，才能最大限度地提高经济运行效率和产业国际竞争力。

（三）既要着眼于国际竞争，又要致力于国际合作

产业结构调整不仅要着眼于国际竞争，而且也要致力于国际合作。跨国公司并不总是只想战胜和消灭我国企业，而是也希望实行"本土化"战略，在进行全球化资源配置的过程中同我国企业进行合作。毫无疑问，在经济全球化条件下，国际产业竞争将空前加剧，竞争力将成为越来越重要的决定性因素。但是，竞争并不是国际经济关系的唯一内容，参与竞争也不是适应经济全球化过程的唯一途径和手段,而且,竞争并不意味着必须战胜甚至消灭对手,"竞争力至高无上"并非唯一正确的绝对真理,产业竞争也不完全排斥合作、联合、协调、分享和互助互惠等非竞争或超越竞争的关系。特别是作为发展中国家,在总体竞争实力上,我国的大多数产业处于弱者地位,弱者应有弱者的战略,在经济全球化的国际竞争中,连强者之间都要通过合作、联合和协调来分享利益,更何况弱者,更需要有更多的机会来完成适应竞争环境、学习全球经营和逐步壮大自己的过程,而在这一过程中(对我国来说是一个相当长的过程),正确处理好参与竞争和发展合作的关系是一个具有重大战略意义的问题。

(四)产业结构的调整要同企业群体结构的优化相结合

培育具有全球化经营实力的企业群体,是实现产业结构调整的基本前提。《中华人民共和国国民经济和社会发展第十个五年计划纲要》指出:"要坚持以市场为导向,以企业为主体,以技术进步为支撑,突出重点,有进有退,努力提高我国工业的整体素质和国际竞争力。""按照专业化分工协作和规模经济原则,依靠优胜劣汰的市场机制和宏观调控,形成产业内适度集中、企业间充分竞争,大企业为主导、大中小企业协调发展的格局。通过上市、兼并、联合、重组等形式,形成一批拥有著名品牌和自主知识产权、主业突出、核心能力强的大公司和企业集团,提高产业集中度和产品开发能力。实行鼓励中小企业发展的政策,完善中小企业服务体系,促进中小企业向'专、精、特、新'的方向发展,提高与大企业的配套能力。"经济全球化对所有的企业都提出了一个如何在全球竞争中争取自己的生存和发展空间的问题。经济全球化具有推动世界市场趋向统一(或一体化)的强大推动力,在全球化市场上,大型跨国公司无疑具有非常强大的竞争优势,但是,经济全球化并不能排除和消灭经济多样化和多层化,所以,在经济全球化条件下,并不是只有一类企业(例如大型企业,或者跨国公司)才有生存空间。实际上,各种类型的企业,包括大、中、小型各类企业都可以有自己的生存和发展空间。在经济全球化条件下,一国企业群体的整体实力同其大、中、小型各类企业的结构特征,以及各类企业在各自最具优势的领域中发挥其竞争力有着密切的直接联系。

各类企业所形成的优化群体，能够有效地提高整个产业的国际竞争力，所以，在经济全球化背景下，仍然要致力于发挥各类企业的内在潜力和优势。产业结构调整同企业群体结构的优化相结合，以促进各产业整体国际竞争力的提高，应该成为我国产业适应经济全球化过程的一项重要政策。

（原载《中国工业经济》2001年第5期）

世界贸易组织规则下的中国工业经济

2001年12月，中国正式加入了世界贸易组织（WTO）。对于世界上的大多数国家来说，加入WTO可能并不是什么了不起的事情；同样，对于WTO，增加一个缔约国，也不是一件值得为之兴师动众的大事。但是，中国加入WTO这件事，无论是对于中国自身，还是对于WTO的其他各缔约方，甚至是对于整个世界经济，都是一件意义非同寻常的重大事件。正因为这样，中国加入WTO的谈判过程才极其漫长，而当中国最终加入WTO的时候，似乎整个世界都在为之兴奋，同时，也不免或多或少地抱有"要小心着点"的心态。那么，为什么中国加入WTO会如此令世界关注？WTO规则下的中国究竟会给世界带来怎样的影响？中国工业经济又将会在WTO规则下发生怎样的变化，沿着怎样的道路发展呢？

一　中国正在进行人类历史上从未经历过的工业化过程

观察今天中国的经济发展，不同的人往往会产生不同的印象，作出很不相同的评价。在许多外国人的眼里，中国是一个世界上经济增长最快的国家，甚至谓之为"一枝独秀"；中国产业竞争力的增长速度非常惊人，甚至令人畏惧（所谓"中国威胁"），中国吸纳了大量的产业资本和生产能力，并正在导致周边国家的"产业空洞化"；有的经济学家及世界银行等国际组织用购买力平价进行计算，认为中国的经济总量已经仅次于美国居世界第二位……①全世界都在瞩目中国经济的发展,为之惊讶,甚至不无担心。而中国人自己则觉得,一个曾经极度贫困的国家,而且,现在仍然是一个低收入的发展中国家,终于走上了高速增长的工业化道路,是一件天经地义的事情,工业化对于中国不过是一段迟到的历史,现阶段中国的高速经济增长,只是一个"补课"和"追赶"的过程。为什么会让一些人大惊小怪?

中国的工业化究竟有什么独特之处呢?纵观近现代世界各国的历史,我们发现,在一个统一国家的范围内,近13亿人口同时进入工业化进程,这是人类历史上从未发生过的现象。在当今世界60亿人口中,主要工业国人口约为6.5亿,所占比例不足12%。这些国家的工业化是在两百多年的时间内完成的。而且,在高速工业化时期,这些国家大都只有几千万人口。也就是说,占世界总人口不足12%的人口,分为七八个国家,在两百多年的漫长时间里,先后实现了工业化。而中国的情况则是:人口近13亿,占世界总人口21%以上,作为一个高度统一的国家,在几十年的时间之内,就要完成工业化过程(见表1)。这样,同样是实现工业化的过程,但同世界其他工业化国家相比,中国的"国内经济问题"在规模上却远远超过了以往的许多"世界经济问题"。作为一个超过世界人口21%的高度统一的国家进入工业化的高速增长时期,必然产生许多人类历史上从未出现过的现象和问题。就现在已经明显可以观察到的情况而言,我们就必须重视:

表1　　　中国和世界主要工业化国家的人口比较(1999年)

国家(地区)	人口数(万人)	占世界总人口的比例(%)
世界总计	597840	
中国	125909	21.1
主要工业国	70637	11.8
欧洲主要工业国	25727	4.3

---

① 根据《世界银行报告》(2000/2001),按现行汇率计算,中国人均GDP 780美元,按购买力平价计算为3291美元。按现行汇率计算,GDP总额居世界第7位;而按购买力平价计算,中国GDP总额(超过4.1万亿美元)超过日本(3万亿美元),居世界第2位(美国为约8.4万亿美元)。

续表

国家（地区）	人口数（万人）	占世界总人口的比例（%）
英国	5874	
德国	8209	
法国	5910	
意大利	5734	
北美洲工业国	30362	5.1
美国	27313	4.6
加拿大	3049	
澳大利亚	1897	0.3
日本	12651	2.1
俄罗斯	14556	2.4

资料来源：《中国统计年鉴》（2001），第879页。

第一，中国工业化所面临的国土、资源、生态、环境的承载力问题，是其他工业化国家未曾遇到过的。所以，城市化、重化工业化、人口迁移、大众消费（例如汽车的普及）等工业化阶段必然出现的现象，在中国的表现必然同其他国家有非常大的不同。近13亿中国人如果都要模仿发达国家的生活方式和耗费同量的资源，则整个国家甚至整个世界都难以承受。

第二，在中国属于"地区问题"或者"区际关系"的现象，在规模上超过了其他国家的全国问题或者"国际关系"问题。所以，中国的"宏观经济"、"地区经济"现象同其他国家的同类现象相比，绝不是同一个数量级的问题。而不同的数量级必然使问题的性质会有很大的差别。

第三，工业化过程中发生的不平等现象，在中国表现为地区经济不平衡、居民收入和财富分配不平等，而其他国家则在很大程度上表现为国家之间的经济不平衡。所以，在其他国家的工业化过程中，许多可以"外部化"（即转变为国际问题）的问题，在中国则必须完全以"内部化"（即作为国内问题）的方式来解决。许多在"世界经济"中难以解决，甚至不被重视的问题（例如国家间贫富不均），在中国工业化过程中，则完全表现为国内经济问题（地区间的经济不平衡），而必须予以解决。

第四，在世界其他国家的经济发展中，前工业化、工业化和后工业化现象，发生于不同时期的不同国家之中，所以，在某一特定时期内，可以分为前工业化国家、工业化国家和后工业化国家。而在中国经济发展中，前工业化因素、工业化因素和后工业化因素同时大规模地出现在同一个统一的国家之内，突出地显现出来，并且极其复杂地交织在一起。而且，与其他发展中国家常见的二元经济结构现象不同，中国经济发展面临着复杂得多的长期的结构不平衡问题。

第五，由于巨大的人口规模和经济不平衡性，中国经济发展过程中的社会稳定和社会安全网（为市场竞争中的弱者和失败者提供基本的社会保障）问题会非常突出。工业化过程是社会变动急剧加快，人们的欲望膨胀很快的时期，如果没有强大的社会安全网和社会稳定机制，激烈的震荡很可能会超过社会承受度而阻碍甚至中断经济发展的正常进程。

总之，今天中国正在经历的工业化过程是一个非常独特的历史现象，与其他国家相比绝不可同日而语。所以，要认识中国的工业化，就必须深入研究各种复杂现象和复杂问题，发现中国工业化的内在规律，从而探索中国工业化的可行道路。

二 中国工业发展过程中的"价廉物美"现象

工业化是一个世界现象，任何国家的工业化都是在世界经济中发生和推进的。所以，国际经济规则对各国工业化进程具有重大的影响。中国二十多年来的高速经济增长，同时也是对外开放全方位推进的过程；中国加入WTO，意味着中国工业化将在WTO规则下实现。另外，由于中国工业化的巨大独特性，即使是在WTO规则下，国际社会也在某些方面对中国"另眼看待"，这不仅表现在中国加入WTO的谈判协议中，而且也会表现在未来的经济实务中。

在现行国际经济规则下处理经济问题时，只以国家为界，而不论事实本身的经济性质如何。例如，经济发展中，劳动力流动是必然的和有益的，所以，自由移民本应是合理、合法的。但是，自由移民只适用于国内而并不适用于国际，特别是对中国人口的国际流动国际社会更是严格限制。所以，WTO规则并不支持劳动力的国际自由流动，换句话说，在主要由发达国家所构造的世界经济秩序中，阻碍劳动力国际流动是合法的，而阻碍其在国内地区间的流动则是不合法的。

这样的国际经济规则，迫使中国只得依靠低价工业品生产和出口来实现经济资源的国际配置。因为，从经济合理性来说，所有产品、服务和各种可流动生产要素（资本、技术、劳动等）的完全可流动是最有利于提高效率的。但是，在现行的国际经济规则下，劳动力的国际流动受到非常严格的限制，特别是中国，不可能将劳动力的国际流动作为资源优化配置的可行途径。但是，大量的普通劳动力不通过在世界范围内的再配置，就不可能从根本上改善中国的资源配置状况。所以，中国必须大量生产工业制成品，将国际流动性差的劳动力转变为流动性强的工业制成品，通过工业制成品的贸易来实现资源（包括劳动力）的优化配置。因此，在中国工业化过程中，必然表现为国际贸易，特别是工业制成品出口的很高比重。一个可以作为佐证的现象是，在中国进出口贸易中，"加工贸易"占有非常高的比重。从一定意义上可以说，加工贸易的经济实质就是劳动力出口。

中国巨大的人口规模，决定了在工业化的相当一段时期内，必须生产大量的中低档工业制成品，同时，中国居民收入水平和分配结构（中国低收入人口比重畸高，而收入较高的所谓"中产阶级"则非常弱小）也决定了中国工业品具有"价廉物美"的特点。所以，依靠价格优势和进行"价格大战"是中国现阶段工业化进程中难以避免的历史性现象和必然过程，即使是中高档产品也难逃"价格大战"的洗礼。从一般日用品，到彩电、VCD、微波炉等家用电器的"价格大战"，直到进入WTO后即将来临的汽车、手机等的低价竞争，几乎没有哪种制成品的发展可以幸免以降价为主要特征的激烈（甚至是残酷的）市场竞争。中国工业化的独特性质决定了在相当长的一段时期内，中国国产品的最大优势是低价格。据日本贸易振兴会2001年8月在亚洲各国进行的家用电器产品价格调查，彩电、空调、冰箱、电饭锅等中国产品均具有最低价格。在中国国内市场，不仅中国产品，连日本、韩国、欧美的产品也比在其他亚洲国家的同样产品销售价格要便宜①。中国确实是一个巨大的市场，令全世界的商家所垂涎。但是，所有想进入中国市场的商家都必须做好准备，到中国来进行"价廉物美"的商战考验。即使是像轿车这样的中国弱势产业也不能例外。有研究表明，目前一汽捷达轿车的生产成本是8万元人民币左右，即1万美元上下。在五年内，一汽通过改革完全有能力把成本降到平均7000美元以下，即劳动成本下降20％，原材料下降14％，管理和财务成本下降30％②。因此，中国市场上轿车的价格大战也将指日可待。中国完全可能生产出全世界价格最低的（经济型）汽车。不要过多久，全世界的企业都会领教：不懂"价廉物美"的商家，就不要想到中国市场上来混饭吃！

不仅人均低收入形成对"价廉物美"制成品的需求，而且无限供应的劳动力供给也可以长时期抑制工资成本的上升，从而支持"价廉物美"制成品的大量生产和供给。全世界都会发现，中国制造的制成品具有不可思议的低价格。在中低档工业制成品的低成本竞争中，中国的产品所向无敌。根本原因就是：中国拥有不可思议的巨大人口和劳动力资源，而且，统一的国家保证劳动力地区间的流动和优化配置，使得中国工业制成品确实具有不可思议的低成本。

根据日本贸易振兴会的调查，每千瓦时电费，与横滨相比，深圳为75％，上海和北京为50％，曼谷为28.6％，吉隆坡为35.7％，雅加达为19.4％，马尼拉为27.5％。每公升汽油价格，深圳为51.7％，上海为40.7％，北京为46.5％，曼谷为96.5％，吉隆坡为36％，雅加达为14％，马尼拉为43.5％。每平方米厂房租金，深圳为2％，上海为1.6％，北京为3.9％，曼谷为3％，吉隆坡为4.8％，雅加达为5.5％。而中国的劳动力价格只相当于日本的几十分之一。

加入WTO后，中国工业化的"价廉物美"现象，必将以更快的速度向国际化的方向扩展。据日本产业经济省的调查，中国摩托车占世界产量

---

① ［日］丸屋、丰二郎：《中国经济的飞跃发展和亚洲的对应》，《开放导报》2002年第2—3期。

② 刘芍佳、赵晓：《中国入世后汽车市场格局和车价波动展望》，《改革与理论》2001年第12期。

的43%，电脑键盘占39%，家用空调占32%，洗衣机占26%，彩色电视机占23%，化纤占21%，冰箱占19%[①]。在美国市场上，中国产品占进口产品的市场份额已相当于亚洲"四小龙"的总和；而在日本市场上，中国产品的市场份额已大大超过亚洲"四小龙"之和（见表2和表3）。中国在世界出口额中的比例：1990年不足2%，2000年为4%，上升了差不多一倍。而日本却从1990年超过8%，下降到2000年的不足于8%。在美国进口产品中的比重，中国1995年占约6%，2000年上升到8%以上；而日本却从1995年的接近17%，下降到2000年的不足13%。在经合组织（OECD）进口中的比重，中国1995年不足4%，2000年上升到接近5%。特别是在日本进口产品中的比重，中国1986年不足5%，2000年上升到接近15%，提高了近两倍；美国却从1986年的23%以上，下降到2000年的19%。而在日本的进口工业制成品中，中国1986年仅占4%，2000年上升到接近19%，增加三倍多；美国1986年占34%，2000年下降到23%。欧盟1986年超过22%，2000年下降到不足18%（已低于中国）。

表2 　　　　　中国及"四小龙"产品在美国进口市场上的市场份额　　　　单位：%

国家或地区	1996年	1998年	2001年1—7月
中国	6.51	7.79	8.10
中国台湾	3.78	3.62	2.95
韩国	2.86	2.62	3.04
新加坡	2.57	2.01	1.34
中国香港	1.25	1.15	0.82
"四小龙"合计	10.46	9.40	8.15

资料来源：（中国香港）朱文晖：《国际经济形势逆转与中国出口机遇》，《开放导报》2002年第2—3期。

[①] 转引自吴寄男《新世纪中日经贸关系展望》，《开放导报》2002年第2—3期。

表3　　　中国及"四小龙"产品在日本进口市场上的市场份额　　　单位:%

国家或地区	1996年	1998年	2001年1—7月
中国	11.58	13.22	15.84
中国台湾	4.28	3.65	4.37
韩国	4.57	4.30	5.12
新加坡	2.10	1.68	1.68
中国香港	0.74	0.62	0.42
"四小龙"合计	11.69	10.25	11.59

资料来源：同表2。

由于中国巨大的国内市场和发展工业制成品的优越条件，必然吸引国际资本的大量流入。1990年，中国吸引的国外直接投资只相当于东盟四国的1/3，到2000年，中国吸引的国外直接投资已相当于东盟四国总和的两倍多（见表4）。

表4　　　中国与东盟四国引进国外直接投资的比较　　　单位：亿美元

年份	中国	东盟四国	中国对东盟四国的倍数
1990	66.0	201.1	0.33
1992	581.2	229.2	2.54
1995	912.8	619.3	1.47
1996	732.8	508.0	1.44
1997	510.0	516.5	0.99
1998	521.0	272.6	1.91
1999	412.2	204.5	2.02
2000	623.8	273.2	2.28
2001	692.0		

注：东盟四国为泰国、马来西亚、印尼和菲律宾。表中数字为批准额。

资料来源：转引自［日］丸屋、丰二郎《中国经济的飞跃发展和亚洲的对应》，《开放导报》2002年第2—3期。2001年数字来源于《中华人民共和国2001年国民经济和社会发展统计公报》，《经济日报》2002年3月1日。

在中国工业化的这一阶段，上述现象很可能使得同中国工业有关的国际贸易摩擦成为一个较突出现象。中国国内市场上工业制成品的低价格战略，必然向国外延伸：反倾销诉讼案件、大规模贸易顺差、本币升值压力、产业转移导致的某些发达国家及周边国家出现"产业空洞性失业"，等等，都可能会成为中国现阶段工业化的伴生现象。从根本上说，这些都是国际经济秩序不尽合理所导致的国际经济关系失衡现象，也是中国工业制成品经受"价廉物美"市场竞争锤炼所形成的竞争力的直接体现。

当中国加入 WTO 时，有些外国人担心中国是否会遵守 WTO 的规则，其实，在 WTO 规则下发展经济，特别是发展制造业，使自由贸易原则和 WTO 规则彻底得以贯彻，对于中国的工业化进程是最为有利的。因为中国的工业化本身就不是一个一般国家的经济发展现象，而是一个人口超过世界 21%，甚至直接关系所有主要国家的大多数人口的世界性现象，所以，中国工业化的实现特别需要经济资源在全世界范围的优化配置。而经济资源在世界范围内有效配置的经济学意义就是：以最低成本和价格向世界市场提供最大数量的产品。很显然，这正是对中国工业发展最为有利的条件。所以，中国工业的发展根本不惧怕 WTO 规则，根本不惧怕激烈的国际竞争，怀疑中国有意违反 WTO 规则，从根本上说是完全没有根据的。

三　工业化过程中的地区经济关系

由于中国工业化的上述独特性，将产生一系列独特的利益关系。其中非常重要的问题之一，就是中国工业化过程中的地区差距将表现得非常突出。如前所述，世界上主要工业化国家，尽管也存在地区经济发展不平衡的现象，但是，真正的不平衡性压力是通过外部化来舒解了。也就是说，大多数工业化国家在工业化过程中产生的空间不平衡现象，主要都表现为国家之间的不平衡，试想，欧洲工业国的经济发展水平同非洲的差距有多大？而在中国工业化过程中，空间不平衡压力是根本不能外部化的，这就必然表现为地区经济不平衡现象十分严重。

在经济全球化背景和 WTO 规则下，中国将在更大程度上通过资源的全球化配置来实现工业化。从中国国内生产力空间分布的动态趋势看，东部地区是中国参与国际产业竞争最具优势的地区，同时，随着东部地区发展水平和收入水平的提高，一些生产要素主要是劳动力、土地等的成本正在上升，有些产业开始形成要素转移的要求。所以，从理论上和现实中都可以发现，东部地区的一些产业具有向中西部地区转移的趋势。不过，资本与劳动的结合未必通过资本的空间转移来实现，只要不存在阻碍劳动转移的障碍，也完全可以通过劳动的空间转移来实现。劳动在国际间的转移是困难的，所以，东部地区廉价的劳动不可能大量输出国外去同海外的资本结合，而通常只能是海外资本进入东部地区同那里的廉价劳动结合。而在东、西部地区之间的情况就很不相同。西部地区的劳动流向东部地区的障碍越来越小，大量的西部劳动流向东部，同那里的东部资本及海外资本向结合，形成较高效率的生产能力。一般来说，流动性强的劳动是相对素质较高的，这不仅表现为较高文化和专业素质的劳动更容易转移，而且表现为同等文化和专业素质的劳动中，综合素质较高、市场适应能力较强的劳动更倾向于地区间转移，并且更容易在新的地区站住脚跟。

这样，东部的率先发展积累了相当数量的资本，其中大部分再投入在本地区，也有一些向西部地区转移，但相对数量不大。东部地区的部分资金还通过政府的政策渠道，例如财政转移支付、国债投资、国有银行政策性贷款等，被转移投资到西部地区，但其中相当大的一部分又会通过市场渠道，例如东部地区的企业承担西部开发工程项目、向西部地区出售产品、银行在西部地区的存贷差等，流回到东部地区。海外资本仍然更多地投向东部地区，也有一部分会投向西部地区，但数量远少于对东部地区的投资。

同时，随着劳动市场的发展和劳动在区域间流动障碍的消除（例如户口管制的放松），西部地区的劳动特别是较高素质的劳动，向东部地区流动的倾向更强。东部地区的资本如果能够获得流入劳动的不断供应（这意味着劳动价格的上升趋势被遏制），其流向西部地区的动力就会减退。这表明，资本和劳动的空间转移可能更有利于东部地区。特别是东部沿海的长江三角洲、珠江三角洲等地区，将成为世界少有的加工制造业的集群区，其比较优势和竞争优势都将极为突出。所以，合理的推断是：未来10—20年内，以东部地区产业为代表的中国产业同世界发达国家及地区之间差距的缩小，要远快于东西部地区之间差距缩小的速度，甚至在一定时期内，东西部地区之间产业发展水平的差距还可能会进一步地扩大。估计 15—20 年以后，东西部地区差距缩小的速度才会明显地加快。这是一个不以任何人的意志为转移的客观规律。

在一个国家之内，不仅劳动力的空间转移障碍比国际间小得多，而且技术的模仿、扩散也比国际间容易得多。所以，在中国工业化进程中，一个巨大国家之内的地区差异成为导致"重复建设"的重要原因之一。

当市场经济焕发出巨大的生产积极性，利益刺激成为强大的生产诱因，一定程度的生产过剩就成为难以避免的现象。只要有市场需求和利润空间，就会有企业投资的欲望。而且，我国工业结构中高水平和低水平的生产能力并存，各地区都希望尽快地通过技术模仿而加快工业发展。目前，并不完善的市场机制还无法实现资源的有效配置和真正良性的优胜劣汰，时常可能发生逆向淘汰和"劣质品驱逐优质品"的状况，所以，尽管一定程度的重复建设尚属市场经济的正常现象，没有一定程度的重复建设，也就没有市场竞争，但是，我国目前可能发生的却往往是严重缺乏效率的不良重复建设。

一般来说，在竞争性行业中，只要有正常的市场秩序，企业合法经营，不产生严重的外部非经济现象，例如破坏环境、浪费资源、侵害劳动权益、危害安全等，就应视为可以允许的重复建设，对于这样的重复建设即使是在经济上并不十分合理，也不应只是采用行政性的手段进行管制，而应主要采取市场调节的方式，通过优胜劣汰机制来实现资源的更有效配置。但是，对于恶性的重复建设，即采取不正当竞争手段（包括地方保护）、存在严重的外部非经济影响，例如破坏环境、浪费资源、侵害劳动权益等，甚至进行非法经营而发展起来的企业和生产能力，必须采取法律的和行政的手段进行规范、限制或取缔。

为了制止不良甚至恶性的重复建设，缓解市场供需矛盾，改善产业结构，保护生态环境，保证劳动安全，国家实施了对纺织、冶金、煤炭、玻璃等重点行业的压产限产和清理关闭"五小"企业的措施，2000 年取得较明显的效果，使这些行业供需严重失衡的状况得到缓解，产品价格回升，资源浪费和环境破坏的情况有所改观。但是，一旦供大于需的矛盾开始缓解，市场价格止跌回升，就必然会产生刺激扩大供应的信号。所以，2001年以来，平板玻璃、小煤窑、普通小型钢材、线材以及纺织等行业又都出现了产量大幅度增长、投资额明显增加、低水平重复建设抬头和非法开采死灰复燃的现象。

目前的重复建设主要发生于同地方经济发展具有较密切关系的领域，地方政府出于财政收入、就业和地方利益的考虑，往往并没有积极性和主动性对发生在本地区的重复建设现象进行严厉管制，甚至可能纵容企业搞重复建设；即使服从中央政府的指令实施了压缩本地区重复建设项目的政策，也往往只是短期突击性的行动，并没有出于自觉意志的长期政策考虑。

产生不合理重复建设固然有许多不合理的原因。但是，中国工业化过程中独特的地方利益格局无疑是一个可以理解的原因。中国的地区利益同其他国家的地区有很大的不同。中国地方政府所承担的发展地方经济、协调利益关系的责任，同其他国家的地方政府相比也有很大的差别。所以，如果要使控制重复建设的产业政策具有长期的有效性，就应该在压缩地方生产能力的同时，尽可能考虑地方利益的补偿问题，特别是要考虑当地的就业问题，研究地方经济的可行发展战略。

四 政府经济管理面临的挑战

中国加入WTO，意味着中国经济发展将遵守WTO的有关各项规则，按照市场经济的自由贸易原则，进行国际竞争和合作。这对刚刚从封闭的计划经济中脱胎而来的中国经济是一个极其巨大的历史转变，无疑会对经济活动的各类行为主体——居民、企业、政府——形成程度不同的压力。其中，政府所面临的挑战是最大的。这不仅仅是因为存在通常人们所说的各级政府本身对WTO规则的适应性问题，更重要的是中国经济具有同其他国家相比的极大差异性。

中国拥有的巨大人口、国土和地区间差异，使得中国政府管理经济的"工作量"是世界上任何其他国家的政府所不可相比的。中国政府的经济管理和调控部门绝对是一个"超常工作量"管理机构。而且，政府目前还管了许多不应该管，但是，短期内仍然不得不管的事情。所以，中国政府的经济管理机构非常庞大，而要使如此庞大的政府机构适应 WTO 规则，绝不是一件容易的事情。

WTO 的规则首先是对政府行为的规范，而规范政府行为包括两方面的要求：一是缔约方的中央政府承诺遵守 WTO 规则，并且在实践中履行所作的承诺；二是缔约方的中央政府要能够保证本国的各经济行为人（包括地方政府）都遵守 WTO 规则（这不仅涉及管理能力，而且涉及法律体制、经济体制、行政体制、利益协调等一系列复杂问题）。这是对中国政府管理经济的能力的一个很大挑战。

WTO 的基本理论原理是市场经济的自由贸易和平等竞争，这种市场经济的自由贸易和平等竞争的秩序是要靠政府来维持的。而要维持中国这个庞大经济体的市场经济秩序和保证 WTO 规则有效实行，同维持规模只有中国几分之一甚至几十分之一的其他市场经济国家的正常经济秩序相比，是根本无法同日而语的。

加入 WTO 后，中国庞大的政府经济管理机构不仅必须尽快熟悉 WTO 规则，学习 WTO 规则下的工作方式，而且必须对自身的行为方式和组织结构进行调整，以适应 WTO 规则的要求。更为重要的是，中国政府经济管理机构还必须进行创造性的体制建设和组织再造，来应对中国所面临的许多同其他国家非常不同的经济和社会问题。换句话说，中国进入 WTO，绝不仅仅意味着中国政府经济管理过程要接受一套明文规定的经济活动规则，更重要的是，必须创造一整套在 WTO 规则下维持一个巨大规模国家的市场经济有效运行的具体管理模式。世界上没有哪个国家能够成为中国的模仿对象，因为中国工业化所具有的巨大特点和独特利益关系是没有哪个国家可以相比的。

尽管按照 WTO 的一般原则精神，自由竞争和自由企业制度是工业发展的基本制度基础，但在中国工业发展中，政府，包括中央政府和地方政府，不可能不对工业发展不施加积极的影响和干预，只不过这种影响和干预必须以不违反 WTO 规则为前提。所以，中国加入 WTO 后，政府管理经济不仅必须实现观念的转变，而且必须增强创新意识。

第一，WTO 是一套经济运作的规则系统，按规则管理经济活动，是政府首先必须确立的观念。而且，WTO要求规则的透明化，即除了涉及国家秘密之外，经济活动的所有法律、法规、政策等，都必须让所有的相关者了解，这样才能使得各个经济行为主体都能够按规则进行经济活动。过去，中国实行计划经济。不仅国家的经济计划是不公开的，而且，调节经济活动的许多"红头文件"也是保密的。在这些文件（甚至法律文件）中有不少同WTO规则相抵触，而且，各个文件之间也往往是相互矛盾的。这样，整个经济运行的规则系统就是非常不完善的。没有完善的规则系统，经济活动就不可能按规则顺利运行。所以，加入WTO后，中国各级政府的经济管理部门并不仅仅是被动地了解和实行WTO一条一条的具体条文，而且是要全面清理法律、法规和政策文件，形成有效的经济活动规则系统，并且使这个规则系统完全透明化，让个人、企业、中介机构、政府都能够在这一规则系统中各行其是，各尽其责。

第二，WTO规则的基本要求是，政府必须公正地管理经济活动。公平竞争是市场经济的基本要求，所以，政府管理和干预经济活动必须有公平观念。各种规章制度、优惠待遇、扶持措施等，都不应违背公平原则。中国是一个以集体主义意识形态为主的国家，为了集体利益而放弃个体利益，被认为是一种美德。所以，中国的许多制度和政策规定都体现了集体（或者整体）优先的原则，即一些个体必须为了集体（整体）的利益而牺牲自己的利益，或者不同的个体享有不同的待遇，以实现集体（或者整体）利益的最大化。例如，限制农民进城；开办企业必须有很高的注册资金；国内企业和外商企业适用不同的法律和政策等。而WTO规则是一套个体平等竞争的行为规则。当然，WTO规则也考虑到了整体利益问题，但是，基本的精神是主张个体之间的公平权利。所以，按照WTO规则，所谓政府的公正，就意味着政府管理经济活动必须更注重个体之间的公平待遇，尊重个体的权利，不应随意地以维护整体利益为借口而滥用权力，损害个体的权益。这样的政府管理意念同过去的政府观念无疑有很大的差距，要实行观念转换，绝不是很容易的事情。

第三，WTO规则要求政府管理经济活动应该是高效率的。政府管理经济活动应该有利于经济活动的顺利进行，而不是给经济活动设置各种各样的障碍。现在，在各地都有许多明显的政府管理低效率现象，例如，繁复的行政审批程序、各种检查制度、没有时间约束的政府执法过程，甚至一些经济特区至今还保留着没有实际意义的"通行证"制度等。高效意味着快捷、简便、低成本。政府对经济活动的高效率管理的最佳状态是：合法经营者几乎感觉不到政府对经济活动的干预行为。很显然，同这样的要求相比，我们还有非常大的差距。

第四，在 WTO 规则下，政府管理的内容应该更多的是服务，而不是任意限制。政府管理经济特别是实施各种管制措施时，必须对经济行为主体进行一定的限制，这是没有疑义的。但是，从本质上说，市场经济的有效运行、WTO 规则的顺利贯彻，基本的出发点是要让经济行为主体尽可能自主、自由地作出决策，最大限度地发挥自由竞争对经济发展和经济繁荣的促进作用。所以，政府的管理措施即使必须对企业行为进行限制，其用意也是通过维持竞争秩序而使企业有更良好的经营环境。政府管理经济活动从本质上说，应该是对经济行为主体——居民和企业——所提供的公共服务，就像是竞技体育中的裁判员和交通警察从本质上说是对运动员和司机、行人提供服务一样。在中国，政府部门要真正形成服务观念也不是一件容易的事。因为，在传统上，中国人一直认为，政府工作人员就是"官"，官在上，民在下，官是中心，民在外围，官是发号施令的，民则必须唯命是从。在计划经济体制下，政府掌握着绝大部分的资源，企业、居民的所得似乎都是政府给予的"恩惠"和"关怀"。所以，要做成一件事情，最重要的条件就是政府"领导重视"。而在市场经济制度下，发展和繁荣来源于各个经济行为主体的自由选择和自由竞争，政府则应该为维持公平有效的竞争秩序而提供公共性服务。实现这样的观念转变是中国经济是否真正转向市场经济，是否真正适应了 WTO 规则的根本性标志之一。

（原载《中国工业经济》2002 年第 5 期）

"中国制造"的世界意义

20世纪80年代以来，中国经济持续快速增长，特别是制造业的生产规模迅速扩大，使得中国已经成为一个令世界所瞩目的工业生产大国。中国出口产品中工业制成品的比重大幅度提高，中国制造的工业品在世界市场上的比重也显著提高。中国加入世界贸易组织后，"中国制造"将越来越成为当代国际经济中的一个突出现象，"中国制造"的世界意义将越来越成为一个全世界关注的问题。

一 独特的中国工业化过程

世界上绝大多数国家的经济发展都必然要经历工业化的过程，工业化首先表现为制造业的高速增长。所以，世界经济发展过程中必然形成一个又一个的制造业增长极。而当一些大国进入工业化高速增长期，就会形成一个又一个的在全球范围内具有突出地位的制造业增长极。人们通常称之为"世界制造中心"。英国、欧洲大陆国家、美国、日本等都曾经成为这样的世界制造中心。

在当今世界60亿人口中，主要工业国家的人口约为7亿，所占比例不足12%。这些国家的工业化是在两百多年的时间内完成的。而且，在高速工业化时期，这些国家当时大都只有几千万人口（现在，超过1亿人口的工业化国家也为数很少）。也就是说，占世界总人口不足12%的人口，分为七八个国家，在200多年的漫长时间里，先后实现了工业化。而中国人口近13亿，占世界总人口21%以上，其规模相当于工业化国家平均规模的十几倍。而且，中国作为一个高度统一的国家，在几十年的时间之内，就要完成工业化过程。这是人类历史上从未发生过的现象。因此，中国工业化过程如果能够在一个较长时期内保持强有力的经济增长和工业规模扩张，特别是考虑到几亿农业劳动力向非农产业的转移，中国就必然会成为一个规模巨大的"世界制造中心"。

二　中国工业的低成本、低价格优势

工业化是一个世界现象，任何国家的工业化都是在世界经济中发生和推进的。问题是，现行国际经济规则迫使中国只得依靠低价工业品生产和出口来实现经济资源的国际配置。因为，从经济合理性来说，所有产品、服务和各种可流动生产要素（资本、技术、劳动等）的完全可流动是最有利于提高效率的。但是，在现行的国际经济规则下，劳动力的国际流动受到非常严格的限制。但是，大量的普通劳动力如果不能在世界范围内进行再配置，就不可能从根本上改善中国的资源配置状况。所以，中国必须大量生产工业制成品，将国际流动性差的劳动力转变为流动性强的工业制成品，通过工业制成品的贸易来实现资源（包括劳动力）的优化配置。因此，中国巨大的人口规模，决定了在工业化的相当一段时期内，必须生产大量的中低档工业制成品。

从工业品的市场需求看，尽管二十多年来中国国内生产总值持续高速增长，但人均国民收入增长则相对缓慢，中国在总体上至今仍然属低收入国家。而且，中国居民收入水平和分配结构（中国低收入人口比重畸高，而收入较高的所谓"中产阶级"阶层则非常弱小）也决定了中国大多数工业品必须具有"价廉物美"的特点。所以，依靠价格优势和进行"价格大战"是中国现阶段工业化进程中难以避免的历史性现象和必然过程，即使是中高档产品也难逃价格竞争的洗礼。

不仅人均低收入形成对"价廉物美"制成品的需求，而且，无限供应的劳动力供给也可以长时期地抑制工资成本的上升，从而支持"价廉物美"制成品的大量生产和供给。全世界都会发现，中国制造的许多制成品具有不可思议的低价格。在许多中低档工业制成品的低成本竞争中，"中国制造"的产品所向无敌。根本原因之一，就是中国拥有巨大人口规模和劳动力资源，使得中国许多工业制成品确实具有不可思议的低成本。

加入 WTO 后，中国工业化的"价廉物美"现象，必将以更快的速度向国际化的方向扩展。

中国巨大的国内市场和发展工业制成品生产的独特条件，必然吸引国际资本的大量流入。1990 年，中国吸引的国外直接投资只相当于东盟四国的 1/3，到 2000 年，中国吸引的国外直接投资已相当于东盟四国总和的两倍多。

在中国工业化的这一阶段，上述现象很可能使得同中国工业品有关的国际贸易摩擦成为一个较突出现象。从根本上说，这是国际经济秩序不尽合理所导致的国际经济关系失衡现象；也是中国工业制成品经受"价廉物美"市场竞争锤炼所形成的竞争力的直接体现。值得注意的是，一些发达国家面对中国等发展中国家制造业的竞争也会采用保护主义的手段来维护自己的利益，从而导致不合理的国际贸易摩擦。

三　中国为全球经济增长开拓更大空间

中国是一个发展中国家，中国工业品的低成本、低价格优势主要存在于中、低技术水平的产业、产品和生产环节中。目前，中国工业的整体国际竞争力还不强，所以，尽管中国工业品的产量相当大，但所获得的经济利益（特别是经济收入）却并不很高。

实际上，在经济全球化背景下，能够获得最大经济利益的是发达国家的跨国公司。中国工业发展在国际合作中所取得的主要是以比较成本优势和劳动者辛勤工作为基础的微薄收益。中国即使成为"世界制造中心"，也并不意味着中国制造业已经成为世界制造技术的中心，甚至也不意味着中国一定能够从加工制造业的发展中获得充分的经济利益。因为，在现代国际经济秩序中，经济利益的获得不仅取决于生产能力和生产量的大小，更取决于知识产权的归属、产品附加价值构成、资本实力的强弱以及营销体系的性质等因素，而在后者，中国在短期内很难改变自己的弱势地位。

国外一些人看到"中国制造"的工业品遍布世界，担心中国工业的发展会对其他国家的产业产生很大冲击，甚至认为中国廉价劳动力同其他国家的同行竞争，会导致其他国家劳动者的失业。认为中国的劳动者

"掠夺"了其他国家的就业岗位。这样的看法有失偏颇。

中国工业增长和出口扩大的基本经济学原因是国际比较优势的体现；每一个国家都会有自己的比较优势，中国发挥自己的比较优势并不会"掠夺"其他国家发挥比较优势的机会。竞争只会导致经济发展空间的不断扩张，而不会堵塞任何国家的发展道路。

特别应该看到，中国众多的人口固然能够生产大量的产品，但中国同时也是一个巨大的消费市场；而且，中国的基础设施建设、城市化过程和国土整治的巨大工作量，更是一个庞大的投资市场。中国工业的增长不仅创造供给，同时也创造需求。中国贡献给世界的不仅是"制造中心"，而且是一个巨大的"需求中心"。中国不仅从供给方推进世界经济发展，而且，从需求方拉动世界经济发展。

更值得重视的是，当今的国际竞争与国际合作并行。中国参与国际竞争同时也参与广泛的国际合作。国际竞争和国际合作，可以促进各伙伴国的经济增长和社会福利的提高。所以，中国成为"世界制造中心"对世界各国都是一个积极利好的事实。

（原载《中国证券报》2002年7月18日）

高技术在我国产业发展中的地位和作用

工业化是一个科技发现和发明不断推动产业发展的过程。科学技术的进步不仅使工业生产手段不断革新，而且使工业发展空间日益拓宽。每当现有的工业生产手段被普遍采用，工业发展空间趋于饱和，即在现有技术层次上已有的工业部门已经成熟，增长动力弱化，就产生了对新的技术革命的需要。只有革命性的技术进步，才能推动工业结构的实质性提升和产业空间的大幅度扩展。而所谓高技术发明就是相对于传统技术的革命性技术进步，高技术的运用和产业化则是推动产业升级的革命性动因。问题是，对于发展中国家来说，许多传统技术也是新技术，传统技术仍然是推动产业发展的强有力手段，所以，在资源和能力有限的条件下，对传统技术和高技术进行选择，就成为一个关系到发展中国家产业发展前途的重大战略问题。这一问题在我国工业化进程中正变得越来越突出。如何正确认识高技术在我国产业发展中的地位和作用，探索发展高技术和高技术产业的有效途径，对我国的科技发展战略和产业发展战略具有极为重要的意义。

一 我国现阶段经济和产业发展的基本态势

要认识高技术在我国产业发展中的地位和作用，首先要对我国现阶段经济和产业发展的基本态势有科学的认识。中国经济是世界经济的组成部分，中国工业化是人类社会工业化进程的组成部分。从世界产业发展的全球布局看，产业转移是推动我国产业发展的强大动力。目前，我国大多数产业的技术来源都是西方的产业技术，也就是说，西方产业向我国的转移和西方产业技术向我国的扩散，是现阶段我国产业发展和产业技术进步的主要内容。当然，在产业转移和技术扩散的过程中，我国并不是完全被动的，其中也包含着大量的技术创新活动。但是不可否认的是，迄今为止，承接转移产业和吸收扩散技术是我国产业技术进步的基本途径。

发达工业国向发展中国家包括中国转移产业，并不是简单的产业搬家。产业转移的技术依托是产业分解和产业融合，即发达国家通常是将产业链进行分解，然后把一部分生产环节转移到发展中国家（具体的形式有直接投资、生产外包等），实现国际间的生产分工和资源配置。同时，所分解的产业链环节又可以同发展中国家的产业链进行连接，实现产业融合，以开拓更大的需求空间。所以，当中国以承接发达国家的产业转移的方式加快工业化进程的时候，也就日益深入地参与进全球产业分工体系，并对世界产业发展作出巨大的贡献①。

一个国家在全球产业分工体系中的地位，决定了其技术进步路线和技术选择的基本特征。众所周知，由于中国的资源禀赋特征决定了在现阶段，从国际产业竞争的角度看，在中低档产品生产以及在加工制造业的中低端生产环节（特别是组装）上的低成本、低价格，是中国产业参与国际分工的一个很大优势。在这方面，中国的许多产业在进入国际市场时几乎是"所向无敌"的，这直接表现为在中国加工生产的工业制成品占国际市场的份额迅速上升。

但是，中国不能长期处于产业低端、低附加值的国际分工地位。而且，实际上，在竞争过程中，中国企业已经越来越体会到，随着传统产业和传统技术向中国的大量转移，市场饱和和利润摊薄是不可抗拒的趋势。要形成持续的竞争力和保持持续增长的空间，就必须在技术创新上有新的作为。在中国已经经历了二十多年的持续快速增长的今天，各类产业（无论是成熟产业还是新兴产业）都面临着技术进步的艰巨任务。所以，我们可以看到，在中国特别是沿海地区，越来越多的产业正在出现逐渐向高层次、高技术价值链推进的趋势。

---

① 据世界银行专家估计，2002 年中国经济增长对全球经济增长的贡献达 15.7%，仅次于美国，居世界第 2 位。

二 高技术和高技术产业对我国产业发展的战略意义

我国产业逐渐实现向高层次、高技术价值链的推进和升级，不仅是产业发展和市场空间拓展的必要，也是世界经济秩序的利益倾向使然。因为，在现行世界经济体系中，高技术的高附加值利益将得到更大的强化：传统技术和传统产业的规模竞争和利润摊薄，使得其附加价值趋向降低；而高技术产业的高增长和高附加值（垄断利润）倾向则将长期保持。

进入 21 世纪，随着中国等发展中国家工业化进程的加快，全球产业竞争空前激烈。全球产业竞争的方式日益从价格竞争、规模竞争，转向技术竞争、创新竞争，即从以价格争市场、以规模求生存，转向以技术求效益，以创新求发展的方向。当然，由于中国是后来者，目前还主要依靠以价格争市场，以规模求生存的竞争手段来实现产业发展，但是，如果长期停留于这样的产业发展阶段，就难以实现新的飞跃，甚至可能对国民经济产生严重的不利后果。

我们应该深刻认识这样一个问题：中国工业化是世界工业化进程中的一个极为独特的过程。据统计，在当今世界两百多个国家（地区）中，大致有 64 个实现了工业化，这些国家的总人口占全世界人口总数的不足 20%。而中国有 12 亿多人口，占世界人口 21% 以上。也就是说，中国正在进行的工业化，将在几十年时期内，使全世界工业社会的人口翻一番。这是一个意义极其巨大的世界历史事件，更确切地说，现阶段的中国工业化进程是一段让全球工业化的版图发生巨大变化的世界历史变迁时期。尤其是，从 20 世纪 80 年代以来，中国工业化的进程伴随着全方位的对外开放过程。同世界其他大国的工业化进程相比，在许多方面，中国实行对外开放的速度和广度是罕见的。特别是中国进入世界贸易组织所做出的开放承诺，连外国和国际组织（例如世界银行）的一些专家都承认，在许多方面是"非常激进"的，甚至在有些方面是所有国家中"最彻底"的。可以说，中国是有史以来，在工业化进程仍然处于（人均）低收入状态时，开放速度最快、开放领域最广、开放政策最彻底的一个大国[①]。进入21世纪，中国经济以非常快的速度融入世界经济，特别是中国制造业正在越来越深刻、越来越广泛地融入国际分工体系之中，中国市场成为国际市场的组成部分。

由于当今世界的主要产业技术都产生于西方发达国家，任何产业的技术特征都会带有它所产生的那个社会的经济环境的烙印，例如，在发达国家，人力价格较高的经济环境会使得工业技术倾向于更节约人力而更多使用资本，即以资本替代劳动。中国的经济环境同西方发达国家有很大的差别，众多的劳动资源必然要求产业技术在总体上具有多就业的性质，即以劳动替代资本，同时又不失经济效率。因此，适应中国新型工业化的产业技术将是多层次的技术，有引自西方发达国家的高技术，也有更符合中国经济资源条件的适用技术，或者所谓"中间技术"。在这样的技术基础上，面对多层次的消费群体，中国制造业的产品也必然是多档次的。例如，中国既需要生产几十万元甚至上百万元的高档轿车，也需要生产十几万至二三十万元的中档轿车。同时，几万元甚至三四万元的经济型轿车也有非常大的市场。因此，中国的新型工业化，对于制造业本身而言，必然表现出"多元化、多技术、多层次"的显著特征。

所以，在中国现阶段的工业化进程中，一方面，需要发展高技术产业以拓展产业空间，在这一过程中，高技术产业链的分解以及各产业间的融合，使得中国在整体工业技术水平不高的条件下也能在高技术产业领域中获得很大的发展空间。另一方面，要实现高技术同传统产业的结合，将高科技注入传统产业，以提高传统产业的竞争力，使得高技术的运用成为推动传统产业发展的重要力量。

三　在中国工业化过程中高技术产业发展的若干特点

在中国现阶段的工业化过程中，高技术产业的发展具有许多特点：

[①] 在人类历史上，从来没有一个人口超过1亿的主权国家，在处于中国这样的发展水平时，实行像中国这样的全方位的彻底的对外开放政策，特别是对外商直接投资所实行的高度容忍和彻底开放的政策。

第一，中国是在传统产业迅速扩张转移的经济背景下发展高技术产业。因此，一方面，比较利益格局形成了使资源配置向传统产业倾斜的压力，即从近期看，将资源投向传统产业往往更具有经济合理性；另一方面，中国高技术产业的发展也可以获得从传统产业转移过来的竞争优势。我们在许多地区都可以看到，中国许多高技术产业的发展都是从其中的加工制造及组装环节起步的，而在这些生产环节上，中国在高技术产业中具有同传统产业差不多的比较优势。例如，中国电子计算机产业的发展就是从生产技术含量低的外围零部件生产开始，然后逐步向技术含量高的零部件生产环节扩展。

第二，未来 10—15 年，世界技术革命处于相对稳定期，在这一时期的高技术产业发展过程中，成本价格竞争的作用非常突出。这使得中国有可能发挥自己的要素成本优势来促进高技术和高技术产业的发展。

第三，中国新型工业化过程中有一系列新问题需要解决，这对高技术发展提出了新的课题，也使高技术发展具有更大的需求空间。例如，中国巨大的人口数量决定了绝不可以重走发达国家工业化所经历的那样的高污染过程，已经被严重污染了的地球无法再承受 13 亿人口的环境破坏行为。但是，在技术水平低下的情况下，低污染同低成本、低价格是矛盾的，而从长期看，以高污染为代价的低成本、低价格，又是不可能有出路的。这就提出了技术创新和技术进步的迫切要求，形成对高技术的巨大需求。

第四，中国巨大的市场空间，使得高技术所需要的高投入可以有宽广的消化空间。高技术研究开发和产业化需要投入巨额资金，高投入必须要有经济回报，才能实现高技术投入的良性循环。而所谓经济回报就是高技术产品的市场。只有充分大的市场规模才能消化高技术研究开发的巨大投资成本。很显然，中国在这方面具有非常巨大的优势，以及广阔的国内市场。也就是说，中国巨大的市场具有吸纳企业研究开发资金的强烈的吸引力。

第五，中国是一个大国，从维护国家利益的角度看，发展战略性高技术产业具有特别重要的战略意义。而战略性高技术产业的发展往往必须经由特殊的成长路径。

四 我国发展高技术和高技术产业的可行途径

高技术的产生和发展是科学进步的产物，而在市场经济制度下，高技术的产业化主要由企业来实现。因为，一般来说，由企业以商业资金实现的高技术产业，可以最有效地保证市场竞争力的提升。在高技术产业的发展的过程中，大、中、小型企业各有优势。鼓励大、中、小企业在市场竞争中在不同的产业价值环节上实现高技术的开发和运用，可以最有效地实现高技术产业的市场效率，包括正确的项目选择和达到其经济性目标。

我国发展高技术的作用不仅仅是实现高技术产业自身的发展，而是要普遍地提高我国各类产业的技术水平，提高产业的整体素质和整体的国际竞争力。所以，形成企业技术进步特别是发展高技术、投资高技术产业的市场竞争秩序，激发开发和运用高技术普遍的积极性，比由政府单纯地进行高技术项目选择意义更大。国家重视高技术发展是非常重要的，但重要的事情并不等于国家就要直接投资，也不等于国家直接进行项目选择。由企业根据市场状况进行项目选择，承担开发风险，是保证项目选择较高成功率的正确道路。

在我国，要形成科学合理的高技术项目选择机制，必须树立这样的观念：以竞争求技术则技术兴，以包办求技术则技术衰。因为工业社会的中轴原理是效率。而在绝大多数正常情况下，很难再有比竞争更有效的促进效率提高的方式。所以，高技术研究项目的选择应是竞争性的，而不能单靠对"重要"的理解和政府领导人的"重视"程度来进行科研项目的决策。要改变"强调重要—引起重视—政府决策—国家投资"的思维模式和科技资源配置方式，正确处理"政府选择"、"专家选择"与"市场选择"的关系：政府选择适用于少数特别重大的项目，专家选择适用于技术前瞻性非常强的项目，市场选择适用于大多数具有产业化条件的项目。专家选择、政府选择、市场选择，本身并无优劣之别，而是一个不同的适用范围问题。一般来说，市场选择最能体现经济效率，专家选择可以反映科学方向，政府选择更多地体现非经济目标。

在高技术产业的资源配置上，非商业资金主要用于产业前端技术的研究，政府资金的投入和政府参与项目的选择绝不应破坏市场的公平竞争秩序。而由企业投入的商业资金应成为推动高技术产业化的主体资金。无论是传统技术还是高新技术，以竞争求发展是根本道路，企业商业资金的运用总是具有更高的效率和更有效的竞争性。因此，国家高技术发展政策的重要内容之一是构造高技术运用和高技术产业发展过程中的公平竞争秩序。当然，我们并不否认，一些特殊产业特殊项目，尤其是关系国家安全的战略性高技术产业，需要国家的直接参与，但也必须建立高效运行的体制和机制，引入竞争过程。

任何国家的高技术开发研究都要有国际分工和资源有效配置的观念，有所为，有所不为。对国家经济安全的认识要有市场供求相互依赖的观念：供应短缺可能危及安全，供应过剩也可能危机安全，例如一个国家粮食严重供应不足会危及安全，而有大量的粮食卖不出去也会危及安全。要看到，在相互依赖的国际经济关系中，各国产业之间是相互依赖的，各国产业技术之间也是相互依赖的。所以，不能简单地认为，缺少某些自主知识产权的原创性技术就一定会产生安全问题。

因此，买技术、换技术、学技术和开发自主知识产权的技术，在我国工业化过程中以及高技术产业的发展过程中都具有重要的意义。高技术产业的生存和发展，必须具备先进性和经济性两个基本条件。不具备先进性就没有前途，而不具备经济性就无法生存，同样没有前途。在高技术研究的前端，通常更注重先进性；而在高技术产业化过程中，则通常更注重经济性。如前所述，由于政府、专家和企业在高技术产业发展中的职能差异，前者通常更倾向于考虑高技术的先进性，而后者更倾向于考虑高技术的经济性。

鉴于以上原因，我国在高技术开发和高技术产业的拓展中，必须正确处理"水到渠成"和"开渠引水"的关系。一般来说，"水到渠成"是经济性所主导的；"开渠引水"是先进性所主导的。有些高技术项目的开发和产业化，必须具备条件，只有"水到"才能"渠成"，而不能"拔苗助长"。而有些高技术项目的开发和产业化，必须集中力量"开渠"，才能实现"引水"，否则可能丧失发展机会。我们可以看到，我国大多数高技术的开发运用特别是高技术产业的发展（例如电子、通信产业）是沿着"水到渠成"的道路发展起来的,"拔苗助长"只会导致很大的决策失误和经济损失;也有一些产业(例如航空航天产业)是通过"开渠引水"的道路发展起来的。总之,"水到渠成"是产业发展引致技术进步的过程,而"开渠引水"则是原创技术的开发推动产业发展的过程。这两条道路对于中国高技术产业发展都具有重要的意义。

结论

发展高技术和高技术产业是当代工业化过程或者走新型工业化道路的必要和必然。因此高技术在我国产业发展过程中具有非常重要的意义。同时,我们也要认识到,高技术特别是高技术产业的发展必须遵循一定的客观经济规律,制定高技术产业发展的战略必须充分考虑中国的现实国情。从根本上说,高技术产业既是经济发展的推动力,但也必须以一定的经济发展水平为基础。所以,在现阶段,中国高技术产业的发展既要力争有所突破,也要做到量力而行。尤其是要通过科技资源配置体制的改革,形成高技术产业发展有效的市场竞争秩序,以促进高技术产业的长期持续发展。

(原载《中国工业经济》2003年第12期)

世界分工体系中的中国制造业

中国工业化①已经经历了两个特征迥然不同的时期：从20世纪50—70年代是中国经济发展的第一次"起飞"时期，可以称为初始工业化时期。这一时期的工业化实行计划经济体制，在对外经济关系上实行封闭条件下的进口替代战略，可以说，那是一个同国际产业分工体系基本隔绝的时期。从20世纪80年代开始，中国进入经济发展的第二次飞跃时期，可以称为加速工业化时期。这一时期的工业化进程伴随着经济体制的市场化改革，在对外经济关系上则实行了不断扩大对外开放的战略：从80年代的试点开放、90年代的局部开放，到90年代末21世纪初开始的全方位的对外开放，这是一个深度参与国际分工的时期。今天，中国经济正在大规模地全方位地融入世界经济，特别是，中国制造已经成为世界分工体系中的重要组成部分，并且，正在以更快的速度和更大的规模全面地同全球产业高度融合。

一 全方位开放的大国工业化进程

据统计，在当今世界两百多个国家（地区）中，大致有64个实现了工业化，这些国家的总人口占全世界人口总数的不足20%。而中国有13亿人口，占世界人口21%以上。也就是说，中国正在进行的工业化，将在几十年时期内，使全世界工业社会的人口翻一番。这是一个意义极其巨大的世界历史事件，更确切地说，现阶段的中国工业化进程是一段让

---

① 狭义的"工业化"就是制造业高速增长，进而导致社会经济结构现代化的过程。本文在这一意义上使用工业化概念。所以，文中所说的"工业化"大致可以被理解为"制造业的发展"。

全球工业化的版图发生巨大变化的世界历史变迁时期。尤其是从 20 世纪 80 年代以来，中国工业化的进程伴随着全方位的对外开放过程。同世界其他大国的工业化进程相比，在许多方面，中国实行对外开放的速度和广度是罕见的。特别是中国进入世界贸易组织所做出的开放承诺，连外国和国际组织（例如世界银行）的一些专家都承认，在许多方面是"非常激进"的，甚至在有些方面是所有国家中"最彻底"的。可以说，中国是有史以来，在工业化进程仍然处于（人均）低收入状态时，开放速度最快、开放领域最广、开放政策最彻底的一个大国[①]。进入 21 世纪，中国经济以非常快的速度融入世界经济，特别是中国制造业正在越来越深刻、越来越广泛地融入国际分工体系之中，中国市场成为国际市场的组成部分。

同有些发展中国家不同，中国经济高度融入世界经济却没有成为依附"中心"国家即发达国家的"外围"或者"边缘"国家，而是具有很强的主动性。可以看到，2002 年，在世界经济总体上不太景气的情况下，中国国民经济仍然实现了持续较快增长。全年国内生产总值从 1998 年的 78000 多亿元跃上 10 万亿元的新台阶，达到 102398 亿元，按可比价格计算，比 2001 年增长 8%（见图 1）。其中，第一产业增加值 14883 亿元，增长 2.9%；第二产业增加值 52982 亿元，增长 9.9%；第三产业增加值 34533 亿元，增长 7.3%。其中，工业生产快速增长，全年工业增加值 45935 亿元，比上年增长 10.2%。其中，规模以上工业企业（即国有工业企业及年产品销售收入 500 万元以上的非国有工业企业）增加值 31482 亿元，比上年增长 12.6%（见表 1）。工业企业实现利润在连续几年较大幅度增加的基础上继续快速增长。全年实现利润 5620 亿元，按可比口径计算，比上年增长 20.6%，其中国有及国有控股企业实现利润 2636 亿元，增长 15.3%[②]。

[①] 人类历史上，从来没有一个人口超过 1 亿的国家，在处于中国这样的发展水平时，实行像中国这样的全方位彻底的对外开放政策，特别是对外商直接投资所实行的高度容忍和彻底开放的政策。

[②] 中华人民共和国统计局：《中华人民共和国 2002 年国民经济和社会发展统计公报》。

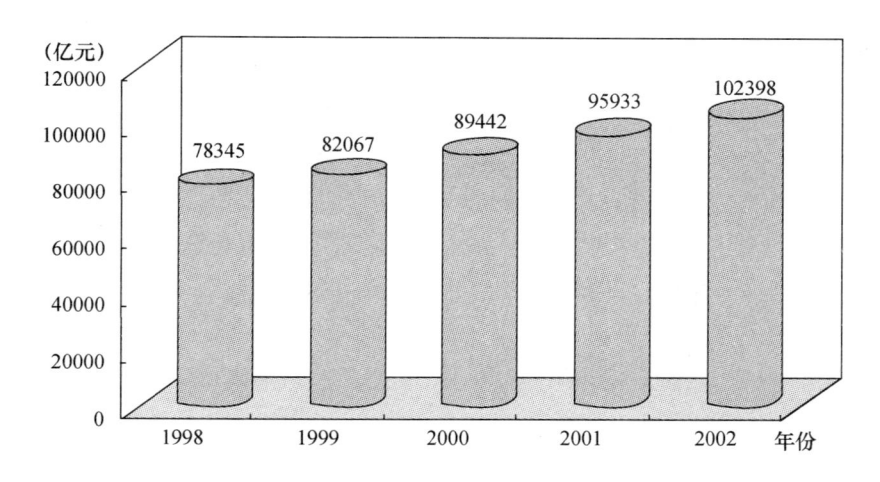

图 1　1998—2002 年的国内生产总值

表 1　　2002 年工业增加值主要分类情况

指　标	增加值（亿元）	比上年增长（%）
规模以上工业企业	31482	12.6
其中：国有及国有控股企业	16638	11.7
集体企业	2769	8.6
股份制企业	11570	14.4
外商及港澳台投资企业	8091	13.3

资料来源：中华人民共和国统计局：《中华人民共和国 2002 年国民经济和社会发展统计公报》。

在工业快速增长的推动下，对外贸易高速增长。全年进出口总额达 6208 亿美元，比上年增长 21.8%。其中，出口总额 3256 亿美元，增长 22.3%；进口总额 2952 亿美元，增长 21.2%。而且，对主要贸易伙伴的出口均有不同程度的增长。全年对美国出口 700 亿美元，比上年增长 28.9%；对中国香港出口 585 亿美元，增长 25.6%；对日本出口 484 亿美元，增长 7.8%；对欧盟出口 482 亿美元，增长 17.9%；对东盟出口 236 亿美元，增长 28.3%；对韩国出口 155 亿美元，增长 23.8%；对中国台湾出口 66 亿美元，增长 31.7%；对俄罗斯出口 35 亿美元，增长 29.9%[1]。

2002年,除少数产品外,绝大多数工业品的产量都强劲增长。钢材产量增长 19.6%,达 1.9 亿吨(超过美、日两国的总和);轿车产量增长 55.2%,达到 109 万辆;微型电子计算机增长 50.1%,达到 1464 万部;移动电话机增长 48.9%,达到 11960 万部(见表2)。这表明,中国不仅传统工业品的生产量已居世界前列,而且,一些高新技术产业的产品产量也已在世界上占据主要地位。也正因为这样,关于中国是否已经是"世界工厂"成为广泛关注和讨论的话题。

表 2 主要工业产品产量

产品名称	单位	产量	比上年增长(%)
纱	万吨	850	11.7
布	亿米	322	11.2
化 纤	万吨	991	17.8
糖	万吨	926	41.8
卷 烟	万箱	3467	1.9
彩色电视机	万部	5155	25.9
家用电冰箱	万台	1599	18.3
房间空调器	万台	3135	34.3
能源生产总量	亿吨标准煤	13.87	18.5
原 煤	亿吨	13.8	18.9
原 油	亿吨	1.67	1.8
发电量	亿千瓦小时	16540	11.7
钢	万吨	18155	19.7
钢 材	万吨	19218	19.6
十种有色金属	万吨	1012	14.5
水 泥	亿吨	7.25	9.7
木 材	万立方米	5035	10.6
硫 酸	万吨	3050	13.3

---

[1] 中华人民共和国统计局:《中华人民共和国2002年国民经济和社会发展统计公报》。

续表

产品名称	单位	产量	比上年增长（%）
纯 碱	万吨	1033	13.0
乙 烯	万吨	543	13.0
化肥（折100%）	万吨	3791	12.1
发电设备	万千瓦	2121	58.3
汽 车	万辆	325.1	38.8
轿 车	万辆	109.2	55.2
大中型拖拉机	万台	4.5	18.9
集成电路	亿块	96.3	51.4
程控交换机	万线	5861	-38.5
移动电话机	万部	11960	48.9
传真机	万部	297	-6.6
微型电子计算机	万部	1464	50.1
光通信设备	万部	6.5	-16.6

资料来源：中华人民共和国统计局：《中华人民共和国2002年国民经济和社会发展统计公报》。

二 以加工优势启动的加速工业化

从20世纪80年代开始，中国进入经济发展的第二次飞跃时期，即为加速工业化时期。这一时期工业发展的显著特点之一是中国不断加快了对外开放的进程，从试点开放，到局部开放，再到全方位的开放，仅仅二十多年，中国就从一个高度封闭的国家，变为开放度非常高的大国，特别是在接受外商直接投资方面，中国成为全世界最为宽容的国家之一。正是因为这样，在加速工业化时期，中国全方位的和相当彻底的对外开放政策所获得的一个直接益处是：广泛地获得了国际分工，特别是产业分解所提供的制造业发展机会。在工业化过程中，产业分解是一个普遍的现象，是分工深化的表现。由于世界产业的分解，使得发达国家和新兴工业化国家的传统产业有可能迅速地向中国转移。二十多年来，中国通过承接制造业的组装加工，形成了从沿海地区开始，并不断向内地延伸的许多加工区和产业集群区。尤其值得注意的是,产业分解是技术扩散和产业扩张的重要条件之一。在世界高新技术产业快速分解的过程中,不仅传统产业向中国转移,而且,高技术产业中的加工环节也迅速地向中国转移①。实际上,在产业高度分解,分工非常细化的条件下,被统计为"高新技术产业"的产品生产工艺同传统产业产品的生产工艺之间并没有不可逾越的鸿沟。这样,中国工业化很快进入广泛的国际分工体系。在统计资料中,我们可以看到中国工业发展的一个极其独特的现象:即所谓"加工贸易"在进出口中占了非常大的比重。而且,在进出口额中机电产品和高新技术产业产品也占相当高的比重(见表3)。"加工贸易"这种一向被认为是低技术层次的方式,甚至可以成为高新技术产业世界分工的实现形式。总之,中国工业高速增长同中国经济的快速对外开放和日益融入国际产业分工体系有着极为密切的关系。

表3　　　　　　　　　　　　2002年中国的对外贸易

指标	绝对数（亿美元）	比上年增长（%）
出口总额	3256	22.3
其中：一般贸易	1362	21.7
加工贸易	1799	22.0
其中：机电产品	1571	32.3
高新技术产品	679	46.1
进口总额	2952	21.2
其中：一般贸易	1291	13.8
加工贸易	1222	30.1
其中：机电产品	1556	29.1
高新技术产品	828	29.2

资料来源:中华人民共和国国家统计局:《中华人民共和国2002年国民经济和社会发展统计公报》。

---

① 高新技术产业更具有产业分解的这一特征。以计算机产业为例,1981年,IBM把关键的个人电脑部件资源让给微软和英特尔,是信息产业发展史上的一个具有长远影响的重要事件,也是计算机产业走向分解的标志。从此以后,计算机产业迅速扩散,使越来越多的国家进入了计算机产业的生产分工体系。

从表3中可以看到，在出口总额（3256亿美元）中，加工贸易高达1799亿美元，明显高于一般贸易（1362亿美元）。在进口总额中，加工贸易不仅占了近一半，2002年，加工贸易进口额的增长率高达30.1%。这表明，中国加工制造业大规模地参与了国际分工，而且，这一趋势迄今有增无减，势头极其猛烈。值得注意的是，无论是在进口总额还是在出口总额中，机电产品和高新技术产品都占了非常大的份额。这进一步表明，中国的传统工业和高新技术产业都广泛、深刻地参与了国际分工。很显然，中国的国际贸易在很大程度上是"生产性"的，即贸易成为完成国际化分工体系中的生产过程的一个环节。也就是说，中国的工业加工能力广泛地参与了国际分工，其中不少产业从一开始就成为世界产业链中的一个组成环节。特别是要注意到，按现行汇率（1美元＝8.27元人民币）计算，2002年中国进出口总额为51340亿元人民币，贸易额同国内生产总值的比率从1978年不足10%，迅速提高到2002年的50.1%。这在世界各个大国中是一个十分突出的现象（到20世纪末，英国、德国、法国、意大利等西欧国家在50%—60%多的水平，美国约24%，日本约18%，巴西约23%，印度约30%）。

在参与国际分工、接受国际产业转移的过程中，中国的工业生产能力大幅度提高，成为许多工业品的主要生产大国。从1993—2002年，中国的工业总产值从4800亿美元上升到13000亿美元，在全球工业生产中所占的比重由2.4%上升到4.7%[1]。

在这一过程中，中国从发展组装加工开始，制造能力不断提高，形成一个又一个的工业加工区。这些加工区开始时主要从事传统制造业，后来逐渐发展成能够接受高新技术产业中的加工制造环节的工业区，以及成为具有相当强的国际竞争力的产业集群区。特别需要指出的是，在中国工业区和产业集群区的形成过程中，工业化第一阶段（20世纪50—70年代）所形成的工业生产能力也发挥了很大的作用，成为这些地区工业配套能力的重要组成部分（见图2）和大规模发展加工制造的依托基础。这是同其

---

[1] ［英］乔纳森·安德森：《无须害怕中国制造业》，英国《金融时报》2003年2月25日；转自《参考消息》2003年3月2日。

他发展中国家相比，中国工业化的显著特点之一。

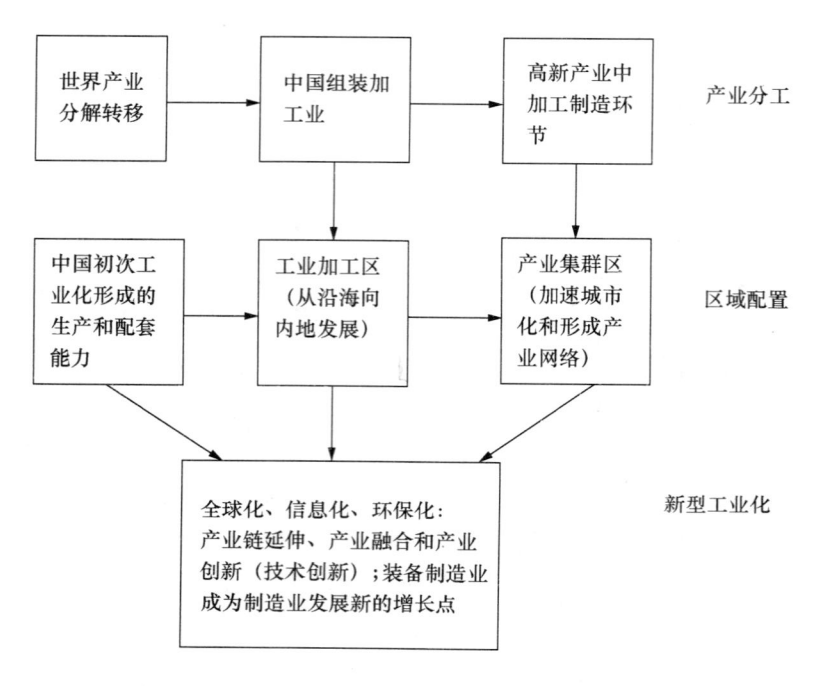

图 2 20 世纪 80 年代以来中国工业化进程中的制造业发展道路

进入 21 世纪，随着经济实力和竞争力的不断增强，中国各工业部门的产业链继续延伸，产业融合进程特别是高新技术产业同传统产业的融合进程明显加快，产业创新能力显著增强，从而为中国走向新型工业化的道路奠定了基础。

当然，从国际比较看，中国工业的技术进步还明显不足。在这方面，不仅同发达国家相比，中国存在巨大的差距，而且，同一些新兴工业化国家和发展中国家（或地区）相比，中国也有一定的差距①。

当前，特别值得注意的问题是，在加工制造业长足发展，产业链不断

---

① 根据联合国开发计划署公布的 2001 年世界主要国家技术成就指数（TAI）评价体系和资料，72 个参加评估的国家（地区）技术成就指数平均为 0.374。其中，中国的技术成就指数为 0.299，排在第 45 位，居世界中等偏下水平。[资料来源：中国机械工业联合会，中经网（ibe2.cei.gov.cn）]

延伸，产业融合和产业创新的重要性越来越强的发展阶段，装备制造业在中国制造业未来发展中的地位正日益增强，而且，装备制造业将越来越成为制造业新的增长点。在制造业新一轮的增长周期中，装备制造业能否像加工制造业一样获得长足的发展，直接关系到中国整个制造业发展的前途，决定了中国是否真的能够成为"世界制造中心"。而从上文所讨论的中国过去二十多年制造业高速增长的路径来看，迄今为止，中国装备制造业的相对滞后和竞争力不足，是一个不可否认和回避的事实。当然，同一个事物也有其另一个方面，从积极的意义上可以说，对于下一阶段中国制造业发展而言，装备制造业将成为非常有潜力的巨大发展空间。可以预期，在装备制造业未来的发展中，曾经推动了加工制造业二十多年持续高速增长的两个重要因素——扩大开放参与国际分工和依托已有工业基础的支撑——将推动中国装备制造业的再次崛起和发展。

中国众多的人口不仅能够生产大量的工业产品，同时也是一个巨大的消费市场，而且中国的基础设施建设、城市化过程和国土整治的巨大工作量，更是一个庞大的投资市场。所以，中国工业增长不仅仅是使工业品供应大量增加，而且，将引致需求的大幅度增加。随着中国工业化的推进和人均国民收入水平的提高，中国将成为一个促进各伙伴国共同发展的巨大市场。总之，中国工业的快速增长不仅创造供给，同时也创造需求。中国贡献给世界的不仅是"工业制造中心"，而且是一个巨大的"需求形成中心"。中国不仅从供应方推进世界经济发展，而且，从需求方拉动世界经济发展。

更值得重视的是，当今的国际竞争与国际合作并行。中国参与国际竞争同时也参与广泛的国际合作。通过国际竞争和国际合作，可以促进各伙伴国的经济增长和社会福利的提高。所以，从实质上看，中国的发展包括制造业规模的扩张没有"威胁"任何国家。中国加入WTO后，世界将改变中国，同时，中国也改变着世界。这种"改变"的含义是，相互促进、共同增长、追求繁荣。

三 比较优势格局的变化和竞争态势的发展趋势

由于中国工业化的高度开放性,"国际贸易导向"的国际分工方式,向"国际投资导向"的国际分工方式发展,比较优势的经济实质将发生根本性的改变。从根本的经济性质看,中国全方位地参与国际分工体系,国际资本和跨国公司就可以大规模地在中国"采购"劳动、土地等廉价资源,直接享用中国的比较优势,在中国市场展开"世界大战"。由于存在巨大的市场潜力和商业机会,中国是跨国公司绝对不可不进入的"战场",在一定意义上甚至可以说,不到中国"参战"的公司称不上是世界级企业。由于外国企业的大量进入,在中国市场上形成了中中、中外、外外之间的立体交叉竞争。即中国企业同中国企业的竞争、中国企业同外国企业的竞争、外国企业同外国企业的竞争,构成了中国制造业市场竞争的独特画面。

外国跨国公司进入中国,越来越多地获取中国市场的资源优势,必然可以显著地增强其自身的竞争力。从这一意义上说,中国市场的全方位开放,特别是投资领域的大幅度开放,"哺育"着全世界的跨国公司,使之成为规模扩张更快、经济实力更大、国际竞争力更强的超级经济实体。在这一过程中,中国企业也在激烈的竞争中成长起来,并且力争通过国际合作,逐步提高在产业价值链上的地位,实现产业升级。

因此,在中国现阶段的工业化过程中,可能发生这样的独特现象:中国产业国际竞争力在统计意义上的提高,可能并不同时表明中国企业国际竞争力同样程度的提高。以显示性指标(主要是"MADE IN CHINA"产品的产量及其在世界总产量中的比重)来反映,中国产业国际竞争力往往先行于中国企业国际竞争力的提高。特别是考虑到企业国际竞争力实质上是一个国际比较意义上的概念,相对于跨国公司日益增强的实力,中国企业国际竞争力的提高将是一个漫长而艰苦的过程。这是中国工业化过程中的一个显著特点。

中国社会科学院工业经济研究所的专家在近期完成的一项关于中国工业国际竞争力的研究项目表明,进入21世纪以来,中国工业国际竞争力从总体上看是沿着 20 世纪 90 年代中期的趋势继续发展。同时，也出现了一些需要重视的新情况和值得注意的新现象。

(1) 近年来，从总体上看，我国制造业国际竞争力持续提高。统计资料表明，我国初级产品贸易竞争指数的变化虽然在个别年份有所反复，但总体上仍呈持续下降的趋势；反之，工业制成品贸易竞争指数则保持了上升的趋势。其中，高新技术产业发展势头十分迅猛，国际竞争力有明显提高。但是，也有一些产业，例如化工、石化产业，国际竞争力同国外同行业相比仍然有很大的差距，而且差距还有进一步扩大的趋势。

(2) 中国出口工业品中，竞争力比较强的仍然是附加值比较低的劳动密集型产品，如纺织品、服装、玩具等。近年来的一个有趣现象是，纺织与服装产业相对中国其他产业的竞争优势在减弱，但相对于其他国家的同类产业的竞争力却在增强。这表明，一方面，比较优势仍然是这类产业国际竞争力的决定性因素；另一方面，比较优势对竞争力的决定作用又在减弱，特别是更多的产业越来越依赖于竞争优势的决定作用，所以，对于未来我国的产业发展，比较优势尽管仍然非常重要，但其相对重要性却有弱化趋势，优势竞争的作用将具有越来越重要的决定性意义。

(3) 中国高新技术产业的数量扩张很快，但总体上看，附加值高的技术或资金密集型产业的出口竞争力尚处于劣势。值得注意的是，从统计数据看，化工及运输设备等产业的国际竞争力还有进一步相对减弱的趋势。但是，也有一些产业，例如办公及通信设备等，已经具有越来越强的竞争力。这也许可以表明，如果我们观察制造业中的两类产业：加工制造业和装备制造业，近年来，我国的加工制造业的竞争力在显著增强，而且，在加工制造业中，具有较强竞争力的类别正在向高级层次扩展。也就是说，中国具有国际竞争力的产品，正在从较低技术层次的加工制造业向具有较高层次的加工制造业升级。同时，我国装备制造业竞争力较弱的现象正在越来越突出地显示出来。

(4) 随着中国对外开放的不断扩大，外商投资企业生产的产品在中国工业品出口额中的比重逐年增加。外商投资企业对中国工业的出口竞争力的影响是比较复杂的，一方面，它们对提高中国工业品的国际竞争力起到了显著的促进作用；另一方面，它们又对中国民族工业形成很强的竞争压力。在研究中国产业国际竞争力时我们发现，如果不扣除外商投资企业生产的产品，中国各个产业的国际竞争力均有较大幅度的提高；而如果扣除外商投资企业生产的产品，则有些产业国际竞争力水平提高的幅度就不那么大了。这表明，外商投资企业对我国工业整体的国际竞争力具有明显的积极影响和直接贡献。但也要看到，中国民族工业（中国企业）的国际竞争力增强得并不像产业统计数据所显示的那么快。我们也许可以推断：在经济开放度大幅度提高的条件下，中国工业的国际竞争力比中国企业的国际竞争力提高得更快（我们通常将产业竞争力视为企业竞争力的总和，而上述现象的出现，即一国产业竞争力和企业竞争力在一定程度的分离，则是对国际竞争力的理论框架和分析方法提出的一个值得研究的新问题）。

（5）统计显示：在中国大部分工业品国际市场份额持续增长的同时，其国内市场的份额却在不断降低。这是我国经济开放度提高的一个有趣的表现。随着国民经济对外开放度的进一步迅速提高，一方面，我国各类产业真实的国际竞争力状况将越来越在国际和国内两个市场上显现出来；另一方面，决定和影响产业国际竞争力的比较优势关系和竞争优势关系正在发生着很大的变化。中国企业可以利用自己的比较优势生产出具有较强国际竞争力的出口产品，外国企业不仅可以利用它们的比较优势向中国输出产品，而且还可以到中国来投资，利用中国的比较优势来增强自己产品的竞争力。因此，中国产品打出去，外国产品打进来，国际市场和国内市场之间的界限越来越模糊，这正是中国融入经济全球化过程的显著表现之一。

（6）我国工业品同进口产品的价格比总体上看呈下降趋势，即在我国工业品出口贸易量增长较快的情况下，出口产品的单位价格与进口产品相比在降低。这说明，从总体上看，我国工业制成品仍然是以中低档为主，质量和附加价值还不高。在纺织业和机电产品中，某些劳动密集型的产品更是如此。

（7）尽管我国近年来机械电子类产品的贸易竞争指数不断上升，表明我国正在向该类产品的净出口国转变。但是也要意识到，出口总金额的不断提高是在出口价格水平相对于进口而言不断下降的情况下实现的。这表明，这类产品的竞争力主要表现在低价格上，而其质量和附加价值仍然缺乏竞争优势。

（8）有些产品，例如，化学品类及塑料、橡胶类产品，虽然其出口额近年来在我国工业制成品总出口中的比重不断下降，贸易竞争指数也在降低。但是，其单位出口价格却有所提高，甚至已经高于单位进口价格，这可以在一定程度上说明，这类出口产品的质量和档次已经有所提高。

（9）在机电产品领域，从数量上看，我国不少产品的竞争力有显著提高。但是，仅仅依靠劳动密集型加工阶段的比较优势，我们的出口产品的价格水平将长期低于进口产品。目前的现实情况是，即使在大多数人认为我国具有很强竞争力的家电行业中（典型的如电视机、空调、冰箱等），我们的优势也主要在于加工制造环节，大部分家电产品的核心部件仍然需要从国外进口或需要依靠国外技术生产。因此，在这些领域，即使出口产品数量远远高于进口产品数量——按照最常用的贸易竞争指数衡量得出的结论应该是我们具有绝对优势；抑或即使出口产品的价格水平高于同类进口商品——按照进出口产品价格比衡量我们的产品具有很大的竞争优势，也不能得出结论说我国的该类产业已经具有长期较强的国际竞争力了。

我国人口众多，劳动力的无限供给将会在很长时期内存在，并长期抑制中国制造业工资成本的上升。虽然这是中国制造业保持长期价格竞争优势的源泉和条件，但是，从总体上看，这种因素在很大程度上造成了我国制造业产品价格比的长期下降趋势，很可能使我国工业制成品长期处于价格低下的不利地位。[①]

在中国制造业参与国际分工过程中，最突出的一个弱势是"走出去"战略。据统计，到2002年6月底，我国共设立境外企业6758家，但有关调查材料显示，至今为止，在这些对外投资项目中"鲜有成功者"。这不仅是由于中国企业的实力和竞争力较弱，更重要的是，由于产权制度和企业体制的缺陷（绝大多数是国有企业和国有资产），对外投资往往成为资

---

① 详细分析可参见金碚、李钢、秦宇《中国工业国际竞争力变化的新趋势》，中国社会科学院工业经济研究所《研究报告》第9期，2002年12月。

金外逃、化公为私、损公利私的渠道和手段。反过来，为了防止出现这样的现象，加之我国目前还没有实行资本项目的人民币自由兑换，国家不得不实行严格的对外投资审批制度，而这又会对企业竞争力产生不利的影响，使企业"走出去"的道路更加崎岖漫长。对此，希望尽快"走出去"的企业抱怨越来越多，越来越强烈。国家则处于两难境地：愿意放手，但怕流失。所以，中国企业"走出去"的最大障碍，不是竞争实力太小而是权益风险太大。没有一个明智的投资者会愿意把自己的钱投到没有资产安全的地方，只有花别人钱的代理人才会编造动听的"故事"来演出热闹的"投资"戏剧：所谓"一举收购××海外公司"、"投资××亿建立海外生产基地"、"在××国家设立分支机构"……而大多数是只有播种，没有收获，损失惨重，只能以一言"交学费"以蔽之。总之，从国际分工的角度看，中国企业同外国企业在国际投资方面处于不对等竞争的状态：外国企业进入中国比较容易，中国企业走出国门十分困难。这是中国企业全面参与国际分工的一个有待解决的突出问题。

四　探索新型工业化的道路

当中国进入工业化的加速阶段时，世界产业发展也正处于新技术革命时期和经济全球化进程显著加快的时期。这一时期世界产业发展的突出特点是：以电子信息产业为代表的新技术产业的崛起和发展促进了经济活动的信息化，即信息产品的广泛使用，网络技术的深刻介入，使得几乎所有的产业都越来越依赖于信息技术和网络系统。高度发达的信息技术和网络系统极大地改变了各个产业发展的技术环境和经营条件，也改变了产业竞争的业态基础和商业模式。在世界范围内，产业信息化的发展和贸易自由化原则向深度和广度的强势推行，促进了国际经济关系的发展，使得几乎所有国家的产业发展都卷入了世界经济体系，特别是跨国公司在全世界的经营活动，强劲地推动了经济全球化的势头。

工业化是人类进步和文明的标志，但工业化也不是没有代价的，特别是以全球化为特征的工业化，不可避免地给世界带来一些严重的问题。最值得注意的一个问题就是：由于世界工业化的推进，越来越多的国家和人口参与了高度密集的经济活动，对自然资源和环境生态系统造成越来越大的压力。全世界都不能不考虑：地球的资源、环境和生态系统是否能够支撑如此巨大规模和高度密集的人类活动？因此，环境保护和生态平衡成为越来越重要的世界性问题，环保化成为世界产业发展的又一个显著特点。

世界产业的信息化、全球化、环保化趋势对中国产业发展产生了越来越广泛和深刻的影响，促进中国必须探索新型工业化的道路，而不能延续传统工业化途径来实现新世纪的经济和社会发展目标。

同时，我们还应该看到，中国经济和社会的许多特点，也决定了中国必须走新型工业化的道路。除了人口众多这个最突出的特点之外，对于中国制造业的发展，还有一些特别值得注意的问题。其中，中国工业化所面临的国土、资源、生态、环境的承载力问题，是其他工业化国家未曾遇到过的。所以，城市化、重化工业化、人口迁移、大众消费（例如汽车的普及）等工业化阶段必然出现的现象，在中国的表现必然同其他国家有非常大的不同。更重要的是，在中国经济发展中，前工业化因素、工业化因素和后工业化因素同时大规模地出现在同一个统一的国家之中，突出地显现出来，并且极其复杂地交织在一起。这就使得中国制造业的发展面临着极为特殊的经济和社会条件。

中国不仅人口多，而且总人口中的经济活动人口比重以及要求就业人口的比重都很高，所以，劳动力供应几乎是无限的。同时，中华民族具有十分突出的高储蓄传统，所以，高就业人口条件下的高积累型增长方式是中国制造业发展的一个突出特点。这在经济关系上表现为：投资推动制造业的高速增长，只要没有技术瓶颈，制造业的增长张力极为强劲。所以，我们可以看到，一旦实行对外开放，承接了外国产业的技术扩散，中国制造业就能迅速地形成巨大的生产能力，并且快速地成熟起来。

但是，也正因为同样的原因，以高就业人口为条件的增长虽然使经济总规模快速扩张，但人均收入的增长却相对缓慢：中国经济已经实现了持续二十多年的高速增长，但人均国民收入仍然不足 1000 美元，这在世界其他国家是极罕见的。同时，高储蓄率意味着低消费率，低消费率当然对市场需求规模产生制约。面对着低人均收入和低消费率，由投资和无限劳动供应推动的强劲增长的中国制造业，要实现持续发展（实现良性循环）

必然具有突出的"中国特色"。

一方面，中国越来越多的居民在消费品的种类上已经同发达国家没有很大差别，这意味着越来越多的制造业产品已经进入"大众消费"领域；另一方面，中国的人均收入水平非常低，但制造业的生产能力却又非常巨大。那么，企业生产怎样的产品才能符合中国的市场需求呢？很显然，价格越低越好。所以，在市场竞争中，低价格产品不断驱逐高价格产品。而低价格要求低成本，所以，制造业的市场竞争突出地表现为成本—价格战，这必然导致企业的低利润。长期的低利润对企业的发展是严重的障碍，而要突破这一障碍，企业就必须进行技术创新。问题是，在中国制造业发展的现阶段，企业实现技术创新绝不是一件简单的事情。从深刻的意义上说，这就是要求中国制造业从传统工业化转向新型工业化的道路。

中国制造业转向新型工业化道路，不仅要实现不断的技术创新，获得自己的自主知识产权，更要有效地使用信息技术和网络系统，而且，还必须实现低污染。而在技术水平低下的情况下，低污染同低成本、低价格常常是矛盾的。从长期看，以高污染为代价的低成本、低价格，是不可能有出路的。这又从另一个方面提出了技术创新和技术进步的客观要求。

中国走新型工业化的道路，还有另一方面的问题。由于当今世界的主要产业技术都产生于西方发达国家，任何产业的技术特征都会带有它所产生的那个社会的经济环境的烙印，例如在发达国家，人力价格较高的经济环境会使得工业技术倾向于更节约人力而更多地使用资本，即以资本替代劳动。中国的经济环境同西方发达国家有很大的差别，众多的劳动资源必然要求产业技术在总体上具有多就业的性质，即以劳动替代资本，同时又不失经济效率。因此，适应中国新型工业化的产业技术将是多层次的技术，有引自西方发达国家的高技术，也有更符合中国经济资源条件的适用技术，或者所谓"中间技术"。在这样的技术基础上，面对多层次的消费群体，中国制造业的产品也必然是多档次的。例如，中国既需要生产几十万元甚至上百万元的高档轿车，也需要生产十几万至二三十万元的中档轿车。同时，几万元甚至三四万元的经济型轿车也有非常大的市场。因此，中国的新型工业化，对于制造业本身而言，必然表现出"多元化、多技术、多层次"的显著特征。

与此直接相关，或者说，同一个问题的另一种表现是：中国新型工业化过程必须面对和解决两个巨大"差距"的问题：一是中国产业同发达国家先进水平之间的差距；二是东部沿海地区产业同相对落后的中西部内陆地区之间的差距。在中国经济尤其是制造业全面融入世界经济，深度参与国际分工的条件下，必须最大限度地促进发达地区制造业的发展，来应对激烈的国际竞争，同时，又不能不十分重视缩小国内各个地区主要是东、中、西部地区之间的发展不平衡现象。这意味着，既不能以牺牲东部沿海地区的发展来换取国内各地区经济发展的平衡性，又不能不实行相当程度的具有"逆市场调解"性质的区域政策，来促进较后进地区的更快发展。这两个巨大"差距"如此突出地同时并存，是其他国家的工业化过程中所罕见的，至少没有像中国这样尖锐地表现出来。因此，在区域经济关系上，中国新型工业化过程也必然会表现出产业发展的"多元化、多技术、多层次"特征。

（原载《中国工业经济》2003年第5期）

中国工业的技术创新

中国从 20 世纪 70 年代实行改革开放以来，工业化进程迅速加快，而支撑着工业发展的工业生产技术状况也发生了巨大的变化。可以说没有工业技术的进步，就不可能有中国工业化令人瞩目的辉煌业绩。同时也必须看到，中国是一个发展中国家，工业技术进步必然在很大程度上是对发达国家已有技术的模仿和从发达国家的技术转移。当然，这种模仿和转移不可能是完全照搬和简单移植，其中也包含了一定程度的技术创新。而且，随着工业化的不断深化，技术创新的关键性作用日益突出。当前，一方面，中国的工业发展将越来越必须以更多自身的技术创新为基础；另一方面，工业技术水平的相对低下又是中国工业发展的最大障碍因素之一，所以，工业技术创新活动的活跃和工业技术创新能力的提高正成为中国工业发展和整个中国工业化进程中的一个极为重要的战略问题。

一 中国工业化的技术来源和技术创新活动

工业化是一个科学发现和技术发明不断推动产业发展的过程。科学技术的进步不仅使工业生产手段不断革新，而且使工业发展空间日益拓宽。每当现有的工业生产手段被普遍采用，工业发展空间趋于饱和，即在现有技术层次上已有的工业部门已经成熟，增长动力减弱，就产生了对新的技术革命的需要。只有革命性的技术进步，才能推动工业结构的根本性提升和产业空间的大幅度扩展。从世界各国工业化的进程看，工业技术进步的来源大致分为两类：一类是原发性技术创新，即技术进步主要依靠本国的自创，表现为拥有大量的自主知识产权特别是核心技术；另一类是扩散性技术，即技术进步主要依靠对其他国家已有技术的模仿和学习，当然也可以购买，通常表现为拥有较少的自主知识产权，特别是不掌握产业的核心技术，但可以通过接受其他国家的产业技术来实现本国产业的增长。

在各国的工业化过程中，任何国家都不可能完全依靠本国的原发性技术而不接受其他国家的技术扩散。中国经济是世界经济的组成部分，中国工业化是人类社会工业化进程的组成部分，中国工业化的技术进步也必然要依靠上述两个来源。但是，由于中国是一个发展中国家，从世界产业发展的全球布局看，产业转移是推动我国产业发展的强大动力。所以迄今为止，我国大多数产业的技术来源主要都是西方国家的产业技术扩散，也就是说，西方产业向我国的转移和西方产业技术向我国的扩散，是现阶段我国产业发展和产业技术进步的主要内容。当然，在产业转移和技术扩散的过程中，我国并不是完全被动的，其中也包含着大量的技术创新活动。但是不可否认的是，在中国工业化的现阶段，承接发达国家的转移产业和吸收发达国家的扩散技术是我国产业技术进步的基本途径。

发达工业国向发展中国家包括中国转移产业，并不是简单的产业搬家。产业转移的技术依托是产业分解和产业融合，即发达国家通常是将产业链进行分解，然后把一部分生产环节转移到发展中国家（具体的形式有直接投资、生产外包、设备供应等），以实现国际间的生产分工和资源配置。同时，所分解的产业链环节又可以同发展中国家的产业链进行连接，实现产业融合，以开拓更大的需求空间。所以，当中国以承接发达国家的产业转移的方式加快工业化进程的时候，也就日益深入地参与进全球产业分工体系，并对世界产业发展作出巨大的贡献[1]。

一个国家在全球产业分工体系中的地位，决定了其技术进步路线和技术选择的基本特征。众所周知，在国际产业竞争和产业分工的条件下，中国的要素资源禀赋特征决定了在现阶段，在中低档产品生产以及在加工制造业的中低端生产环节（特别是组装）上的低成本、低价格，是中国产业参与国际分工和国际竞争的一个很大优势。在这方面，中国的许多产业

---

[1] 据世界银行专家估计，2002年中国经济增长对全球经济增长的贡献达15.7%，仅次于美国，居世界第二位。

在进入国际市场时几乎是"所向无敌"的,这直接表现为在中国加工生产的工业制成品占国际市场的份额迅速上升。

但是,中国不能长期处于低端产业、低附加值的国际分工地位。而且,实际上,在竞争过程中,中国的许多企业已经越来越体会到,随着传统产业和传统技术向中国的大量转移,市场饱和和利润摊薄是不可抗拒的趋势。要形成持续的竞争力和保持持续增长的空间,就必须在技术创新上有新的作为,即把产业发展的基点放在技术创新特别是发展具有自主知识产权以至拥有核心技术的基础之上。在中国已经经历了二十多年的持续快速增长的今天,各类产业(无论是成熟产业还是新兴产业)都面临着技术进步的艰巨任务。中国工业化的进程已经走到了必须更多地以技术创新为持续动力的深度发展阶段。所以,我们可以看到,在中国特别是沿海地区,越来越多的产业正在出现逐渐向高层次、高技术价值链推进的趋势。中国产业的技术创新活动越来越活跃。

中国产业技术创新活动的活跃,可以从近年来我国专利申请量的增长得以反映。据有关部门分析,目前我国已经跨入专利申请大国行列。自1985年我国正式实施专利法以来,我国的专利申请总量已达到190多万件。我国的年专利申请量由1985年的14372件,逐年攀升至2002年的252631件,年平均增长速度为18.4%。在2003年,这一数字又上升为308487件,比上一年增长22.1%(见表1)。根据世界知识产权组织最新的统计数据表明,2001年,在同时保护发明、实用新型和外观设计三类专利的27个国家中,我国专利年申请量排在日本、德国之后,位居第三。这一国际排位虽然仅比1985年前移两位,但我国专利年申请总量已由最初的只占日本的1/40、德国的1/9,分别提高到1/2和2/3。这说明,我国已经进入专利申请大国的行列,技术创新的竞争地位明显增强。除专利申请量始终保持高速增长以外,我国的专利申请还出现了许多新现象。据了解,目前我国专利申请的类型分布日趋合理,在2003年,发明专利申请数量首次接近实用新型专利申请,国内发明专利申请量首次超过国外申请,职务申请也首次超过非职务申请(见表2)。

我国20世纪80年代以来的工业化进程主要体现为加工组装业的迅速发展,产业技术的进步首先表现为发达国家加工制造业技术向中国的大规

表1　　专利申请受理状况累计表　　单位：件、%

按国内外分组		合计		发明		实用新型		外观设计	
		申请量	构成	申请量	构成	申请量	构成	申请量	构成(%)
合计	小计	1955670	100.0	584343	100.0	884831	100.0	486496	100.0
	职务	890621	45.5	419580	71.8	227863	25.8	243178	50.0
	非职务	1065049	54.5	164763	28.2	656968	74.2	243318	50.0
国内	小计	1615464	100/82.6	288531	100/49.2	879534	100/99.4	447399	100/92.0
	职务	567267	35.1	137436	47.6	224057	25.5	205774	46.0
	非职务	1048197	64.9	151095	52.4	655477	74.5	241625	54.0
国外	小计	340206	100/17.4	295812	100/50.8	5297	100/0.6	39097	100/8.0
	职务	323354	95.0	282144	95.4	3806	71.9	37404	95.7
	非职务	16852	5.0	13668	4.6	1491	28.1	1693	4.3

注：统计时间为1985年4月1日至2004年1月31日。
资料来源：国家专利局，载国家专利局网站。

表2　　2003年专利申请状况　　单位：件、%

按国内外分组		合计		发明		实用新型		外观设计	
		申请量	构成	申请量	构成	申请量	构成	申请量	构成(%)
合计	小计	308487	100.0	105318	100.0	109115	100.0	94054	100.0
	职务	157488	51.1	81495	77.4	35120	32.2	40873	43.5
	非职务	150999	48.9	23823	22.6	73995	67.8	53181	56.5
国内	小计	251238	100/81.4	56769	100/53.9	107842	100/98.8	86627	100/92.1
	职务	102456	40.8	34731	61.2	34044	31.6	33681	38.9
	非职务	148782	59.2	22038	38.8	73798	68.4	52946	61.1
国外	小计	57249	100/18.6	48549	100/46.1	1273	100/1.2	7427	100/7.9
	职务	55032	96.1	46764	96.3	1076	84.5	7192	96.8
	非职务	2217	3.9	1785	3.7	197	15.5	235	3.2

注：统计时间为2003年1月1日至12月31日。
资料来源：国家专利局，载国家专利局网站。

模转移和扩散，使我国加工制造业生产能力迅速提高，产量大幅度增长。进入 21 世纪，我国装备制造业的发展也出现了许多非常积极的现象。装备工业被称为整个工业的母机，是一个国家现代化的基础和经济实力的集中表现。据有关部门提供的资料，中国"十五"计划（2001—2005 年）提出，我国将依托重大工程，大力振兴装备制造业，提高重大项目的国产化率。例如，中国现在正加快大型燃气轮机、船用曲轴、60 万千瓦超临界机组、循环流化床锅炉等重大装备的国产化研制工作。目前，在城市轨道交通、50 万伏直流输变电装备、高技术含量船舶、环保设备等方面的研制工作已取得重要进展。中国城市轨道设备本地化率可望提高到 90% 以上。在西电东输工程中，国家总投资 4 亿元配套安排了 3 个装备国产化项目。中国于 1983 年提出要抓紧研制重大技术装备，并积极推动重大技术装备研制工作的开展。十几年来，在有关各部门的共同努力下，已累计完成了 50 多个重大成套设备，确保了 70 多个国家重点工程和重点技改工程的建设需要。有关资料表明，一般来说，国产化重大技术装备都比进口同类设备节约造价 1/3 以上。在环保设备国产化中，一些国内企业生产的城市污水成套处理设备已达到国外水平，其价格只是进口产品的 1/3 或 1/5。值得一提的是，在一些高新技术领域，中国已拥有了一些自主创新的成果。在第三代移动通信领域，中国科学家提出的标准已被国际无线联盟采纳；在高清晰度彩电研制领域，中国也提出了自己的四套标准。国家有关部门还表示，中国有选择支持的重大装备国产化研制，其成果项目将在三峡工程、西电东输，以及 2008 年北京奥运会上发挥重大作用。

问题的实质是，在中国工业化的进程中，产业快速增长和发展本身就表明广义的产业技术创新（包括自创性技术和扩散模仿性技术）取得了显著的成就。但是，不可否认，严格意义（狭义）的技术创新（以自创性技术创新为主的技术进步）的不足却是阻碍我国产业技术进步的一个突出问题。这表现在：目前，虽然我国制造业已经具有相当大的规模，占 GDP 的 35% 以上，从业人员 8000 多万人，在国民经济中起到决定性的作用。但我国大多数制造企业是劳动密集型，人均劳动生产率低，仅为发达国家的 1/30 左右，而且主要停留在低附加值产品行业。

此外，低水平生产能力过剩，设备利用率低，50%以上的生产能力闲置。我国制造业结构也不完全合理，轻纺工业和家电工业等加工制造业有一定优势，但装备制造业所占比重明显低于工业发达国家。研究开发能力薄弱，大部分核心技术和关键设备依赖进口，高端产品大多由合资企业生产。我们也许不能不承认，从一定意义上说，高产量、低层次、弱技术、少自创仍然是当前我国产业发展的基本状况。

二 劳动资源与技术选择

中国是世界人口最多的国家，劳动力资源极为丰富，这一方面可以保证工业化过程中几乎无限的劳动供给；另一方面，大量的过剩人口又使得就业压力成为巨大的社会问题。在这样的要素禀赋条件下，中国劳动力的市场价格将处于长期低水平状态。据对广东省等沿海加工工业集中地区的调查，近二十年来，普通劳动力的名义工资水平几乎没有什么变化（一般月收入仅为500—600元/人，甚至更低一些），这在世界上其他国家的工业化过程中是极为罕见的。

正是大量劳动力资源的无限供应（而在现行国际经济秩序下，一般劳动力的国际流动受到严格限制），吸引了大量国际资本流入中国，在中国发展起巨大的加工制造业生产能力。所以，在中国制造的工业品产量占全世界总产量的比重迅速上升，从80年代的1%左右提高到目前的近5%，而且，这一趋势还表现得十分强劲，将在一个相当长的时期内持续下去。大量生产的工业品不仅开拓了巨大的中国国内市场，也形成很大的出口能力和进口需求。这使得中国从20世纪80年代以来贸易依存度就迅速提高，到2003年，中国进出口总额占GDP的比重超过60%，而在进出口贸易中，"加工贸易"和外商投资企业所占份额均占50%以上。这些现象在世界各大国中是非常少见的。它表明，中国必须通过更大规模的资源国际配置，以工业品进出口方式实现生产要素的国际再配置，才能解决要素禀赋状况与产业技术性质之间的突出矛盾。

正是由于上述原因，所以没有人会否认，中国工业化必须发展劳动密集型产业，而且实际上也正是劳动密集型产业的发展，促进了中国经济自改革开放以来二十多年的高速增长。问题是，正如本文前节所述，中国工业化的主要技术来源是西方产业技术的扩散转移，而西方产业技术所产生的要素禀赋条件同中国有很大的差别，所以，西方产业技术的基本特征是以资本替代劳动，凡是比较"先进"的产业技术大都具有资本密集的特点，而劳动密集型产业通常是属于比较"落后"产业。因为，在西方发达国家的要素禀赋条件下，所谓技术进步的主要经济学含义之一就是更多地使用资本来替代劳动，从而表现为"劳动生产率"（每单位时间的劳动所创造的产品数量）的更大提高。因此，当中国从西方引进产业技术的时候就不可避免地会遇到一个突出的问题：在西方发达国家要素禀赋条件下所产生的产业技术特征如何适应中国的要素禀赋特征。如果不加改造地使用西方产业技术，就不可避免地同中国的要素禀赋条件发生矛盾，即：如果追求技术的"先进性"，就会排斥更多的劳动资源利用；如果要更多地使用丰富的劳动力资源，就不利于"先进技术"的运用；而如果希望使用劳动密集的先进技术，这种产业技术又不曾在西方的要素禀赋条件下产生。因此，中国工业化即使是从西方工业化国家引进和转移产业技术，也必须根据中国要素禀赋的具体国情进行适应性的改造和创新，否则就会发生突出的不协调现象。从政策上说，这就是既要接受西方发达国家的先进技术，又要解决如何充分利用中国丰富的劳动力资源的问题，反过来说，就是要解决如何在转移西方产业技术的过程中避免对劳动力的过分排挤的问题。这也就是中国走"新型工业化道路"的重要内容之一。

当产业技术的选择不仅仅要遵循科学技术发展本身的规律，而且要基于对适应现实要素禀赋特征的考虑时，就必然面临一个重要抉择：产业发展是以技术的先进性为基点还是以技术的经济性为基点？尽管从根本上说技术的先进性与经济性是一致的，但对于具体产业的技术选择而言，两者也可能发生一定的矛盾。从科学技术发展的过程来看，有所谓一般技术、传统技术、高新技术之分，但对于企业来说，技术高低、先进与否，并不是评价其优劣的主要标准，传统技术还是高新技术也不是技术选择的主要依据。在市场竞争中，"适者生存"比"优胜劣汰"具有更强大的客观力量。科学家追求技术上的"高、精、尖"，企业追求的则是"竞争力"和市场空间（德国大众不仅生产汽车，也生产香肠）。

一般来说，只要有公平有效的市场竞争秩序，企业总是倾向于选择最能有助于提高其竞争力的技术和技术进步路径。所以，只有以市场竞争的方式来实现技术选择和推动技术创新，才能使技术创新有效地发挥提高企业竞争力的作用。而在中国现实的资源禀赋条件下，市场竞争的结果往往更倾向于劳动密集型产业。很显然，这在一定程度上可能产生抑制技术先进性的作用。尤其是对于资金实力比较弱的中小企业，现实条件往往迫使它们更多地考虑技术的经济性而无力实现技术的先进性。这是目前我国许多产业面临的现实问题，其主要表现就是：产量增长很快，价格竞争激烈，技术含量较低，附加价值不高。也就是说，我国许多产业表现为较强的成本价格竞争力，在国际市场上几乎是"所向披靡"，但技术竞争力则明显偏弱。这在经济收益上则表现为，尽管生产和销售规模很大，市场占有率迅速提高，但净收益（利润）较低，附加价值不高。例如，我国市场竞争力最强的产业之一———纺织服装业，从产量来说我国无疑是世界最大的生产国，但据分析，中国的实际获益（占产品附加价值总额的比例）不超过20%。有资料表明，目前我国工业制造附加值仅为26%，而发达国家一般达到40%—50%。

　　总之，丰富的劳动力资源是我国产业发展的一大优势，但对技术进步而言则是一个影响比较复杂的因素。中国产业技术的选择不能不反映劳动力丰富这一重要的资源禀赋条件，又不能使巨大的劳动力就业压力成为抑制中国产业技术进步的消极因素，影响中国产业顺应世界产业技术发展的基本线路，实现向高层次、高技术价值链的推进和升级。这是中国产业技术创新过程中的一个具有重大战略意义的问题。

三　高技术在工业发展化中的地位和作用

　　我国产业逐渐实现向高层次、高技术的产业价值链的推进和升级，不仅是产业发展和市场空间拓展的必要，也是世界经济秩序的利益格局特征使然。因为，在现行世界经济体系中，高技术产业的高附加值利益将得到更大的强化：传统技术和传统产业的规模竞争和利润摊薄，使得其附加价值和利润率趋向降低；而高技术产业的高增长和高附加值（以及垄断利润）倾向则将长期保持。也就是说，发展高技术产业就有可能获得更大的经济利益。

进入21世纪，全球产业竞争空前激烈。全球产业竞争的方式从价格竞争、规模竞争，更大程度地转向技术竞争、创新竞争，即从以价格争市场、以规模求生存，转向以技术求效益，以创新求发展。当然，由于中国是发展中国家，在参与国际竞争的现阶段，还主要依靠以价格争市场、以规模求增长的竞争手段来实现产业发展和产业扩张。但是，如果长期停留于这样的产业发展阶段，就难以实现新的飞跃，并将导致产业升级受阻，甚至可能对国民经济产生严重的不利后果。

由于当今世界的主要产业技术都产生于西方发达国家，任何产业的技术特征都会带有它所产生的那个社会的经济环境的烙印，例如，在发达国家，人力价格较高的经济环境会使得工业技术倾向于更节约人力而更多地使用资本，即以资本替代劳动。而如本文上节所述，中国众多的劳动资源必然要求产业技术在总体上具有更多吸纳人力的性质，即以劳动替代资本，同时又不失其经济效率。因此，适应中国现阶段工业化的产业技术将是多层次的技术，有引自西方发达国家的高技术，也有更符合中国经济资源条件的适用技术，或者所谓"中间技术"。在这样的技术基础上，面对多层次的消费群体，中国制造业的产品也必然是多档次的。因此，中国制造业必然表现出"多元化、多技术、多层次"的显著特征。

由于中国是在传统产业迅速扩张转移的经济背景下发展高技术产业，因此，一方面，比较利益格局形成了使资源配置向传统产业倾斜的压力，即从近期看，将资源投向传统产业往往更具有经济合理性；另一方面，中国高技术产业的发展也可以获得从传统产业转移过来的竞争优势。我们在许多地区都可以看到，中国许多高技术产业的发展都是从其中的加工制造及组装环节起步的，而在这些生产环节上，中国在高技术产业中具有同传统产业差不多的比较优势。例如，中国电子计算机产业的发展就是从生产技术含量低的外围零部件生产开始，并且发展起组装环节，然后逐步向技术含量高的零部件生产环节扩展。所以，在中国现阶段的工业化进程中，一方面，需要发展高技术产业以拓展产业空间，而在这一过程中，高技术产业链的分解以及各产业间的融合，使得中国在整体工业技术水平不高的条件下也能在高技术产业领域中获得很大的发展空间。另一方面,要实现高技术同传统产业的结合,将高科技注入传统产业,以提高传统产业的竞争力,使得高技术的运用成为推动传统产业发展的重要力量。

除了一般国家经济发展所面临的共同问题之外,中国工业化过程中还有一系列新问题和突出矛盾需要解决,这对中国的高技术发展提出了许多新的课题,也使高技术发展在中国具有更大的需求空间。例如,中国巨大的人口数量决定了绝不可以重走发达国家工业化所经历的那样的高污染过程,已经被严重污染了的地球无法再承受13亿人口的环境破坏行为。但是,在技术水平低下的情况下,低污染同低成本、低价格是矛盾的,而从长期看,以高污染为代价的低成本、低价格,又是不可能有出路的。这就对中国的产业发展提出了技术创新和技术进步的迫切要求,形成对高技术的巨大需求。

特别值得注意的是,中国巨大的市场空间,使得高技术所需要的高投入可以有巨大的消化空间。高技术研究、开发和产业化需要投入巨额资金,高投入必须要有相应的经济回报,才能实现高技术投入的良性循环。而所谓经济回报就是高技术产品的市场。只有充分大的市场空间,才能消化高技术研究开发的巨大投资成本。很显然,中国在这方面具有非常巨大的优势。中国巨大的市场空间具有吸纳企业研究开发资金的强烈的吸引力,面向中国市场的高技术研究开发投入有可能获得可观的经济回报。因此,中国不仅能够成为制造能力的巨大投资场所,也会成为研究开发活动的巨大投资场所。

统计资料表明,20世纪90年代中期以来,我国高技术产业规模不断扩大。2002年,高技术产业总产值达到15099亿元,增加值达到3769亿元,分别比上年增长23.3%(按不变价计算)和21.8%。高技术产业对制造业增长的贡献达到16.8%,比上年增加了3.9个百分点。1995—2002年,我国高技术产业保持了持续的快速增长势头,工业增加值年均递增19.5%。随着高技术产业的快速发展,我国高技术产业规模不断扩大,高技术产业增加值占全部制造业增加值的比重也逐年上升。1995年高技术产业的增加值占全部制造业增加值的比重仅为6.2%,2002年已经接近

10%（见图1）。

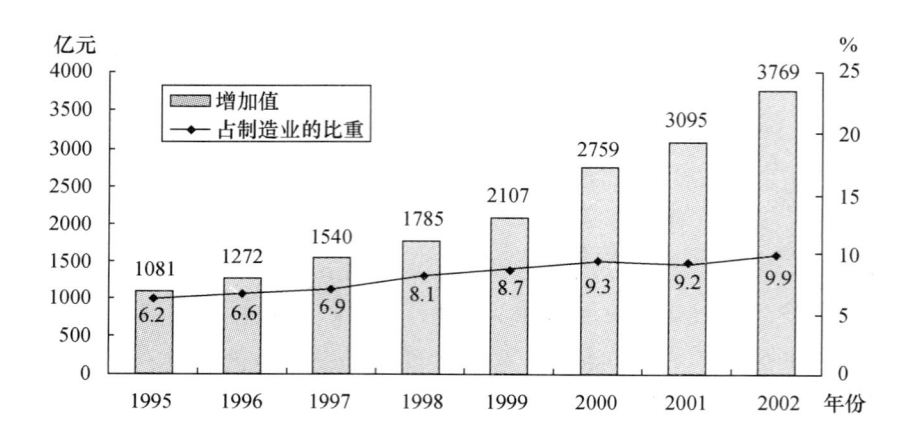

图1　我国高技术产业增加值情况（1995—2002年）

年份	增加值（亿元）	占制造业的比重（%）
1995	1081	6.2
1996	1272	6.6
1997	1540	6.9
1998	1785	8.1
1999	2107	8.7
2000	2759	9.3
2001	3095	9.2
2002	3769	9.9

高技术的产生和发展是科学进步的产物，而在市场经济制度下，高技术的产业化主要由企业来实现。因为，一般来说，由企业以商业资金实现的高技术产业，可以最有效地保证市场竞争力的提升。在高技术产业的发展的过程中，大、中、小型企业各有优势。鼓励大、中、小企业在市场竞争中在不同的产业价值环节上实现高技术的开发和运用，可以最有效地实现高技术产业的市场效率，包括正确的项目选择和达到其经济性的目标。我国发展高技术的作用不仅仅是为了实现高技术产业自身的发展，而是要普遍地提高我国各类产业的技术水平，提高产业的整体素质和整体的国际竞争力。所以，形成企业技术进步特别是发展高技术、投资高技术产业的市场竞争秩序、激发开发和运用高技术普遍的积极性，比由政府单纯地进行高技术项目选择意义更大。国家重视高技术发展是非常重要的，但重要的事情并不等于国家就要直接投资，也不等于国家直接进行项目选择。由企业根据市场状况进行项目选择，承担开发风险，是保证项目选择较高成功率的正确道路。

我国产业的多元化、多技术、多层次性质，使得我国高技术产业的发展也具有不同的路径，一种是"水到渠成"，另一种是"开渠引水"。前者是随着产业自身的发展轨迹,特别是西方先进技术的转移扩散,在我国企业承接先进技术的过程中,形成中国的高技术产业,一般来说,"水到渠成"是经济性所主导的;后者即"开渠引水"的产业发展路径,是先进性所主导的,通过高投入的技术开发形成技术源泉,然后将其推广到产业领域。有些高技术项目的开发和产业化,必须具备相应的经济条件,只有"水到"才能"渠成",而不能"拔苗助长"。而有些高技术项目的开发和产业化,则必须集中力量"开渠",才能实现"引水",否则就可能丧失发展机会。我们可以看到,我国大多数高技术的开发运用特别是高技术产业的发展(例如电子、通信产业)是沿着"水到渠成"的道路发展起来的,"拔苗助长"只会导致很大的决策失误和经济损失;也有一些产业(例如航空航天产业)是通过"开渠引水"的道路发展起来的。一般来说,"水到渠成"是产业发展引致技术进步的过程,而"开渠引水"则是原创技术的开发推动产业发展的过程。这两条道路对于中国高技术产业发展都具有重要的意义。

四 对外开放与中国工业的技术进步路径

中国实现产业技术创新的一个突出特点是对外开放,特别是外商投资企业发挥了非常突出的作用,同时也产生了许多特别值得重视的问题。由于中国工业化的高度开放性,从"国际贸易导向"的国际分工方式(即主要通过商品的国际交换实现的国际产业分工),向"国际投资导向"的国际分工方式(即更大程度上通过资本的国际流动实现的国际产业分工)发展,比较优势的经济实质将发生根本性的改变。从根本的经济性质看,中国全方位地参与国际分工体系,国际资本和跨国公司大规模地在中国"采购"劳动、土地等廉价资源,直接享用中国的资源优势,在中国市场展开"世界大战"。由于存在巨大的市场潜力和商业机会,中国是跨国公司绝对不可不进入的"战场",在一定意义上甚至可以说,不到中国"参战"的公司称不上是世界级企业。由于外国企业的大量进入,在中国市场上形成了中中、中外、外外之间的立体交叉竞争,即中国企业同中国企业的竞争、中国企业同外国企业的竞争、外国企业同外国企业的竞争,构成了中国制造业市场竞争的独特画面。

外国跨国公司进入中国，越来越多地获取中国市场的资源优势，必然可以显著地增强其自身的竞争力。从这一意义上说，中国市场的全方位开放，特别是投资领域的大幅度开放，"哺育"着全世界的跨国公司，使之成为规模扩张更快、经济实力更大、国际竞争力更强的超级经济实体。在这一过程中，中国企业也在激烈的竞争中成长起来，并且力争通过国际合作，逐步提高在产业价值链上的地位，实现产业升级。在这样的国际经济条件下，深度参与国际竞争和国际合作可以成为我国工业化的重要技术来源和实现技术创新的重要途径。尤其是对于全球化产业，中国企业同外国企业的战略性合作，使中国企业参与跨国生产和跨国经营的全球体系，加速先进技术在中国的扩散。

在利用国际技术资源促进我国产业技术进步，特别是通过企业合资合作实现技术进步的过程中，要避免单纯的技术导向，而更应体现竞争力导向，即要以提高竞争力为技术选择的最主要标准。就产业发展而论，技术水平的高低本身不能作为判断优劣和决定取舍的标准；无论采取什么技术，目的都是解决问题，而不是为技术而技术，所以，能够解决问题的技术就是可取的技术，而工业化进程中所要解决的最重要的问题之一就是提高产业和企业的国际竞争力。至于选择怎样的技术和采取怎样的技术创新路线最有利于我国的产业和企业增强国际竞争力，在大多数情况下，最有发言权的是参与国际竞争的企业。特别是，现代产业分工的深化，使得各个产业都已高度分解，"传统产业"中也有许多高技术的环节，并分解为含有高技术因素的"次产业"；高新技术产业中也有不少一般技术环节，也可以分解出许多一般性技术的"次产业"（例如高技术的电脑产业可以分解出机壳、键盘、鼠标等的生产环节和"次产业"），所以，什么是传统产业，什么是高新技术产业，在现实经济活动中并无绝对的界限。在各个产业的各个生产环节以及产业分解所形成的各个"次产业"中，都有技术创新的空间。产业的高度分解和分工，形成了跨国生产和跨国经营的技术基础，鼓励中国企业进入跨国生产和跨国经营的全球体系，就有可能进入产业技术进步的巨大创新空间。在这一技术创新空间中，中国企业一定会找到实现技术创新的可行路径，包括引进技术、学习技术、购买技术，以及形成具有自主知识产权的技术。

同时也要看到，随着我国产业技术水平的提高，以自主知识产权为基础的产业技术来源会变得越来越重要。一味的技术模仿和长期放弃技术控制，尽管可能获得短期的经济利益，但从长期来看，将丧失技术创新的能力。特别是对于重要的战略产业和核心技术，实际上很难从简单的国际转移中获得。对于这样的战略产业和核心技术，中国必须树立进行自我研发的决心，加大投入，优化技术研发投入的资源有效配置，积聚力量，冲击产业技术的制高点，形成在这些领域中一定的竞争优势。

一般来说，对国内企业和国外企业同样开放市场是遵守世界贸易组织规则的总体要求，但是这绝不意味着，民族国家的政府对本国企业和外国企业没有任何利益倾向，世界上没有哪个国家的政府不更多地关注本国企业的发展，甚至可以说，忽视本国企业发展和利益的政府是不能存在的（因为政府归根结底代表的是本国国民的利益，而不是世界的利益）。而关注本国企业的技术水平和技术创新状况，支持本国企业的技术进步，是政府最重要的经济职能之一。即使是在原则上必须维护所有类型企业之间的公平竞争，也绝不意味着政府对本国企业的技术进步的关注是同对外国企业完全"一视同仁"、"不偏不倚"的。更彻底地说，政府对本国企业的技术进步负有重大责任，一国企业在总体上的技术进步状况在很大程度上反映了政府经济政策的成功与否。但是，在开放经济的条件下，政府对本国企业的关注包括对本国企业技术进步的关注和支持，又绝不能变为政府直接参与和包办企业的技术研究和开发活动，或者在政策上不合理地偏向本国企业，实行歧视性的产业技术政策，以至破坏市场竞争的公平秩序，实际上，这同时也将削弱本国企业自主技术创新的动力和压力，使之成为坐享其成的技术"消费者"，而不是技术创新者，最终还是"扶不起的阿斗"，永远没有能力同外国企业进行有力的技术创新竞争。总之，国家如何有效地实行支持民族企业技术进步和技术创新的措施，既能充分利用对外开放促进产业技术进步的积极作用，又能避免或减少外国企业对民族产业技术进步的抑制性影响，以推动民族产业的技术创新和技术进步，增强民族产业的国际竞争力，特别是其中的技术竞争力因素，这是一个十分困难的重大战略和政策问题。

五 工业企业技术创新的进展和问题

产业技术创新受到经济发展水平和科学发展水平的影响,即一个经济和科学发展水平较低的国家通常产业技术创新能力也较低,所以,产业技术创新的业绩也较差;反之,经济和科学发展水平较高的国家产业技术能力较强,所以,产业技术创新的业绩也往往较好。中国科学院中国现代化研究中心和中国现代化战略研究课题组的一份研究报告显示,中国的知识创新指数虽然明显低于发达国家,也低于世界的平均水平,但却并不低于甚至在一些方面已经高于中等收入国家的平均水平,其中,"知识创新综合指数"与中等收入国家基本相当(见表3)。这表明,在总体上,中国技术创新的表现是同其经济发展水平基本相当。而且,由于大国效应,中国技术创新的实力和潜力明显高于同等水平(以人均国民收入为衡量标准)的发展中国家。

但是,中国知识创新的投入和产出都表现出极大的地区不平衡性。少数经济和文化比较发达的地区,知识创新的有些指标(主要是投入性指标)不仅明显高于世界平均水平,甚至接近和高于发达国家的平均水平(例如,北京市的"知识创新经费指数"和"知识创新人员指数"均高于发达国家的平均水平),而一些经济较后进的地区则低于低收入国家的水平(见表3)。

表3 各地区知识创新指数

地区	知识创新经费投入	知识创新人员投入	知识创新专利产出	知识创新经费指数	知识创新人员指数	知识创新专利指数	知识创新综合指数
北京	6.0	59.4	360.4	120	120	39	93
天津	1.4	18.2	78.1	53	55	8	39
河北	0.5	3.4	9.7	18	10	1	10
山西	0.6	3.7	10.7	23	11	1	12
内蒙古	0.3	2.7	7.8	10	8	1	6
辽宁	1.1	10.3	33.6	41	31	4	25

续表

地区	知识创新经费投入	知识创新人员投入	知识创新专利产出	知识创新经费指数	知识创新人员指数	知识创新专利指数	知识创新综合指数
吉林	0.8	5.8	23.7	31	17	3	17
黑龙江	0.6	7.1	18.7	22	22	2	15
上海	1.8	26.3	202.5	68	80	22	57
江苏	1.0	8.0	19.0	37	24	2	21
浙江	0.6	5.7	23.7	24	17	3	14
安徽	0.6	2.8	4.7	25	8	1	11
福建	0.5	5.6	10.5	20	17	1	13
江西	0.4	2.3	6.5	14	7	1	7
山东	0.6	4.1	15.2	25	12	2	2
河南	0.5	2.9	7.8	19	9	1	10
湖北	0.8	5.7	18.2	30	17	2	17
湖南	0.6	3.4	13.7	23	10	1	12
广东	1.3	8.4	32.8	50	25	4	26
广西	0.4	1.8	5.7	14	5	1	7
海南	0.2	1.0	11.2	6	3	1	3
重庆	0.6	4.2	8.5	22	13	1	12
四川	1.3	4.1	10.7	50	12	1	21
贵州	0.5	1.6	4.7	19	5	1	8
云南	0.4	2.3	8.0	14	7	1	7
西藏	0.1	0.5	3.0	6	2	0	3
陕西	2.8	10.2	13.0	108	31	1	47
甘肃	0.8	5.2	9.9	30	16	1	16
青海	0.4	3.1	8.4	15	9	1	8
宁夏	0.5	3.7	17.4	20	11	2	11
新疆	0.2	2.2	10.1	8	7	1	5
中国香港	n	n	30.6	n	n	3	n
中国澳门	n	n	4.6	n	n	0	n
中国台湾	2.2	39.8	162.0	83	120	17	74
中国	1.1	5.8	23.5	42	18	3	21

续表

地区	知识创新经费投入	知识创新人员投入	知识创新专利产出	知识创新经费指数	知识创新人员指数	知识创新专利指数	知识创新综合指数
高收入国家	2.6	33	929	100	99	100	100
中等收入国家	1.0	8	23	38	24	2	21
低收入国家	0.6	3	3	22	9	0	10
世界平均	2.4	n	150	92	n	16	54

注:"知识创新经费投入"指 R&D/GDP,中等收入和低收入国家数值为 2000 年数据,其他为 2001 年数据。"知识创新人员投入"指从事科技 R&D 活动的科学家和工程师全时当量/万人口。"知识创新专利产出"指知识创新活动中的专利产出,数值为居民申请国内发明专利数/百万人。"知识创新经费指数"、"知识创新人员指数"、"知识创新专利指数"、"知识创新综合指数"均为知识创新指标的指数。

资料来源:中国现代化战略研究课题组、中国科学院中国现代化研究中心:《中国现代化报告》(2004),北京大学出版社 2004 年版,第 337 页。

在传统计划经济体制下,推动我国产业技术进步的主体是政府。改革开放以来,企业在技术创新和技术进步过程中的作用逐步增强。这不仅表现为自 20 世纪 90 年代中期以来,我国的 R&D 支出持续增长,而且表现为企业逐步成为技术创新的主体。

据科技部《中国科技统计年度报告》(2003)提供的资料,2002 年,我国 R&D 经费总额 1287.6 亿元,比上年增长 23.5%。1996 年以来,R&D 经费占国内生产总值的比重连续 6 年保持增长,从 1996 年的 0.60% 上升到 2002 年的 1.23%。按可比价格和同口径计算,1996—2002 年 6 年间,我国 R&D 经费支出年均增长达到 21.7%,是世界上 R&D 经费年均增长速度最高的国家之一(见表 4)。2002 年,国内各类企业 R&D 经费支出总额达到 787.8 亿元,比上年增长 25.0%。企业 R&D 经费支出已占全国的 61.2%,比 2001 年上升 0.8 个百分点,"十五"计划以来,企业 R&D 经费支出占全国的比重持续上升。

科技部《中国科技统计年度报告》(2003)提供的统计数据还表明:目前,全国 2/5 的科技活动人员集中在大中型工业企业,大中型工业企业

表4　全国R&D经费及其占国内生产总值的比重（1996—2002年）

	1996年	1997年	1998年	1999年	2000年	2001年	2002年
R&D经费（亿元）	404.5	509.2	551.1	678.9	896.0	1042.5	1287.6
增长速度*（%）	9.5	24.9	10.9	20.3**	16.9**	16.4	23.9
占GDP（%）	0.60	0.68	0.70	0.83	1.00	1.09	1.23

注：* 按GDP的缩减指数计算，** 按同口径（相同统计范围）计算。
资料来源：中华人民共和国科学与技术部：《中国科技统计年度报告》(2003)。

的科技投入不断增长，新产品开发取得良好效益。

2002年，全国大中型工业企业有科技活动人员136.7万人，与上年基本持平。其中科学家和工程师81.3万人，比上年增加2.2万人，占科技活动人员总数的59.5%，比上年提高1.7个百分点。占全国科技活动人员及科学家工程师总量的比重分别达到42.4%和37.4%。为提高自主创新能力，企业较为注重加强自主研发力量，科技活动人员中有从事R&D活动的人员60万人，占科技人员总数的43.9%，比上年提高3.1个百分点。R&D活动人员按折合全时人员当量计算为42.4万人/年，其中科学家与工程师为30.5万人/年，占我国全部R&D人员及其中科学家与工程师的比重分别为41%和38%。

2002年，大中型工业企业共筹集科技活动经费1213亿元，比上年增长15.9%。其中，大型企业筹集1027.2亿元，占84.7%。从筹资构成看，企业资金1020.3亿元，比上年增长15.9%，在全部科技活动筹集经费中的比例继续保持上年的水平，高达84.1%；政府资金53.7亿元，增长30.7%；金融机构贷款99.9亿元，增长4.5%。可以看到，我国大中型工业企业的科技经费正在稳步增长，其中自主筹集经费的机制已基本形成。

2002年，大中型工业企业科技活动经费支出达1164.1亿元，比上年增长19.0%。其中，国有企业支出"427.8"亿元，占36.7%；股份有限公司支出242.1亿元，占20.8%；三资企业支出229.2亿元，占19.7%。科技经费投入的增加，有力地支持了企业技术开发活动的开展。大中型工业企业全年实施技术开发项目11万项，技术开发项目平均经费支出73.8万元，比上年增加8.9万元。

大中型工业企业2002年R&D经费支出560.2亿元，比上年增长

26.7%，占销售收入的比重为 0.83%，比上年提高 0.07 个百分点。作为国民经济信息化装备行业的电子及通信设备制造业的 R&D 投入达到 136.1 亿元，占大中型工业企业 R&D 经费总额的近 1/4。

2002 年，大中型工业企业投入新产品开发经费 509 亿元，比上年增长 20.6%。全年开发新产品项目 6 万项，新产品项目平均投入强度为 85.1 万元，比上年增加 11.6 万元。大中型工业企业新产品开发取得较好经济效益，全年完成新产品产值 11241 亿元，比上年增长 22.8%；实现新产品销售收入 10837.8 亿元，增长 23.2%；新产品出口 1772 亿元，增长 27.2%，占工业制成品出口额的比重提高到 7.2%；新产品销售利润 1099.8 亿元，增长 34.3%。

同时，统计资料也表明，随着自主技术创新力量的增强，大中型工业企业引进外部技术的强度在逐步减弱。近年来，由于企业购买国内外技术的支出小于自身 R&D 经费支出，R&D 经费与购买国内外技术支出的比例连年下降，1999 年为 1:0.88，2000 年为 1:0.79，2001 年为 1:0.77，2002 年为 1:0.74。表明企业不断注重自有技术的开发，对外部技术的依赖程度正在逐步减弱。

企业技术创新不仅受到经济发展水平的影响，也受到体制和文化的深刻影响，可以说，企业技术创新不仅是一种单纯的技术现象，而且也是一种社会现象。实行经济体制改革开放以来，随着企业制度和国家经济管理体制的改革，我国产业的技术创新机制有了一定的改善，这突出地表现为，我国产业特别是加工制造业的供给弹性有了很大的提高，只要有市场需求，企业就能够迅速做出反应，积极地进行技术创新和跟进，很快形成生产能力，大规模地向市场供应产品。而且，产品在质量、性能、款式等方面的提升和更新换代，也大大加快。当然，其中也有一些消极的现象，例如，假冒、侵犯知识产权等，而且，即使是在合法的技术创新中，模仿的因素也比较多，但是，从总体来看，近二十多年来，中国产业技术创新动力的增强和能力的提高，毕竟是一个不可否认的客观事实。当然，从根本上看，技术创新的不足也是一个不可否认的事实。这突出地表现为，我国企业所拥有的自主知识产权技术少，即使是一些我国的生产能力已经非常巨大的产业，其核心技术也仍然是外国的，所以，我国企业仍然不得不向外国企业支付巨额的技术转让费。特别是在装备制造业中，我国企业的技术劣势更为明显。

导致我国企业技术创新不足的原因当然有经济发展水平不高的因素，但是，我国企业在体制上和战略意识上的缺陷也是重要原因。其中，较具普遍性的现象和问题主要是：

（1）中国经济正处于转型时期，企业的产权制度尚不成熟，不稳定，无论是国有企业还是民营企业中的所有者（或所有者代表）、管理层，以及工程技术人员，对企业未来的产权状况都缺乏明确的预期，所以，对是否投入技术创新，特别是需要长期高投入的技术创新，往往缺乏足够的信心和动机。

（2）中国经济的巨大市场空间，使得企业往往更倾向于进行扩大生产规模的投资，以获取近期的经济回报。而对于具有重大意义的技术创新项目，反而更趋谨慎。特别是当一些产业出现高增长机遇，市场需求快速膨胀时，企业追求扩大生产能力的欲望非常强烈，往往忽视在技术创新上的努力，甚至更倾向于以低技术、低成本的生产设备和生产方式（往往以牺牲环保和大量消耗资源为代价）迅速扩大产量，占领市场空间，获取最大的短期经济收益。

（3）企业之间的竞争行为过于简单，往往总是在相同的领域中进行同类竞争，缺乏市场细分意识。而且，模仿意识强烈，企业之间的竞争不是差异化超越，而是同类比拼，以价格竞争为主要手段。使得技术创新活动局限于狭小的空间，激烈的竞争虽然也在一定程度上促进了技术进步，但技术路线雷同，创新意义不强。

（4）企业中的合作意识不强，对于需要很多人密切合作完成的技术创新项目，往往缺乏有效的组织合作机制。一些企业中，尤其是在高新技术产业和民营企业中，关键的技术创新人才和高层管理人员的企业忠诚度不强，"跳槽"现象和"自立门户"现象频繁发生，往往对企业的重大技术创新项目以及技术资源的长期积累产生消极影响。

（5）一些企业的技术创新项目对投资的依赖性过强，使得技术创新活动在更大程度上成为争取投资资金的行为，企业在融资上的热情和资源、精力投入往往高于对技术创新本身的积极性，甚至演变为资本市场和信贷市场上的"圈钱"、"捞钱"等行为，似乎争取到投资资金或者信贷资金本身就是"成功",常见的表现就是:为股票上市而欢欣鼓舞,为获得贷款而兴高采烈。股票上市(或增资扩股)或者获得贷款成为目的,而技术创新反倒成为说给投资人和信贷机构(银行)听的"故事"。这反过来使得投资人和信贷机构对企业声称的"技术创新"缺乏信任和信心。这就使得企业技术创新的融资条件受到破坏,真有技术创新项目需要资金投入时反而得不到及时的资金支持。

(6)在计划经济时期所形成的科技与生产相分离的体制问题尚没有得到根本的解决。科研和技术成果的产业化道路还没有真正畅通。科研和技术创新的长期效益性质,同企业的短期商业利益之间的沟通和衔接,还缺乏体制上的保证。所以,当企业普遍受到短期商业利益的诱惑和竞争压力时,技术创新就会受到挤压。

以上现象和问题的存在,大都具有深刻性和长期性。冰冻三尺,非一日之寒。需要企业、社会、政府共同努力来解决。同时,我们也看到,随着社会主义市场经济体制的不断完善和经济发展水平的提高,中国企业的技术创新正在走向更健康的道路,上述现象和问题的解决具有良好的前景。

结论

改革开放二十五年来,中国工业的技术水平有了很大的提高,技术创新能力也不断增强。特别是,企业作为市场竞争主体的地位已经确立,技术创新的动力机制正在逐步形成,因此,近年来,中国工业的技术创新表现出比较良好的势头。当然,由于中国经济发展水平和某些国情因素的影响,技术创新仍然是中国工业发展中的一个突出的问题,特别是随着中国工业化向深度推进,越来越多的传统产业趋向成熟,中国工业的总体技术水平同国际先进水平的差距逐步缩小,以及加入世界贸易组织后中国企业面临的国际竞争压力更强,使得技术创新正在成为中国工业发展以至整个工业化过程中的一个关键的战略问题。中国工业以至中国经济未来的发展前途将越来越依赖于技术创新,以技术创新推动工业进步和产业升级,将成为新世纪中国工业发展的基本主题。

(原载《中国工业经济》2004年第5期)

中国产业发展的道路和战略选择

进入 21 世纪，中国经济发展表现出一系列非常显著的变化，特别是各产业的发展似乎呈现出越来越清晰的走势轨迹，从产出量来看，中国已经成为一个工业生产大国。如果按照购买力平价而不是货币汇率计算，中国差不多已经进入中等发达国家的行列。但是，所有这些观察结论都基于一个假设：中国工业化的轨迹同其他国家是一致的，中国所经历的工业化历史就是其他发达国家在工业化的相应阶段已经经历过的历史。问题是，这样的假设可能同现实相差很远，从人类工业化的整个历史过程看，中国工业化是一个非常独特的过程，正在和将要发生许多其他国家没有发生过的现象，面临许多其他国家未曾遇见的独特问题。所以，在这一过程中，中国企业的战略选择以及国家的产业发展战略都会面临许多重大理论和实践的课题，深刻认识这些课题的意义，并且从根本上树立起正确认识和处理有关战略问题的基本观念和原则，对于中国未来工业化的道路具有非常重要的意义。本文主要讨论同产业发展直接相关的若干问题，而把更广泛的问题留待今后做进一步的研究和讨论。

一 中国产业发展一般走势和阶段特征

中国作为一个发展中国家，在经济发展的一定时期，其工业化的过程必然表现为发达工业化国家的产业转移，即承接世界产业的渐次转移构成相当长的一个时期内中国工业化进程的主要内容。因此，中国大多数产业的发展将经历三个阶段（见表1）。

第一阶段是产业"幼稚期"，其一般特征是产品"低质低价"（而垄断性产业则表现为低质高价）。这一时期的产业生产技术处于很低的水平，产品档次低，附加值也低（而垄断性产业则表现为很高的垄断利润）。这一时期的企业竞争特点是模仿性竞争，产品基本上是仿制国外的过时品种，而且往往具有"偷工减料"、"因陋就简"的缺陷。所以，处于这一发展阶段的产业，即使是质量相对较好的出口产品也只能摆在国外的最低档商店。但由于这一时期的市场通常比较稀薄，相互竞争的生产者均很弱小，所以，生产企业的竞争压力不很大，发展空间比较宽阔，日子似乎还比较好过。

表1　　　　　　　　　　中国产业发展的三个阶段

	幼稚期	成熟期	强壮期
一般特征	低质低价（或低质高价）	物美价廉	优质名品
技术特征	低技术水平	成熟的技术（先进设备）和强大生产能力	技术控制和核心技术创新
产品特征	低档次、低附加值；（或低档次、高利润）	高性—价比，低附加值	高附加值形成品牌声誉
竞争特点	模仿竞争	成本—价格竞争质量—规模竞争	差异化竞争"后制造"竞争
市场状态	稀薄市场	饱和市场	稳固市场

第二阶段是产业"成熟期"，其一般特征是产品"物美价廉"。这一时期产业的技术特征是，生产技术已经比较成熟，生产设备的技术水平已经相当高，甚至规模不很大的民营企业都可以拥有很先进的生产设备；强大的生产能力进行着大批量产品生产，产品质量可以达到消费者认可的水平，而低廉的价格使得产品具有很高的性能—价格比，以这样的产品进入国际市场，几乎是"所向披靡"，但是，产品的附加值却很低，生产企业真正的获益并不高。这一时期的产业竞争特点是激烈的成本—价格竞争和质量—规模竞争。一旦进入这一发展阶段，所有企业都很快面对饱和的市场，利润摊薄成为企业经营严酷的现实压力。当进入这一阶段后，原先的垄断产业也逐渐转向市场开放，更多进入者的竞争，使这些产业也必然发生大幅度价格滑坡，并向均衡价格水平移动。

第三阶段是产业"强壮期",其一般特征是"优质名品"。这一时期的技术特征是中国企业获得了技术控制力,特别是具有核心技术创新的能力。产品具有很高的品牌声誉和附加值。产业竞争性质突出表现为差异化竞争和"后制造"竞争。进入这一时期后的一个最显著特点是,不仅产品的实际质量和实际技术水平显著提高,而且社会公众深深地相信中国产品的质量和技术水平很高,也就是说,此时,中国产品具有"深入人心的声誉"。

根据以上的分析,再观察中国各个产业发展的现状,可以看到:我们已经有越来越多的产业进入了第二阶段,但进入第三阶段则比较困难,即使是我国竞争力最强的纺织服装产业离第三阶段还有很长的距离。而一些产业特别是长期处于垄断状态的产业虽然发展迅速,实际上还处于第一阶段。例如,汽车制造业尽管有了很大的发展,产量和销售量都达到很大的规模,但仍然处于第一阶段后期,其显著表现是:以合资合作为手段的模仿竞争、巨大的市场空间和贸易保护,产生着很高的利润回报和巨大的引致投资,产能继续大幅度增长。因此,汽车制造企业必须做好进入第二阶段的准备:迎接放松保护、市场饱和、成本—价格竞争、利润摊薄等产业成熟期不可避免现象的挑战。

所以,我们可以看到,中国承接世界制造业的转移所要经历的三个阶段的主要内容:第一是产能转移,第二是技术转移,第三是声誉转移。在产业转移的整个过程中,声誉即"名"的形成和转移是最困难的,它涉及营销、传播、品牌等各个"后制造"产业环节,而且受到公众心理的强烈影响,因为品牌声誉具有"客观见之于主观"的性质。"名"的形成,不仅是企业努力的结果,而且是地区(集群区)经济、全行业发展和整个国家经济发展状况的结果。所以,"名"的竞争比"实"的竞争,即"声誉"的竞争比"价格竞争"、"质量竞争"更艰难。声誉竞争是真正"综合实力"(包括现实实力、历史积淀和人心向背)的竞争,不仅是竞争力的比较,而且是"公众认同的品牌竞争力"的比较;不仅是实力战,而且是心理战。

以纺织服装业为例,世界纺织服装产业向中国转移的路径是:先转移"大"(产能),再转移"优"(技术),最后才是"名"。现在,尽管中国已经是纺织服装业的第一生产大国,拥有了世界最大的生产能力,也具有生产同国际名牌产品相当的产品的技术能力,而且实际上许多世界名牌产品也就是在中国生产的,但是,在公众的心目中最好的纺织服装产品仍然是法国、意大利等国的产品和品牌,一些关键性的生产技术条件同发达国家还有差距。因此一般认为,"我国作为纺织服装业大国而不是强国,存在很多的制约因素,但最根本的制约因素来自产业内部而非外部:一是高科技纤维的开发应用落后于其他国家;二是面料尤其是高档面料在设计和加工技术上差距很大;三是先进的工艺技术设备基本上都在发达国家手上;四是缺乏附加值高的知名品牌;五是现有营销、生产网络体系很不完善。这些问题反映出我国尚未形成高附加值的纺织服装产业链"①。

值得注意的是,目前我国的公众心理正在开始发生着有利的变化,有显著的迹象表明越来越多的公众正在改变着对"国产=低质"的成见。在《中国经营报》组织的2004年"中国市场优势企业人气指数调查"中,对中国竞争力最强的100家企业同世界500强公司中在中国市场最有影响的150家企业进行公众人气指数(即公众认可度)调查,结果是无论在前20家还是前10家优势企业中都有多家中国企业进入。从实际实力来说,这些中国企业肯定不如外国公司强大,但中国公众却给了它们超出其实力的评价。这是中国工业化进入中期阶段的一个具有标志性意义的现象。它表明,中国产业发展取得了很大成就,中国消费者开始树立起对民族品牌的社会认同和对中国优势企业的较高信心。这不仅反映中国企业的国际竞争力有了显著的提高,而且表明,中国企业实施品牌战略的经济和社会环境(包括公众心理氛围)有了显著改善,有利于中国企业实施品牌战略取得良好效果。实际上,这样的积极迹象在外国市场也有程度不同的类似表现。这表明,中国一些产业的产品声誉正在形成,开始具备了向第三阶段推进的条件。

---

① 薛志伟、李媛媛:《纺织服装产业:从量变到质变》,《经济日报》2004年6月7日第5版。

二 开放条件下的竞争态势和战略选择

中国工业化的一个显著特点是，以非常宽容的政策允许和鼓励外国资本以直接投资的方式进入中国，实现世界产业向中国的更快转移。同其他工业化国家处于中国目前的发展水平时的政策相比，作为一个大国，中国在外商直接投资上的开放态度是罕见的，也就是说，世界上很少有大国在相当于中国目前的发展时期实行像中国这样的对外商直接投资的极大宽容政策。这表现了中国融入世界经济的胆略和自信。

由于中国实行了独特的以大规模吸引外商直接投资为特征的对外开放模式，所以，中国产业国际竞争的态势也具有十分显著的特点。当我们观察中国产业国际竞争的市场主体关系时须考虑两个基本因素：一是制造人，即是由中国人（中国企业，下同）制造，收入归中国人，由外国人（外商投资企业，下同）制造，收入归外国人。二是制造地，即在中国制造还是在外国制造。前者在统计上遵循国民原则，即体现为中国或者外国的国民生产总值（GNP），在这一意义上说，产业或企业的国际竞争就是GNP的竞争，哪个国家创造并获得的GNP多，就表明其产业竞争力强。后者在统计上遵循国土原则，即体现为中国或者外国的国内生产总值（GDP），在这一意义上说，产业或企业的国际竞争就是GDP的竞争，哪个国家创造的GDP多，就表明其产业竞争力强（见图1）。

按照这样的框架进行分类，产业国际竞争的市场主体可以分为六种类型，包括四种基本类型和两种混合类型。第一类，中国国土上的中资企业（简称"国内中资"），即严格意义的"民族工业"；第二类，中国国土上的中国和外商的合资企业（简称"中外合资"）；第三类，中国国土上的外商投资企业（简称"国内外资"）；第四类，外国国土上的中国资本企业（简称"国外中资"），即中国企业"走出去"在国外建立的独资企业；第五类，外国国土上的中国与外国资本的合资企业（简称"外中合资"），即中国企业"走出去"在国外建立的合资企业；第六类，外国国土上的外国企业（简称"国外外资"），其对中国产业的影响主要表现为中国市场的进口产品（在中国市场上的竞争），也表现为对中国出口产品以及"国外中资"、"外中合资"产品（在外国市场上）的竞争。在这六种类型中，第一、二、四、五类为基本类型，第三、六类为混合类型。

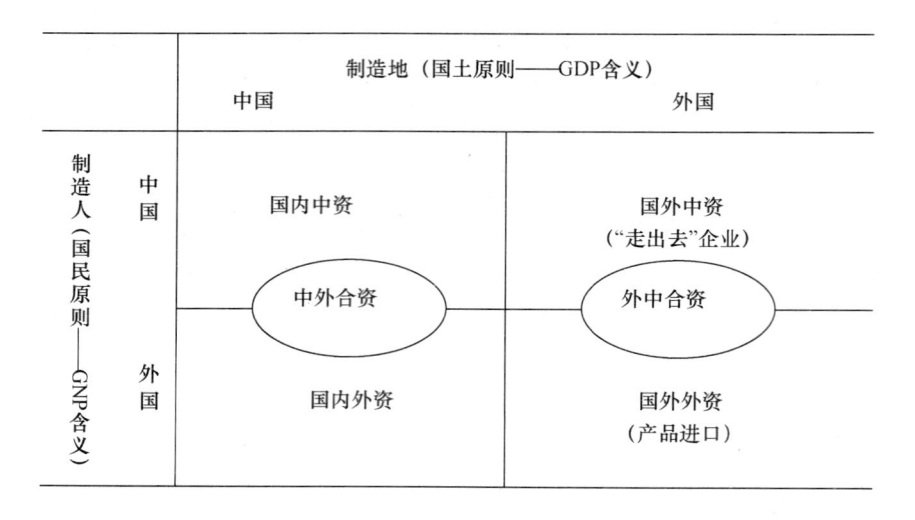

	制造地（国土原则——GDP含义）	
	中国	外国
制造人（国民原则——GNP含义）中国	国内中资 中外合资	国外中资（"走出去"企业） 外中合资
制造人（国民原则——GNP含义）外国	国内外资	国外外资（产品进口）

图1 产业国际竞争的市场主体关系

我们主要研究中国市场上的产业竞争。面对国际竞争，中国企业可以采取同外国企业（包括国外外资企业和国内外资企业）直面竞争的战略，也可以采取同外国企业合资合作的战略。中外企业竞争表现为GNP和GDP双重意义上的结果，而这两重结果可能有相当大的差别。一般的判断是：由于国际生产能力的转移，使得承接转移的企业生产技术档次不断上升。如在半导体行业，已经有了包括外商投资企业在内的10家芯片公司。我国自己的半导体制造公司的技术进步也很快。从贸易结构也可以看到，高新技术产品进出口在进出口总额中的比重逐年上升，从1998年的20.8%提高到了2002年的28%。而且，有一些原先融入跨国公司国际生产体系的企业开始摆脱依赖的角色，在国际市场上树立自己的形象。这表明通过示范和学习效应，一些国内企业不仅仅满足于做生产能力转移的接受者，也在向自主性的国际生产努力。但是，我国承接国际生产能力的转移基本上都是劳动密集型的生产或装配活动，即使是技术或资本密集型的产品，我国从事的也是劳动密集型的工序。跨国企业凭借着造型新颖、技术先进的产品赚取高额利润；而依靠贴牌定制的"中国制造"往往只有1%—2%的利润[①]。

面对这样的国际产业竞争态势，中国产业在本文第一节所描述的第一和第二个发展阶段，将表现出比较明显的优势，可以在相对较短的时期内达到第二阶段中、后期。正因为这样，从20世纪90年代开始，成本—价格竞争和质量—规模竞争推动着越来越多中国产业的总产量居世界前列，现在，我国许多产业都进入了生产大国的行列。同时，中国产业的技术控制（自主知识产权）、核心技术创新以及品牌和附加值问题也越来越突出。也就是说，中国产业如何向第三个发展阶段推进，已经成为必须现实地考虑的战略问题。

为了向产业发展的第三阶段拓展，企业战略大致可以有三种选择：一是自主品牌导向战略，即从现在就投入更大的资源来开发具有自主知识产权的技术，并大力树立自己的自主品牌，特别是在高端市场和高端产品上实现品牌战略。这样的战略也可以称为"冲击制高点战略"。二是产能导向战略，即把更多的资源投入扩大生产能力，以质量、成本和规模获得市场占有优势，以期成为世界最大的制造商，从而在未来获得"水到渠成"的品牌优势。这样的战略也可以称为"步步为营战略"。三是因势借势战略，即在自己弱小的时候同外商合资合作，忍受一定时期内的技术依附地位，而在同合作者共同发展的过程中寻找和积累未来发展自主技术和自主品牌的机会和能力。这样的战略也可以称为"曲线迂回战略"。

从理论上说，这三种战略都有一定的合理性和可行性，同时，也都有一定的风险性。这三种战略的差别实质上是在长期目标和短期目标上所做的权衡，或者是在"短期易行但长期艰难"和"短期艰难但长期合意"之间进行战略抉择。自主品牌战略具有最合意的长期目标方向，但短期运作可能十分艰难，风险比较大，资源投入的效果可能缺乏可观回报，当然，如果能够经过努力而达到预期的战略目标，则是一条非常合意的战略路径。产能导向战略，具有比较合理的近期经济合理性，技术开发和品牌战略的资源投入和风险性都比较小，而且，如果运作成功，则可能会有

---

① 参见宋泓《国际产业转移新趋势》，《经济日报》2004年6月15日第10版。

"水到渠成"的未来品牌前景；但在相当长的时期内，由于自主品牌和核心技术创新上的投入力度不强，大批量生产的规模经济效应未必能够保证生产者理想的经济收益，产品较高的性能—价格比也未必能使生产者获得较高的附加值，换句话说，由于"给他人做嫁衣裳"而导致的"利益外流"现象往往成为这种战略路径的明显缺陷。因势借势战略，由于与外国公司特别是大型跨国公司合资合作，享有"同在一条船上"的裨益，可以比较快地获得技术模仿和生产能力的提高的效果，近期收益尽管不很高但通常比较有保障，而且，借助外商力量往往可以缓解某些迫在眉睫的经营困难和"瓶颈"，渡过企业发展的生存危机。这一战略路径显著的缺陷和风险是，由于在关键和核心技术上以及市场控制上处于劣势，技术发展和品牌建设的自主性可能受到不利影响，而如果技术依赖成为惯性，就可能导致长期的边缘化，失去"自我"长期发展的机会，这样，就可能使得中国产业发展进入第三阶段变得遥不可及。

总之，三种战略各有利弊，其实际效果取决于不同产业的具体条件和战略实施者的执行能力。在企业的经营实践中，所实行的战略可能并不是绝对地属于上述三种战略中的某一种类型，也可能兼有两种战略类型的特征。但是，从其基本的战略思路和路径来看，一个企业总是倾向于其中的某一种战略类型。选择哪一类型的战略取决于多种因素，产业类别、企业实力、现有技术条件等都会影响战略选择的取舍，而且，正如本文下节所要讨论的，不同企业的利益关切性和价值观也会深刻地影响其战略选择。

三　企业战略选择的经济学根据

人们常常会热烈地讨论，中国的某个产业应该实行什么样的战略。例如，发展汽车产业是不是要强调拥有自主知识产权的技术开发？纺织服装产业是不是应该强调高附加值、品牌价值和技术含量？中国是否应该集中力量发展高技术产业，尤其是在有关产业的核心技术上争得同中国的大国地位相称的优势？如果孤立地议论这些问题，人们很容易得出一个"十全大补"式的结论，即所有的东西中国都应该得到，战略"药方"最好是百病有效。特别是考虑到中国是一个大国，多层次、多技术、多元化，是产业发展的必然方向,所以,"既要……也要……"式的方案就一定不会有什么大错。但是,资源总是有限的,而实现任何战略目标又总是要投入一定的资源,所以,战略就是选择,选择意味着必要的"放弃"。如果不下决心放弃一些什么,哪怕是暂时的放弃,也就不会有什么有效的战略。所以,战略的实质在于,在许多可能是都有价值的目标中舍弃许多,而选择一个或一组目标;或者是在有可能达到目标的许多条道路中舍弃多数,而选择一条可行的道路。所以,正确的战略就是"正确的放弃",可行的战略就是"适当的放弃",错误的战略就是"错误的放弃";而且,备选的可能方案越多,放弃的也就越多,错误放弃的可能性也就越大。放弃是一种痛苦,选择空间越大,放弃就越痛苦;正确的放弃可能是痛苦,错误的放弃就是更大的痛苦,甚至是悔恨莫及的痛苦。在中国工业化这样一个充满着无限发展机会的巨大空间中,进行战略抉择,是需要承受巨大痛苦的。所以,局外人议论战略是一回事,真正要作出战略决策是另一回事。

其实,问题的关键可能并不是什么样的战略更正确和更可取,而在于谁有动机实施某种战略。而所谓战略选择动机的实质意义在于:对于战略决策人,选择对了会怎么样,选择错了又会怎么样?换句话说,谁会基于充分的理由和真实的动机而真正关切企业战略选择的内容和结果?如果选择错误,谁会有切肤之痛?例如,谁会关心企业是否拥有自主知识产权?谁会关心企业的自主品牌?谁会关心一百年以后的企业命运和声誉以及一百年以后的"利润最大化",或者真切地关心可以持续到一百年以后的企业竞争力?(不是很多人声称要建立"长寿企业"、"百年企业"吗?)如果进行战略决策而无人承受切肤之痛,那么,战略选择本身就是一件任意和危险的事情,因为这意味着没有人对其后果承担责任,舍弃什么,选择什么成为同决策者没有利益关切性的游戏。

那么,谁会关切企业战略呢?按照经济学原理,当然是企业所有者,因为"谁的孩子谁心疼"。如果所有者同时也是战略制定者和执行者,那么,以上假定是成立的,因而关切企业基本战略的选择就不会成为制度性问题。但是,在现实经济中,企业所有者往往不是企业经营管理的实际决策人,也不是完全信息的拥有者,而真正的信息拥有者和实际决策人是企业管理者（非所有者），所以，就有了委托—代理关系的制度安排以及让管理者分享股权的激励设计，试图通过一定的制度安排来使得实际的战略决策人和执行者具有利益关切性。这样，谁是企业战略的真正关切者就取决于企业产权（包括知识产权）结构和治理结构的性质了。于是在不同的企业产权结构和治理结构中，由于实际的战略决策人及执行者的利益关切性不同，所以，企业战略选择的决策方向也就很不相同了。

因此，企业战略问题的实质，或者战略选择的首要问题并不是什么战略更正确，而是谁有动机确定和实施什么样的战略，即谁是企业战略选择的利益关切者？因为，对于战略正确与否的判断和评价是以判断者或评价者同企业的关系为转移的，也就是说，利益关切性决定着对战略的价值判断。不同地位或者利益关切性不同的人，对战略判断和选择的标准是不同的。在这一意义上完全可以说，是企业的利益结构（或利益关切性结构）决定了企业的战略选择。这种利益结构不单单是一般意义上的产权结构，而且包括各种相关利益者之间的关系。

例如，有的企业领导人说："一个项目只要三年或五年能收回投资取得利润，哪怕以后不再有前途，关闭转产，那么，今天的投资也是合理的。因为，没有一个项目是万年项目，企业只要在项目的生命期中获得最大的经济回报就可以了。"这当然是符合经济人理性的正常行为。问题是，按照这样的战略理念，企业的"声誉"如何形成，品牌如何建立？而没有声誉和品牌价值的企业和产品，怎么可能成为真正有竞争力的企业。但是，如果有人这样批评这位企业领导人，那么，他也完全可以反问："我完全知道企业最强大的竞争力因素和表现并不是短期利润，而是强大的品牌声誉和长期的盈利能力，问题是，那些同我有关系吗？或者，那比我现在就能看得见摸得着的收益更重要吗？"

任何人对战略的选择和判断都是以一定的理性思维为基础的。经济学的基本特点是以纯粹的理性主义为基础，这种纯理性的性质是：不以任何非理性因素（例如民族、宗教、文化、观念等）为转移，通过以合乎逻辑的利弊得失权衡为基础的可行方式，实现自身利益最大化的目标。也就是说，纯理性的核心是（基于个人主义的）"趋利避害"的算计。按照这样的逻辑，各个企业所进行的战略选择在目标和判断准则上是没有差别的，所以，经济学可以运用博弈论对企业战略行为进行严密的逻辑分析，这实际上就是对（假定）观念和行为特征完全相同而且"聪明"程度也都一样的企业之间的战略决策行为的描述。而在现实中，企业的理性行为是不同的，因为，任何人任何企业进行战略决策总是要以一定的价值观为前提的，而且也总是会受到各种非理性因素的影响的。换句话说，企业战略决策并不仅仅基于纯理性的考虑，而是必然受到越理性的深刻影响。所谓越理性，其基本性质是：基于一定的价值观和意识理念，通过合乎逻辑的可行方式，努力实现合乎理想的（通常也是社会认同的）目标。对于企业而言，越理性的实质就是以核心价值观为基础的核心理念。所以，核心理念是企业差异的根本原因，也是企业进行不同的战略选择的最深刻原因。从一定意义上可以说，纯理性是世俗的理性和无差异的理性，越理性是信仰的理性和有差异的理性。因此，企业战略选择绝不仅仅是纯理性的逻辑推演结果，而是以一定的价值观为基础的"理想"追求和"使命"驱动。

我们知道，企业是以营利为目的的经济实体，持续盈利能力是效率的经济表现。但是，为什么大多数最具有竞争力的企业都说："我们并不以追求利润最大化为唯一目标？"这些企业都声称，它们不仅要做优秀的企业，而且要做伟大的企业。伟大的企业和优秀的企业有什么不同呢？如果优秀的企业是能够为消费者提供满意的产品或者服务的企业，那么，什么样的企业才是"伟大的企业"呢？伟大的企业不仅能够为消费者提供满意的产品或者服务，而且是在价值准则和核心理念上非常崇高的企业。如果伟大的企业能够将崇高的核心理念"物化"到企业的机体和行为中，就能成为最具有长期竞争力的企业。因此，企业竞争力不仅含有客观因素，而且含有复杂的纯理性和越理性因素。只有在纯粹的理论经济学中，企业战略才是一个纯理性过程，而现实中的企业战略则是一个纯理性与越理性的混合过程。也就是说，企业战略的实质是越理性基础之上的理性行为。在学理上可以说，纯理性是人人相同的，而越理性则是人各有别的。由于企业竞争力和竞争战略是以纯理性和越理性的结合所形成的选择性行为的产物，所以，各企业之间竞争力和竞争战略差异的最终根源是越理性的不同，特别是核心理念的差别。在中国，无论是对国有企业还是民营企业，这个问题都是一个巨大的挑战。

总之，经济学假定任何人任何企业的行为都是纯理性的行为，而在现实中，人和企业的行为都是受纯理性和越理性两种因素的决定。像"建立百年企业"、"发展具有自主知识产权的技术"、"培育民族品牌"、"发展民族产业"、"做有社会责任感的伟大企业"，以至要做"社会企业家"（Socialentrepreneurs①）等这样的战略理念，实际上是由越理性所支配，而不仅仅是纯理性的推理和算计。所以，企业战略选择不仅仅以利益关切性为转移，而且是由纯理性因素和越理性因素所共同决定的。

四　国家产业发展战略的基本立足点

国家的产业发展战略总是基于对国际竞争的考虑。国际经济关系最基本的内容之一是国家之间贸易堡垒的存在，也就是说，国家之间的贸易关系是同国内贸易的完全通畅性不同的，而国际贸易的非通畅性首先表现为以贸易壁垒为重要表现的"国家界限"。贸易堡垒是影响不同国家产业和企业国际竞争力的重要因素，使得本国产业或企业在本国市场上具有相对较高的价格竞争力，而在外国市场上的竞争力则受到贸易壁垒的不利影响。反之，贸易壁垒削弱了进口产品的竞争力，即降低了外国产品进入本国市场后的价格竞争力。因此，国家的贸易政策可以对产业和企业国际竞争力产生重大影响。自由主义的贸易政策可以最大限度地降低贸易壁垒的作用，而保护主义的贸易政策则人为地增强了国家间的贸易壁垒。实际上，实行保护主义政策就是人为强化贸易堡垒的一种手段，各国政府可以通过实行不同的贸易政策来决定和影响贸易壁垒的强弱。一般来说，一国的贸易保护政策可以增强本国产业或企业（在本国市场上）的国际竞争力。但长期实行贸易保护政策却可能导致本国产业或企业国际竞争力的长久低下，因为处于长期保护之下的企业就像温室中的花草，缺乏抗御风寒的能力，难以承受真正的竞争压力。

除了贸易政策之外，实行产业政策也是国家促进本国产业发展和提高

---

① 按照一般的解释，"社会企业家"的基本性质是：受某种社会使命所驱使，寻找解决社会问题的创新途径。参见［英］劳拉·泰森《商业计划的善举》，《商业周刊》（中文版）2004 年第 6 期。

本国产业竞争力的一种积极手段。如果说贸易政策是着眼于国际经济关系的国家干预方式，那么，产业政策则主要是着眼于本国经济关系的国家干预方式。在以贸易自由化为原则的国际经济秩序中，贸易保护主义政策被认为是不正当的政府干预行为，除非基于特殊的原因，例如对于特殊产业或者幼稚产业，可以在一定时期内实行一定限度的保护政策。而作为国内经济政策，一国所实施的产业政策只要不直接破坏国际贸易关系的公平性，则是可以被允许的国家干预。

当一国通过实行一定的贸易政策和产业政策来实施国家产业发展战略时，必须考虑政策措施的实际作用。如前所述，由于在各类企业的交叉竞争关系构成了中中、中外、外外企业之间在中国市场上的立体竞争态势，使得中国企业的发展战略和中国政府的产业发展战略面临非常复杂的关系，具有非常独特的特点。国家如果实行保护性的贸易政策，其保护对象不仅仅是国内中资企业，而且也保护了中外合资企业和国内外资企业。在这样的情况下，"保护幼稚产业"显然已难以作为实行贸易保护政策的合理理由。那么，为什么要保护在中国投资的外商以保证他们的更大利益，以及这样的贸易保护措施是否能成为实施国家产业发展战略的有效工具就成为需要认真研究的问题了。同样，实行产业政策虽然是着眼于国内经济关系，但进入中国的外商投资企业是否也应被视为"国内企业"，是否也有权享受同国内中资企业相同的产业政策待遇，也成为需要认真研究的问题。贸易保护政策和产业扶持政策从本质上说都是具有差别调节性质的国家经济干预行为，但在以自由贸易为原则的世界贸易组织规则下，又是反对歧视性的国家干预措施的。所以，当我们以贸易保护政策或产业政策来进行对竞争行为的干预时，必须考虑贸易保护政策和产业政策对各类企业的实际影响及其对实现政策目标的实际作用。由于政策调节的对象发生了变化，政策调节本身的意义和作用也会发生很大的变化。例如，过去我们以保护幼稚产业为由对汽车产业进行贸易保护，现在，当被保护对象发生变化后，贸易保护是否可以达到"保护幼稚产业"的政策目标呢？由于贸易政策保护了所有在中国投资的汽车企业，所以，它实际上就不再是"保护幼稚产业"的政策，而是一种"吸引外资"的政策，因为它使国内外资企业能够获得更大的利益。那么，以贸易保护政策吸引外资是否是一种有效合理的国家干预行为呢？

这涉及国家产业发展战略的根本理念，如果战略目标是"发展中国国土上的汽车制造业"，那么，贸易保护似乎是有充分理由和合理性的。而如果战略目标是"发展国内中资企业所体现的民族汽车制造业"，或者是"发展具有自主品牌的民族汽车制造业"，那么，这样的贸易保护似乎是理由不充分的，其合理性也可能是值得怀疑的。而中国产业发展战略的根本理念究竟是什么？则不仅仅是一个纯理性问题，也含有十分强烈的越理性因素。这同企业战略选择具有某种相似之处。

国家产业发展战略最基本的越理性价值观首先体现为：物质主义还是人本主义？也就是说，产业发展的最终价值是物质财富的最大化，还是人的福利（包括物质福利和精神福利）的最大化？如果是前者，那么，是哪些人所拥有的物质财富的最大化？如果是后者，那么，是哪些人的福利最大化？与这一问题直接相关的战略问题就是：中国产业发展战略的理性基础是只要创造出物质财富就是价值所在，还是还要创造具有"民族性"、"人文性"的越理性价值。简单通俗的检测性问题是："国家是否认为无论是中资企业还是外资企业只要是在中国国土上生产出汽车（或其他任何产品），其对于中国产业发展的价值都是一样？"或者"国家是否认为无论是中国品牌还是外国品牌，只要能给中国带来 GDP 和财政收入，其价值都是一样的？"很显然，基于不同的观念，对于这类问题的回答是不同的，因而必然表现出不同的战略抉择、政策意向和政策措施。

工业化是人类经济和社会发展最辉煌的时期，在几千年的人类文明史上，200—300 年的工业化时期所创造的财富大大超过工业化之前的全部历史。世界工业化取得了巨大的成就，但也留下许多难以解决的问题，而且，有些问题人类至今还不知道如何才能解决。在中国工业化的进程中，将面临更多的困难和复杂的问题。迄今为止，人类的工业化是通过市场经济机制来实现的。市场经济最强大的推动力是竞争。竞争产生效率，促进增长，创造财富。但是，市场机制却没有实现平衡、安全、自主发展的内在功能，也没有将工业化的成果惠及全体人民的自发机制。相反，不受控制的市场竞争总是导致不平衡性的加剧，甚至出现动荡、危机和分化。所以，我们可以看到，在当今世界上，工业化过程所产生的辉煌成就和积极现象，也伴随着许多不合意状况，这些不合意状况或者不符合人类普遍的价值观，或者违背民族国家的长远利益和基本价值准则，而且常常成为产生矛盾、冲突甚至动荡的根源。特别是在关系国家和民族的长远发展意愿时，国家战略利益将成为产业发展战略的重要考虑因素。所以，在工业化过程中，国家产业发展战略不仅要促进产业增长目标的实现，而且，必须体现平衡和统筹的合意性目标。总之，国家的产业发展战略总是基于一定的理性基础，而这种理性不仅仅是以纯理性判断为准则，而且必然含有强烈的越理性因素，包括民族的、伦理的以及各种人文的价值观准则。因此，可行的产业发展战略必须以科学的发展观为基础，其价值体现不仅是顺应客观规律，而且要满足于实现一定的社会合意性目标。

（原载《中国工业经济》2004 年第 7 期）

资源与环境约束下的中国工业发展

工业生产本质上是一个人类参与的物质资源的形态转化过程，即将自然资源加工制造成可用于消费或再加工过程的产品，而且需要采取自然资源作为加工制造过程的动力。因此，消耗自然资源是工业生产的必要条件。同时，工业生产过程还会产生废料（包括固体、液体和气体废弃物），对自然环境产生影响，所以，造成环境的改变也是工业生产活动的必然后果。问题是，无论是资源的消费还是环境的改变（特别是污染和破坏），都是有限度的。过度消费资源和破坏环境，不仅使工业生产无法持续进行，而且将破坏人类生存的基本条件。中国工业化是人类历史上人口参与规模最大的工业发展过程，对资源的消费和对环境的影响是非常巨大的。所以，中国工业发展所受到的资源和环境约束比世界上其他国家更为显著。特别是进入21世纪，资源和环境问题表现得更为突出。这使得我们必须严肃地思考：中国是否能够走新型工业化的道路，是否能在更为严峻的资源和环境约束条件下实现工业的可持续发展，达到期望的经济和社会发展目标。

一 中国工业增长的资源环境条件

（一）关于中国资源条件的基本判断

由于工业生产是人为改变物质形态（即进行加工制造）的过程，所以，大量采用自然资源（作为工业原料）和开发能源（提供工业动力），是工业生产的一个重要特点。而在地球上，很多自然资源和矿物能源是不能自然再生的（有些自然物质从地质演化的可能性来说即使可能自然再生，但由于再生周期过于漫长，例如，石油和煤炭的形成，对于现实的人类活动来说也完全相当于不可再生）。所以，大规模的现代工业生产受到自然资源和能源供应条件的约束，而且，其约束性将越来越强（见图1）①。这是人类工业化所面临的一个无法回避的矛盾。

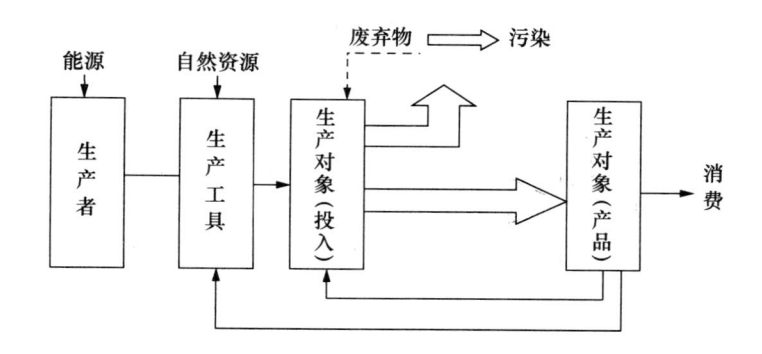

图1 考虑自然资源、工业废弃物和环境影响的工业生产过程

中国是世界人口最多的国家，人口密度高于世界平均水平，也高于亚洲国家的平均人口密度（亚洲是世界各大洲中人口密度最大的一个洲）。但与先进工业化国家相比，中国的人口密度并不算特别高。同日本、德国、英国、法国、韩国等国家相比（更不用说同新加坡相比），中国的人口密度相对较低。当然，如果同美国、俄罗斯、加拿大、澳大利亚等国土大国相比，中国的人口密度就非常高了（见专栏1）。无论是土地面积、土地资源、林木资源、水利资源，还是矿藏资源，中国的资源基础储量都比较丰富，但如果按人均占有量计算，中国大多数资源都低于世界平均水平；而如果从国土面积的资源禀赋量来看，中国各种资源丰度不等。中国人口约占世界总人口的21%，国土面积占世界的7.1%，耕地占世界的7.1%，草地占世界的9.3%，水资源占世界的7%，森林面积占世界的3.3%，石油占世界的2.3%，天然气占世界的1.2%，煤炭占世界的11%（见专栏2）。

---

① 参见金碚主编《新编工业经济学》绪论，经济管理出版社2005年版。

专栏1 国土面积和人口密度的国际比较

国　家	国土面积（万平方公里）	年中人口数（万人）	人口密度（人/平方公里）
世　界	13427.9	622497.8	46
亚　洲	3187.0	377594.8	118
中　国	960.0	128453	134
日　本	37.8	12748	337
印　度	328.7	104955	319
新加坡	0.1	418	6747
韩　国	9.9	4743	478
非　洲	3030.9	83209	27
埃　及	100.1	7051	70
尼日利亚	92.4	12091	131
欧　洲	2297.6	72702	32
德　国	35.7	8241	231
英　国	24.3	5929	244
法　国	55.2	5985	109
意大利	30.1	5748	191
俄罗斯联邦	1707.5	14408	8
北美洲	2272.5	50075	22
美　国	962.9	29104	30
南美洲	1783.4	35733	20
巴　西	854.7	17626	21
阿根廷	278.0	3798	14
大洋洲	856.4	3184	4
澳大利亚	774.1	1954	3

注：本表为2002年统计数。
资料来源：《中国统计年鉴》（2004）。

（二）中国经济增长已接近资源环境的约束边界

据有关部门的资料，我国已经探明的矿产资源总量较大，约占世界的12%，仅次于美国和俄罗斯，居世界第3位；全国已发现20多万处矿点、矿化点，目前仅对其中2万多处作了勘查评价。从1999年开始的新一轮国土资源大调查已经取得重要成效，完成了全国21个主要成矿远景区的矿产资源调查评价，进一步摸清了资源潜力，新发现矿产地421处。但我国人均资源占有量不足，仅为世界人均占有量的58%，居世界第53位[①]。

因此，从总体上说，人口和自然资源条件并不构成中国工业发展的绝对障碍，而且在许多方面中国的资源条件（特别是在总量规模和品种的丰富性上）具有一定的优势。但是，中国也不具有特别的资源丰度优势，人口众多、人均资源相对不足是一个基本国情。因此，主要依赖自然资源来推动工业的长期增长不是中国工业化的可行道路（见专栏2）。

专栏2　我国的自然资源概况

项　目	2003 年
土地总面积（万平方公里）	960（100.00%）
山地	320（33.33%）
高原	250（26.04%）
盆地	180（18.75%）
平原	115（11.98%）
丘陵	95（9.90%）
土地资源（万公顷）	
耕地面积	13004

---

① 于猛：《矿产资源，家底有多厚——访中国地质调查局局长孟宪来》，《人民日报》2005年1月31日及《经济参考报》2004年11月16日。

续表

项　　目	2003 年
荒地面积	10800
宜农荒地	3535
林业用地面积	26329
宜林荒山荒地（含宜林沙荒）	5393
草原面积	40000
可利用面积	31333
林木资源	
活立木总蓄积量（亿立方米）	124.9
森林面（万公顷）	15894
森林蓄积量（亿立方米）	112.7
水利资源	
大陆	
水资源总量（亿立方米）	28124
水力资源蕴藏量（亿千瓦）	6.76
可开发量	3.79
海	
海洋能源理论蕴藏量（亿千瓦）	6.3
主要矿产基础储量	
石油（万吨）	243193.6
天然气（亿立方米）	22288.7
煤炭（亿吨）	3342.0
铁矿（矿石，亿吨）	212.4
磷矿（矿石，万吨）	390177.0
钾盐（KCl，万吨）	27323.2
盐矿（NaCl，亿吨）	1866.4

注：本表为 2003 年统计数。
资料来源：根据《中国统计年鉴》（2004）有关数据整理。

以能源为例，据中国国家信息中心的预测报告，2010 年中国能源需求将达到 21.6 亿—23.2 亿吨标准煤。为了保障能源需求的增长，中国未来二十年需要进行大规模的能源基础设施建设，石油、天然气等仍需大量进口。到 2005 年，全国一次能源生产量达到 13.2 亿吨标准煤，比 2000 年增加 2.28 亿吨标准煤。报告认为，中国煤炭资源可供开发规模为每年 20 亿吨左右；原油产量的高峰期在 2015 年前后，最大产量可能达到 2 亿吨左右；2010 年，天然气产量将可能达到 800 亿—1000 亿立方米。近年来中国能源消费量增长较快。1990 年至 2003 年，中国能源消费年平均增长 4.2%。煤电油供求矛盾相当突出[1]。

据中国煤炭工业协会第一副会长濮洪九分析：2005 年对煤炭的国内需求将超过 21 亿吨，而我国目前具备安全生产能力的矿井产量只有 12 亿吨，仅占全年煤炭产量的 61.35%。我国煤炭资源从总体上讲比较丰富，但精查储量不足。目前可供建设大中型矿井的精查储量大约 300 亿吨，仅可以设计建设 1.6 亿吨规模的矿井。估计到 2020 年，煤炭储量缺口 1250 亿吨，详查储量缺口 2100 亿吨，普查储量缺口 6600 亿吨，需要投资 400 亿元以上。加之资源管理工作滞后，资源破坏和浪费严重，资源紧张局面加剧。特别是我国煤炭生产技术落后，目前，全国煤炭机械化程度仅为 42%，主要技术装备与发达国家相比，性能指标落后 10—15 年[2]。

实际上，我国对能源的开发利用已达到相当高的强度。以电力为例（我国电力供应主要依靠以煤炭为燃料的火电），据国家统计局数据，2004 年我国新增发电能力 4930 万千瓦，比上年增长 15%。总装机达到 4.4 亿千瓦，达到相当高的水平。如果进行国际比较，美国的发电装机能力大约为 8 亿千瓦，英国、德国、法国三个国家总共 3 亿千瓦。而日本用 2.8 亿千瓦的装机，创造了比我国高得多的国内生产总值。也就是说，我国目前的发电装机能力已超过英、德、法三国的总和。但是我国仍然缺电，重要原因之一是高耗能工业多，工业耗电占了 74%，城乡居民用电只占 11%，第一产业用电占 5% 左右[3]。

---

[1] 《华声报》2004 年 11 月 8 日。
[2] 王一娟、杨大鹏：《今年煤炭供应形势依然严峻》，《经济参考报》2005 年 1 月 27 日。
[3] 《国民经济进入近年最好发展时期》，《经济日报》2005 年 1 月 26 日。

与能源高强度开发和大规模消费相对应的则是能源利用效率的低下。目前，我国能源利用效率为30%左右，比发达国家低近10个百分点。我国主要用能产品的单位产品能耗比发达国家高25%—90%，加权平均高40%左右。其中，我国火电厂供电煤耗为每千瓦时404克标准煤，国际先进水平为317克标准煤，我国多耗煤27.4%[①]。

现在，我国已经成为世界第二大能源消费国。依靠大量消费能源，推动了中国经济的高速增长，但也使中国经济增长越来越接近资源和环境条件的约束边界。

中国现阶段工业化的一个突出特点是，资本形成率非常高，而且，在资本形成总额中固定资本形成比例很高，特别是近年来又有明显提高。2003年，中国的资本形成率即投资率为42.3%，固定资本形成占资本形成总额的比重高达99.7%（见表1）。这显示出，中国现阶段的工业化和城市化对于自然资源（包括土地）的使用和占用量将非常高，重工业的高速增长将是相当长一段时期的一个突出特点。

表1　　　　　　20世纪70年代末以来中国的资本形成及其构成

年份	最终消费率（消费率）（%）	资本形成率（投资率）（%）	固定资本形成总额（亿元）	存货增加（亿元）	固定资本形成总额占资本形成总额比重（%）	存货增加占资本形成总额比重（%）
1978	62.1	38.2	1073.9	304.0	77.9	22.1
1979	64.3	36.2	1151.2	323.0	78.1	21.9
1980	65.4	34.9	1318.0	272.0	82.9	17.1
1981	67.5	32.3	1253.0	328.0	79.3	20.7
1982	66.3	32.1	1493.2	267.0	84.8	15.2
1983	66.2	33.0	1709.0	296.0	85.2	14.8
1984	65.5	34.5	2125.6	343.0	86.1	13.9
1985	65.7	38.5	2641.0	745.0	78.0	22.0
1986	64.6	38.0	3098.0	748.0	80.6	19.4

---

① 王洁、杨联民：《我国能源利用率仅为30%》，《中华工商时报》2004年9月17日。

续表

年份	最终消费率（消费率）（%）	资本形成率（投资率）（%）	固定资本形成总额（亿元）	存货增加（亿元）	固定资本形成总额占资本形成总额比重（%）	存货增加占资本形成总额比重（%）
1987	63.2	36.7	3742.0	580.0	86.6	13.4
1988	63.7	37.4	4624.0	871.0	84.1	15.9
1989	64.1	37.0	4339.0	1756.0	71.2	28.8
1990	62.0	35.2	4732.0	1712.0	73.4	26.6
1991	61.8	35.3	5940.0	1577.0	79.0	21.0
1992	61.7	37.3	8317.0	1319.0	86.3	13.7
1993	58.5	43.5	12980.0	2018.0	86.5	13.5
1994	57.4	41.3	16856.3	2404.3	87.5	12.5
1995	57.5	40.8	20300.5	3576.5	85.0	15.0
1996	58.5	39.3	23336.1	3531.1	86.9	13.1
1997	58.2	38.0	25154.2	3303.4	88.4	11.6
1998	58.7	37.4	27630.8	1915.1	93.5	6.5
1999	60.1	37.1	29475.5	1226.1	96.0	4.0
2000	61.1	36.4	32623.8	-124.0	100.4	-0.4
2001	59.8	38.0	36813.3	647.5	98.3	1.7
2002	58.2	39.2	41918.3	386.6	99.1	0.9
2003	55.5	42.3	51248.3	134.4	99.7	0.3

注：投资率与消费率以支出法国内生产总值计算，两者之和不等于100%是由于统计误差的影响。

资料来源：根据《中国统计年鉴》（2004）中的有关数据整理。

世界上任何国家实现工业化都必须在世界范围进行资源配置，作为一个大国，中国的工业化更需要利用世界市场和世界资源，当然，同时也向世界提供巨大的市场和资源。由于中国工业的持续高速增长，现阶段资源消耗量明显增大，甚至对世界资源产品市场产生很大压力。例如，20世纪90年代以来，中国的能源平衡一直表现出明显的缺口。能源消费中工业消费量占有特别高的比重（见表2）。而且，能源消费弹性系数和电力消费弹性系数都明显提高（见表3）。实际上，对钢铁、铝等重要矿产资源的消费量也都大幅度增长。同时,非农业土地占用量大幅度提高,使得中央政府不得不在 2004 年采取了严厉的控制措施来保护耕地,制止土地资源的过度开发利用。

表 2　　　　　　　　　　　综合能源平衡表　　　　　　　　单位:万吨标准煤

项　目	1990 年	1995 年	2000 年	2001 年	2002 年
可供消费的能源总量	96138	129535	115150	125310	144319
一次能源生产量	103922	129034	106988	120900	138369
回收能		2312	1760	1859	1908
进口量	1310	5456	14331	13471	15769
出口量(-)	5875	6776	9026	11145	11017
能源消费总量	98703	131176	130297	134915	148222
在其中:					
1. 农、林、牧、渔、水利业	4852	5505	5787	6233	6514
2. 工业	67578	96191	89634	92347	102181
3. 建筑业	1213	1335	1433	1453	1610
4. 交通运输、仓储及邮电通信业	4541	5863	9916	10257	11087
5. 批发和零售贸易餐饮业	1247	2018	2893	3165	3464
6. 其他	3473	4519	5722	6034	6333
7. 生活消费	15799	15745	14912	15427	17033
平衡差额	-2565	-1641	-15147	-9605	-3903

资料来源:根据《中国统计年鉴》(2004)中的有关数据整理。

表 3　　　　　　20 世纪 90 年代以来能源消费弹性系数的变化

年份	能源消费弹性系数	电力消费弹性系数
1991	0.55	1.00
1992	0.37	0.81
1993	0.21	0.70
1994	0.46	0.79
1995	0.66	0.78
1996	0.62	0.77

续表

年份	能源消费弹性系数	电力消费弹性系数
1997	—	0.55
1998	—	0.36
1999	—	0.86
2000	0.02	1.19
2001	0.47	1.15
2002	1.19	1.40
2003	1.42	1.77

资料来源:《中国统计年鉴》(2004)。

值得注意的是,中国对资源产品的需求已引起了世界的高度关注。近年来,由于世界经济复苏,固定资产投资增加,能源、原材料需求强劲增长,矿产品供不应求,主要矿产品价格普遍攀升,2004年,许多矿产价格创多年来最高纪录。中国经济飞速增长致使需求量猛增被认为是造成这种局面的首要原因。2004年价格提高的矿产品包括:钢铁、铜、镍、铝、镁、锡、铅、铂、金等。据英国商品研究机构(CRU)统计,2004年1—11月,全球粗钢产量9.452亿吨,全年产量首次突破10亿吨,其中中国粗钢产量同比增长22.1%,占亚洲一半、世界的1/4。2004年年初,控制全球80%铁矿石贸易量的三大铁矿石生产公司——淡水河谷公司、里奥廷托公司和BHP比利顿公司都宣布,把他们2004/2005财政年度生产的主要铁矿石产品价格提高18.62%。这3家公司还都相继把产量提高了9%左右。分析指出,中国需求量猛增是这3家公司提高产量和价格的主要因素。中国已经超过日本成为世界最大的铁矿石进口国。据有关专家初步测算,2004年全球铁矿石海运贸易总量达5.45亿吨,高于2003年的5.15亿吨,其中80%的增长是中国购买量增加所致。目前全球钢铁需求量还在不断增长,专家预测2005年铁矿石价格还将增长15%[①]。

[①] 阎卫东、丁晓红:《回眸2004世界矿产资源形势》(上),《中国黄金报》2005年1月19日。

(三) 中国工业技术的弱原创性和强模仿性是资源环境问题的根源

中国工业发展过程中产生了资源短缺现象，造成了很大的环境压力，其重要原因之一，是中国工业发展必须因循西方工业发展所决定的技术路线；在西方工业发展中所形成的既定技术路线，同中国的资源禀赋条件存在明显的差异。例如，西方现代工业的动力主要是石油，而中国的能源结构则是以煤炭为主。中国虽然石油资源相对匮乏，但煤炭保有储量高达1万亿吨以上。据国土资源部2004年6月发布的一份统计报告显示，截至2002年年底，中国探明可直接利用的煤炭储量1886亿吨，按全国年产19亿吨煤炭计算，中国煤炭资源可以保证开采上百年。而且中国天然气资源蕴藏较丰富，但勘探、开发和利用不够。据中国石油勘探开发研究院提供的数据，目前中国天然气远景资源量可达47.14万亿立方米，可采资源量为14亿万—18万亿立方米；目前中国天然气探明地质储量3.86万亿立方米（可采储量2.47万亿立方米）。按目前的可采储量算，以每年开采1300亿立方米的速度，只可开采20年；但按可采资源量来算，至少可开采100年[①]。

可见，中国能源短缺在很大程度上是能源利用结构同资源禀赋结构矛盾的表现，中国工业增长的资源约束，本质上是西方工业技术路线同中国自然资源禀赋之间的差距。西方技术能够有效地利用的是中国不很丰富的资源（例如石油）而不是中国比较丰富的资源（例如煤炭）。所以，中国工业技术的原创性弱而转移性（模仿性）强（而且往往是低成本转移和模仿），是资源和环境强约束的基本根源。也就是说，中国转移和模仿了西方的工业技术，沿着西方既定的技术路线发展工业，而能源禀赋结构却不相适应，从而导致或加剧了工业发展的能源和资源供应约束。而如果中国试图普遍实行同西方工业发展的既定技术路线根本不同的另一工业技术路线，又不具有现实的可行性，因为那将严重延缓中国工业化的进程。

---

① 安邦集团研究总部：《摆脱中国能源的非理性恐慌》，《中国经营报》2004年11月22日。

二 资源的供求约束

(一) 只有储量丰富的资源才会发生全局性"短缺危机"

资源的丰富或者缺乏是相对于一定的产品结构和技术路线而言的,只有生产一定的产品所需要的资源才可能会"缺乏",例如,因为需要生产钢铁制品,钢铁才会短缺。同样,只有一定的技术路线所需要消耗的资源才可能会发生"不足"现象,例如,因为需要消费汽油,石油才可能会"不足"。而工业技术路线的选择总是倾向于更多地使用储量丰富而且获取和加工成本较低的资源,避免使用储量稀少且获取和加工成本较高的物质。从这一意义上说,真正会发生"短缺"现象的资源通常是自然界储量丰富的资源。世界上真正稀少的物质,通常不会发生具有全局意义的工业性短缺。因为根本就不会产生需要大量使用储量稀缺资源的工业技术路线。

可见,工业资源短缺本质上是一个经济问题而不是物质技术问题,或者说,表现为物质供应短缺的原因是经济关系上的矛盾。例如、石油、煤炭、水都是地球上储量最多的物质资源,但也恰恰是最容易因发生全面的甚至世界性短缺"危机"的资源。长期以来,人们以为水是取之不尽的物质。但是,现在却成为令人担忧的短缺资源。目前,在我国 600 多个城市中,有 400 多个城市供水不足,其中严重缺水的城市有 110 个,城市年缺水总量达 60 亿立方米。据世界银行的数据,我国人均水资源占有量只有 2200 立方米,这个数字仅相当于世界人均水资源占有量的 1/4。专家预测,当我国人口增至 16 亿时,人均水资源将下降到 1750 立方米,接近国际公认的水资源紧张标准。水利部《21 世纪中国水供求》预测,2010 年,我国工业、农业、生活及生态环境总需水量在中等干旱年为 6988 亿立方米,供水总量 6670 亿立方米,缺水 318 亿立方米。这表明,2010 年后,我国将开始进入严重缺水期。到 2030 年,我国将出现缺水高峰[①]。

---

① 《时事资料手册》2004 年第 5 期。

(二) 资源短缺的经济本质是价格问题

自然资源的短缺与否，总是相对于需求与供给的关系而言的。而供求关系又总是以一定的价格而言的。从可能性上说，储量丰富的物质往往成为工业生产的重要资源，而正是由于供应丰富，其价格往往比较低甚至可以免费供应。而低价格总是导致更大的需求，因而成为短缺资源。因此，从理论上说，只要价格具有无限的浮动弹性，世界上就不可能出现普遍性的资源短缺现象。问题在于，可以大规模开采利用的自然资源往往并不具有价格浮动的充分弹性。所以，就其价格特征而言，工业资源可以分为以下几类：

第一类：相对于有效需求可以无限供应的（非稀缺性）资源。这种资源的价格为0，即完全可以免费获得，例如阳光、空气、海水等。在前工业化时期，大多数国家和地区的淡水资源也属这样的资源。

第二类：完全由市场价格调节的有限供应（稀缺性）资源，理论上说，这类资源不存在普遍性的"短缺"问题，即使是储量非常稀少的物质，也只会非常"昂贵"而不会发生短缺危机。

第三类：必须普遍保证供应的稀缺性（非无限供应的）资源。由于要求普遍供应，价格就不能太高，所以，国家往往迫于种种压力而控制或者干预价格，因而发生"短缺"现象。可见，资源供应不足总是与价格控制有关，或者与对价格变动的不可忍受性有关，而价格变动的不可忍受性往往就是价格控制的直接原因。

人们所关注的实际上主要是上述第三类资源供求，特别是可能产生的"短缺"危机问题。所以，所谓资源"短缺"，归根结底是价格现象，主要涉及两个问题：第一，某种可以普遍利用的工业资源在多大程度上是由市场价格调节供求的？第二，社会能够承受多大程度的资源价格变动（通常是向上的浮动）冲击？而这两个问题又是相互制约的，例如，往往是由于社会不能承受资源价格的过大变动冲击，所以不能让市场价格不受任何限制和干预地发挥供求调节作用；或者是相对于社会所能承受的价格水平某种资源供不应求了。这就是为什么一般工业制成品通常不会发生普遍性"短缺"，而资源产品供应则有可能发生普遍性短缺现象的主要原因之一。因为,一方面,一般工业制成品的供给弹性大,受自然条件的约束较小;另一方面,社会对绝大多数工业制成品没有不可容忍的价格浮动界限。而对于普遍利用的资源性产品,社会的价格敏感性都很高,具有明显的价格浮动(通常是价格上涨的)容忍限度。超越这一限度,社会将以种种方式进行干预或限制。

(三)解决资源问题的难点是中国经济的价格承受力弱

某种工业资源物质属于上述哪一类型并非一成不变,同一种物质在不同的国家和不同时期可能具有不同的类型特征。所以,在现实经济中,某种资源的短缺与否,可能处于不同的状况。一是自然储量的多少,这取决于自然禀赋。二是不可再生资源的探明储量或可再生资源的潜在供应量的多少,这取决于资源勘探的投资量。三是资源性产品的现实生产量和供应量的多少,这取决于产能和运输能力的大小,而这又是由技术、投资以及发挥生产能力的各种因素所决定。四是资源产品的实际供求关系,这取决于市场价格。简言之,储量、投资、产能(包括运输能力)、价格(机制和承受力)是工业资源问题的四个基本层面,其中,不同资源产品的价格特征又是资源供求的核心问题。对于我国目前和将来所面临的工业资源短缺性危机,首先是价格问题,其次是产能和投资问题,再次才是自然储量问题。

在中国工业发展和经济发展的现阶段,社会对资源价格(向上)浮动的承受力十分有限,过高的资源价格可能导致居民生活的困难和工业成本的普遍上升及经济效益的严重受损,甚至社会经济生活的紊乱,所以,资源价格受到了较严格的控制和干预。也正是以此为理由或者借口,在资源价格的形成机制以及有关产业部门的价格体制上,至今保留了更多的计划经济因素。这必然又反过来加剧了资源供求的矛盾,特别是更容易发生"短缺"与"过剩"现象的交替出现。从 20 世纪 90 年代以来,我国的煤炭、电力供求就发生过这种现象的典型表现。这是中国经济发展过程中的一个相当棘手的难题。

三 工业发展的环境代价

（一）中国工业发展付出了很大的环境代价

2005年1月27日，在瑞士达沃斯正式发布了评估世界各国（地区）环境质量的"环境可持续指数"（ESI）。这项环境指数是由美国耶鲁大学和哥伦比亚大学的环境专家合作完成，并与达沃斯世界经济论坛共同发布。评估结果显示，在全球144个国家和地区中，芬兰的环境指数位居第一，列第二到第五的国家分别是挪威、乌拉圭、瑞典和冰岛。位居倒数前5位的国家或地区分别是朝鲜、中国台湾、土库曼斯坦、伊拉克和乌兹别克斯坦。中国位居第133位，全球倒数第14位。在2002年第一次发布该指数时，全球142个国家和地区中，中国位居第129位，也是全球倒数第14位[①]。这一评估结果表明，中国的环境质量相当恶劣。

国家环保总局副局长潘岳在亚太环境记协第十六次代表大会上发表演讲时也指出，目前，中国全国范围内的污染排放和资源开发，都超过了环境承载能力。

一是环境污染严重。根据2003年的数据，流经城市的河段90%受到严重污染；75%的湖泊出现富营养化；有近3亿农村人口饮用不合格的水。全国近1/3的城市人口生活在严重污染的空气环境中；酸雨区约占国土面积的1/3。全国城市垃圾年清运量1.49亿吨，进行无害化处理的仅有一半；工业危险物处置率仅为32%。

二是生态环境仍在恶化。沙化土地面积以每年3436平方公里速度增加；森林数量增长，质量下降，天然林不足10%；全国90%以上的天然草原出现退化，每年还在以200万公顷的速度增加；许多河流开发利用率超过国际生态警戒线（30%—40%），流域生态功能严重失调；地下水超采严重，华北平原出现大面积的地下漏斗，面积达7万平方公里，引起地

---

① 袁铁成：《最新世界环境指数达沃斯出炉，中国位居第133位》，《中国青年报》2005年1月28日。

面沉降等一系列生态危机；2003年沿海赤潮发生次数比20世纪80年代增加了3倍；有10%—15%的高等植物物种处于濒危状态；物种资源流失严重；外来物种入侵每年造成1200亿元经济损失。

三是老问题未解决，新问题又出现了。目前中国的家用电器报废高峰到来，简易拆解造成严重污染；受工业"三废"污染的耕地面积达1.5亿亩，占全国耕地的8.3%；化肥和农药使用量过大，农业面源污染突出，农产品安全受到影响；大城市机动车增长迅速，面临着光化学烟雾的威胁。

严重的环境问题已经成为制约中国经济和社会健康发展的重要因素。环境污染和生态破坏造成了巨大的经济损失，也危害群众健康和社会安定[①]。上述情况表明，中国工业化过程的环境代价是相当高昂的。

工业特别是重工业的高速增长，必然对环境产生压力。目前，工业对环境的污染，特别是对水和大气环境的污染，是影响环境保护的最严重问题之一。从总量上看，目前我国二氧化碳排放量已位居世界第二，甲烷、氧化亚氮等温室气体的排放量也居世界前列。1990—2001年，我国二氧化碳排放量净增8.23亿吨，占世界同期增加量的27%；预计到2020年，排放量要在2000年的基础上增加1.32倍，这个增量要比全世界在1990—2001年的总排放增量还要大。预测表明，到2025年前后，我国的二氧化碳排放总量很可能超过美国，居世界第一位；从人均来看，目前我国人均二氧化碳排放量低于世界平均水平，到2025年可能达到世界平均水平，虽然仍低于发达国家的人均二氧化碳排放量水平，但已丧失人均二氧化碳排放水平低的优势。从排放强度来看，由于技术和设备相对陈旧、落后，能源消费强度大，我国单位国内生产总值的温室气体排放量也比较高。虽然根据"共同但有区别的责任"原则，《京都议定书》只为"附件Ⅰ国家"规定了具体减排义务（我国不在其列）。但由于发展中国家温室气体排放数量的快速增长，发达国家要求发展中国家参与温室气体减排或限排承诺的压力与日俱增。如果我国长期不承担温室气体控制义务，遭受的压

---

① 赵永新：《潘岳：中国面临前所未有的环境与能源挑战》，人民网，2004年11月29日。

力将会越来越大①。

为此，我国必须投入更大的资金来进行环境保护。统计资料显示，全国环境污染治理投资总额占国内生产总值比重从1999年的1%增加到2003年的1.39%（见表4）。这一方面反映了环境破坏压力的增大，另一方面也反映了环境保护受到更大的重视。

表4　　　　　　　　　　环境保护基本情况

指标	1999年	2000年	2001年	2002年	2003年
水环境					
水资源总量（亿立方米）	28195.7	27700.8	26867.8	28261.3	27460.2
用水总量（亿立方米）	5590.9	5497.6	5567.4	5497.3	5320.4
农业	3869.2	3783.5	3825.7	3736.2	3432.8
其中：工业	1159.0	1139.1	1141.8	1142.4	1177.2
生活	562.8	574.9	599.9	618.7	630.9
废水排放总量（亿吨）	401	415	433	439	459
其中：工业废水排放量（亿吨）	197	194	203	207	212
生活污水排放量（亿吨）	204	221	230	232	247
大气环境					
工业废气排放量（亿标立方米）	126807	138145	160863	175257	198906
二氧化硫排放量（万吨）	1857	1995	1948	1927	2159
其中：工业	1460	1612	1567	1562	1792
生活	397	383	381	365	367
烟尘排放量（万吨）	1159	1165	1070	1012	1048
其中：工业	953	953	852	804	846
生活	206	212	218	208	202
固体废弃物					
工业固体废弃物产生量（万吨）	78442	81608	88746	94509	100428
工业固体废弃物综合利用量（万吨）	35756	37451	47285	50061	56040

---

① 陶勇：《〈京都议定书〉今日生效，我国经济将受到影响》，《法制早报》2005年2月16日。

续表

指标	1999 年	2000 年	2001 年	2002 年	2003 年
工业固体废弃物综合利用率（%）	45.6	45.9	52.1	51.9	54.8
工业固体废弃物排放量（万吨）	3880	3186	2894	2635	1941
环境污染治理投资					
环境污染治理投资总额（亿元）	823.2	1014.9	1106.7	1367.2	1627.7
环境污染治理投资总额占国内生产总值比重（%）	1.00	1.13	1.14	1.30	1.39

资料来源：《中国统计年鉴》（2004）。

（二）环境破坏的经济学实质是环境资源成本的高度外部化

从广义上说，环境也是一种"资源"。工业化不可能完全不影响环境，换句话说，工业发展必须投入环境资源。但是，环境资源的再生成本是很高的，而且，有些环境破坏是无法恢复的，因此，环境资源具有相当程度的不可再生性。

环境的过度破坏，即环境资源的滥用，其经济学实质在于：使用环境资源的成本往往是高度外部化的，即滥用环境资源的经济个体（企业）并不付费。因此，环境资源对于经济个体是可以免费或者低价格获得的。这样，价格机制的失效必然导致环境资源的浪费和破坏。从理论上说，如果有一种制度安排能够将环境成本完全内部化，即任何经济个体必须支付完全的环境成本，环境破坏的所有代价都完全由破坏者自己承担，则环境破坏现象将归结为"环境资源的市场价格"问题。那么，只要环境资源的价格具有向上浮动的充分弹性，原则上说，就不会发生不可容忍的环境破坏现象，因为严重破坏环境就必须支付高昂的价格，直至经济个体无力支付或者得不偿失。从这一意义上也可以说，造成环境破坏的原因就是因为没有让破坏环境者充分付费，或者是环境破坏者逃避了付费责任，实际上就是"盗窃"了社会公共的环境资源，而没有受到应有的惩罚。当然，如果在制度或政策上，默许甚至纵容经济个体免费或者低价利用环境资源而导致环境破坏，实际上就是允许"合法盗用"公共资源，或者是"合法地"免费或低价提供公共资源而使经济个体获益。

从世界各国工业化的历史看，工业发展同环境保护的关系大致有三种情况：一是"先破坏，后治理"；二是"边破坏，边治理"；三是"不破坏，不治理"。如果是第三种情况，即不破坏，也不需治理，当然是最理想的。但是，许多工业生产活动，特别是对于发展中国家，要实现这样的工业技术路线和技术水平是很困难的。对于第二种情况，即在工业生产导致环境破坏的同时就及时进行治理，尽可能不产生或少产生外部的环境污染，或者如果工业生产活动导致了外部环境污染，也能得到适时的控制和治理。在这种情况下，被破坏环境的恢复，取决于经济个体或社会的环境保护投资能力。对于上述第一种情况，即先污染，后治理，批评最多，但也恰恰是最普遍的现象。早期工业化国家是这样，后来的发展中国家往往又步其后尘。先是为了追求工业产值增长和直接经济效益，不择手段，以破坏环境为代价进行工业生产活动，必然造成环境污染的严重后果；然后，不得不投入更多的资源，付出更大的代价来进行环境治理，对社会整体来说，显然是一条得不偿失的发展道路。但这为什么偏偏会成为普遍存在的现象呢？历史的原因当然是在工业发展的初期，缺乏投资能力和技术条件，而且，当时首要的目标是治贫致富，环境目标居于其后。但更重要的原因是发展观念的差距，加之工业化初期人们缺乏远见和对环境破坏后果切身的痛苦感受。尝尽后果觉醒之后才知道环境保护的重要价值。当然，现实的重要原因是经济个体的社会责任心差以及环境保护制度的不够完善。

（三）环境保护与工业发展的动态权衡

一个特别值得研究的问题是，在一定的现实技术条件下，环境保护与工业发展之间也确实存在一定程度的替代性关系：要发展工业就不得不在一定程度上付出环境代价。而且，如果把环境保护投资所形成的环境质量也看做一种"产品"，那么，工业产品和环境质量产品之间也具有一定程度的替代关系。特别是对于发展中国家，过高的环境质量标准会超过其技术和经济能力，阻碍工业发展。所以，社会往往容忍经济个体低价甚至免费使用环境资源。当然，如果无视环境质量的价值，单纯追求工业生产，不仅难以持续发展，而且，发展本身也失去了真实价值。

问题的实质还在于，环境保护与工业发展之间的权衡是动态性的，其判断标准是变化着的。随着经济发展水平的提高和技术的不断进步，环境质量标准会逐步提高。所以，环境和工业发展的权衡是因时因地而有所差别的。可以预见的是，随着经济和社会的发展，人民生活质量的提高，对环境重要性的评价一定会越来越高。反过来说，工业越发展，其与环境质量相比较的重要性反而会下降。工业发展的这种"价值递减"或者"自我贬值倾向"性质，使得工业发展与环境质量之间的权衡永远是"后悔"的选择："后悔"当年煤炉取暖、"后悔"烧煤发电、"后悔"生产了大量排放污染环境尾气的汽车，"后悔"上山砍树下地挖煤，"后悔"炼焦炼钢，"后悔"把树林变成耕地又把耕地建成城市，"后悔"让城市成了"水泥森林"……似乎都是些不堪回首的"非理性"事件，但是，即使让人们回头重走一遍，就一定会有更好的选择吗？历史地看，对于工业发展和环境质量的权衡，必须是理想主义和现实主义的结合：心怀着理想，脚踏在实地，才是现实的理性选择。最根本的问题是，工业化是一个效率至上的市场竞争的过程，而且是国际化、全球化的竞争。归根结底，是竞争力决定着生存、发展和环境质量的可行标准。

四 资源环境约束下的工业竞争力

（一）工业发展从耗费资源技术向节约资源技术的转变

几乎任何国家的工业化都经历过粗放式增长的阶段。这是因为，在一定的经济技术条件下，粗放式增长有其历史的理由：

（1）粗放式增长可以利用低价格资源获得产品的成本价格优势。如前所述，凡是后来发生"短缺机危"的工业资源都是地球上储量丰富，而且采取和使用比较容易的物质。资源的低价格与其供应的充足性相关。所以，利用低价格的资源对于使用者可以提高其竞争力，而对于资源的供应者则是需求的来源。如果不多消费资源性产品，对资源的供应者不利，对资源性产业的发展也不利。例如，如果不是大量使用煤炭、石油、电力，世界的煤炭、石油和电力工业也不会如此发达，技术也不会如此先进。

（2）由一定时期的技术条件所决定，当资源物质的机会成本很低时，大量使用资源，具有短期的经济合理性。因为，现阶段反正没有更好的用途，不被使用的物质甚至算不上是一种"资源"。使用机会成本很低的资源来提高工业生产力，并不是非理性的行为。而且，资源物质的价值是随着工业的发展而提高的，没有工业发展，地球上的任何物质都不是高价值的资源。这就像是如果不是因为城市被建成了"水泥森林"，绿地、水面、四合院不会变得身价百倍。从这一意义上说，资源产品的价值是工业发展的结果，正是工业发展使资源变得宝贵，而不是资源物质天生具有高贵的身价。

（3）开发技术的昂贵性和耗时性，甚至一定时期内的技术不可得性，使得在一定时期内"用资源替代技术"，成为获得竞争力的手段。产业竞争和工业增长时不我待，不可能等到有了节约资源的技术再大规模利用资源。技术的进步依赖于工业的发展和资金的积累，而工业的发展和资金的积累，需要有资源的消费。从这一意义上说，短期的消耗资源是将来高效率利用资源的基础。

（4）如果在某种资源的消耗枯竭之前可以发现或发明更经济的替代资源，则尽量使用该种资源以获得竞争力优势就成为一种理性行为。因为，反正这种资源将来并无大用，不如尽快发挥其现今的工业价值。就像是新技术发明之前，机器设备的加快使用和快速折旧。

粗放式增长尽管有上述历史的理由，但为了工业竞争力而付出更多的资源和环境代价，毕竟是工业发展"黎明前的黑暗"。人类不能在"黑暗"中长期徘徊。经历"黑暗"是为了迎接"黎明"。而当黎明已经到来时，我们如果还在迷恋"黑暗"的时代，在经济和技术条件已经具备，或者经过努力已经可以达到时，却仍然采用浪费资源和破坏环境的方式来进行工业生产，则是对工业化的反动。

（二）耗费资源技术与节约资源技术的竞争力比较

中国经济具有极大的不平衡性，不仅地区之间发展不平衡，而且，产业之间、不同类型企业之间的发展也很不平衡。因此，竞争力的来源有很大的差别。从工业发展的历史看，工业技术路线总体上是沿着从"耗费资源损害环境的技术"（以下简称"耗费资源技术"）向"节约资源保护环境的技术"(以下简称"节约资源技术")升级的方向不断进步的。当耗费资源技术是工业竞争力的主要来源时,工业发展处于初级阶段,而当节约资源技术成为工业竞争力的主要来源,即节约资源技术比耗费资源技术更具有竞争力时,工业发展进入高级阶段。一个国家的工业体系或者一个工业部门实现了以耗费资源技术为主向以节约资源技术为主的转变,我们称之为"竞争力突变"。

我们面临的现实问题是:工业发展的"黑暗"期和"黎明"期的界限在哪里?何时能够进入"节约资源技术"比"耗费资源技术"更具竞争力的"竞争力突变期"?本文以上分析表明,关键的问题是:在现有的经济和技术条件下,节约资源(保护环境,下同)能不能增强工业竞争力?如果节约资源能够增强竞争力,那么,实现资源节约就是一个无须担心的问题,因为追求竞争力的过程将自然实现资源的节约利用。但是,现实中确实存在这样的情况:节约资源需要投资和增加更多的成本,使单位产品的价格反而更高,不如耗费资源更具有"竞争力"。实质是节约资源的技术具有非经济性,或者替代资源具有非经济性。因此,摆在中国工业化面前的问题是:中国工业发展的现阶段,客观上仍然需要在多大程度上依靠资源的低价格高消耗来维持竞争力?特别是考虑到经济全球化的背景,中国具有多大的能力,在多大程度上可以更多采用节约资源技术来参与国际竞争?

耗费资源技术与节约资源技术的竞争力比较取决于两方面的基本条件:一是技术本身相对于资源禀赋条件的先进性程度,即是否能够更大程度地节约稀缺性高的资源,减少对环境的污染和破坏,并且这样的技术在经济上也是有优势的。二是国家关于资源和环境的管制制度,即国家如何调节(限制和干预)经济个体消费资源和影响环境的行为。因此,竞争力突变的含义也有两种:严格意义的竞争力突变是指在技术上已经实现了使用节约资源技术比使用耗费资源技术更具有竞争力。而现实意义的竞争力突变则是指:在国家有关资源利用和环境保护的现行管制制度(政策)下,使用节约资源技术比使用耗费资源技术更具有竞争力。第一种意义上的竞争力比较(成本比较)仅取决于工业技术性质本身。而第二种意义上的竞争力比较则加入了国家管制制度(政策)对经济个体竞争力(成本）的影响因素。从当前世界工业发展的总体状况看，在大多数工业部门要实现严格意义的竞争力突变尚不具备条件，所以，各国都必须实行有关资源开发利用和环境保护严格的管制制度（政策），对浪费资源和破坏环境的行为进行限制和处罚。当然，由于各国的经济发展水平不同，所实行的管制制度和政策的技术标准也不同。通常情况是，经济发展水平越高的国家有关资源利用和环境保护的标准也越高。

（三）中国工业竞争力突变的含义

作为一个发展中国家，中国实现竞争力突变的含义是：在社会（包括国际社会）认同的管制标准直至尽可能接近发达国家的管制标准的条件下，在无歧视的市场竞争中，实现节约资源技术比耗费资源技术更具有竞争力的工业技术进步。如前所述，随着经济和社会的发展，社会对资源利用和环境保护的技术标准会越来越高，因而管制制度和政策会更严格。我国经过二十多年的持续高速经济增长，基本国力和工业实力显著增强，对资源利用和环境保护的技术标准正处于逐步提高并与国际接轨，以致实行发达国家的较高标准的时期。在这样的条件下，耗费资源技术的竞争力必然显著下降，继续主要依靠耗费资源技术来支持工业竞争力的道路必然越走越窄。因此，我国工业能否尽快实现竞争力来源的转移，即以节约资源技术作为工业竞争力的主要来源，是一项关系到工业发展前途的重大任务。在资源利用和环境保护上实现高标准条件下的强竞争力，是中国工业21世纪的战略目标。

中国工业竞争力突变意味着中国市场"血拼"式竞争阶段的终结。"血拼"式竞争的积极意义是对计划经济的彻底否定，是被"逼上梁山"的自主竞争，取得了令人瞩目的经济成就，但也付出了巨大的代价。"血拼"式竞争就是无限制地将"优势"资源用到极端。例如，（1）税费减免：减税退税是各地区竞争资本的重要手段，无节制的税收优惠和减免愈演愈烈，导致市场秩序的混乱和国家利益的流失。（2）土地和资源：土地作为竞争手段，一直血拼到"零地价"。（3）劳动者权益损失：一些加工企业的员工工资一二十年没有增长，而且，超时加班、欠发工资现象严重；基本没有工资集体谈判制度。（4）付出环境成本：一些地区的环境污染和生态破坏到了不可容忍的程度。（5）市场开放：为了"以市场换技术"，"以市场换资金"，有些产业对外资的开放实行了非常宽容的政策。（6）利润让渡：竞争性产业的企业以让渡利润的方式（低价格、加工贸易）获得价格竞争优势，利润迅速摊薄。"血拼"式竞争方式无论有多少历史的理由，现在也已开始走向尽头，因为，"血拼"式竞争不仅对中国工业发展是不可持续的，而且其他国家也难以承受。总之，中国工业发展已经走到了需要从根本上改变这种"血拼"式竞争方式的重要历史关头。

结论

改革开放二十多年来，中国工业得到了长足的发展，成就令世界瞩目。资源的消费和环境的破坏是工业发展的代价，中国工业的高速发展在很大程度上经历了粗放式增长的过程，为此也付出了很大的资源和环境代价。随着经济发展水平的不断提高，社会对于资源和环境的关注越来越多，标准越来越高，继续大量耗费资源和环境，走粗放式工业增长的道路，已经不可能支持中国工业的持续发展。因此，中国工业正面临着实现从主要依靠耗费资源技术来支撑工业竞争力的阶段向主要依靠节约资源技术来支持工业竞争力的阶段转变的关键历史时期。这是一个工业竞争力的重要突变期。在这一时期，工业结构的升级，工业技术水平的提高，国家有关资源开发利用和环境保护管制制度的完善和技术标准的提高，直至接近和达到发达国家的水平，将成为中国工业竞争力提升的基本方向。在这样的趋势下，我国的工业经济增长模式、企业竞争方式、经济管理体制等各个方面都将发生重大的变化，经济和社会发展的基本观念和价值取向也将发生显著变化。而"树立科学发展观"和"走新型工业化道路"，正是其正式的政策表达，也是中国进入21世纪后的正确战略选择。

（原载《中国工业经济》2005年第5期）

科学发展观与经济增长方式转变

长期以来,中国经济走了一条粗放型增长的道路,实现经济增长方式的转变是关系到中国经济能否持续增长的重大问题。那么,人们不免会问:中国是怎样走上粗放型增长道路的?中国的粗放型增长方式有什么特点?为什么转变经济增长方式讲了多年却至今没有取得令人满意的效果?中国现在是否具备了转变经济增长方式的基本条件?这直接关系到转变经济增长方式须从何处着手?

一 中国粗放型经济增长方式的历史成因和主要特征

从大多数国家的经济发展历史看,工业化从粗放型增长方式起步是一个共同现象。也就是说,在工业化的初期,企业总是倾向于大量使用廉价的资源,最大限度地扩大生产规模,尽快进行资本积累。因此,高投入、高消耗、追求高增长率和大规模生产,是这一阶段工业增长的显著特点。而在发展中国家的工业化初期,除了上述特点外,往往还表现出以直接模仿的方式,从低端产业或低端产业环节进入获得成熟工业技术、因循发达国家的工业技术路线以及对资源的高度依赖等特点。作为一个发展中国家,中国的工业化进程也必然具有类似于一般发展中国家的某些共性。

同时,中国又是一个具有极大特殊性国情的发展中国家。其工业化进程还具有一些非常独特的个性①。中国工业化分为两个特点鲜明的时期,即从1949年新中国成立到20世纪70年代末的计划经济时期和70年代末

---

① 参见中国社会科学院工业经济研究所《中国工业发展报告》(2005)总论,经济管理出版社2005年版。

以来的改革开放时期。计划经济的性质决定了经济增长的粗放式,不必详细讨论。本文主要讨论20世纪70年代末以来的经济增长表现。

中国改革开放以来的加速经济增长是从"解放思想"开始的。由于思想的解放,确立了实事求是的思想原则,在经济领域中意识形态的最大变化是确立了追求收入、利润、财富的正当性。于是,"发展是硬道理"、"时间就是金钱"、"企业利润最大化"、"效率优先"成为基本的经济行为理念,从而给经济主体注入了极大的发展欲望和内在动力,使中国的改革开放和工业化充满强大的活力。

随着经济体制改革的推进,市场经济体制逐步代替了计划经济体制,经济主体从被动接受计划指令转变为极为迫切地寻找和争取到自己的市场生存空间和发展领域。对国家的"等、靠、要"意识转变为自己负责、自我发展的意识,求成求富求业绩的进取心成为经济增长的原始动力。于是,个人、企业和政府都进入"短线竞争"状态,即力图在比较短的时期内改变贫困状态,以短期内可以见效的手段争取市场竞争中的优势地位,整个社会充满着尽快"初见成效"和"大见成效"的迫切心情,希望"有水快流"式地达到立竿见影式的效果。因此,"血拼"式竞争和政府直接参与的地区竞赛成为二十多年来中国经济发展的两大显著特点。

在市场机制调节的竞争中,利用"比较优势"和顺应"适者生存,优胜劣汰"的法则是最基本的行为表现。在我国现阶段的工业化阶段,如果没有限制地利用"比较优势",把"优势"发挥到极致,适应血拼式竞争者方可生存,那么,粗放式增长方式就是必然的选择。因为,目前我国各方面的条件(包括税收制度等)都更适应于粗放式经济增长。粗放型经济增长方式在相当程度上具有"不择手段"和"不惜代价"的性质,这同血拼式竞争具有相同的逻辑。短期内的"业绩"是显著的,但代价也是相当大的。

特别是,中国现阶段的经济竞争不仅是企业间竞争,更大程度上是政府直接参与的地区间竞争。地区间竞争的基本规律是:"最大限度地利用不可流动的要素(降低价格)去吸纳可流动要素。"不可流动的要素主要是税收、基础设施、土地、自然资源、生态环境等。可流动的要素主要是:资本、企业家、技术等,在地区间,劳动力的流动性也较强。

值得注意的是，不可流动要素的"价格"通常是由政府决定的，至少是受政府直接干预的，所以，当政府成为地区间竞争的重要参与者时，各地区间不可流动要素竞相降价的血拼式竞争就成为普遍现象，突出地表现为：减税优惠、低地价、低价资源、低劳动保障、低环保标准。这样，当地区成为竞争主体时（其表现是地区间的GDP竞赛、"地区或城市竞争力"竞赛，或"率先"竞争），就不可避免地加剧以低价格要素大量投入为基本特点的经济增长的粗放。

我们曾经指出，几乎任何国家的工业化都经历过粗放式增长的阶段。这是因为，在一定的经济技术条件下，粗放式增长有其历史的理由[①]：粗放式增长可以利用低价格资源获得产品的成本价格优势。利用低价格的资源对于使用者可以提高其竞争力，而对于资源的供应者则是需求的来源。由一定时期的技术条件所决定，当资源物质的机会成本很低时，大量使用资源，具有短期的经济合理性。资源物质的价值是随着工业的发展而提高的，没有工业发展，地球上的任何物质都不是高价值的资源。开发技术的昂贵性和耗时性，甚至一定时期内的技术不可得性，使得在一定时期内"用资源替代技术"，成为获得竞争力的手段。技术的进步依赖于工业的发展和资金的积累，而工业的发展和资金的积累，需要有资源的消费。从这一意义上说，短期的消耗资源是将来高效率利用资源的基础。所以，如果某种资源在消耗枯竭之前可以发现或发明更经济的替代资源，那么尽量使用该种资源以获得竞争力优势就成为一种理性行为。

粗放式增长尽管在一定的历史时期具有存在的理由，但为了工业竞争力而付出更多的资源和环境代价，毕竟是工业发展的低级阶段的特征。如果不能实现向高级阶段的转变，在经济和技术条件已经具备，或者经过努力已经可以达到时，仍然采用浪费资源和破坏环境的方式来进行生产，是没有前途的，而且也背离了经济发展所要达到的目标。

---

① 参见中国社会科学院工业经济研究所《中国工业发展报告》（2005）总论，经济管理出版社2005年版。

二 粗放型增长的惯性趋势

根据国家统计局 2006 年 2 月 28 日发布的《中华人民共和国 2005 年国民经济和社会发展统计公报》，初步核算，2005 年全年国内生产总值 182321 亿元，比上年增长 9.9%。其中，第一产业增加值 22718 亿元，增长 5.2%；第二产业增加值 86208 亿元，增长 11.4%；第三产业增加值 73395 亿元，增长 9.6%。第一、第二和第三产业增加值占国内生产总值的比重分别为 12.4%、47.3% 和 40.3%。

2005 年全年全部工业增加值 76190 亿元，比上年增长 11.4%。规模以上工业增加值 66425 亿元，增长 16.4%（见表 1）。其中，增长重工业 17%，轻工业增长 15.2%，表明整个工业结构继续向重型化倾斜。在各种主要工业产品产量中，增长率特别高的产品绝大多数为原料性基础产业产品（见表 2），也表明工业生产的资源投入趋高。

表 1　2005 年规模以上工业增加值主要分类情况　　单位：亿元

指标	增加值	比上年增长（%）
规模以上工业	66425	16.4
其中：国有及国有控股企业	26063	10.7
集体企业	2581	12.4
股份制企业	32173	17.8
外商及港澳台投资企业	18977	16.6
其中：私营企业	11807	25.3
轻工业	20585	15.2
重工业	45840	17.0

表2　　　　　　　　2005年增长率超过20%的工业产品

产品名称	比上年增长（%）
天然气	20.6
粗　钢	24.6
钢　材	24.1
氧化铝	21.9
烧　碱	21.4
乙　烯	20.0
发电设备	28.9
大中型拖拉机	42.7
微型电子计算机	35.3

从能源生产和消费情况看，2005年全年一次能源生产总量20.6亿吨标准煤，比上年增长9.5%；发电量24747亿千瓦小时，增长12.3%；原煤21.9亿吨，增长9.9%；原油1.81亿吨，增长2.8%。全年能源消费总量22.2亿吨标准煤，比上年增长9.5%。其中，煤炭消费量21.4亿吨，增长10.6%；原油3亿吨，增长2.1%；天然气500亿立方米，增长20.6%；水电4010亿千瓦时，增长13.4%；核电523亿千瓦时，增长3.7%。主要原材料消费中，钢材4亿吨，增长20.1%；氧化铝1561万吨，增长21.7%；水泥10.5亿吨，增长9%。万元GDP能耗1.43吨标准煤，与上年持平。这表明，我国经济增长处于能源消耗的高位时期。

再从整个"十五"期间（2001—2005年）的经济增长趋势看：2005年的经济增长率虽略低于2003年和2004年，但高于"十五"期间的平均增长率。2005年的工业增长大体处于"十五"期间的平均增长率水平。2005年的固定资产投资增长率比2003年和2004年有所回落，但也高于"十五"期间的平均增长率。而能源消耗同经济增长大体同步，一直处于高消耗状态。总之，高储蓄、高投资、高消耗所支持的高增长，是当前中国经济的显著特征之一。

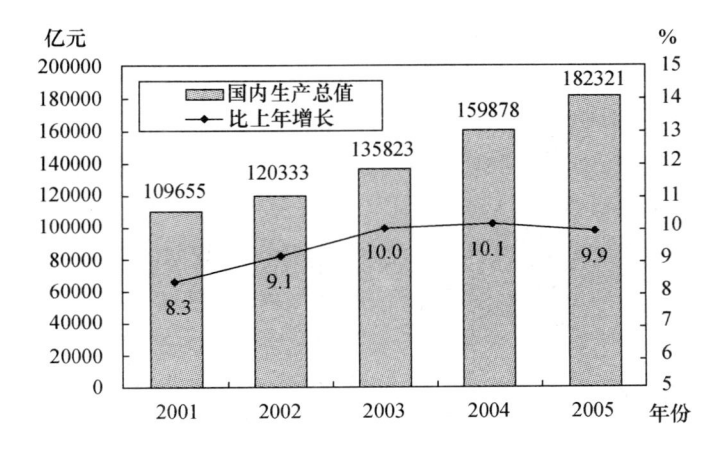

图1 "十五"时期国内生产总值与增长速度

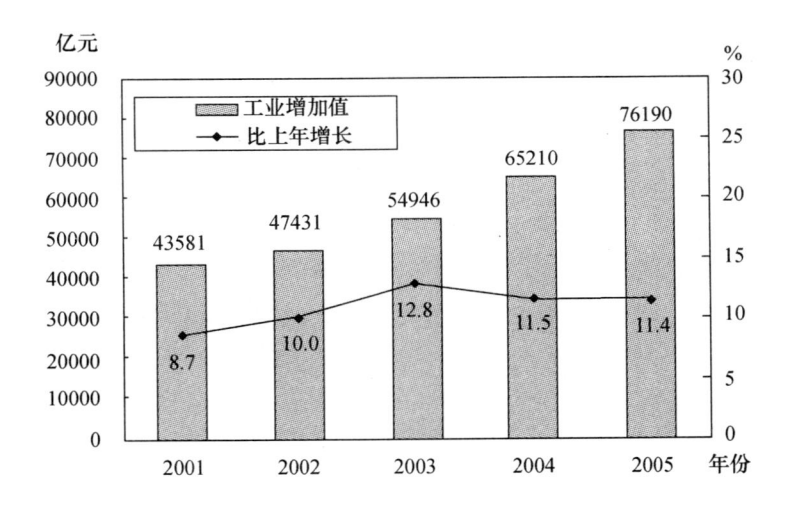

图2 "十五"时期工业增加值与增长速度

那么,中国经济是否会继续沿着粗放型的道路增长呢?关于这个问题,我们可以从企业和政府的行为动向两个方面来分析。

首先,看企业的动向。中国经济正日益融入经济全球化过程,世界企业界的动向直接可以反映中国市场的产业发展和企业竞争态势。麦肯锡咨询公司2005年曾对9346名全球企业高管人员进行过一次调查。当问他们

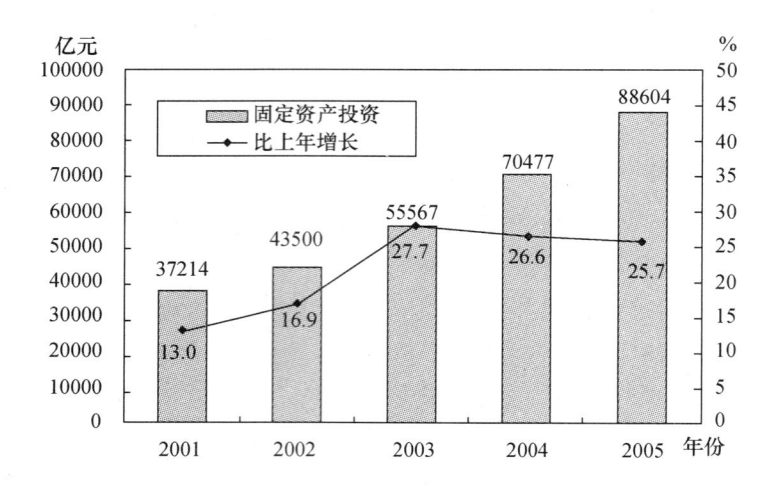

图3 "十五"时期固定资产投资与增长速度

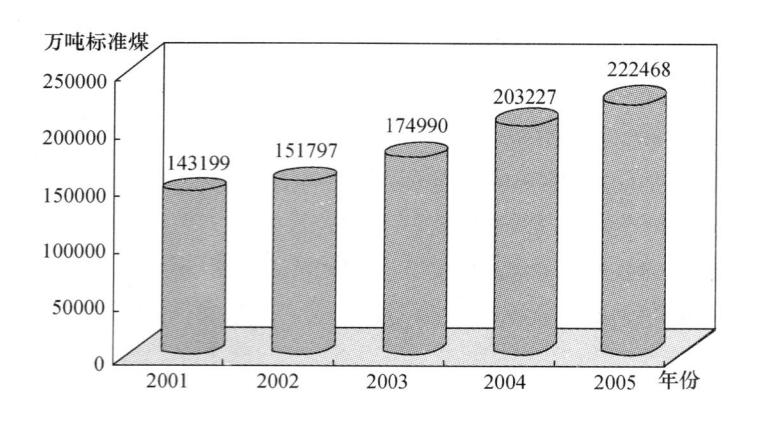

图4 "十五"时期能源消费总量

"你认为哪个国家是你公司未来五年中最主要的销售增长点"这一问题时，受访者中25%的回答是"中国"，仅次于第一位的美国（27%）（见表3）。而在公司收入超过50亿美元的大公司中，有41%的受访者回答是"中国"，远高于第二位的美国（24%）（见表4）。这表明，世界产业向中国转移的过程将继续，中国的生产能力和销售规模将继续有巨大的增长。

表 3　受访者中认为未来五年公司最主要的销售增长点的国家的所占比重

国家	比重（%）
美国	27
中国	25
英国	7
印度	5
德国	4
巴西	3
俄罗斯	3
加拿大	3
意大利	3
法国	1
日本	1
西班牙	1
墨西哥	1
荷兰	1

资料来源：2005 年 3 月 *Mckinsey Quarterly* 对 9346 名全球企业高管人员的调查。

表 4　收入超过 50 亿美元的公司中认为未来五年公司最主要的销售增长点的国家的受访者比重

（%，n = 2101）

国家	比重（%）
中国	41
美国	24
印度	6
英国	4
俄罗斯	3
巴西	3

资料来源：2005 年 3 月 Mckinsey Quarterly 对 9346 名全球企业高管人员的调查。

那么，这些公司将采取的战略措施主要是什么呢？当被问道："在目前的竞争格局下，你的公司在未来五年中采取的最重要的行动是什么"时，受访者的回答如表 5 所示。当被问道："你认为以下哪些措施对于所在公司实现未来五年销售增长最为重要"时，受访者的回答如表 6 所示。可见，通过对现有产品的创新、开发新产品和增强分销能力，实现现有业务在市场上的扩张，是大多数公司的战略意向。这表明，从世界产业发展趋势来看，市场竞争将更为激烈。中国将成为未来五年世界产业竞争和发展的激烈争夺空间。

表5　认为所在公司未来五年将以下选项作为最重要行动的受访者比重

选项	比重（%）
对现有产品的创新	25
开发新产品	22
培养更好的分销能力	16
收购现有业务	15
进入新地区	14
降价增量	3

资料来源：2005年3月Mckinsey Quarterly对9346名全球企业高管人员的调查。

表6　认为所在公司未来五年将以下选项作为最重要措施的受访者比重

选项	比重（%）
现有业务在市场上的扩张	63
收购市场中存在的企业	12
与市场中的公司组建合资公司	11
出口	6
向市场中企业进行产品服务授权	4

资料来源：2005年3月Mckinsey Quarterly对9346名全球企业高管人员的调查。

面对这样的世界产业发展趋势，如果本文第一节所论述的中国经济粗放型增长的两个显著特点没有根本性改变的话，中国许多地区的粗放型经济增长显然将继续。因为面对产业竞争压力，在比较优势格局没有根本改变的条件下，迫使大多数企业致力于现有业务的扩张，即最大限度地发挥现有优势以获得当前的竞争利益。这样，粗放型经济增长将表现出很大的惯性和顽固性，尽管从长远看，粗放型增长方式是不可持续的。

其次，看政府的动向。从观念层面看，中央和地方政府都宣称要贯彻科学发展观的指导思想，实现经济增长方式的转变。问题是，以地区为竞争实体的基本格局并没有改变。各地区之间的竞争所依赖的仍然主要是各种在短期内可以见效的投资项目和"优惠"政策竞赛。投资项目就是直接的资源投入，而且，几乎所有地区都把发展工业作为"十一五"规划期间产业发展的主要方向。而优惠政策的经济实质仍然是以低价格的不可流动要素吸纳可流动的要素。所以，"开发"和"招商"是地区间竞争最重要的"主题词"。在现行体制下，地区竞争业绩评价的时限一般为3年，最长不超过5年。也就是说，地区间竞争一般选择在3—5年内就能够奏效的手段。而且，既然是竞赛和竞争，就一定要争取超过竞争对手，至少要超过平均水平。所以，几乎所有地区都必然要把经济增长率指标定得显著地高于中央所规划的全国经济增长率指标。很显然，在这样的条件下，选择粗放型增长方式往往是"理性"的。当然，粗放型增长必然会走到尽头。

另外，从一些国际研究机构对各国国家竞争力的评价分析数据看，迄今为止，中国竞争力的主要来源是其大规模的生产能力和高增长率，而在公共管理、技术创新、企业效率、工商环境质量等方面表现出明显的不足，其评价指标甚至明显低于发展水平低于中国的印度（见表7）。这样的评价指标未必能准确地反映客观事实，但确实可以反映出中国经济增长的粗放特征，而且，这样的粗放型增长具有很强的惯性。

表7　　世界经济论坛2005年全球竞争力排名中国与印度的比较

指数	中国	印度	中印间位差
全球竞争力指数*	48	45	－3
增长竞争力指数	49	50	＋1
宏观经济环境指数	33	50	＋17
公共机构指数	56	52	－4
技术指数	64	55	－9
企业竞争力指数	57	31	－26
企业运行和战略	53	30	－23
国家工商环境质量	58	31	－27

注：*2004年全球竞争力指数中国和印度的排名分别为第46位和第55位。

资料来源：Augusto Lopez－Claros, Michael E. Porter, Klaus Schwab, *The Global Competitiveness Report*, 2005－2006, World Economic Forum。

可见，如果没有重大的观念转变和战略调整，许多地区仍然将沿着粗放型增长的道路惯性前行。所以，在现阶段，经济增长方式的转变并不能自动实现，必须有根本性的观念转变和重大的举措，才能完成经济方式转变的历史性转折。

三　以科学发展观指导经济增长方式的转变

改变经济增长方式，最有效的经济方式之一是首先考虑价格机制。提高资源价格是节约资源的最简单也是最易见效的措施。但是，提高资源价格涉及社会承受能力。一是对企业竞争力的影响。二是对低收入阶层的影响。如果能源价格、水价格、土地价格、矿物价格等均普遍大幅度上涨，中国经济所受的冲击是个不能不考虑的问题。特别是地方政府承受着来自社会基层的压力，很难面对资源价格大幅上涨而泰然。

除了价格，另一个可以期望的措施是采用节约资源和保护环境的技术，限制耗费资源和破坏环境的技术。但是，技术的选择取决于产业竞争态势和主体行为。当（地方）政府是竞争实体时，他们有什么手段实现节约资源和保护环境的技术创新呢？如前所述，当地方政府成为竞争实体时，它们的基本策略就是尽可能利用和发挥比较优势。而限制消耗资源和破坏环境的技术往往是同利用地区"比较优势"相矛盾的。如果政府同企业一样承受着竞争（地区间竞赛）的压力，那么，在技术选择的政策上很可能倾向于技术的短期竞争力而不是节约资源和保护环境的社会公共性目标。

通过采用提高标准的方式可以限制资源耗费，更好地保护环境。这实际上就是给企业设置更高的产业进入壁垒，或者是要求企业为节约资源和保护环境支付更多的成本。很显然，标准的提高也受价格因素和技术因素的制约。过高的标准也会导致一些企业和地区的短期竞争力受损。

问题是，即使价格、技术和标准手段都可以采用，仍然有一个更深层的问题：即竞争秩序是否公平，政府行为是否合理。如果主观上希望促进经济增长方式转变，但竞争规则扭曲，导致不公平竞争，甚至在尚未进入竞争之前就由政府决定了胜负（谁存谁亡），或者政府直接帮助一些竞争者而限制另外一些竞争者，那么，并不能真正实现增长方式的有效转变。更重要的是，如果地区竞争仍然是主要的竞争内容，地方政府仍然是主要的竞争实体，那么，增长方式的转变不仅难以成为大多数企业的自主行为，而且"转变经济增长方式"的口号可能演化为政府设租而企业向政府寻租的诱因，甚至可能成为一些政府部门不适当干预市场竞争和破坏竞争公平性的借口。

总之，在粗放型经济增长的惯性仍然非常强大的情况下，仅仅依靠一般的市场参数调节和技术标准调整是不够的，仅仅依靠政府调控管制内容的调整也是不够的。这也正是转变经济增长方式的政策要求虽然已提出多年，但至今效果并不显著的原因。所以，从"十五"到"十一五"时期，最大的思想进步就是：认识到仅仅在一般的调节手段和政策设计上进行调整，是不足以实现经济增长方式的根本改变的。必须进行发展观念上的深刻反思，以科学发展观统领和指导经济和社会发展，才能实现粗放型经济增长方式的真正转变。因此，是否能通过树立科学发展观来改变社会价值观，改变竞争和商业文明的基本理念，就成为能否实现经济增长方式转变的关键。

观念的改变是决定性的，而观念如何落实为行动也是决定性的。从理论层面研究科学发展观是一个重大的历史任务，而研究和探索科学发展观的政策含义和可操作方式，也是摆在我们面前的艰巨任务。前者具有使命性，后者具有紧迫性。而在科学理论指导下的实践则是一项长期的伟大社会工程。经济增长方式转变是这一社会工程的基础。

实践中要解决的第一个关键问题是发展目标的合理性，即人类发展究竟要达到什么目的？发展也可以必然表现为物质成就，表现为财富创造的增长，但归根结底是为了满足人的需要，也就是说，发展的价值是人本（以人为本）的而不是物本（以物为本）的。那么，当我们在价值观上确立了以人为本的科学发展观后，进一步必须解决的问题就是科学发展观应体现为哪些行为指标和业绩指标（特别是政府的政绩指标），并使得人们有充分的动机努力实现这样的指标？也就是如何使得人们的实际行为目标同这些指标在方向上相一致？实践中的难点在于：所选择的指标分为两类，一类是具有市场过程表现的指标，例如GDP、利润、税收等；另一类是没有直接的市场过程表现的指标，例如资源节约、环境保护、社会公平等。前一类指标可以同市场主体的直接利益动机相一致而获得实现动力，即达到这些目标的同时可以获得直接的利益回报。而后一类指标除非有特别的制度和政策设计，否则没有同直接的利益动机相一致的个体行为基础，即市场主体努力实现这些目标不能获得直接的利益回报甚至必须付出较高的个体成本。因此，选择和确定反映科学发展观的目标和指标，不仅仅是要提出理想，而且要构建实现理想的机制。

第二个关键问题是抉择的统筹性。科学发展观要求实现全面、协调和可持续的发展。这本身就表明了，必须承认各种需要和目标（指标）之间可能是矛盾的，因此需要权衡利弊，取舍选择，统筹兼顾。而从更深的意义上说就是，当仅仅依靠个体的理性行为难以实现科学发展观所要求的某些集体理性目标时，社会的集体理性如何得以实现？要求实现经济增长方式的转变实际上是一个集体理性的体现，即从全社会的合理性要求出发，来选择经济增长的可行道路。集体理性并不意味着存在一个没有差异和矛盾的唯一利益，相反，正因为存在利益多元和差异，才需要有集体理性来弥补个体理性的缺陷。所以，科学发展观就是体现为各方面利益的协调性和统筹性。而协调和统筹不是简单的集权过程，也不是少数精英的天才构想，它需要有最广泛的社会参与，充分的信息披露、广泛的意见表达，以及科学的决策程序，这是实现科学发展观的基本条件。特别是要改变利益集团和执行部门自己立法（也包括制定政策和行业规范）自己执法的现象，避免法律、政策和行业规范的不合理利益偏向。因此，通过增强透明性、参与性和民主性，来保证重大决策特别是制度和政策安排的统筹性，是形成基于科学理性和社会理性的科学决策的重要制度基础。也只有在这样的制度基础上，才能形成实现经济增长方式转变的有效机制。

第三个关键问题是实施方式的可行性。科学总是提出可以解决的问题。历史上不乏从良好的愿望出发但因选择了不可行的政策而导致事与愿违的结果的事例（例如，试图以集中计划的方式实现按比例发展，试图用政府直接决定分配标准的方式实现收入平等，试图以强化政府审批的方式维护社会效益，试图以削弱竞争的方式实现保障性、试图以政府或垄断性企业更多控制资源的方式实现某些物资或服务的普遍供应，试图以限制消费者选择权的方式保证某些物资或服务的供求结构平衡等）。所以，从科学理念到实施行动的关键在于形成可操作的体制和政策体系。理论观念可以指导行为，但不可能直接成为规范行为的可操作工具。从科学的意义上看，世界上没有十全十美的体制和十全十美的政策。任何制度安排有其优点，也有弱点；任何政策也都会有其副作用。所以，进行怎样的体制和程序安排、采用怎样的具体政策手段来达到科学理性所要求的目标，而又尽可能避免实施过程中过大的副作用甚至产生事与愿违的后果，是一个关键性的实践问题。也就是说，理论的科学性体现为政策的科学性，才能实现行动的科学性。

特别需要强调的是，无论是目标的确定、集体决策的实施，还是体制和政策的设计，都必须尊重客观规律，按客观规律办事。当前尤其重要的是，必须坚持改革的方向，完成改革攻坚阶段的关键性任务，让社会主义市场经济更有效地发挥推动社会发展的作用。经济增长方式的转变体现了科学发展观的要求，而科学发展观要能够真正指导经济增长方式的转变，必须要体现为具体的体制和政策，从而引导市场主体的行为转变。使经济增长方式的转变不是一个行政导向的过程，而是一个市场竞争导向的过程，这才能真正实现经济的长期持续增长，并使经济增长真正带来更大的社会福利增进。

四 实现经济增长方式转变必须进行全方位创新

中国的发展具有重大的世界意义。中国作为一个统一的国家，在不到一百年的时期内，实现了从传统社会到工业社会的过渡，这在人类历史上从来没有经历过。它意味着中国工业化的实现将使世界工业社会的规模在短短几十年的时间里翻一番。所以，人类工业化进程中曾经或者可能发生的各种困难、矛盾和问题，都可能在中国工业化进程中以更为集中或突出的形式表现出来。实际上，中国发展所取得的成就本身也会导致新问题的突显。例如，中国仅仅用了二十多年的时间就使得十几亿人口的生活水平有了大幅度的提高，其中，一个规模巨大的人口群体达到了同发达国家和中等发达国家的大多数普通居民接近的平均生活水平。这个人口群体如果是总人口的 10%，那就是 1.3 亿人；如果是总人口的 20%，那就是 2.6 亿人！这样的成就举世无双。但也正因为如此，这部分实现了生活水平大幅度提高的居民同还有更多生活水平还远没有达到令人满意的水平的居民之间的差距就突显出来，而且还有几千万人没有摆脱贫困状态。而且，正如二十多年来所发生的那样，在使如此庞大的人口进入工业社会的过程中，不可能不消耗大量的资源并对环境产生一定的影响。在中国，这一过程还远没有结束。今后，我们还要继续使更大规模的人口进入工业化社会。显然，如果继续沿着原来的道路发展，没有创新，就难以解决发展中突现的新问题和新矛盾，资源和环境也根本无法支持 13 亿人口以粗放型增长方式完成进入工业社会的过程。总之，二十多年来的经济增长无论取得如何巨大的成就，按照同样的方式也难以使规模更大的中国人口完成工业化进程。因此，经济增长方式转变必须在科学发展观的指导下进行全方位的创新。

（一）经济增长方式的转变取决于能否在发展过程中不断进行理论创新

在世纪之交，发展以及对发展的认识面临严峻的挑战。这一挑战不仅是中国所承受的，而且是世界性的。正如德国著名社会学家乌尔里希·贝克所指出的："在现代化进程中，生产力的指数式增长，使危险和潜在威胁的释放达到了一个我们前所未知的程度。"[①] 而提出要以科学发展观统领发展过程，实际上就是反映了面临新挑战时的一次体现了"集体理性"的认识升华。这不仅是对社会主义市场经济理论和实践的进一步认识深化，而且是又一个具有人类认识史意义的巨大进步。这也不仅是解决中国发展中的诸多矛盾、困难和问题的对策思路，而且是对发展价值观的深刻反思。在发展过程中，人类需要不断地思考：在发展中人类获得了什么，损失了什么？为了获得而付出的代价是否值得？市场经济的竞争机制是推动发展的基本力，市场经济创造了巨大的物质财富，但物质财富不是发展的唯一价值，而且，物质财富也不等于全部的社会福利和人类幸福。经济发展必然要消耗资源和影响环境，对资源和环境的利用是竞争力的重要支

---

① [德] 乌尔里希·贝克：《风险社会》，译林出版社 2004 年版，第 15 页。

撑，但是由于具有公共财产性质的自然资源和生态环境不可能完全由市场价格机制来调节，所以，浪费资源和破坏环境成为人类对自然和未来的掠夺。科学应是理性的，但人类在资源、环境以及发展的价值取向上却潜藏着产生"集体非理性"的危险。如果没有发展观的理论进步，发展过程有可能偏离科学的轨道而误入单纯追求个体理性而丧失集体理性的歧途。科学发展观的提出是一个重大理论创新，而整个理论创新过程还将不断地进行。中国各地区的具体条件不同，增长方式的转变对于各地区的具体意义是不同的，理论的深刻认识对于各地区的经济和社会发展具有极为主要的决定性意义，对于各地区制定和实施有效的发展战略具有关键性的意义。实际上，在实现经济增长方式的转变中，如何实行真正有效的政策和体制安排，在很大程度上取决于对一系列理论问题的科学认识。

（二）经济增长方式的转变取决于能否在发展过程中不断实现技术创新

科学理念只有体现在技术过程中，才能得以实现。如果缺乏技术手段，任何正确的理念也不会有预期的实际效果。例如，在经济和社会发展中，资源的合理开发和有效利用、物质财富创造与环境保护的协调、经济增长的可持续性等，所有这些无不需要技术创新的支撑。特别是，作为一个发展中国家，中国经济发展的技术资源在很大程度上来自西方工业化国家，而任何工业技术路线的形成都同它所产生的自然和社会条件相关。由于中国自然条件和社会条件的特殊性，即使引进西方先进技术，如果缺乏自主创新，也难以保证我们的利益，而且可能导致严重的矛盾和具有长远不利影响的后果。更何况，由于国家间的利益差异甚至利益冲突，先进技术转移不可能是顺利的和无代价的，许多关键技术的国际间转移是极难实现的。所以，立足中国国情，大力进行自主技术创新，是实现经济增长方式的基本条件。离开了技术创新，既不可能获得真正先进和适用的技术，也难以运用既有的技术来解决中国面临的发展问题，还可能带来社会难以承受的代价和损失。目前，在中国的体制和政策上存在着许多不利于企业自主技术创新和实行自主品牌战略的因素，甚至连中外企业的所得税法都迟迟不能并轨，严重制约着本国企业的自主技术创新和自主品牌战略。在激烈的产业竞争中，10%—15%的税率差距足以致处于不利地位的企业于死地。本国企业受到自己国家政策的公开、全面的和长期的限制，而让外资企业长期大规模地（而不是局部地）享有政策上给予的竞争优势和创新地位优势，这在世界各国的产业发展史上是非常少见的。这表明，中国在全社会意识上，直到反映在政府的政策安排上，就是忽视自主技术创新和自主品牌战略的。不彻底改变这样的国民心理和政府政策取向，中国企业的自主技术创新和自主品牌战略之路会非常艰难。所以，让我们的社会更具有技术创新的动力、活力和能力，是实现经济增长方式转变的基本条件。

（三）经济增长方式的转变取决于能否深化改革，实现制度和体制的创新

经济增长方式的转变在本质上是人类行为方式的转变，而人类行为方式是在一定的制度环境中发生的，所以，如果没有制度创新就没有人的行为方式的合理转变，也就无法实现科学发展观所要求的合规律性和合目的性。所以，实现经济增长方式转变必须体现为科学的制度创新。以更有效可行的制度，规范个人、企业、政府以及各类组织的行为，使千千万万的人和组织的自主性行为结果能够倾向于实现经济增长方式的总体目标，这就是实现增长方式转变所期望的制度创新。实现转变经济增长方式所要求的制度创新，首先必须体现社会主义市场经济的基本性质和基本原则，实践已经证明，市场经济是实现现代化的唯一可行的制度基础。而市场经济的力量产生于竞争和在竞争中形成的竞争力。市场经济的不可替代性在于没有更好的制度可以激发经济主体进行持续性创新的主动性和进取心。所以，充分鼓励竞争，维护良好的竞争秩序，是制度创新必须遵循的基本原则之一。

但是，市场机制并非万能，市场机制依赖于个体理性所激发的动力和竞争力，却难以有效体现社会理性所要求的目标的全面性、结构的协调性和发展的可持续性。也不能完全保证发展成果的公平分享和对弱势群体的利益保障。特别是面对公共安全风险，市场机制表现出明显的弱点。因此，通过不断创新，形成更为完善的体制和机制，包括有效的政策体系，是实现经济增长方式的重要行动方向。

（四）经济增长方式的转变取决于能否实现科学发展观指导下的管理创新

经济增长方式的转变不是单纯的技术性过程，而是一个巨大的社会工程，同时也是一个巨大的管理工程。体现科学发展观和经济增长方式转变的各项目标，例如资源节约、环境友好、利益共享、持续增长等，与其说是技术目标，不如说是管理目标。人类只有管理好自己，包括自己的个体、组织、社会和国家，才能实现发展。从中国发展所处的现实条件看，在国际比较上，中国的综合国力显著增强，为发展奠定了坚实基础，同时，国际间的国力竞争日趋激烈，外部环境更为复杂且多变，随着对外依存度的大幅度提高，世界经济对中国发展的影响明显加深，中国发展的一切举措无不需要考虑国际因素和国际影响。在国内，物质基础条件显著改善，生活水平大幅提高，而在新的发展水平上，人民群众的物质文化需要不断提高和多样化，社会利益关系更趋多元和复杂，因而统筹兼顾各方面利益的难度加大。而且，随着物质文化生活水平的提高，人民群众对发展社会主义民主政治和落实依法治国基本方略也提出了新的要求；同时，由于社会的开放性大大提高，人们受各种思想观念影响的渠道增多、程度加深，思想活动的独立性、选择性、多变性、差异性明显增强。正如胡锦涛总书记在综合以上情况时所指出的：我们所处的是一个既有巨大发展潜力和动力又有各种困难和风险的时期，是一个既有难得机遇又有严峻挑战的时期。在这样的时期，实施组织管理、经济管理、社会管理和国家管理的任务将更为复杂和繁重。不仅需要高度的科学性，而且需要高度的技巧性和艺术性。没有管理创新，就不可能实现经济增长方式的转变，甚至不能保证社会的稳定和秩序，从一定意义上可以说，管理创新将成为转变经济增长方式的一个决定性因素。

结论

中国粗放型经济增长具有两个显著的特征：一是以低价格资源的大量投入为前提的血拼式的竞争；二是地方政府主导的地区间竞赛成为经济增长的强大动因。如果这两个基本特征没有根本的变化，那么，在当前世界产业发展和企业动向的大趋势中,中国粗放型经济增长方式将具有顽强的惯性。二十多年来,以粗放型增长为主的中国工业化过程,使得一个虽然相对比例不高但绝对规模巨大的人口群进入了工业社会,这是一个伟大的成就。但沿着同样的道路不可能使更大规模的人口群完成工业化进程。所以,如果没有科学发展观指导的经济增长方式的根本转变,中国工业化将受到严重的障碍和挫折。十几亿人口参与的工业化对资源的大量消耗和对环境的巨大影响是一个极大的人类难题。转变增长方式,以资源节约和环境友好的可持续方式推进中国工业化,才能实现中国经济和社会的现代化。而能否真正实现经济增长方式的转变,取决于能否在科学发展指导下实现理论、技术、制度和管理的不断创新。

(原载《中国工业经济》2006年第5期)

1978 年以来中国发展的轨迹与启示

自 1978 年以来，中国实行经济体制改革和对外开放政策，已经历了三十个年头。三十年所取得的巨大成就，令世界瞩目，甚至震撼。二三十年前，"中国"曾经是"贫穷"、"落后"、"封闭"的代名词，今天，中国给世界的印象已是"繁荣"、"财富"甚至"强大"。只是一代人的时间，一个 13 亿人口的巨大国家就发生了天翻地覆、脱胎换骨的变化，是何种神奇力量所致？一位美国经济学家在研究了各国发展的历史后指出："我们可以认为，与研发投入或物质及人力资本积累相比，制度是决定经济增长的更基本因素。"① 那么，制度背后的力量又是什么？制度是人创造的，也是人改变的。可以说，是全体人民在创造和改变着社会制度，至少，只有得到人民认同的制度才能发挥推动历史的巨大作用。而制度的创造必须基于两个最基本的因素：一是现实的物质经济条件；二是对于发展的共同意识（这种共同意识可以是自觉的也可以是不自觉的）。因此，我们可以从这两个观察视角来回顾和分析中国三十年所走过的道路和取得的巨大成就，同时也更清晰、客观地认识面临的问题和矛盾。

一 发展主题的全民共识

当代中国社会发展的主题是什么？经历了新中国成立后二十八年的摸索甚至一度的混乱，到 1978 年前后，形成了两个极具深远影响，并在当时就能产生巨大的现实冲击力的共识：一是"实践是检验真理的唯一标准"；二是"把全党工作的着重点和全国人民的注意力转移到社会主义现

---

① E. 赫尔普曼：《经济增长的秘密》，中国人民大学出版社 2007 年版。

代化建设上来",即坚持"以经济建设为中心"。正因为1978年党的十一届三中全会确认了这两个基本共识,所以,产生了"拨乱反正"的巨大历史作用,因而被公认为中国改革开放历史的起点。

自此之后,近三十年来,中国一切经济和社会发展的进步都基于所形成的关于发展主题的全民共识。尽管在改革开放的具体方式和行动上,中国的改革模式一般被认为是"摸着石头过河",即以"试错"方式,走一步看一步,渐进推行,而并无事先的周密规划设计。但实际上,在前进的基本方向上,中国三十年改革开放所表现出的明确性和坚定性却是非常鲜明的,而完全不是靠摸着石头左右徘徊。其根基就是总设计师邓小平提出和坚持并为全民所接受的关于发展主题的若干最基本的共识。共识不动摇,方向才能始终明确,决心才能坚定不移,步伐才能稳健而急速。

第一,现实共识,即关于中国目前所处的社会发展阶段和物质经济条件的清醒认识。1981年,中国共产党十一届六中全会通过的《关于建国以来党的若干历史问题的决议》指出,"我国的社会主义制度还是处于初级的阶段"。这标志着中国的发展终于走上了实事求是和尊重客观规律的道路。在改革开放初期,中国在世界经济发展中的地位非常低下。在所统计的188个国家(及地区)中,1978年中国的人均国民收入排名第175位,绝对处于低收入国家行列。即使到了2005年,中国在世界人均收入排名中仍然处于第110位(见表1)。所以,关于社会主义初级阶段的判断和理论,完全符合中国客观现实的全民共识。

表1　　　　　　　　　中国主要指标居世界位次的变化

年份	国内生产总值	进出口贸易额	人均国民收入*
1978	10	27	175(188)
1990	11	14	178(200)
2000	6	8	141(207)
2003	7	4	133(206)
2005	4	3	110(180)

注:*括号中是所列数为排序的国家和地区数。
资料来源:《中国统计年鉴》(2006)。

第二，行动共识，即关于现阶段行动纲领的原则认识。这直接表现为党的"一个中心，两个基本点"的基本路线。"以经济建设为中心"和"发展是硬道理"，成为最强有力的共同意志，使近三十年来的强劲经济增长和财富创造具有坚实的民意基础，也使处理各种复杂问题甚至突出矛盾拥有了有效武器。邓小平所提出的分三步走的发展目标，激励着全国人民排除一切异见，坚决投身于经济发展。

第三，改革共识，即关于中国经济体制改革的基本性质和根本方向的认识。过去，"社会主义计划经济"的观念严重束缚着中国的发展。1984年，党的十二届三中全会通过的《中共中央关于经济体制改革的决定》提出，"社会主义经济，是在公有制基础上的有计划的商品经济"，是关于社会主义经济体制的第一次谨慎的思想突破。而决定性的突破则是1992年，邓小平明确提出"计划和市场都是经济手段"和"社会主义也可以搞市场经济"的论断。进而是中国共产党第十四次全国代表大会，形成了经济改革的目标是建立和完善社会主义市场经济体制的全党共识。此后，社会主义市场经济的全民共识成为中国经济体制改革的基石和决不动摇的方向定位。

第四，开放共识，即关于国际经济秩序和中国如何处理同外部世界特别是同发达资本主义国家关系的认识。从封闭自己、抵触国际经济秩序（认为不合理的国际经济秩序是国际资本主义剥削发展中国家的不合理制度），彻底转变为承认现行的世界经济秩序和规则，参与经济全球化，并且使国内的经济体制同国际全面接轨。2001年，中国加入世界贸易组织，这不仅是向市场经济的勇敢转变，而且是义无反顾地全面融入经济全球化的世界。而经济全球化的实质就是按照发达市场经济国家所制定的经济规则和经济秩序深刻改造中国经济体制，并深刻而全面地参与国际分工、国际竞争和国际合作，使中国在全方位开放的条件下提高竞争力，并在世界范围配置利用资源和开拓占有市场，最终成为真正的世界强国。

第五，策略共识，即关于发展过程的政策选择和重点部署的基本认识。其中，关于通过使一部分人，一部分地区先富起来，进而实现共同富裕的共识；实行优惠政策，加速优势地区和产业发展的政策思路，对发展过程产生了显著的促进作用。当然，实行任何政策和策略都必须付出一定的代价。形成一定的策略共识,也就是认同在一定发展阶段可以容忍必须付出的一定代价,例如,发展的不平衡、收入和财富分配的不平等以及竞争规则的不很公平,等等。

回顾三十年的改革开放历史,可以清楚地看到,上述五方面的全民共识奠定了经济繁荣和社会进步的思想基础(见表2)。甚至可以说,这就是中国人民的"发展信仰",是统一意志,焕发热情的发展共识。正是在这种全民共识基础上,中国经济才实现了持续三十年的高速蓬勃发展,而且,至今势头不减,趋势强劲。

根据第一次全国经济普查资料,1979—2004年,我国GDP平均每年递增9.6%,有将近一半年份的年增长速度超过了10%。而同一时期世界年平均增长速度在3%—4%。1979—2004年,我国人均GDP平均每年递增8.3%。特别是2003—2006年,经济增长率分别为10%、10.1%、10.4%和10.7%,成为改革开放以来,也是新中国成立以来经济社会发展最强劲、最稳健的时期。

表2　　　　　　　　　　　　发展的共识

年份	事件	重要共识或决定
1978	中国共产党十一届三中全会	把全党工作的着重点和全国人民的注意力转移到社会主义现代化建设上来 实践是检验真理的唯一标准
1981	十一届六中全会通过《关于建国以来党的若干历史问题的决议》	"我国的社会主义制度还是处于初级的阶段"
1984	十二届三中全会,通过《中共中央关于经济体制改革的决定》	社会主义经济,是在公有制基础上的有计划的商品经济,商品经济的充分发展,是社会经济发展的不可逾越的阶段,是实现我国经济现代化的必要条件
1987	中国共产党第十三次全国代表大会	系统地阐述了社会主义初级阶段理论,明确概括和全面阐发了党的"一个中心、两个基本点"的基本路线
1992	邓小平在南方讲话	提出的"计划和市场都是经济手段"以及"社会主义也可以搞市场经济"的论断

续表

年份	事件	重要共识或决定
1992	中国共产党第十四次全国代表大会	"经济体制改革的目标，是在坚持公有制和按劳分配为主体、其他经济成分和分配方式为补充的基础上，建立和完善社会主义市场经济体制。"确立邓小平建设有中国特色社会主义理论在全党的指导地位
1997	中国共产党第十五次全国代表大会	全党要毫不动摇地坚持党在社会主义初级阶段的基本路线，把以经济建设为中心同四项基本原则、改革开放这两个基本点统一于建设有中国特色社会主义的伟大实践。这是近二十年来我们党最宝贵的经验，是我们事业胜利前进最可靠的保证
1999	十五届四中全会通过《中共中央关于国有企业改革和发展若干重大问题的决定》	建立现代企业制度，是国有企业改革的方向
2000	十五届五中全会通过《中共中央关于制定国民经济和社会发展第十个五年计划的建议》	必须把发展作为主题，把结构调整作为主线，把改革开放和科技进步作为动力，把提高人民生活水平作为根本出发点。会议认为，发展是硬道理，是解决中国所有问题的关键
2002	十六大报告《全面建设小康社会，开创中国特色社会主义事业新局面》	全面建设小康社会，最根本的是坚持以经济建设为中心，不断解放和发展社会生产力。实现工业化仍然是我国现代化进程中艰巨的历史性任务。要走出一条科技含量高、经济效益好、资源消耗低、环境污染少、人力资源优势得到充分发挥的新型工业化路子
2003	十六届三中全会通过《中共中央关于完善社会主义市场经济体制若干问题的决定》	完善社会主义市场经济体制的目标是：按照统筹城乡发展、统筹区域发展、统筹经济社会发展、统筹人与自然和谐发展、统筹国内发展和对外开放的要求，更大程度地发挥市场在资源配置中的基础性作用，增强企业活力和竞争力，健全国家宏观调控，完善政府社会管理和公共服务职能，为全面建设小康社会提供强有力的体制保障。坚持以人为本，树立全面、协调、可持续的发展观，促进经济社会和人的全面发展

续表

年份	事件	重要共识或决定
2005	十六届五中全会：《中共中央关于制定国民经济和社会发展第十一个五年规划的建议》	以邓小平理论和"三个代表"重要思想为指导，全面贯彻落实科学发展观。坚持发展是硬道理，坚持抓好发展党执政兴国的第一要务，坚持以经济建设为中心，坚持用发展和改革的办法解决前进中的问题。发展必须是科学发展，是全面协调可持续发展
2006	十六届六中全会通过《中共中央关于构建社会主义和谐社会若干重大问题的决定》	构建"在中国特色社会主义道路上，中国共产党领导全体人民共同建设、共同享有的和谐社会"。坚持以人为本；坚持科学发展；坚持改革开放；坚持民主法治；坚持正确处理改革发展稳定的关系；坚持在党的领导下全社会共同建设

资料来源：笔者根据有关文献整理。

二 双重差距矛盾压力下的发展历程

落后就要挨打，不发展就没有出路。这是几百年以来中华民族最深切的历史教训。两百多年前的中国曾经拥有全世界 1/3 的人口和 1/3 的财富。但由于封闭、保守和落后的桎梏观念和腐朽制度，在世界进入工业化时代，中国严重地落伍了，因而饱受列强的欺辱。到 20 世纪四五十年代，直至 70 年代，拥有世界近 1/4 人口的中国，国民总收入竟不足世界的 2%！以至领袖们都发出了"要被开除球籍"的警告。所以，求发展，求国强，成为当代中国最强烈的民族愿望。但是，发展也会产生矛盾，因为发展的本质就是打破平衡，寻求新的平衡。所以，发展不是消灭矛盾、回避矛盾和否认矛盾，而是创造使矛盾能够在一定的系统中良性运动的条件。无矛盾的发展道路只是幻想。有所选择，有所为有所不为，才有发展战略。

在中国三十年改革发展的过程中，伴随着伟大成就的也总是层出不穷的矛盾。基本的矛盾始终是人民群众日益增长的物质文化需求同社会生产力不发达之间的矛盾。这个矛盾贯穿于中国社会主义初级阶段的整个过程和社会生活的各个方面。当代中国面临的一切矛盾和问题，归根结底是这个基本矛盾的直接或间接反映。而最大的矛盾则是中国经济发展水平同发达国家间的差距。而当我们以巨大的努力缩小着同发达国家间的差距时，国内发展不平衡的矛盾又会突显出来。

20世纪70年代末，中国在巨大的危机感中痛下决心走改革开放的道路，这一危机感就直接产生于中国经济发展水平与世界发达国家之间的巨大差距。经济落后的中国将无法自立于世界民族之林，因此必须不惜代价加速工业化，缩小同世界发达国家的差距。而这种代价主要表现为将会产生多方面的不平衡现象，特别是使得国内经济发达地区与欠发达地区、城市与农村、工业与农业以及居民收入之间的差距显著扩大。因此，中国的发展同时承受着两大差距所形成的巨大压力：一是中国较低的生产力与工业化国家的先进生产力之间的差距；二是中国内部相对发达的生产力（发达地区、大中城市、向国际水平接近的高收入人群等）与欠发达生产力（落后地区、不发达农村、低收入人群等）之间的差距。

面对这两个同时存在的巨大差距和期望尽快缩小这两个差距的强大压力，中国长期处于抉择困境。因为，无论为了加速缩小上述哪一个差距，都必须付出很大的经济、社会、资源和环境代价。如果更倾向于加快缩小中国与国际先进生产力之间的差距以及解决由这个差距所产生的矛盾，例如给城市建设、发达地区、优势产业、重点大学、城市大型医院等以政策倾斜，就会进一步扩大国内发达生产力与欠发达生产力之间的差距；如果更倾向于加快缩小国内相对发达生产力与欠发达生产力之间的差距以及解决由这个差距所产生的矛盾，例如给农村建设、不发达地区、低收入人群以政策倾斜，提供更平等的教育和卫生医疗等，则可能会减缓中国缩小与国际先进生产力之间差距的速度；而如果要同时加速缩小上述两个巨大差距，则现实的国力条件难以支撑。

同整个国家的情况相类似，各地区的发展也处于双重压力之下：即地区间差距的压力和地区内不平衡性的压力。地区间差距的压力必然导致直接或间接的地区竞争关系，而地区内不平衡的压力则表现为各方面的利益矛盾。地方政府直接承受着这两方面的巨大压力。当地区间差距压力增大时，地区间竞争可能不择手段，动员一切资源，搞"血拼"式发展；而当地区内不平衡的压力增大时，地方政府通常倾向于以维护稳定为重，并且向中央政府寻求更多的资源分配和政策援助。

处于这样的独特国情中，一方面，在国际竞争和地区间竞争的压力之下，中国工业化的内在动力非常强大，特别是由现行税收和财政体制所诱使，几乎所有的地区都具有发展工业生产的强烈动机。所以，近三十年来，中国的工业生产能力和生产规模迅速增长。越来越多的工业品产量居世界前列（见表3）。据统计，我国现在已有172类产品的产销量居世界第一位。以此所带动，整个国民经济高速增长，2005年同1978年相比，国民总收入扩大12倍，人均国内生产总值增长8倍（见表4）。国内生产总值居世界第4位；国际贸易总量居世界第3位。另一方面，在内部不平衡所产生的社会矛盾的压力之下，实现稳定和协调的要求十分迫切，不得不采取特殊的经济、行政和社会政策等手段来保证整个国家和各地区的正常秩序。所以，30年间，屡屡实行"宏观调控"、"治理整顿"、"结构调整"、"稳定压倒一切"的政策，以缓解过大的不平衡现象可能导致的失控后果，以致在21世纪，提出了必须走新型工业化道路和建设社会主义和谐社会的强烈社会要求。

表3　　　　　　中国工业主要产品产量居世界位次的变化

年份	钢	煤	原油	发电量	水泥	化肥	化纤	布	糖	电视机
1987	5	3	8	7	4	3	7	1	8	8
1980	5	3	6	6	3	3	5	1	10	5
1985	4	2	6	5	1	3	5	1	6	3
1990	4	1	5	4	1	3	2	1	6	1
2000	1	1	5	2	1	1	2	2	4	1
2004	1	1	6	2	1	1		1		1

资料来源：《中国统计年鉴》（1987，2005，2006）。

表 4　　　　　　　　　　中国国内生产总值指数

年份	国民总收入	国内生产总值	第一产业	第二产业	第三产业	人均国内生产总值
1978	100.0	100.0	100.0	100.0	100.0	100.0
1980	116.0	116.0	104.6	122.9	114.2	113.0
1985	193.4	192.9	155.4	197.9	231.9	175.5
1990	282.5	281.7	190.7	304.9	363.0	237.3
1995	494.2	502.3	233.7	688.2	607.1	398.6
2000	750.6	759.9	277.0	1118.3	955.1	575.5
2005	1204.4	1198.7	336.0	1874.7	1540.0	878.9

注：按可比价计算，1978 年 = 100。
资料来源：《中国统计年鉴》（2006）。

　　因此，中国经济常常出现两个现象：一是巨大的差距和压力形成强大的能量，高速增长、争上项目、重复投资、房地产热、地方间过度竞争等"求快"和"过热"现象屡屡发生。二是中央政府强力进行宏观调控。而面对中央调控，地方政府的普遍心态是："宏观调控对全国是正确的和必要的，但我这里情况特殊，应该区别对待。"发达地区要求更快发展以进一步缩小同发达国家的差距；欠发达地区也要求更快发展以缩小同发达地区的差距。而在双重差距压力下的"更快发展"往往意味着更多的资源消耗（包括土地开发）和过度的环境破坏。这样的增长方式可以维持一时但不可能持续长久。因此，中央政府严肃警示全国："我们没有退路"，必须走"好中求快，又好又快"的新型工业化道路，也就是要在科学发展观统领下实现经济增长方式的转变，特别是必须扭转大量消耗资源和严重污染环境的局面。

　　中国走怎样的发展道路不仅关系中国经济的未来，而且深刻地影响着世界经济，以至于首次中美战略经济对话（北京，2006 年 12 月 14—15 日）的主题出人意料地不是中美经济关系，而是关于中国发展道路的宏观经济问题。全世界都在关注着：中国经济在双重差距的压力下充满巨大的活力和亢奋，也潜伏着失衡的风险，因此，需要有发展战略的创新思维，深入改革和优化体制机制，保证中国沿着和谐和和平的道路实现全面、协调和可持续的发展。这是世界的期待，也是中国自己的期待。

不过，三十年来，每当矛盾突出必须进行一定程度的政策调整时，我们也都清醒地认识并坚定地强调：只有通过改革和发展，才能解决发展中不断产生的矛盾。世纪之交，各种新问题、新矛盾越来越显露，而在2000年召开的党的十五届五中全会，仍然旗帜鲜明地指出："发展是硬道理，是解决中国所有问题的关键。"总之，以改革促发展，在发展中解决矛盾，是中国三十年坚定不移的信念，也是面临任何巨大的压力所采取的根本性应对策略。全党、全国人民深刻地理解：这一基本方向决不可以改变。

三 中国仍然是发展中国家

中国三十年的发展创造出了巨大的经济成就和社会财富。1995年我国已实现GDP总量比1980年翻两番，比预定到2000年的目标提早了5年；1997年已实现人均GDP比1980年翻两番，比预定目标提早了3年。特别是北京、上海、广州、深圳等国际化大城市和沿海地区的建设和发展达到了相当高的水平，令世界惊叹。有些外国人甚至已经不再承认中国是发展中国家。其实，尽管三十年来改变了中国甚至很大程度上改变了世界，中国的综合国力有了很大增强，人民生活水平有了显著提高，但是，中国的工业化过程仍然没有完成，中国的收入水平仍然很低，中国仍然是一个发展中国家，这是一个确定无疑的事实。

而且，中国还是一个人均资源水平很低的发展中国家。中国的发展面临着比许多国家更困难的问题和更复杂的矛盾。据研究者统计，中国自然资源人均拥有量远低于世界平均水平，更低于高收入国家的水平。中国的人均国土面积只有世界平均水平的34.6%，高收入国家的22.7%；中国人均水资源只有世界平均水平的30.9%，高收入国家的22.5%；中国人均能源生产量只有世界平均水平的57.5%，高收入国家的24%（见表5）。所以，中国的发展道路和前景必然是艰难的，完全没有理由盲目乐观和自满。

表 5　　　　　　　中国自然资源的国际比较（一）

国家＼指数	人均国土面积	人均可耕地面积	人均草地面积	人均淡水资源	人均森林面积	人均能源生产
中国	100	100	100	100	100	100
高收入国家	441	344	244	445	642	416
世界平均	289	207	180	324	493	174

注：指数 = 100 × 其他国家数值 ÷ 中国数值
资料来源：中国现代化战略研究课题组、中国科学院中国现代化研究中心：《中国现代化报告》(2007)，北京大学出版社 2007 年版，第 174 页。

表 5　　　　　　　中国自然资源的国际比较（二）

中国为比较对象的%	人均国土面积	人均可耕地面积	人均草地面积	人均淡水资源	人均森林面积	人均能源生产
中国：高收入国家	22.7	29.1	41.0	22.5	15.6	24.0
中国：世界平均	34.6	48.3	55.6	30.9	20.3	57.5

注：根据本表（一）计算。

　　从国民总收入的国际比较看，目前中国人均国民收入为 1230 美元，仅为世界平均水平的 1/5 左右。离下中等收入国家的标准尚有一段距离（见表6）。即使是按购买力平价计算，中国的人均国内生产总值（GDP）和人均国民收入也未达到下中等收入国家的水平（见专栏1）。总之，中国经济庞大的规模并不能掩盖经济发展水平仍然不高的现实，中国少数经济较发达地区的经济发展状况并不能代表中国经济整体所达到的水平。中国作为发展中国家的地位远远没有改变。

表 6　　　　　　　人均国民总收入的国际比较

单位：美元

国家和地区	1990	2000	2001	2002	2003	2004
世界总计	4060	5220	5180	5130	5510	
低收入国家	360	380	390	400	440	480
中等收入国家	1210	1750	1750	1770	1930	2290

续表

国家和地区	1990	2000	2001	2002	2003	2004
下中等收入国家	1010	1320	1300	1350	1490	1770
上中等收入国家	2830	5220	5370	5160	5440	
中、低收入国家	870	1160	1170	1180	1280	1470
东亚和太平洋	420	840	890	950	1070	1250
欧洲和中亚		2030	1990	2180	2580	3300
拉丁美洲和加勒比	2260	3710	3570	3320	3280	3530
中东和北非	1770	2130	2200	2210	2390	
南亚	380	440	450	460	510	560
撒哈拉以南非洲	550	480	470	450	500	600
高收入国家	19760	26920	26760	26570	28600	
非经合组织成员国	20300	27520	27390	27220	29360	
经合组织成员国	9910	16990	16440	16060	16330	
中国	320	840	900	970	1100	1230

资料来源：国家统计局网站。

中国现阶段改革和发展的基本认识、战略选择和政策依据，不能脱离中国仍然是发展中国家这一基本国情。所以，对于在改革和发展中所产生的各种现象和问题的判断必须基于对这一基本国情的清醒和客观的认识。由于中国仍然是一个经济不很发达的发展中国家，还没有彻底摆脱贫困、落后、愚昧的历史阴影。所以必须承认，不仅在经济发展水平上，而且在社会发展、政治发展、民生进步上，中国还远没有达到自己所制定的中等发展目标。

首先，中国仍然处于社会主义初级阶段和工业化时期。在现阶段，虽然确实需要鼓励发展高新技术产业和现代服务业，但是，发展重化工业仍然是不可逾越的工业化阶段。这表现为：（1）中国长远发展重大问题的解决都依赖于重化工业的长足发展：例如水利、交通、国土治理、城市化、海洋经济开发以及国防建设等，没有重化工业的雄厚基础将无从谈起。（2）现阶段，中国大多数居民和家庭的民生需求，都将更倾向于同重化工业相关的产品，例如汽车、住房、电子产品、旅游（交通设施、旅店建设等）。(3) 一般加工制造业对装备制造业的需求显著增长，工业生产和产品结构向产业链上游延伸。(4) 高新技术产业和现代服务业的发展必须以重化工业的发展为基础：高新技术产业对基础设施有更高的要求；现代服务业的发展不仅要以工业发展为物质基础，而且需要有工业市场形成服务需求。

其次，中国仍然处于社会财富创造和积累的初级阶段。仅仅经历短短二三十年的财富积累远不能同发达国家几百年的历史积淀相提并论。通过对财产权的保护和鼓励财富积累，倡导节俭、节约和投资，以形成中国经济和社会现代化的物质基础，仍然应是现阶段的一个基本政策导向。也就是说，我们仍然需要以更大的努力来创造和积累更多的财富，保护合法财富权，为中华民族的伟大复兴奠定坚实基础。而绝没有达到可以坐享、挥霍和耗散财富的富裕社会阶段。我们绝不能被"有钱"的假象所迷惑。例如，中国的外汇储备很多，不过是在强制结汇制度下将外汇集中于政府手中的表现（中国官方的"外汇储备"超过日本，根本不能说明中国比日本拥有更多的外汇和更大的国际支付能力，只不过是中国强制性地把外汇集中到了政府手中，而日本民间有比中国多得多的外汇财富）；再如，"中国人很有钱，能花钱"，不过是公有产权制度下经理人预算权和决策权制约缺位，以及现行银行体制下借款人责任模糊化，因而更多的经济决策人很容易产生用别人的钱"一掷千金"的行为表现。特别是，在现行体制下，支配公共财产的政府部门，尤其是握有决策权力的领导干部，是没有形成节俭行为的利益机制的。所以，如果缺乏自觉的节俭意识，又没有特别的制约性制度，一定会倾向于更多的占用和消费公共资源和财富。所以我们到处可以看到：政府部门大片占用城市高级差地租地段的土地，兴建宽敞豪华的办公大楼，举办规模越来越大的会议，举行规格越来越高的宴请，赠送价格越来越贵的礼品，安排规格越来越高的接待标准⋯⋯在这些方面，作为发展中国家的中国，消费水平已经超过了比我们富裕得多的发达国家。政府如果超标准花钱，那必然是向民间更多收钱，消耗民财①。以上现象表明：许多"富裕"、"有钱"、"气派"的表象所掩盖的

---

① 正因为这样，最近胡锦涛特别强调要提倡忧患意识、公仆意识和节俭意识。

是财富保护制度弱化所产生的畸形现象。这恰恰是中国处于财富创造和积累初级阶段所不能容许的。

最后，中国仍然必须坚持三十年来的基本经验和基本政策：即以经济建设为中心，以市场调节为基础，以鼓励发展为政策方向，通过改革、开放和发展解决发展中产生的矛盾和问题。在发展成就面前，我们仍然必须保持更高度的清醒、理智和务实精神。坚定不移谋发展，集中精力搞建设。当前，公平、福利、民生显得越来越重要，并且引起全社会越来越高度的重视，特别是有些问题的舆论热度超过了对经济建设的关注。这当然是非常值得重视的，但在现阶段，我们必须十分清醒地认识到，无论如何决不可离开发展的主题或损害发展的效率，就公平谈公平，就福利谈福利，就民生谈民生。必须坚持三十年的基本经验：在发展水平的现实条件下解决公平、福利和民生问题。在不同的社会发展阶段，必须保持与其发展水平相适应的社会和谐状态。

四　三十年的启示和对发展的认识深化

三十年的成就是公认的，三十年的经验是可贵的。但这并不是说，对改革和发展的认识已经完全成熟。相反，不仅对发展规律的认识不可穷尽，而且发展的成就本身就可能带来新的问题。任何可行的发展模式都不可能十全十美，发展必须付出一定的代价。解决新的问题需要有更深刻的发展观和与时俱进的发展理念。正因为这样，到改革开放将近三十年之时，关于新型工业化和科学发展的要求和社会共识逐步形成。于是，科学发展观成为统领全局的指导原则。

中国三十年的改革发展解决了世界各国发展过程中所遇到的各种共性问题，现在，全世界，特别是众多发展中国家，把被称为"北京共识"的中国发展经验，作为最值得借鉴的可行道路。但是，中国巨大经济体所具有的独特性所产生的特殊问题正成为中国未来发展必须创新解决的难题。"科学发展"所面对的严重问题是世界工业化历史上未曾遇到的，或者是人类至今还没有成功解决经验的。换言之，如果说，过去三十年的发展中大多数问题的解决方案都是有例可循的，那么，今后中国所面临的许多问题则是没有先例的。所以，科学发展正体现着科学的使命：发现尚未了解的事物，寻找前人未曾获得的答案，解决过去没有解决的问题。

科学的精神是创新，同时也是继承的。科学发展观的形成和不断丰富与完善，基于历史的经验和启示。三十年的改革和发展，对科学发展观的启示具有深刻的意义和珍贵的价值。

首先，"以经济建设为中心"和"发展是硬道理"仍然是科学发展的合理精髓。科学发展观的实质不是放弃对物质财富的追求，而是必须赋予物质文明和创造物质财富的过程更强的人文价值。即发展的价值不能仅仅用生产和产出的物质成果本身来判断，而必须用是否有利于或促进了全体人民的生活质量的提高和生活环境的改善来衡量；生产过程的竞争方式不能建立在对人的基本权利的损害之上，而必须将"社会责任"原则作为与工业社会效率至上机理并行不悖的准则。因此，科学发展观不仅是对生产方式的科学选择，而且是对生活方式和人本价值的科学和合理选择。按照科学发展观，发展的价值不仅仅是物质财富的大量涌流（GDP的快速增长），而且是创造和追求物质财富过程的文明有序，是经济发展成果的公平分享，是物质文明与精神文明的良性互动。总之，发展的价值是物质富裕条件下人的自由、平等和尊严，是经济强盛条件下社会的文明、正义与和谐，是人类在利用自然中同自然友好相处从而能够世世代代获得大自然的持续恩惠。

其次，人类只应提出自己可以解决的问题，而解决任何问题都必须立足现实，实事求是，量力而行。与其他一些国家实行经济转轨所不同的是，中国三十年改革发展充分体现了一切从现实出发的态度。所有美好的理想和愿望，只有具有可行的实现条件，才具有现实行动的意义。发展经济必须从现实出发，解决任何经济和社会问题也必须从现实出发。人类任何时候都是在一定的约束和限制条件下进行活动，有经济条件的约束、技术水平的约束、自然资源的约束、生态环境的约束，甚至还有社会心理状态（承受能力）的约束等。如果只有美好的愿望和主观承诺，不具备相应的条件和没有可行的实现道路，无视这些约束条件，幻想成功，贸然行动，即使方向正确，也会导致事与愿违的后果，甚至引发混乱，或者付出严重的代价。同其他许多国家相比，中国三十年改革开放的发展道路虽也经历风浪和挫折，但总体上是循序渐进，平稳进行，保持了社会的基本和谐与民众承受能力基本相适应。特别是，改革过程有突破也有妥协：例如，尽可能不损害既得利益，"老人老办法，新人新办法"，"先增量改革，后存量改革"等策略，体现了改革方式的柔和性和兼顾性，以争取获得最大多数民众对改革的理解和支持。

最后，需要更加重视发展成果的共享。三十年改革发展与此前二十多年计划经济时期的显著区别之一是，计划经济时期的发展理念几乎是"为生产而生产"；而改革开放以来的发展理念根本上是"为享用（生活）而生产"。但是，在人们总结近三十年来中国改革开放所取得的巨大成就的同时，也为高速增长的成就未能令人满意地让全民得到更普遍、更公平的共享而感到遗憾。财富创造的成就越辉煌，要求财富共享的社会压力就越强烈。此时，不同阶层的不公平感、被歧视感甚至无力无助感，往往会成为广泛蔓延的情绪，对社会和谐产生极大的消极作用，进而阻碍经济和社会的进一步持续稳定发展。因此，以更大的社会责任意识来关注民生问题，是经济发展和社会财富积累达到一定阶段时必然产生的历史现象。所以，当前，中央政府的政策意向更倾向于解决广大民众更关心、更直接、更迫切需要解决的民生问题，是与时俱进、顺应民心的正确举措。

世界各国的发展史都表明，实现财富的公平分享比财富的创造更困难，解决民生问题的成就比取得经济增长的成就更难获得各阶层的满意评价。因为，财富的创造和经济的增长是可以用比较简单的数字来明确表现的，并可以有大致公认的评价标准；而解决民生问题，不仅目标多元，内容复杂，而且其成就的评价也难有一致的感受和公认的准则。特别是构建促进财富创造和经济增长的制度和机制，世界各国大体相同，即让市场经济制度的自由竞争机制尽可能发挥作用，并辅之以政府必要的宏观调控政策；而解决好涉及以实现所有居民（甚至所在国外公民）的公平和共享为原则的民生问题，世界各国并无相同的制度机制，甚至在最基本的理念上都存在极大分歧。再加之，解决民生问题还涉及例如"幸福"、"富足"、"安全"、"保障"、"公正"等依赖于心理感受的因素，所以，取得社会公认的成就更不是一件容易的事情。从这一意义上说，当社会经济发展进入更为关注民生的阶段，所面临的矛盾将更突出，困难将更复杂，挑战将更严峻，任务将更艰巨。

结语

在一个大多数人没有宗教信仰并在经历了数十年政治斗争和意识形态纷争的国家，中国三十年来的伟大成功基于邓小平所倡导和坚持，并经发展实践而形成的全民发展共识，有此共识，才有一心一意谋发展搞建设的一致方向，才有保持社会稳定和谐的全民意志，才有存异求同化解矛盾的共同语言，才有处理一切国内国际事务的决策准则。在新的发展阶段，必须在三十年来所形成和坚持的基本共识以及在此基本共识下所取得的巨大成就的基础上，与时俱进地升华发展共识，进一步走向科学发展的道路。

（原载《中国工业经济》2007年第5期）

财富的觉醒——中国改革开放三十年的道路

从1978年开始的中国改革开放，不是从意识形态理想出发的社会变革，而是从最实际的经济和社会现实问题考虑所进行的探索。从一定意义上甚至可以说，改革是一种被逼无奈的选择，是"逼上梁山"的"反叛"，即对计划经济的传统体制和传统观念的反叛。按照当年的法统，那是大逆不道，是可能要坐牢杀头的。三十年来，改革开放一路走过，今日回首，真的是"换了人间"。三十年前绝没有人能够想象得到今天中国竟然已经改变到现在的样子。是什么力量让13亿人口的中国在这短短的三十年间发生了如此巨大的变化？人们可以从不同的方面和观察角度来解释这一现象，但有一种力量的作用肯定是具有决定性的：那就是亿万人民追求财富的欲望所产生的强大而持续的经济动力。改革开放释放了这种巨大能量，就产生了解放社会生产力的巨大推动力，让中国彻底改变面貌。

一 改革开放起点：承认追求个体财富的正当性

三十年前的改革开放，是从解放思想开始的。为什么要解放思想？因为传统的意识形态观念禁锢了人们的思想。为什么人民终于不再容忍传统意识形态的禁锢，而甘冒极大的风险，以"违法"、"违规"、"违犯政策"的行为走上改革险途？那是因为：实在是太穷了。也就是说，是极度的贫穷和巨大的国际差距（原以为世界上有三分之二生活在水深火热中的人民在等待我们中国人去解放他们，未曾想与发达资本主义国家甚至新兴工业化国家相比，我们中国人的生活竟如此贫穷！）让中国必须思想解放：从理想主义的幻想（意识形态目标）到现实主义的转变。

解放思想就是要承认"实践是检验真理的唯一标准"。那么，怎样让实践来检验真理？首先要承认和面对现实。中国的现实是什么：贫穷！所以，承认中国仍然并且将长期处于"社会主义初级阶段"，是思想解放和以实践为检验标准所得出的第一个真理性认识。基于这一认识，必然得出结论：贫穷是最大的敌人，创造财富是最迫切的要求。"广大人民群众日益增长的物质文化需求与落后生产力的矛盾是社会的基本矛盾。"所以，以经济建设为中心，是唯一正确的政策选择。

问题是，在新中国成立以来，我们党实际上也曾实行过以经济建设为中心的方针，后来才一度偏离到"以阶级斗争为纲"和"政治挂帅"、"突出政治"的方向。那么，实行改革开放以后的以经济建设为中心同以前的经济建设政策有什么区别呢？

改革开放以前，进行经济建设从根本上和方向上说是依赖着计划经济的动力机制。计划经济的基本动力机制是：以公共财富积累为目标和依靠指令性指标的分解和执行。也就是说，在计划经济制度逻辑下，发展经济的动力来自对公共财富的追求，公共财富的主体是国家，所以，计划经济制度必须构建一套以追求国家财富为目标的体制和机制。也就是实行全社会公有制经济基础上的指令性计划体制（加之社会动员体制）。所以，从根本的动力机制上看，传统社会主义计划经济的发展是由追求公共财富目标的欲望所推动的①。而追求个体财富（个人财产和企业利润）则是不道德的，甚至是违法的。实践证明，这样的动力机制很难保证生产积极性的长期维持，效率低下的问题难以根本解决，特别是慵懒、懈怠和依赖的工作态度和行为方式不可遏制地蔓延，将腐蚀整个社会的生产力基础。结果是使国家和人民在追求崇高目标（大公无私，无条件完成国家计划指标，以实现国家强大）的口号下，却走向了普遍贫穷的深渊。

1978年开始的改革开放是对计划经济体制的突破。而突破口就在：

---

① 笔者曾经证明，实际上在公有制经济制度中也必然存在私经济因素，这些私经济因素也是公经济增长的动因之一。参见金碚《论社会主义经济中的私经济行为》（《江苏社会科学》1993年第3期）和《社会主义不是无"私"经济》（《经济学消息报》1993年1月21日）

要承认追求个体（个人和企业）财富的正当性，将经济发展的动力基于个体收入和财富的追求上。所以，在政策上要允许和鼓励"一部分人一部分地区先富起来"。要承认微观主体的经济责任制（农村的家庭联产承包和企业的自负盈亏等）和经济刺激。

在传统计划经济的制度逻辑上，无论社会发展到怎样的水平，创造了多少财富，都不会形成很多的个人财富（在严格的理论逻辑上个人完全不可能有财富积累），个人所获得的仅仅是"消费资料"或"消费基金"，完全没有个人财富的积累机制，财富积累完全是社会计划中心（国家或政府）的职能。所以，在意识形态上，个人追求财富是不道德的，甚至是违法的；企业（工厂）追求利润也是不正当的（"利润挂帅"受到谴责）。但是，改革开放后，承认了微观主体的经济责任制和经济刺激制度，以至承认和鼓励非公有经济的存在和发展，实际上就是承认了追求个人财富和进行个人财富积累的合法性和正当性，甚至还要鼓励和表彰"勤劳致富"，"万元户"以及"百万富翁"。同时，也承认了企业是追求利润最大化的独立经济主体。

可以说，改革开放一开始就自觉或不自觉地为引入财富创造和积累机制奠定了认识基础。这虽然只是在计划经济体制中打开了一个缺口，但此后的事实表明，它对计划经济是一种颠覆性的冲击。因为，只要承认追求个体财富的正当性，整个社会就将不可阻挡地发生脱胎换骨式的革命性变化。

二 市场经济模式：经济人行为的社会福利意义

如果说从1978年到20世纪80年代末，对计划经济的突破还只是在纵向动力机制结构（自上而下层层分解的指令性计划指标是推动经济运行的主动力）中，引入追求个人收入和实现企业自负盈亏的激励因素，并试图以此弥补计划经济体制纵向动力不足的缺陷（即所谓"市场调节为辅"），那么，1992年邓小平明确提出，"社会主义也可以搞市场经济"，当年召开的中国共产党第十四次全国代表大会正式宣布："经济体制改革的目标，是在坚持公有制和按劳分配为主体、其他经济成分和分配方式为补充的基础上，建立和完善社会主义市场经济体制。"则是对中国社会主义经济制度的彻底性改革。市场经济与计划经济最根本的区别在于，计划经济基于自上而下的动力机制和资源配置机制，而市场经济的动力机制和资源配置机制则基于追求个体财富的微观动力；前者的运行直接基于对社会总体目标的关注和追求，后者的运行则是将社会总体利益的实现基于对个体利益的关注和追求。用学术性的语言来表述就是：市场经济相信即使人人遵循"经济人"行为原则（即一切从个体利益最大化目标出发），整个社会也能够实现总体利益最大化目标。而计划经济则认为，如果追求个体利益为主导性的行为准则，则整个社会生产将陷入混乱，更不可能实现社会总体利益最大化。

所以，当中国认定了要走市场经济的改革道路，实际上就是对整个经济制度的内在逻辑进行了彻底的变革，而且是对经济制度的"信仰"变革。如果坚持计划经济，则追求社会目标（社会财富）的行为才是道德的和合法的，追求个体财富（个人收入财富和企业利润）是不道德甚至不合法的，至少是很不高尚的。而如果搞市场经济，则追求个体财富不仅是合法和道德的，而且所有微观经济主体（个人和企业）追求自身利益的行为是可以最有效地实现社会福利最大化的。因此，市场经济制度主张最大限度地保护追求个体财富的自主性和自由选择（当然也必须对追求个体财富的行为进行规范、调控甚至管制）。因为，市场经济的"信仰"基础是：相信最大限度地保护追求个体财富的自主性和自由选择，就能最大限度地释放和调动蕴藏在社会最基层中的创造财富的巨大积极性（经济人的利益最大化行为），就能最大限度地解放社会生产力；并且相信无数人的经济人的利益最大化行为，能够导致整个经济向着实现社会福利最大化的方向发展。

实践证明，市场经济所焕发出来的个体积极性和追求财富的动力机制是极其强大的。允许和鼓励微观主体更主动和自由地追求个体财富，确实能够导致整个社会生产力的巨大解放，导致社会财富的大量涌现。中国改革开放所创造的成就令世界震惊，中国社会主义发展模式让全球耳目一新。

三　融入全球经济：财富创造的机制变革

市场经济在本质上是开放的和趋向全球化的。中国决心走市场经济的道路，实际上也就决定了必须和必然走向同世界资本主义市场经济体系接轨的方向。所以，中国义无反顾地，甚至不惜付出一定代价地申请进入"世界贸易组织"（其前身"关税与贸易总协定"）。这意味着，中国改革的目标不仅是要建立社会主义市场经济，而且要承认国际通行的市场经济基本秩序和竞争规则，将中国的市场经济体系融入经济全球化的世界市场经济体系。

2001年12月，中国正式进入世界贸易组织，这是一个影响深刻和深远的重大历史事件。世界贸易组织是全球资本的国际俱乐部，它最大限度地体现了国际资本全球扩张和竞争的要求。人类两次世界大战的历史表明，资本主义具有无限追逐财富的极大扩张性，如果没有一定的规范和竞争规则，资本对财富的追逐将演变为掠夺、侵略和战争。世界贸易组织是在两次世界大战的惨痛教训中建立的一个资本全球化竞争的规则体系。这一规则体系承认和保证资本在世界范围内"公平"地追逐财富的权利，从而避免因财富竞争而导致相互间的不正当封锁（垄断）和军事冲突。中国加入世界贸易组织，意味着有勇气到这一资本的国际俱乐部去参加竞争，尽管由发达资本主义国家所主导的这个世界性的资本俱乐部的许多规则对我们并不十分公平。

有人认为，中国的体制改革在很大程度上是由开放所推动的。因此，加入世界贸易组织必然对中国的市场化改革产生极大的推动力。在此过程中，"与国际接轨"几乎成为经济体制改革别无他选的方向。如果说此前的中国经济体制改革完全是主动的，那么，此后中国经济体制改革就成为国内要求和国际压力"内外夹击"下的过程，在一定程度上是"不由自主"的。

当进入国际市场经济的全球竞争体系后，中国必须接受世界财富创造和积累机制的基本规则。当前的国际市场经济规则首要的是维护资本全球化自由竞争的权利，所以，世界贸易组织本质上是对政府行为的限制，即要求各国政府承诺不得限制资本进行自由贸易和自由的国际投资。

中国是一个资本实力弱小的国家，加入世界贸易组织后，中国能够承受得起激烈的国际竞争吗？人们曾经担心，由于资本是财富积累的产物，缺乏财富积累的历史决定了中国企业将不是国际资本的竞争对手。但是，事实并没有人们原先料想的那么严重。中国企业凭借其"杀出一条血路"的拼搏精神和不惜代价的竞争行为，在国际市场竞争中打出了一片天地，而且市场占有范围迅速扩大。

中国人原本是一个财富积累意识非常强烈的民族。为了获取收入和财富，中国人比世界上绝大多数其他国家的人更愿意付出辛劳和努力；而且，中国人更倾向于缩减当前消费，进行储蓄和投资，以获得更多的未来财富和留给下一代的遗产。所以，中国是全世界储蓄率和投资率最高的国家。可惜，历史的动荡和灾祸总是一次又一次地让中国人的财富梦想破灭。尽管中国人经历了数千年的财富追求，但直到20世纪80年代，中国仍然是一个贫穷的国家。一个勤劳、节俭、愿为创造和积累财富而比其他民族付出更多的民族，却不得不长期因财富之梦的破灭而失望，这可以说是一个世界历史上最典型的"中国悖论"和"中国悲剧"。

改革开放以来的三十年，是中国历史上千载难逢的太平年代，中国百姓终于不再被扼杀财富梦想，可以安安心心，踏踏实实地创造和积累属于自己的财富了。于是，中国人世世代代的财富意识在今天又一次觉醒！这一觉醒，看似静悄悄发生，而其巨大和顽强的爆发力，则让全世界都惊叹，大呼估计不足，甚至似乎感受到了"中国威胁"，同时更是不得不承认受到了"中国教育"，即必须学习中国人的勤劳精神和拼搏意志，否则就将在竞争中衰败。

中国人财富意识的觉醒，使"奇迹"发生了。短短的三十年，物质财富大量涌流，货币金融财富迅猛增长，中国在世界上的形象发生了"改头换面"的极大变化。过去，"中国人"几乎就是"穷人"的代名词，而今天，"中国人"居然越来越使许多外国人产生"有钱"、"富裕"、"出手大方"的联想。确实，中国财富积累的规模快速扩大。中国正在以令人惊讶的速度制造出越来越多的"富豪"，中国中产阶级的成长也让世界刮目相看。统计资料显示：企业利润大幅度增长，政府收入超速增加，越来越多的个人也开始了家庭财富积累的历史。

财富的创造和积累有其自己的规律。特别是，财富自身具有强大的增殖能力，当然，如果处置失当也会贬值和"缩水"。所以，保护财产安全，并且让财富创造更多的财富，也成为中国改革开放以来，财富觉醒的一个重要的观念标志。党的十七大正式提出要"创造条件让更多群众拥有财产性收入"。这是对中国经济社会深入洞察的一个重大的观念解放和政策进步。这实际上也是肯定并且鼓励广大人民群众，不仅应是劳动收入的获得者，是生活水平不断提高的消费者，而且也应成为投资者和财富积累者。这也就是明确肯定了，民间财富积累是强国富民的重要途径。所以，社会主义市场经济的繁荣和强大，不仅仅表现为公共财富的创造和积累，而且表现为民间财富的创造和积累。

四　创造财富文明：刚刚开始的民族复兴历史

改革开放到今天，中国从一个贫穷的国家正在进入中等收入国家行列。但是，比较世界各国的发展水平，中国仍然是一个人均收入水平很低的发展中国家，将长期处于社会主义初级阶段。所以，中华民族完全没有因三十年经济发展的辉煌业绩就自感满足和骄傲的理由。从民族振兴的历史看，不经历数百年的艰苦奋斗和财富积累绝成不了强盛的国家和民族。中国财富创造和积累的历史还刚刚开始，绝不能浅尝辄止，夜郎自大，忘乎所以，半途而废。相反，我们必须以更加坚定的决心和意志，排除一切阻碍、诱惑和得意忘形的心态，总结三十年改革开放的成功经验和失误教训，以更加清醒的头脑和更加科学的态度进一步创造财富文明的新成就，让中华民族复兴的历史持续推进。

世界上"没有免费的午餐"，任何的所得必然要有相应的付出。改革开放三十年，我们确实取得了经济发展的巨大成就，同时，为此也付出了很大的代价，从根本上说，财富的创造和积累取决于愿意为此付出的代价。现在人们公认，我们为经济的高速发展付出了资源消耗、环境影响和劳动者低收入的代价。尽管过去的"血拼"有其历史的理由，不能站在今天的立场上脱离历史客观地责备过去，但是，无论如何，未来的发展绝不能再继续走过去的道路。科学发展道路必须更加注重节约资源、保护环境、善待劳工和关注民生。这正成为近年来非常强烈的社会呼声，表明中国的财富创造过程必须矫正原始积累的偏差，走向更加文明的道路。这是一种明显的历史进步。

同样的问题是，获得文明也要付出代价。节约资源、保护环境、善待劳工和关注民生，也都"没有免费的午餐"。实现任何美好的愿望，都必须付出一定的代价甚至牺牲。所以，承诺一种美好的目标，首先必须充分估计到有多大的可能或愿意付出多大的代价，才能实现目标。在发动和推进改革开放的时候，邓小平是充分估计到为此可能付出的代价的，例如"让一部分地区一部分人先富起来"就必然会产生明显的收入分配差距，对此我们必须要有所忍耐。他也警告说，如果导致了严重的两极分化，则是不能承受的代价，如果那样，就是改革的失败。今天，中国已经发展到需要更加重视节约资源、保护环境、善待劳工和关注民生的阶段，也有条件在这些方面做出更多的承诺。但是，也绝不能忘记，为此我们有能力承受多大的代价？我们所采取的政策手段是否能够取得真正的成效，而不致付出难以承受的代价？

同三十年前相比，改革开放的财富基础发生了根本性的变化。三十年前，是在极度贫困的基础上开始改革的，按今天的标准，当时，绝大多数中国人完全没有个人财产（"万元户"就是了不起的富人了）。今天的改革则是在有了相当数量的财富积累基础上继续深化变革过程。从财富结构看，这两个时期的改革将是不可同日而语的！

改革开放三十年来，中国的财富形态发生了极大的变化：首先，财富的拥有者从主要是国家和国有企业，转变为民众也成为越来越多财富的拥有者，也就是说，中国的财富结构已经显著地"大众化"。在一些经济较发达的沿海地区，已经形成了工资收入和非工资收入（包括财产性收入）并存的广大群众的财富增长态势。其次，过去民众所拥有的财富基本上是流量性的，即表现为现期收入，由收入的储蓄所形成的存量资产很少，基本上没有积累意义，因为民众所拥有的只是"消费基金（资金）"；而现在，民众所拥有的财富越来越多地表现为存量财富（家庭财产），而且，不动产的拥有量也越来越多。也就是说，中国民众财富具有显著的"存量化"特征。第三，过去的财富主要是以实物形态存在，特别是，民众所拥有的和积累的基本上是微薄的实物财富；而现在，不仅国家和企业拥有巨额的虚拟资产，而且民众也拥有和积累了规模巨大的虚拟资产。所以，财富的"虚拟化"，或者说财富结构中虚拟资产的比重越来越高，是中国财富形态变化的又一个显著特点。

正因为财富形态趋向"大众化、存量化、虚拟化"，所以，中国经济发展过程中的财富形成过程不仅只是财富的创造和积累，而且，还表现为财富的保值和增值。或者说，财富的创造和积累过程如果不能同财富的保值和增值过程相配合，就不可能保持良性的和可持续的状态。因此，在财富形成过程中，财富的保值和增值已经成为财富创造和积累的互补性过程，一存俱存，一损俱损。

以上变化决定了改革开放的经济基础的根本性变化，即中国已经从贫困基础上的改革转变为财富基础上的改革。由于民间财富基础已经从单一的"消费资金剩余"型，转变为"大众化、存量化、虚拟化"和"创造、积累、保值、增值"的高度复杂的财富基础，所以，利益结构也发生了多元化、差异化、阶层化，甚至集团化的演变。现在，任何一个经济现象都会对各不同的利益相关者产生不同的影响。例如，如果原油涨价，产品油不涨价，对于石油开采企业有利，对于石油加工企业不利，对于消费者有利，但对于石油加工企业的股票拥有者却不利。再如，商品房价格上涨，对于想买房的人不利，但对于拥有商品房特别是已经贷款购买了商品房的人却有利，对于拥有房地产公司股票的持有人也有利。所以，人们发现，似乎越来越难有所谓"帕累托"改善的空间（在不使任何人受损的条件下使一些人的状况有所改善），一些人的福利改善（财富增加）几乎总是要以另一些人的福利（财富）损失为代价。因此，财富基础上的改革开放将在更为复杂的利益结构和多元利益诉求条件下推进。这意味着中国改革开放的动力机制已经发生了重大的结构性变化。

更重要的是，如前所述，三十年改革开放所焕发出来的巨大生产力，形成了一定的财富实力基础，也基于一个重要的条件，即最大限度地发挥了要素比较优势，实际上就是以低价格的资源，包括自然资源、环境和劳动力等，获得了很强的市场价格竞争力。从这一意义上说，三十年所形成的财富基础,在很大程度上主要是依靠了资源、环境、劳动的大量投入所换取的。因此,无论我们取得了多大的成就,这样的财富创造和积累方式也必须改变。正因为这样,进入21世纪后,关于"社会责任"的要求越来越引起广泛的重视。人们认识到,只有以负责任的方式创造和积累财富,才能形成真正可持续的财富文明。也就是说,财富文明必须体现为兼顾各方面的利益,不仅要对自我负责,而且要对利益相关者负责,对社会负责,对未来负责,对世界负责。这样,一方面,市场经济是高度竞争的,财富的创造、积累、保值、增值归根结底都必须在竞争中实现,这种根本机制没有改变,而且将进一步强化;另一方面,现代财富文明要求寻求双赢或多赢的博弈过程和竞争格局,让各利益阶层各得其所。这两方面的协调共存才能形成"科学发展观"和"和谐社会"的财富基础。

正因为如此,今天正在进行和未来将要进行的改革开放,将是一个更加充满利益博弈的过程。如何"统筹"各方面的利益,使失衡和可能失衡的关系得到平衡,是中国新时期创造更伟大的财富文明所面临的艰巨任务。因此,中国所经历的三十年改革开放历程,只是整个中华民族崛起的一个序幕。

结语

改革开放的三十年是财富觉醒的三十年。追求财富是发展的动力,因为它冲破意识形态束缚,消除慵懒、懈怠和依赖的处世态度和行为方式;财富意识觉醒的深刻社会意义更在于:树立了全社会普遍的自我负责的精神——每个人都必须依靠自己的努力而获得体面的生活,任何人如果在其一生中不能创造和积累(或者继承)一定的财富,就不可能终生保持稳定的可以满意的生活水平(社会保障制度只能保证最低限度的消费支出)。

正因为三十年来的改革开放极大地解放了社会生产力和财富行为,形成了具有巨大的财富创造和财富增值潜力的市场空间,全世界的企业和投资者都不愿错失中国的财富机会,今天的中国才能成为世界上任何国家都不能忽视的国家,并受到普遍的尊重。即使是敌对国家也不得不对中国表示"善意"和"尊重",因为,无论喜欢还是不喜欢中国,他们都不得不认识和承认自己国家的收入、就业、供应和产品市场，以及财富增值都同中国密切相关；尽管意识形态上可以不妥协，不相谋，但是，财富的力量和财富的欲望却是不可抵御的，不与中国合作甚至同中国对抗不过是一种损人更损己的愚蠢行为，也是对自己国家利益的蔑视。从这一意义上可以说，财富的觉醒是中国获得国际尊重的物质基础。

当然，财富意识的觉醒绝不是让"不择手段"、"财大气粗"和"为富不仁"的劣行泛滥。"人为财死，鸟为食亡"、"金钱是万恶之源"的"财富诅咒"更不应成为现实悲剧。财富意识是市场经济的动力源泉，财富的觉醒是市场经济伟大创造力的体现。但是，现代财富文明并不是极端个人主义和利己主义的统治。在基于现代财富文明的市场经济制度下，追求财富不仅仅是一种个人负责精神，即意味着准备承受压力和竞争，自力更生，自强自尊；而且，追求财富也应该和必须是一种社会责任行为，它意味着财富形成过程中的个体行为也要具有对相关利益者负责，对社会负责，对世界负责的精神；它要求财富的创造和积累过程不仅只对个体是可以持久和代际相继的，而且应该和必须是，对社会、世界和人类也是可持续的。

（原载《南京师范大学学报》2008 年第 3 期）

工业改革开放三十年实践对中国特色社会主义的理论贡献

从总体上看，当今世界仍然处于工业化发展阶段。中国改革开放三十年，实质上是加速推进工业化的一段特别辉煌的历史。中国工业化不仅彻底地改变着中国的面貌，而且极大地改变着整个世界的工业化版图和国际经济格局，特别是使得二三百年来一直以资本主义市场经济为运行机理的世界工业化过程中，演绎出一个13亿人口的巨大经济体在中国特色社会主义旗帜下迅猛推进的工业化历史。中国工业改革开放三十年，不仅使得社会物质财富极大地涌流，而且对中国特色社会主义作出了巨大的理论贡献。伟大的实践孕育和滋养了伟大的理论，伟大的理论激发和指导着伟大的实践。这使得中国工业改革开放三十年所创造的物质财富和精神财富，都成为中国以及人类世界的宝贵财产。

一 工业发展成就是"实践是检验真理的唯一标准"最突出、最鲜活的体现

改革开放三十年来，中国工业获得了巨大的发展，没有人怀疑今天的中国已经是一个世界工业大国。这一成就是"实践是检验真理的唯一标准"最突出、最鲜活的体现，即工业发展的成功实践证明了改革开放的真理意义。

发端于三十年前的改革开放，是从解放思想开始的。为什么要解放思想？因为传统的意识形态观念禁锢了人们的头脑。为什么人民终于不再容忍传统意识形态的禁锢，而甘冒极大的风险，走上改革开放的险途？那是

因为，实在是太穷了！总之，是极度的贫穷和巨大的国际差距让中国必须彻底解放思想，实现从理想主义幻想到现实主义实践的根本转变。

解放思想的前提就是要承认"实践是检验真理的唯一标准"。怎样让实践来检验真理？首先是要承认和面对现实。那么，中国当时的最大现实是什么？贫穷落后！所以，承认中国仍然并且将长期处于"社会主义初级阶段"，承认"广大人民群众日益增长的物质文化需求与落后生产力的矛盾是社会的基本矛盾"，是思想解放和以实践为检验标准所得出的第一个关系改革开放前途的真理性认识。基于这样的认识，以经济建设为中心就是唯一正确的政治路线和政策选择。这样的认识和选择首先在工业领域中得以全面实践。

中国工业三十年的巨大发展，深刻地根植于承认社会主义初级阶段现实国情的科学判断；坚持以经济建设为中心，实质上就是要调动一切积极因素，排除各种消极因素，摆脱一切思想禁锢，避免各种行为干扰，放手推进工业化；一心一意，决战经济，消灭贫困，实现小康。这是马克思主义历史唯物主义世界观的直接体现，也是在中国具体实践中所形成的科学认识和必然抉择。

三十年来，不是无尽的争论，而是中国工业化令世界震惊的成就，无可争辩地证明了中国特色社会主义的强大生命力和真理性。证明了马克思主义的科学社会主义理论与中国具体实践相结合，所开创的中国特色社会主义是一条适应中国国情的可行发展道路，也是亿万群众可以理解和接受，并且衷心拥护和热情投入的人民事业。

中国工业三十年的发展实践，不仅检验了中国特色社会主义可以极大地焕发出社会生产力的真理性，因此，完全可以相信高举中国特色社会主义的旗帜一定可以战胜贫困，迎来富强；而且，中国工业国际竞争力的显著提高，中国工业产品在世界市场大规模"攻城略地"，证明了，中国特色社会主义可以使中国挺起腰杆，摆脱屈辱，走向强大，赢得世界尊重。

社会主义是否可以比资本主义更有活力？社会主义是否能够救中国？社会主义怎样才能救中国？中国工业发展三十年的实践给了世界一个清晰而令人信服的回答。实践胜于雄辩，经由实践检验的认识才具有客观真理性，所以，中国工业发展辉煌三十年，让中国特色社会主义具有世界性的价值。只要不否认显而易见的客观现实，任何人都必须承认中国特色社会主义伟大的真理力量！

二 工业是思想解放和观念革命率先付诸行动的最生动领域

中国特色社会主义产生于思想解放，更生成于解放思想后的勇敢实践。坐而论道不会形成具有长久生命力的理论，脱离行动不会有真正有价值的思想解放成果。观念的进步是社会变革的关键，而进步观念付诸行动才能成为推动社会进步的真实力量。中国改革开放三十年是一部思想解放和观念革命的伟大历史，而工业则是三十年思想解放和观念革命率先付诸行动的最生动领域。

中国改革开放中的思想解放和观念革命，首先发端于财富观的变革。财富观的变革是中国从计划经济转向市场经济最深层的观念基础。市场经济的内在机理基于个体（个人和企业）追求财富的正当性。所以，改革开放的启动，首先必须突破传统的财富观。

中国工业是突破传统财富观，树立适应市场经济发展的财富观的先行领域。计划经济的基本动力机制是：以公共财富积累为目标和依靠指令性指标的分解和执行来实现公共目标。这样，在计划经济的制度逻辑下，发展经济的动力来自对公共财富目标的追求，公共财富的主体是国家，所以，计划经济制度必须构建一套以追求国家财富为目标的体制和机制。也就是实行全民所有制（实际上就是国有国营）经济基础上的指令性计划体制（加之社会动员体制）。所以，从根本的动力机制上看，传统社会主义计划经济的发展是由追求公共财富目标的欲望所推动的。而追求个体财富（个人财产和企业利润）则是不正当、不道德的，甚至是违法的。实践证明，这样的动力机制很难保证生产积极性的长期维持，效率低下的问题难以根本解决，特别是，慵懒、懈怠和依赖的工作态度和行为方式不可遏制地蔓延，将腐蚀整个社会的生产力基础。结果是使国家和人民在追求崇高目标的口号下，却走向了普遍贫穷的深渊。

1978 年开始的改革开放是对计划经济体制的突破。而突破口就在：

要承认追求个体（个人和企业）财富的正当性，将经济发展的动力基于个体收入和财富的追求上。所以，在政策上要允许和鼓励个人勤劳致富，让"一部分人、一部分地区先富起来"。要承认和实行微观主体（农户和企业）的经济责任制（农村的家庭联产承包和企业的自负盈亏等）和经济刺激制度。在工业领域中首先发出"时间就是金钱"、"效率就是生命"的口号，企业运行机制转向追求效益和利润目标，体现了工业革命观念在中国的普及和深入。同时，农村也以"无农不稳，无工不富"的经验，掀起独特的农村工业热潮。各城市竞相招商引资，地区间进行着激动人心的工业资本竞争。

追求财富正当性的必然逻辑延伸就是必须奠定产权制度的稳固基础。从20世纪80年代到21世纪初，（工业）企业改革一直是城市经济体制改革的中心环节。从《全民所有制工业企业法》到《公司法》，工业改革在企业产权制度改革上的贡献奠定了社会主义市场经济体制有效运行的微观组织基础，使市场经济的微观竞争主体有了茁壮成长的制度土壤。

确立追求财富的正当性，加之产权制度基础逐步建立和完善，必然导致市场竞争行为的广泛展开。竞争是市场经济的灵魂和活力源泉。三十年来的工业发展基于越来越普遍和越来越激烈的工业竞争。不仅是企业之间的竞争，而且还有地区之间争夺工业资本的竞争，使中国工业加速发展的三十年成为人类工业化历史上竞争强度最高，竞争行为最激烈的时期之一。

随着微观经济主体产权意识和竞争行为的不断强化，从给国有企业"松绑"，到制度安排上实现政企分开，减少政府对经济活动的直接干预，就成为必然要求。在改革三十年中，工业从计划经济体制下受政府直接控制最严格的部门，逐步变为实现政企分开进展最快的部门。在1998年开始进行的改革开放以来的第四次政府改革中，行政管理从具体的工业经济管理中淡出。除了国防科技工业和信息产业两个管理部门之外，其他直接管理工业的10个部委都被撤销了。从此以后，大多数（国有和大集体）工业企业都不再有直接的行政隶属主管部门了。中国工业经济的组织体系彻底从"部门管理"的计划系统转变为自主企业的产业组织集合体。

正是工业改革的推进并取得工业发展的巨大成就，才真正坚定了实行社会主义市场经济的信念。因为，当中国认定了要走市场经济的改革道路，实际上就是要对整个经济制度的内在逻辑进行彻底的变革，而且是对经济制度的"信仰"的变革，而这种变革能否最终实现，取决于现实结果和亿万人的真实体验。市场经济制度主张最大限度地保护追求个体财富的自主性和自由选择（当然也必须对追求个体财富的行为进行规范、调控甚至管制）、平等地保护各类合法产权、鼓励公平的市场竞争。这是因为，市场经济的"信仰"基础是：相信最大限度地保护追求个体财富的自主性和自由选择，就能最大限度地释放和调动蕴藏在社会最基层的创造财富的巨大积极性，就能最大限度地解放社会生产力；并且相信，无数个人和企业追求利益最大化的"经济人"行为，能够导致整个经济体向着实现社会福利最大化的方向发展，即从根本上和内在趋势上实现有利个体和有利社会两方面的目标。

实践证明，工业领域中市场经济的长足发展所焕发出来的个体积极性和追求财富的动力机制是极其强大的。允许和鼓励微观主体更主动和自由地追求个体财富，确实能够导致整个社会生产力的巨大解放，导致社会财富的大量涌现。实践证明，中国改革开放气势磅礴，所创造的成就令世界震惊，中国特色社会主义发展模式让全球耳目一新。

三 工业是实行改革开放最前沿、最活跃、最彻底的产业

思想解放和观念革命率先付诸行动，使工业领域始终处于改革开放最前沿；三十年来，工业改革的行动最活跃、最大胆；工业的对外开放最彻底、最广泛。中国对外商直接投资（主要是工业项目）的法律和政策宽容度，在世界各大国中（当它们处于与中国相同的发展阶段时）是非常罕见的。中国工业以宽广的胸怀向世界敞开了大门。因此，在中国各类产业中，工业的国内和国际竞争最激烈、最强劲。也正因为这样，中国工业成为规模扩张最快，在三次产业中比重最高的产业。可以毫不夸张地说：自20世纪80年代以来，工业一直是中国改革开放的先锋队和主力军。

在工业领域，最先形成了市场作为资源配置的基础性机制的体制。工

业产品价格率先实现市场化,到 20 世纪末,绝大多数工业产品价格都实现了市场竞争定价机制,标志着中国市场经济体制改革取得了决定性的进展;进而,工业企业产权结构率先实现法人化(公司化);工业品国内和国际贸易率先推进自由化;工业管理方式率先实现政企分开和自由竞争。

在工业领域,率先形成了公有经济主导,多种经济共同发展的格局。实行改革以来,中央向地方、政府向企业不断"放权让利",同时逐步硬化国有企业预算约束,将国有企业推向市场。直至 1999 年,党的第十五届四中全会通过《中共中央关于国有企业改革和发展若干重大问题的决定》,明确宣布:"建立现代企业制度,是国有企业改革的方向。"从这一时期开始,国有企业的改革循着两个基本方向推进:一是进行"国有经济战略性调整",实际上就是把没有必要保持国有性质的国有企业改革为非国有企业,将国有经济主要集中于国家战略性领域。二是对仍然保持国有性质的国有企业进行公司化改造(从以《全民所有制工业企业法》设立和调整转为按《公司法》设立和调整)。在国有企业改革推进的同时,非国有和非公有制企业(以下简称非公有制企业)以更快的速度发展。企业改革的推进使中国工业经济的所有制结构发生重大变化,即非公有制企业的比重迅速上升,国有企业的比重逐步下降。按工业总产值计算,1978 年,国有企业占 77.6%,集体企业占 22.4%,其他经济成分所占比重极小,基本可以忽略不计;到 2006 年,国有和国有控股工业企业的比重下降到 31.2%,国内非国有企业占 37.2%,"三资"工业企业占 31.6%。

非国有企业的发展不仅使得微观经济主体的基础结构更能适应市场经济的运行,而且,由于改变了国民经济由国有企业"独木支撑"的局面,也使国有企业的进一步改革有了更大的回旋空间。因此,工业市场经济微观主体结构向公有制主导、多种经济共同发展方向转变的同时,也是以公司制为特征的现代企业制度在中国取得很大发展的时期。

在中国改革开放三十年中,创造性地实行了许多体制改革方案和政策设计,其中大多数首先发生在工业领域,或者同工业有密切关系。例如,特区经济的建设、经济开发区和高新技术产业区的建立、加工贸易的大规模发展、各种鼓励政策和激励性制度的实行,都是工业改革开放中的重要内容。

特别是，工业在中国经济走向国际化和全球化的进程中作出了卓越的表现。以工业为先导的对外开放是"勇敢者的游戏"。在中国经济从封闭决然走向开放的过程中，工业是最勇敢的探险者：胆子最大，动力最强，步伐最快。中国工业以"奋不顾身"的竞争精神写下了工业化进程中的一段"血拼"式的竞争历史。中国工业以显著的弱势，并且是在给外资企业以双重的"幼稚产业"待遇（外商投资企业不仅同样获得关税保护，而且享受各种超国民优惠待遇）的条件下，接受了曾经被视为"洪水猛兽"的国际资本的挑战。工业是中国目前唯一敢于全面和高标准接受世界资本主义的国际贸易竞争规则（如 WTO）的产业，中国工业在仍然处于幼稚时期，所得到的保护程度在有些方面甚至比发达国家还低。中国工业几乎是以自我牺牲精神，在强大的国际竞争对手的巨大压力下站住了脚跟，并迅速成长为一个世界经济巨人。

三十年来，中国工业的勇敢竞争精神和取得的巨大成就，让全世界都将目光聚向中国，并极大地提高了中国在国际事务特别是制定国际经济规则中的谈判地位。正是由于中国国力和工业国际竞争力的显著增强，中国在制定国际经济规则中的话语权也有了突破性的提高。例如，在 WTO 规则制定中，过去，中国几乎没有影响力而只能被动接受由发达国家制定的规则；现在，中国不仅成为由 35 国部长参加的"绿屋会议"的重要成员国，而且已经成为更具话语权的七方会议（G7）成员之一①。

总之，中国巨大的国力特别是其强劲的工业国际竞争力，使得中国的改革开放已经不仅仅是中国自己的事情，而且是世界的事情，国际社会越来越关注中国改革开放对世界的巨大影响。同时，中国不仅接受国际经济规则，而且在国际经济秩序和竞争规则（政策）的制定上也具有越来越大的话语权和影响力。所有这一切的基本前提是：中国历经三十年发展，已经日益成为世界舞台上一个勇敢而强大的竞争者。有实力才能站立，这就是当今世界的逻辑！

---

① 另外 6 个成员是美国、欧盟、印度、巴西、澳大利亚和日本。

四 工业改革开放是中国特色社会主义
道路最具深远意义的艰难探索

近三十年来，工业改革、开放和发展绝不仅仅是解决使中国摆脱贫困和创造更多物质财富的问题，而且，在客观上肩负着探索中国特色社会主义道路的重大历史使命。

20世纪70年代末，中国在巨大的危机感中痛下决心走向改革开放的道路，这一危机感直接产生于中国经济发展水平与世界发达国家的巨大差距。经济落后的中国将无法自立于世界民族之林，因此，必须不惜代价加速工业化，缩小同世界发达国家之间的差距。而这种代价主要表现为将会产生多方面的不平衡现象，特别是使得国内经济发达地区与欠发达地区、城市与农村、工业与农业以及居民收入的差距显著扩大。因此，中国的发展同时承受着两大差距所形成的巨大压力：一是中国总体上较低的生产力与工业化国家的先进生产力的差距；二是中国内部相对发达的生产力（发达地区、大中城市、向国际水平接近的高收入人群等）与欠发达生产力（落后地区、不发达农村、低收入人群等）之间的差距。

面对这两个同时存在的巨大差距和期望尽快缩小这两个差距的强大压力，中国长期处于抉择困境。因为，无论为了加速缩小上述哪一个差距，都必须付出很大的经济、社会、资源和环境代价。如果更倾向于加快缩小中国与国际先进生产力的差距以及解决由这个差距所产生的矛盾，例如给城市建设、发达地区、优势产业、重点大学、城市大型医院等以政策倾斜（所谓"扶优扶强"），就会进一步扩大国内发达生产力与欠发达生产力之间的差距；如果更倾向于加快缩小国内发达生产力与欠发达生产力之间的差距以及解决由这个差距所产生的矛盾，例如给农村建设、不发达地区、低收入人群以政策倾斜，更大幅度地实行收入和财富的再分配政策以缩小差距，提供更平等（而不是优者多得）的教育和卫生医疗等（所谓"平衡发展"或"关照弱者"），则可能会减缓中国缩小与国际先进生产力之间差距的速度；而如果要同时加速缩小上述两个巨大差距，则现实的国力条件难以支撑。

同整个国家的情况相类似，各地区的发展也处于双重压力之下，即地区间差距的压力和地区内不平衡的压力。地区间差距的压力必然导致直接或间接的地区竞争关系，而地区内不平衡的压力则表现为各方面的利益矛盾。地方政府直接承受着这两方面的巨大压力。当地区间差距压力更大时，地区间竞争可能会不择手段，动员一切资源，"血拼"式发展；而当地区内不平衡的压力更大时，地方政府通常倾向于以维护稳定为重，并且向中央政府寻求更多的资源分配和政策援助。

处于这样的独特国情中，在国际竞争和地区间竞争的巨大压力之下，中国工业化的内在动力非常强劲，特别是由现行税收和财政体制所诱使，几乎所有的地区都具有发展工业生产的强烈动机。所以，地区间的工业竞争如火如荼，势不可当。

一个13亿人口的巨大国家，在短短几十年的时间，通过发展市场经济来实现工业化，这是世界经济社会发展史上从来没有经历过的现象。其间可能面临的困难、矛盾、冲突甚至危机，是没有任何国家的工业化历史可以比拟的。所以，中国特色社会主义道路是一条没有人走过的艰难路程，探索中国特色社会主义道路是中国人民在中国共产党领导下所进行的一次艰难长征。三十年来，工业改革开放成为中国特色社会主义道路最具深远意义的艰难探索。

包括工业改革在内的经济体制改革的根本目的是要解放和发展生产力。而解放和发展产生力的最有效方式是必须调动一切积极因素，通过优胜劣汰的竞争过程，进行资源有效配置和利用。但同时也必须保持国家发展的社会主义方向，坚持四项基本原则，特别是共产党的领导。这是改革开放中的一个最具"中国特色"的问题，也是工业改革开放三十年始终艰难探索的重大课题。

工业化的过程将实现经济和社会结构的巨大变迁。从其他国家的历史看，工业化过程中如果处理失当，非常可能发生因矛盾激化而导致利益冲突和社会危机的情况，甚至发生国家崩溃。更何况中国是一个人口数量庞大、发展极不平衡、利益差异很大的国家，其经济和社会结构的复杂性是任何国家无法相比的。因此，在改革、开放和发展过程中，必须以极大的谨慎和努力来保持社会的稳定与和谐。所以，中国的改革选择了渐进式的方式，作为率先推进改革开放的工业，也必须选择渐进可行的路径。

回顾三十年工业改革开放的经历，我们可以看到，中国工业改革开放不仅是大胆的和果敢的，同时也是高度技巧和稳妥的。中国工业改革开放不仅没有像许多转轨国家那样发生大幅度的生产下降、收入减少和失业增加；相反，中国工业改革开放一直伴随着生产的持续快速增长和收入大幅度提高，特别是工业发展成为吸纳劳动力的最强大力量。改革开放与就业增长的高度一致性，是中国经济体制转轨的一个非常突出的特点，世界上很少有国家能够做到这一点。中国之所以能够做到，最重要原因之一就是保持了经济的持续强劲增长，特别是三十年来中国工业始终保持两位数的年增长率。而经济学告诉我们，没有比快速增长更好的解决失业问题的方式。从这个意义上可以说，中国特色社会主义道路是一条经历了最小转轨阵痛的发展模式和改革开放模式。

五 工业改革开放不断推进中国特色社会主义的理论创新

三十年工业改革开放的历史告诉我们，中国特色社会主义必须坚持发展是第一要务的坚定信念。必须避免在"以经济建设为中心"上的任何动摇，在"市场是资源配置的基础性机制"上的任何动摇，以及在"以公平竞争方式实现效益和效率提高"上的任何动摇。同时，更为重要的是，改革开放和发展也必须体现以人为本的核心理念。

如前所述，由于特殊的历史条件和国际环境，中国工业改革开放表现了极大的勇敢、忘我、奋不顾身精神和"血拼"式竞争的特点。成就是巨大的，但是代价也是明显的。我们不能脱离历史条件和具体国情去指责过去，也不能忽视历史和现实已经展示给我们的事实。工业革命和工业发展在一定历史时期必然表现为以物为本，即以物质财富的创造和物质成就的辉煌作为工业化成功的标志和直接目标。但是，那只是低级阶段的表现。从更高阶段的发展，特别是从发展的价值观上看，以人为本才是发展的核心价值。科学发展观的提出，标志着中国改革开放仅仅经历了不到三十年的时间，就开始实现发展观念的深刻升华，尽管这一过程不可能一蹴而就。

中国工业历经二十多年的强劲增长,到 20 世纪末 21 世纪初,开始越来越深切感受到资源与环境所造成的明显约束。"资源和环境约束下的工业增长"已经成为中国工业最突出的特征之一。持续的高速工业增长对资源环境形成特殊的压力。自改革开放以来,中国经济发展具有十分明显的"压缩性"和"急速性"特征,即工业增长具有持续高速增长的条件和内在动力,表现为罕见的经济增长波动的"弱周期"性。同时,在其他国家的经济发展中表现为较长时间的不同阶段及其特征,在中国经济发展的很短时间内就接连地甚至是重叠地表现出来。例如,有的经济学家将各国经济发展描述为"资源驱动"、"投资驱动"、"创新驱动"和"财富驱动"四个阶段,每一阶段有其特殊的现象特征。而在中国现阶段的经济发展中,似乎这四个不同阶段的现象特征都在普遍地发生:大规模的资源开发(资源性产业的高增长、高利润)、资本投入(高储蓄、高投资和充沛的资金供应)、商业创新(尽管技术创新不尽如人意,但各种商业模式和企业经营战略的创新,则让世界为中国的商业成就惊叹)和财富增值(资本运作、资产价格上升、虚拟经济的活跃)。经济发展的这种"压缩性"、"急速性"阶段特征,使中国在较短的时期内就从低成本资源推动的工业化阶段开始向资源成本普遍上升的发展阶段过渡,但同时又保留着"资源驱动"和"投资驱动"的许多特征。正因为这样,中国的资源和环境约束问题才表现出极大的特殊性和紧迫性。

人类在一定的发展阶段(中国正处于这一发展阶段),必须以推进工业化的方式来缓解和解决资源阻碍问题。工业化确实会遇到资源约束的阻碍,但是,如果不实现工业化,则资源短缺的问题将更难以解决,甚至根本没有解决的可能。而且,现实的国情是,作为一个人口众多、幅员辽阔的巨大发展中国家,中国正在面临和将要面临的几乎一切重大和长远的经济社会问题的解决,都高度依赖于重化工业的长足发展。只有发达的重化工业,才能解决中国的城市化、交通运输、国土整治、资源开发、水利工程、环境保护和国土治理,以及国家安全、民生福利等问题。

所以,问题的本质并不在于要不要加速工业化,而在于在工业化现阶段,如何以最科学的方式来加速工业化,通过更高效率地利用资源来从根本上解决资源和环境问题。资源和环境约束的增强，表现为工业成本上升，这是工业化进程中迟早要遭遇的问题，中国并不具有大规模向国外转移生产基地来解决这一问题的可能，所以，最根本的出路是激励和培育起各产业和企业通过提升自身效率来消化成本上升因素的能力。

因此，工业的进一步改革、开放和发展，对中国特色社会主义理论创新和实践创造提出了新的更加伟大而艰巨的任务。工业的本质是创新的和革命的，它不仅提出了严峻的问题，而且实践于解决这些问题。从20世纪后期，特别是21世纪开始，中国工业如何获得核心技术和长期竞争力，如何实现自主技术创新和拥有自主品牌等，就成为工业改革开放所要解决的最突出的战略重点。

中国工业已经在改革开放实践中深切认识到：未来的国际竞争不仅是"勇敢者的游戏"，更是"智慧者的游戏"。技术创新、管理创新、理论创新，是中国成为世界强国的必由之路，所以，中国必须成为创新型国家。"创新"是一个产生于企业行为，主要是工业企业行为的概念，按照美国经济学家熊彼特的理论，创新具有"创造性毁灭"的性质。其实，创新也具有"创造性连续"的性质。将这一概念延伸至中国特色社会主义理论，就是向其注入"与时俱进"的含义。与时俱进就是不断创新，中国特色社会主义理论是不断创新的理论，与时俱进的理论。实践无终止，理论创新也将永无止境。

工业改革开放的一个重要启示是，以经济建设为中心固然具有决定性的重要性，但同时也必须重视社会、政治、文化的全面进步。世界各国的经济发展历史表明，工业化不仅仅只是工业经济的"单兵独进"，而是整个社会结构和政治体制的深刻变化，也是社会观念和人的行为方式的全面进步。因此"统筹"、"协调"、"和谐"、"正义"是建设中国特色社会主义的内在要求和不可或缺的重要组成部分。通过不断深化改革，扩大开放，实现经济、社会、政治、文化全面发展的现代文明进程，正是工业化实践所昭示的中国特色社会主义的远大发展方向。

结语

无论从人类社会发展几千年的长河，还是从世界工业化二三百年的历史看，改革开放三十年以来的中国工业发展都是短暂的一瞬间。但就是在这短暂的历史瞬间，中国的改革开放经历了极其辉煌的时期。在这一时期，工业改革开放具有非常突出的地位，它不仅在物质财富的创造上获得了让世界为之震惊的成就，而且对探索中国特色社会主义道路和建立中国特色社会主义理论作出了极其重要的贡献。工业的本质是解放，是实践，是创新；工业改革开放是思想解放、观念革新和理论建树的实践基础。中国特色社会主义是中国工业化时期的伟大创造：实践的创造和理论的创造。因此，中国工业改革开放三十年的成功实践奠定了中国特色社会主义道路和中国特色社会主义理论的坚实经济基础，使中国特色社会主义具有不可动摇的历史地位和毋庸置疑的永久价值，并成为中国人民奔向小康社会和更美好未来的伟大旗帜。

（原载《中国工业经济》2008年第11期）

中国工业化的资源路线与资源供求

工业化是世界上大多数国家近现代经济社会发展的主题。工业化的经济表现首先是，在不断进步的科学技术的支持下，人类对自然资源的大规模深度开发和利用。在工业化进程中，工业技术路线的实质是资源技术路线，即对自然资源进行开发利用的基本原理、路径机理和技术特征。发达国家已经完成了工业化过程，成为基于工业化所创造的丰富物质成果之上的现代国家，但迄今为止，工业化进程所因循的资源路线仍然在大多数发达国家中延续，后工业社会的资源路线尚未成为世界主流[①]。而越来越多的发展中国家走上工业化的道路，必然表现为工业化资源路线在世界的更大范围中扩展和强化。特别是近三十年来直至未来的相当长的时期内，中国的崛起使传统工业化资源路线的性质和特征以极为突出的形式表现出来。

工业化资源路线的形成有其客观必然性，人类即使必须为其付出代价也难以逾越必经的发展阶段。中国工业化进程中，工业化资源路线的成就和代价都是客观规律的表现，即使我们可以从发达国家过去的"错误"中吸取教训，也不可能找到一条完美无缺的道路，只享用工业化资源路线的利益而完全避免付出一定的代价。但是，人类必须深刻地认识到，工业化的前途确实既可能是"天堂"，也可能是"地狱"，也就是既可能创造更发达的物质基础和美好的生活条件，也可能毁坏自然环境和资源基础，最终使人类无法生存。因此，从长远看，工业化的资源路线既是不以人的意志为转移的客观规律，也是人类所面临的一个严峻的命运选择。

---

① 只有北欧的瑞典等少数国家正在进入不再依赖煤炭、石油和钢铁等传统工业资源的社会。

一 工业化进程中资源开发利用的基本技术路线

近二三百年来,从世界范围看,人类发展的最主要表现就是从西欧,到西欧移民国家,再到亚洲以及逐渐扩展到全球各国的工业化过程。工业化的实质就是对自然资源的大规模深度开发利用,以不断满足经济和社会发展的需求。工业的资源之母仍然是土地,这与农业有相同之处。但是,同土地对于农业所提供的自然资源主要是植物和动物所不同,土地对于工业所提供的自然资源,不仅是动植物,而且还有化石能源、矿物等。同样重要的是,工业和农业都需要淡水资源,水不仅是工农业之源,也是生命之源。当然,除了陆地资源之外,海洋也是重要的资源之母。广义的农业包括了渔业以及海水养殖业等。但真正大规模的开发利用海洋资源,则依赖于工业化时期的生产活动,特别是以造船业为代表的海洋工业活动。

为了进行经济研究,可以把大规模开发并进行工业利用的自然资源分为四类。第一类是土地:在工业化的经济学研究中,土地主要被当做工业生产活动的空间场地,当然,也必须考虑到土地作为提供工人生活资料的条件而对工资进而对工业成本产生的影响;第二类是水源:在工业化的经济学研究中,水源是工业选址和布局的先决条件,起先被当做无限供应的物质,而到了工业化中后期,水资源的经济价值(稀缺性)才成为越来越重要的问题;第三类是能源:工业化的经济学研究主要关注的是煤炭和石油等化石燃料能源,当然,随着化石燃料能源的耗竭,新能源的开发利用也成为越来越重要的研究对象;第四类是原料:包括矿物和生物,工业化的经济学研究主要研究的是矿物资源。

除了上述工业生产活动的物质投入资源之外,环境也可以被视为工业化进程的一种资源。因为,工业生产必然会影响环境,对环境的破坏性影响如果超过自然的可恢复程度,就会导致人类生存条件的毁坏。也就是说,在任何地方,对于人类活动的环境容量都是有限的,所以,从经济学意义上说,环境对于工业生产是一种稀缺性资源。而且,环境资源同其他投入要素之间也有一定的可替代性,即消耗环境资源可以"节约"其他投入要素,例如资本;而增加其他要素投入,例如技术和资本,也可以节约环境资源。当然，环境资源的可替代性是有限度的，对环境的过度破坏可能导致无法恢复，例如原始森林被砍伐而变为沙漠后，难以再恢复为森林。

与农业生产相比，工业是一种更深度开发和利用自然资源的生产活动。同其所创造的经济价值相比，工业比农业相对地节约了土地和水资源，而更多地开发利用了能源和矿物资源，对环境资源的利用也大大超过了农业。在工业生产活动大规模扩展的地区，对土地和水资源的需求量不断扩大，起先是农业用地转变为工业用地，以及与工业生产密切相关的商业用地和住宅用地；进而导致可开发而进行工业利用的土地趋于稀缺，土地成为工业生产的制约因素。水资源的工业利用也有类似情况，起先，水几乎是可以无限供应的工业资源，而随着工业规模的扩大，终于使水成为越来越具有稀缺性的资源，节水，即以资本和技术来替代水资源投入或增加水资源供应，即调水或造水（海水淡化）成为工业生产持续进行的重要条件之一。

现代工业生产是一种高度追求效率的经济活动。具有大规模工业开发利用价值的自然资源通常具有的基本经济性质是：第一，在地球上储量大；第二，获取比较容易；第三，在现实的技术条件下具有开发利用的经济性，不存在大量更经济的替代物质。工业化的一般技术路线是：

对于土地。首先开发具有区位优势（交通便利）的低价格土地；当生产和生活活动的集聚导致工业用地的级差地租上升时，工业生产向低级差地租地区转移；只有高度节约土地和附加价值高的高技术工业可以利用高级差地租地区的工业用地。一般来说，在工业化的前期和中期，工业生产具有强烈的追求低价格土地的趋势。而进入工业化的中后期，工业集聚地区的土地价格上升，而工业产品的单位附加价值大幅度提高，同时，工业产业链的分解使得工业生产（特别是高技术产业）具有较高土地价格的承受能力。因而，高级差地租土地也可能进行工业利用。当然，由于工业生产的高度竞争性和可转移性，不断寻求低价格和优区位的土地资源（不过，随着工业化的推进，土地的"低价格"和"优区位"往往是相矛盾的），终究是工业发展的内在要求。

关于水资源。只要不是由于其他资源要素（例如矿物）的限制，工业选址总是倾向于水资源丰富的地区，例如沿河、沿湖、沿江地区。这就可以利用无限供应至少是充分供应的水源。而随着工业的发展，水资源从无限供应到显著稀缺，因而，工业生产的技术路线必须从大量利用免费或低价水源，向适应高计价的水源供应的方向转变，也就是将节约用水作为降低工业成本的重要方式之一。一些耗水工业甚至可以成为节水工业（例如钢铁生产）。所以，对水资源的工业性需求通常会在达到一定的峰值后趋于减少。

关于能源。前工业化社会，水力、植物、矿物（煤、石油）等自然资源就被利用作为生产和生活的能源。但在近现代工业化过程中，大规模开发利用能源的技术路线是：从煤炭到石油的化石能源，以及主要以此为燃料而生产的二次能源，即电力、成品油等。迄今为止，从世界工业化的总体状况看，仍然处于一次能源的石油时代（二次能源的电力时代）。而中国由于其资源禀赋所决定，煤炭和煤电具有更重要的地位。实际上，即使是从世界范围看，煤炭也是储量最大的传统能源资源，所以，当石油价格趋于大幅上升时，煤炭将再度成为具有更大开发价值的世界能源资源。

关于矿物资源。工业生产的原材料来源是多方面的，从植物、动物、泥土（砖、陶瓷、水泥），到金属（铜、铁、铝、其他有色金属）和非金属原料，再到石油等资源为基础的化学材料和各种新型材料……而迄今为止，对工业生产最具重要意义的仍然是矿物资源。从工业化的技术路线看，相对于所创造的财富，工业生产过程既消耗资源，同时又更大程度地节约资源，即更高效率地利用资源；工业化过程不断把原先没有经济价值的无限供应物质转变为具有经济价值（稀缺性）的工业资源，所以资源价格上涨既是工业发达的表现，又是推动技术进步的风险表现；大规模工业开发利用确实可能使一些不可再生资源枯竭，但也只有依靠发达的工业技术和工业生产才能实现持续的资源供应。

工业生产本质上进行的是资源物质形态的转换，通过勘探、采掘、储存、运输、加工等工业过程，不断扩大和深化对自然的工业利用，即增加实际的资源供应量。换句话说，工业可以创造资源供应，资源供应并不构成对工业发展的绝对障碍，所以，工业发展在本质上是可持续的。解决工业资源问题的基本的经济要求是：资源的稀缺性通过市场供求的价格机制能够导致资源开发利用的技术不断进步，使大规模利用的工业资源具有社会能够普遍接受的经济性和可行性，成为工业经济增长的基本物质基础。总之，依靠价格机制基础上工业技术的不断进步，保证资源开发利用路线的可持续延伸，是工业资源问题的核心内容。

必须深刻认识到：从本质上说，只有能够大规模工业利用的物质才是"资源"。地球上的物质如果没有工业需求（或者其他需求），就没有什么价值，所谓"价值"总是相对于人的需要和评价而言的。所以，在最彻底的意义上，所有的"资源"本质上都是由人类的生产活动所创造的，没有人类生产活动的需要，就没有什么物质可以被称为"资源"。特别是当世界进入工业化时期后，几乎所有的"资源"都是由工业需求和工业生产活动所创造的，例如，如果没有钢铁工业，铁矿是没有价值的；如果没有石油工业、汽车工业、电力工业、航空工业，石油和煤炭都算不上是什么"资源"；如果没有工业和以工业为基础的建筑业，土地也不会有很高的价值。而正是由于工业的发展，才使得原本没有价值的物质成为价值（价格）高昂的"资源"和"财富"，例如，大多数居民家庭所拥有的最有价值的财产——房地产，实际上是由最便宜、最容易获得的物质所建造的。总之，地球上原本并没有天生的"资源"，只是相对于人类生产活动特别是工业生产活动来说，才有了所谓的"资源"。反过来也可以说，地球上的物质其实本身并没有"资源"和"废物"之别，只要工业充分发达，地球上的任何物质都可以成为资源。工业的本质就是：既创造资源，又消耗资源，而且是，正因为消耗资源，才会形成资源。工业技术越发达，可以成为资源的物质就越多，从理论上说，只要工业足够发达，所有的"废物"都可以成为"资源"。所以，人类所面临的资源问题实质上是工业技术路线、资源路线和工业发达水平的问题。

二 世界工业化过程的资源路径

从世界工业化的资源历史看，主要工业化国家大体经历了从蒸汽机时代到内燃机电动机时代的过程，即从炭煤时代发展到石油时代。而如果从具有代表性的工业原材料看，主要工业化国家都经历了从前钢铁时代，到钢铁时代，再到后钢铁时代的发展过程。其中特别值得关注的历史过程是：在各国经历的重化工业阶段，资源的供应和需求状况发生了重大的变化和转折。

从区位特征看，世界工业国际转移的基本走势是：16—18世纪从西欧发端，18—19世纪向西欧移民国家北美、澳洲扩张，20世纪向中国以及东南亚、南亚印度转移，其中也向南美和非洲的少数国家扩散……

一般认为，经过了二三百年的世界工业化历程，到现在，在全世界200多个国家（地区）中，有60多个国家（地区）进入了工业社会，其中少数国家进入了后工业社会。而大多数发展中国家仍然处于向工业社会进化的过程中。如果是从工业资源的开发、生产和消费的状况来进行总体判断，则可以得到以下基本印象：

从工业原料看，以钢铁产量为主要标志，主要工业化国家大都在20世纪70年代达到了钢铁生产的最大产量：英国在20世纪70年代初就达到了粗钢产量的最高值；美国、德国、法国甚至日本也都在70年代中期达到了粗钢产量的最高值（见表1）。此后，这些国家逐步进入后钢铁时代，有的则进一步迈入了后工业社会。当然，20世纪90年代，有些发达国家的钢铁产量又有些上升，这主要是由于出口需求的增长，即一批发展中国家进入强劲的工业化进程，钢铁需求大幅度上升。因为，从总体上说，当前发展中国家正在进入钢铁时代。韩国、巴西、印度甚至俄罗斯的钢产量从20世纪90年代以来都在大幅度增长。特别是中国，从1990年的月均粗钢产量552.9万吨，增加到2006年的3527.8万吨（见表2）。

表1　　　　　　　　主要发达国家粗钢月平均产量　　　　　　单位：千吨/月

年份	日本	美国	德国	意大利	法国	加拿大	英国	澳大利亚
1969	6847	10665	3776	1366	1876	767	2237	586
1970	7777	9942	3753	1440	1981	933	2319	570
1971	7380	9075	3360	1454	1905	920	2024	563
1972	8075	10062	3642	1651	2005	988	2119	563
1973	9944	11372	4127	1750	2105	1124	2227	642
1974	9761	10999	4436	1984	2252	1134	1867	651

续表

年份	日本	美国	德国	意大利	法国	加拿大	英国	澳大利亚
1975	8526	8829	3368	1822	1795	1086	1653	656
1976	8948	9694	3534	1949	1936	1098	1888	650
1977	8534	9429	3249	1944	1842	1126	1708	611
1978	8508	10312	3437	2021	1904	1240	1689	632
1979	9313	10277	3837	2021	1947	1342	1795	678
1980	9283	8397	3653	2210	1930	1323	945	633
1981	8473	9073	3468	2047	1763	1234	1297	636
1982	8296	5533	2990	1998	1535	989	1148	531
1983	8097	6291	2977	1806	1468	1070	1249	467
1984	8798	6907	3282	1995	1584	1225	1268	517
1985	8770	6605	3374	1978	1569	1225	1314	532
1986	8190	6070	3095	1905	1489	1173	1235	540
1987	8209	6666	3023	1902	1476	1221	1432	489
1988	8807	7506	3416	1972	1584	1249	1582	505
1989	8992	7366	3422	2089	1558	1289	1567	556
1990	9195	7391	3203	2120	1585	1011	1492	552
1991	9136	6604	3517	2084	1537	1082	1376	515
1992	8177	6930	3316	2066	1495	1161	1338	571
1993	8301	7251	3135	2155	1426	1199	1391	644
1994	8191	7405	3403	2176	1503	1156	1448	702
1995	8471	7800	3504	2306	1509	1199	1473	708
1996	8234	7854	3317	2024	1469	1227	1508	699
1997	8712	8059	3751	2135	1647	1296	1544	736
1998	7796	8108	3671	2150	1677	1328	1441	745
1999	7849	8013	3505	2073	1683	1353	1385	681
2000	8870	8393	3865	2212	1746	1383	1252	667
2001	8572	7476	3734	2205	1616	1273	1131	586
2002	8979	7634	3751	2164	1688	1333	974	627
2003	9209	7612	3734	2236	1646	1327	1080	629
2004	9393	8210	3865	2373	1731	1359	1154	618
2005	9373	7768	3710	2446	1623	1279	1108	646
2006	9686	8212	3935	2635	1654	1291	1161	657

资料来源：中经网统计数据库；OECD年度库。

表 2　　20 世纪 90 年代以来若干后发国家粗钢月平均产量　　单位：千吨/月

年份	中国	俄罗斯	印度	韩国	巴西
1990	5529	—	—	1927	1714
1991	5917	—	—	2167	1885
1992	6745	—	—	2338	1987
1993	7463	—	—	2752	2093
1994	7718	—	—	2812	2140
1995	7947	—	—	3064	2089
1996	8437	—	—	3242	2103
1997	8992	3909	2048	3546	2179
1998	9511	3482	1957	3335	2147
1999	10304	4147	2022	3420	2083
2000	10526	4799	2244	3592	2314
2001	12053	4794	2274	3654	2226
2002	15044	4883	2401	3782	2467
2003	18287	5121	2648	3859	2594
2004	23340	5465	2719	3960	2742
2005	29464	5522	3405	3985	2634
2006	35278	5896	4121	4038	2575

资料来源：中经网统计数据库。

从燃料能源看，世界工业化进程同化石燃料能源的开发利用密切相关。在工业化之前，人类主要利用薪柴作为能源。到 18 世纪工业革命时，煤炭逐渐成为主要的能源。当时最先进的工业革命国家英国，不仅开始大量使用煤炭作为工业和生活能源，而且，煤炭工业也成为其重要的工业部门之一，向国外大量出口煤炭，成为一个煤炭出口大国。据历史记载，1867 年英国出口煤炭突破 1000 万吨，1923 年英国煤炭出口达 8073 万吨，占其总产量的 29%。后来，德国和美国相继成为世界煤炭生产大国和消费大国。1900 年，美国煤炭产量达 2.4 亿吨，首次超过英国。这也是美国成为世界最强的资本主义工业国的重要标志之一。从世界范围看，到 20 世纪上半叶（20 年代），煤炭消费量超过全部能源消费量的一半，世界进入"煤炭时代"。煤炭在能源中的主导地位一直持续到20世纪60年代,直到那个时期,世界工业发展的煤炭时代大约持续了半个世纪,而煤炭作为工业化的标志则差不多经历了100年(从19世纪60年代到20世纪60年代)。20世纪初,石油开始被用于照明和燃料。到20世纪20年代,由于内燃机代替蒸汽机成为越来越重要的动力机,石油的生产量、需求量和贸易量都迅速增长。有学者认为,人类进入石油时代的标志年份是1967年(也有资料显示是1965年)。这一年石油在一次能源消费结构中的比例达到40.4%,而煤炭所占比例下降到38.8%。

可见,如果说整个人类近现代发展过程的主要表现是工业化,那么,从能源动力资源看,迄今为止,工业化的主要表现就是化石燃料能源成为主要的能源物质,可以称为"化石矿物能源时代"。其中分为两个阶段:20世纪60年代之前为"煤炭时代",20世纪60年代至今为"石油时代"。也就是说,今天,整个世界仍然处于化石矿物能源时代,大多数发达国家仍处于石油时代。从20世纪以来,世界的煤炭和石油供应和消费总量一直持续增长(见图1)。尽管全世界今天的化石燃料能源在各种一次能源中的比重比20世纪70年代有所下降,但煤炭和石油仍然占了一次燃料能源的近60%。在发达国家中,也有些国家呈现出向后石油时代过渡的迹象。例如,瑞典等北欧国家正在进入"不使用石油"的时代。到21世纪中叶,整个世界将开始告别石油能源时代,更多地采用太阳能、风能、核能等非化石矿物能源,那时,人类也将进入后工业社会。但是,无论如何,今天的世界离那个时代还有相当的距离。

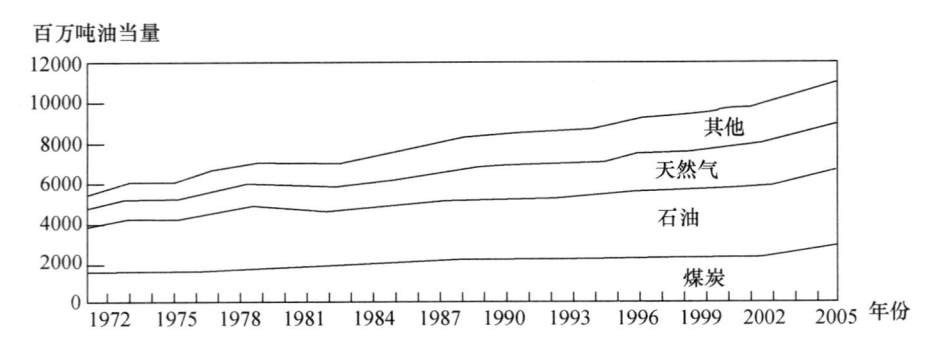

图1 世界一次燃料能源供应总量

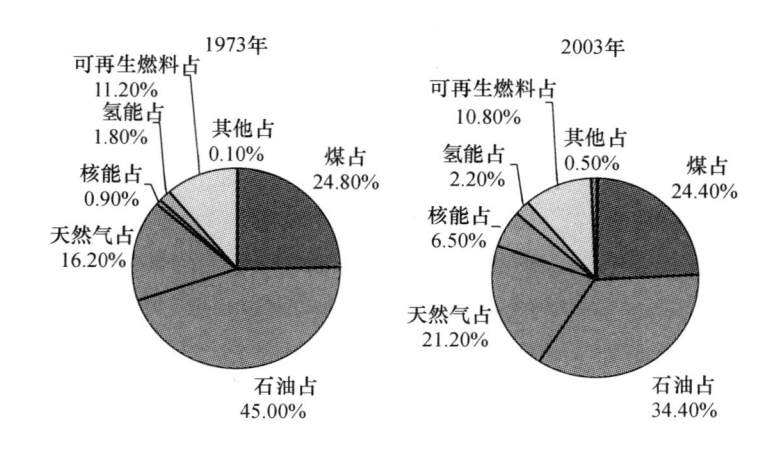

图 2 世界一次燃料能源构成

1973年:
- 煤占 24.80%
- 石油占 45.00%
- 天然气占 16.20%
- 核能占 0.90%
- 氢能占 1.80%
- 可再生燃料占 11.20%
- 其他占 0.10%

2003年:
- 煤占 24.40%
- 石油占 34.40%
- 天然气占 21.20%
- 核能占 6.50%
- 氢能占 2.20%
- 可再生燃料占 10.80%
- 其他占 0.50%

可见,当代世界的基本现实是,从能源开发利用的角度看,煤炭和石油是两大基本能源;从工业技术路线看,由于作为最强大的工业化国家的美国具有巨大的石油资源优势,带动整个世界走上"石油依赖"之路,所以,石油成为半个世纪以来最重要的能源和战略物资。从地球的地质结构看,煤炭是储量最多的化石能源物质,所以,从整个工业化的历史看,煤炭始终占有重要的地位。而石油大约只在其中的一百年间占据主导地位。从这一角度看,中国以煤炭为主的能源结构并不是一个特例,而只不过是在西方国家(特别是美国)的工业技术路线居支配地位的近一百年中,作为后发国家的中国在能源结构上所表现出的同西方工业化国家的"不一致"现象。

值得注意的是,尽管各国的能源利用效率和节能技术有了很大的提高,GDP的能耗强度有了显著下降,但是,除了英、法、德等少数欧洲国家外,大多数国家都处于传统能源消耗总量,即石油和煤炭的消费总量不断增长的状态(见表3和表4)。因此,可以说,迄今为止,整个世界都还处于高耗能,特别是高耗传统能源的发展阶段。即使在已经实现了工业化的发达国家,工业化社会的基本特征仍然显著存在。所以,人类还远未离开工业化资源路线所决定的资源开发利用路径。

表3　　　　　　　　　　若干国家煤炭消费量　　　　　单位：百万吨石油当量

国家	1965年	1970年	1975年	1980年	1985年	1990年	1995年	2000年	2005年
美国	297.6	329.5	316.6	385.6	440.5	483.6	506.3	569.1	575.4
加拿大	15.5	16.9	15.5	22.6	29.3	24.4	25.2	29.4	32.5
法国	45.1	37.8	26.5	27.7	23.0	19.1	14.5	13.9	13.3
德国	163.5	151.7	128.3	139.6	147.6	129.6	90.6	84.9	82.1
意大利	8.6	9.9	9.8	12.6	15.1	14.1	12.5	13.0	16.9
英国	117.4	96.0	71.5	71.1	62.9	64.9	47.5	36.7	39.1
澳大利亚	16.0	18.1	21.6	26.1	30.1	37.0	41.1	48.3	52.2
日本	43.6	60.2	54.4	57.6	73.7	76.0	86.2	98.9	121.3
俄罗斯	n/a	n/a	n/a	n/a	195.6	180.6	119.4	106.0	111.6
韩国	5.0	5.6	8.0	13.2	22.0	24.4	28.1	43.0	54.8
印度	35.7	37.8	48.5	57.1	77.4	107.8	142.8	169.1	212.9
中国	165.6	196.5	250.9	305.1	410.7	529.9	694.6	667.4	1081.9

资料来源：*BP Statistical Review of World Energy*，June 2006。

表4　　　　　　　　　　若干国家石油消费量　　　　　　　单位：百万吨

国家	1965年	1970年	1975年	1980年	1985年	1990年	1995年	2000年	2005年
美国	548.9	694.6	765.9	794.1	720.2	781.8	807.7	897.6	944.6
加拿大	53.8	71.6	81.1	90.1	71.2	79.8	79.8	88.1	100.1
法国	53.9	94.3	110.4	109.9	84.3	89.4	89.0	94.9	93.1
德国	86.3	138.7	142.6	147.3	126.3	127.3	135.1	129.8	121.5
意大利	52.3	87.3	94.5	97.9	84.4	93.6	95.5	93.5	86.3
英国	74.2	103.6	92.0	80.8	77.4	82.9	81.9	78.6	82.9
澳大利亚	16.9	24.5	28.6	29.7	27.0	31.6	35.3	37.7	39.7
日本	87.9	199.1	244.0	237.1	206.3	247.7	267.6	255.5	244.2
俄罗斯	n/a	n/a	n/a	n/a	244.5	249.7	146.1	123.5	130.0
韩国	1.3	8.4	14.2	24.1	26.1	49.5	94.8	103.2	105.5
印度	12.6	19.5	23.3	31.6	43.3	57.9	75.2	106.1	115.7
中国	11.0	28.2	68.3	85.4	89.8	112.8	160.2	223.6	327.3

资料来源：*BP Statistical Review of World Energy*，June 2006。

从环境影响来看，工业化资源路线的主要代价之一是对环境的影响。在人类工业化的初期，即欧美、日本等国的工业高速增长时期，都发生过严重的环境污染现象，但由于当时在整个地球上工业化国家为数较少，而且污染也有一个累积过程，所以，当时工业化的环境污染尚未形成全球性影响。但是到了今天，一方面，中国、印度、巴西等发展中国家进入加速工业化时期；另一方面，各工业化国家200—300年来对环境影响的累积性作用，使得环境污染成为全球性问题，甚至对整个大气环境造成很大的破坏，即温室气体的排放导致全球气候变暖（这一看法尽管并非没有争议，但确实有越来越多的证据使越来越多的人相信，人类经济活动所排放出的二氧化碳等气体导致了全球平均气温升高）。由此可能产生一系列人类难以预料的后果。

美国前副总统阿尔·戈尔（Al Gore）摄制的纪录影片《难以忽视的真相》中提供的资料显示：在由于温室气体排放而导致全球气候暖化中，美国负有30.3%的责任，欧洲负有27.7%的责任，俄罗斯负有13.7%的责任，中国以及东南亚、印度负有12.2%的责任（见表5）。这表明，工业化的生产方式和资源路线以及由此导致的生活方式，对世界环境造成了很大影响。工业化资源路线的环境代价甚至可能对人类生存造成很大威胁，需要全人类高度重视，并以集体合作的方式来应对这一严峻的挑战。

表5　　　　　　　　世界各国温室气体的相对排放量　　　　　　　　单位:%

国家（地区）	占世界排放总量比重	国家（地区）	占世界排放总量比重
美国	30.3	中东	2.6
加拿大	2.3	非洲	2.5
中美洲和南美洲	3.8	澳大利亚	1.1
欧洲	27.7	日本	3.7
俄罗斯	13.7	东南亚、印度和中国	12.2

资料来源：阿尔·戈尔：《难以忽视的真相》，湖南科学技术出版社2007年版。

由于整个世界正处于工业化阶段，工业化的资源路线决定了对全球环境的巨大压力，所以，即使一些国家和地区为了本国和本地区的环境保护而禁止污染严重的工业生产，或提高环境保护的标准门槛，这些生产活动也会转移到其他环境标准门槛较低的国家和地区。因此，工业化在全球的扩展，特别是传统工业从发达工业化国家向后发工业化国家的转移，可能导致环境污染从先进工业化国家向后发工业化国家的转移。所以，工业化对资源的消耗和环境的污染是一个全球性问题。或者说，资源的大量消耗和对环境的巨大压力，是经济全球化过程中的一个现象。解决这个问题必须依靠全球各国的共同努力。

西方研究机构和研究者指出：14%的中国废气是由生产出口到美国的货品所造成的。英国"新经济基金会"（New Economic Foundation）的研究报告说，每一件在中国生产出口到英国的物品，其废气排放量比在英国生产要多1/3。西方国家对中国产品的依赖，变相地把废气排放量转嫁到中国。该机构政策总裁安德鲁·西姆斯表示："每当政府官员谈及气候变化的时候，他们似乎把中国当作替罪羊……"[①]

对于世界工业化资源路线所导致的资源和环境代价正受到全世界越来越高的重视。大力促进能源和资源效率的提高、可再生能源和资源的利用、清洁能源的开发，以及资源循环利用和减排技术的创新，成为世界各国共同努力的方向。这意味着，当世界进入工业化的中期和后期，必须对工业生产的技术路线和工业化的资源路线进行重大调整，这一变化的深刻性不仅表现为技术的进步，更重要的是将表现为制度安排、政策方向以及产业组织的全面变革；更深刻的是，要求人类对经济和社会发展的基本观念也必须发生深刻的改变。例如，绿色环保主义、慢生活和"慢食"运动、简约主义等，正在成为发达国家的社会潮流。但是，人类仍然处于工业化时代这个基本现实，使得悲观主义和自然主义的观念不可能成为社会意识的主流。工业化和发展着的世界以强大的力量决定着社会意识的主流必然是：以发展的力量优化环境，在发展中实现环保，经济发展与环境保护并重。人类的价值目标不是自然主义的原始环境，而是在高度发展水平上的环境质量。中国共产党所提出的科学发展观实际上就是这种工业化社

---

① http://www.sina.com.cn，2007年10月7日，中国新闻网。

会主流意识的集中表达。

三 中国工业化资源路线的主要特点

中国现代经济发展的基本性质是：在总体上循着世界工业化的路径持续推进，同时，又具有一系列非常独特的特点。中国工业化不可能逾越世界工业化过程所须经历的各主要发展阶段，也难以另辟蹊径实行完全不同于西方发达国家的基本工业技术路线，更不可能脱离经济全球化背景和居主导地位的资本主义国际经济规则。从这方面看，中国工业化并没有"奇迹"，也不具有不受制约的自由选择权，所以，中国工业化的进程及其基本特征具有"不以任何人的意志为转移"的客观决定论性质。从另一方面看，中国工业化又是人类工业化进程中的一个非常独特的现象。迄今为止的世界工业化二三百年的历史使全世界60多个国家（或地区）的12亿人口进入了工业社会，仅占世界总人口的不足20%。而中国工业化意味着在几十年（最多不超过一百年）的时间内，占世界人口21%的巨大经济体将迅速地实现工业化，进入工业社会，这将对整个世界产生巨大的影响。在这一过程中，必然发生许多在迄今为止的人类工业化历史中从来未曾遇到过或者从来没有表现得如此突出的现象、问题和矛盾。所以，中国工业化必须具有更大的创新性，以解决难以回避的更大的内部不平衡性和外部不协调性所产生的种种难题。

国务院新闻办公室于2007年12月发布的《中国的能源状况与政策》白皮书指出，中国能源资源有以下特点：

（1）能源资源总量比较丰富。中国拥有较为丰富的化石能源资源。其中，煤炭占主导地位。2006年，煤炭保有资源量10345亿吨，剩余探明可采储量约占世界的13%，列世界第3位。已探明的石油、天然气资源储量相对不足，油页岩、煤层气等非常规化石能源储量潜力较大。中国拥有较为丰富的可再生能源资源。水力资源理论蕴藏量折合年发电量为6.19万亿千瓦时，经济可开发年发电量约1.76万亿千瓦时，相当于世界水力资源量的12%，列世界首位。

（2）人均能源资源拥有量较低。中国人口众多，人均能源资源拥有量在世界上处于较低水平。煤炭和水力资源人均拥有量相当于世界平均水平的50%，石油、天然气人均资源量仅为世界平均水平的1/15左右。耕地资源不足世界人均水平的30%，制约了生物能源的开发。

（3）能源资源赋存分布不均衡。中国能源资源分布广泛但不均衡。煤炭资源主要赋存在华北、西北地区，水力资源主要分布在西南地区，石油、天然气资源主要赋存在东、中、西部地区和海域。中国主要的能源消费地区集中在东南沿海经济发达地区，资源赋存与能源消费地域存在明显差别。大规模、长距离的北煤南运、北油南运、西气东输、西电东送是中国能源流向的显著特征和能源运输的基本格局。

（4）能源资源开发难度较大。与世界相比，中国煤炭资源地质开采条件较差，大部分储量需要井工开采，极少量可供露天开采。石油天然气资源地质条件复杂，埋藏深，勘探开发技术要求较高。未开发的水力资源多集中在西南部的高山深谷，远离负荷中心，开发难度和成本较大。非常规能源资源勘探程度低，经济性较差，缺乏竞争力[①]。

从改革开放以来近三十年的工业化进程看，中国现代工业发展的资源路线具有以下显著特点。

第一，以低价格资源支持了工业生产的大规模扩张。中国近三十年工业增长所依靠的国际比较优势，除了丰富的劳动力之外，还突出地表现为向工业企业特别是进入中国的外资企业提供了大量的低价格资源。一方面，从近三十年中国工业资源的供求状况看，处于各类资源相对富余的时期，无论是土地资源、水资源、矿产资源，还是能源，都具有很大的现实供应能力，其市场表现就是资源产品价格显著低于国际水平。另一方面，为了竞争相对短缺的资本，特别是境外资本和技术，中央政府和各级地方政府都实行了以"优惠政策"为特点的工业化促进战略。其基本经济性质就是以政策手段压低资源价格，例如，以低价格、零价格甚至补贴价格提供工业用地（中国土地是由政府垄断供应的，所以政府可以决定其供应价格水平），保证低价格的水、电供应，实行各种减免税收的特殊制度，以提高工业投资的吸引力和工业产品的价格竞争力。在低价格资源供

---

① 参见国务院新闻办公室《中国的能源状况与政策》，2007年12月。

应的推动下，中国工业每年都以两位数的速度高速增长，生产能力和生产规模大幅度扩张。经过短短的二十多年，中国已经成为令世界惊叹的工业生产大国，世界各国几乎都离不开"Made in China"（"中国制造"）的工业产品。问题是，这种高度依赖低价资源的发展模式尽管具有其历史的理由，却是不可持续的。目前，已经可以十分明显地看到，中国工业发展所受到的各种工业资源成本价格上升的压力越来越大。人们已经强烈地感受到，工业生产必须摆脱对低价格资源的依赖，走向更注重资源节约和环境友好的发展路径。以政策性语言来表达就是：中国必须走科学发展的道路。

第二，中国的一次能源结构与从西方国家转移过来的工业技术路线之间具有很大偏差。由资源禀赋条件所决定，中国的一次能源结构以煤为主，而以西方工业国为主导的世界工业技术路线的能源需求结构则是以石油为主。所以，当中国沿着世界工业发展的技术路线发展工业经济和国民经济时，以煤炭为主的能源禀赋特点与当前世界处于"石油时代"的工业技术路线之间的偏差就会突出地表现出来，甚至对中国的能源安全构成威胁。作为一个后发的工业生产大国，中国大多数的工业生产部门和交通运输方式都不可能完全脱离西方工业化国家的工业技术路线而另搞一套同中国的资源禀赋相适应的工业技术路线；所以，受本国资源禀赋条件的约束，中国的工业化必然受到资源供给结构的很大约束。我们的研究表明，由于矿物资源（包括化石能源）的制约，中国经济增长付出了2—4个百分点（GDP）的代价。同时，我们的研究也表明，中国工业增长所受到的石油供应的直接约束并不是很强，主要因为工业生产主要使用二次能源（电力），而电力工业主要依赖煤炭供应。这反映出中国工业的能源生产结构同现代工业技术路线的"妥协"。但是由工业技术路线所决定的工业产品，特别是交通运输业等，所受到的资源禀赋条件的约束十分显著。突出表现为石油供应的约束，而且这种约束性还有进一步加强的趋势。1985—2005年，石油在全国能源生产总量中的比重从20.9%下降到12.6%，而石油消费在能源消费总量中的比重却从17.1%上升到21%。前者下降了8.3个百分点，后者提高了3.9个百分点，石油供求矛盾的压力进一步增强。

第三，重化工业的发展具有重要的意义。在加工制造业经历了10—20年的高速增长后，重化工业在强烈需求拉动下强劲增长，形成强大的资源需求和环境压力。同时，解决中国的资源、环境瓶颈又有待于建立发达的重化工业基础。一般来说，同轻工业和大多数加工制造业相比，重化工业具有消耗更多资源的特点。所以，重化工业的高速增长需要消耗和占用更多的资源。为此，有学者认为，中国工业化进程应越过重化工业的发展阶段，直接向高技术产业和现代服务业跨越，以避开资源短缺对经济发展的制约。但是，现实的国情则是，作为一个人口众多、幅员辽阔的巨大发展中国家，中国正在面临和将要面临的几乎一切重大和长远的经济社会问题的解决，都高度依赖于重化工业的长足发展。只有发达的重化工业才能解决中国的城市化、交通运输、国土整治、资源开发、水利工程、环境保护和国土治理，以及国家安全、民生福利等问题。而且，高技术产业和现代服务业的发展也需要重化工业为其提供基础设施、办公设备、通信交通工具，并形成需求空间。换句话说，高技术产业和现代服务业的发展也都需要重化工业的发展为其提供供给和需求条件，无法脱离重化工业而独立发展。同时，中国城乡居民的生活质量逐步提高，越来越具有中等收入国家的居民需求行为特征，无论是交通（汽车）、住房等资产投资性需求，还是教育、旅游、卫生等服务需求，都直接或间接地依赖于以重化工业为基础的产业供给能力的增强。总之，现阶段重化工业的高速增长具有不以人们的意志为转移的客观必然性。重化工业当然会消耗资源和影响环境，但解决中国的资源和环境问题又必须要有发达的重化工业。正是在这一强大的客观趋势之下，我们可以看到，中国的重化工业不仅快速增长，而且其国际竞争力也逐步增强。如果仅仅从资源禀赋结构的角度看，传统的比较优势理论似乎无法解释中国工业结构向重化工业方向倾斜的现象，但从中国工业化的基本性质和根本性特征看，则完全可以理解重化工业在中国经济发展过程中的重大作用和重化工业发展阶段的不可逾越性。当然，中国重化工业的发展也不可避免地受到本国资源供应的严重约束，必须向国际化的方向发展，以拓展产业空间。

第四，工业密集地区的水资源、土地资源和环境生态承载力成为突出的制约条件。作为一个幅员辽阔的大国，中国工业发展的资源禀赋总量条件是雄厚的，从整体上看，自然资源储量和潜在供应量并不成为中国工业化的绝对障碍。特别是相对于传统农业，工业对于水资源和土地的利用效率更高，即相对耗水和用地量更节约。我们的研究表明，尽管工业用水的比重有一定的提高（从1999年的21%提高到2005年的23%），但万元工业增加值用水量则显著下降（从1999年的330立方米下降到2005年的168立方米）。全国土地的可开发空间也非常大。所以，从长期和总量上看，水和土地也不应成为中国工业发展不可克服的"瓶颈"。问题是，不同的资源具有不同程度的可流动性，可流动性越弱的资源，越可能产生地区性的瓶颈现象，而流动性越强的资源约束性则主要受供求总量的决定。（1）在各类资源中，能源的可流动性最强，化石能源可以直接进行长距离运输，一次能源还可以转化为二次能源进行长距离输送；矿物资源的可流动性次之，也可以进行直接运输或粗加工后运输。（2）水源的可流动性较弱，除非是河流的顺势自然水流或较近距离的人工水利工程调水，远距离调（江河）水的成本很高，代价很大，而地下水的调运在经济上的可行性更低，所以富水地区和缺水地区的自然状态是较难改变的，大规模调水工程的成本是很高的。（3）土地资源和环境资源在物质形态上基本上是不可流动的，即使是通过"造地"和"环境工程"来改变地区的土地和环境资源供应状况，也只是资本对土地及环境的替代，而土地资源的地区间"置换"和环境的"交易"（例如，排放量指标交易）则只是经济意义上的资源流动。所以，同能源和矿产资源的总量供求关系不同，水资源、土地资源和环境生态承载力的供求具有高度的区域性，因而在工业发展的高密集地区，可能成为严重的制约因素[①]。这种情况在中国的一些工业密集城市和地区已经表现得越来越突出。中国城市中工业布局的密集程度已经非常高：有资料显示，美国城市建设用地中工业用地仅占7.3%，而中国城市建设用地中21%以上用于发展工业。所以，可以看到，越来越多的地区工业生产密集布局已经导致土地资源和水资源超量利

---

① 许多地区不仅生产用水紧张，甚至饮水安全都受到严重威胁。有资料显示，全国农村饮水不安全人口约占全国农村人口的34%。其中，因水量、取水方便程度或者保证率达不到饮水安全标准的为30%，而因水质不达标的不安全饮水人口占70%。（郭凯：《站在世界，看中国饮水》，《南风窗》2007年12月1日总第347期。）

用，水资源短缺和水源水质破坏严重，生态环境承受极大压力。

特别值得注意的是，中国特殊的土地制度和水权制度使得土地资源和水资源开发具有很大的特殊性。由于中国经济发展所具有的区位特征，在中国优质的农业耕地往往同时也是良好的工业用地；由于工业相对于农业的更高效益，市场机制本身就有农业用地改作工业用地的倾向，再加上在中国现行土地制度下，土地价格很容易被政府和农村政权机构（乡、村）作为地区间竞争的主要手段之一，即以比其他地区更低的土地出让（使用权）价格，竞争工业资本向本地区的流入。而政府的土地收益则体现在非工业的城市建设用地（主要是商业用地和住宅建设用地）的使用权转让上，与低价的工业用低相比，后者的价格不仅显著偏高，而且节节攀升，各地不断有"天价"地块的惊人新闻见诸报端。

第五，持续的高速工业增长对资源形成特殊的压力。自20世纪70年代末80年代初开始实行改革开放以来，中国经济发展经历了持续三十年的高速增长，具有十分明显的"压缩性"和"急速性"特征，即工业增长具有持续高速增长的条件和内在动力，表现为世界范围内罕见的经济增长波动的"弱周期"性，同时，在其他国家的经济发展中表现为较长时间的不同阶段及其特征，在中国经济发展的很短时间内就接连地甚至是重叠地表现出来。例如，有的经济学家将各国经济发展描述为"资源驱动"、"投资驱动"、"创新驱动"和"财富驱动"四个阶段，每一阶段有其特殊的现象特征。而在中国现阶段的经济发展中似乎这四个不同阶段的现象特征都在普遍地发生：大规模的资源开发（资源性产业的高增长、高利润）、资本投入（高储蓄、高投资和充沛的资金供应）、商业创新（尽管技术创新不尽如人意，但各种商业模式和企业经营战略的创新，则让世界为中国的商业成就惊叹）和财富增值（资本运作、资产价格上升、虚拟经济的活跃）。经济发展的这种"压缩性"、"急速性"阶段特征，使中国在较短的时期内就从低成本资源推动的工业化阶段开始向资源成本普遍上升的发展阶段过渡，但同时又保留着"资源驱动"的许多特征。正是这样，中国的资源和环境约束问题才表现得极具特殊性和紧迫性。

第六，由于巨大的人口规模，使得中国工业化必须经历特殊的漫长历史，对资源路线和供求产生非常特殊的影响。仅从统计数据就可以看到，中国工业化过程存在着巨大的不平衡性：如果从国内生产总值构成看，第二、第三产业分别为48.9%和39.4%，第一产业仅为11.7%，那么，可以说中国已经是一个工业化国家，至少是已经进入了工业化中期，有些较发达地区已经进入工业化的成熟阶段。但是，如果从人口构成看，城镇人口为5.77亿，占43.9%，乡村人口为7.37亿，占56.1%，或者从就业人口看，第一、第二、第三产业的就业人口比例为：42.6：25.2：32.2，那么，中国仍然是一个农业人口为主的国家，很难说已经是一个完全意义上的工业化国家了。可见，"以农民为主的工业大国"是中国经济的一个显著特点和巨大矛盾。也就是说，57%的乡村人口对应11.7%的第一产业（农业）产值，43%的城镇人口对应超过80%的第二、第三产业（工业和服务业）产值，必然导致很大的城乡人均收入差距和经济社会发展水平的极大不平衡。特别是，要通过已经超过GDP 80%的非农产业（第二、第三产业）的继续快速发展来实现更多的农业人口的非农化，意味着必须进一步加快城市建设，这必然要求大力发展电力、能源、冶金、建材、化工、装备制造、交通设备制造等重工业。这就可能导致"投资过度"、"资源制约"、"环境破坏"、"房地产涨价"等"经济过热"现象的反复出现。

面对这样的国情，中国的经济发展政策长期在"城市化"（鼓励农民进城）和"农村非农化"（把农民留在农村）之间徘徊。20世纪50年代，实行"人民公社"制度，希望把农民固定在土地上；70年代以后，鼓励发展乡镇企业和乡村工业，希望农民"离土不离乡"；80年代，鼓励小城镇建设，还是希望农村居民不要过多进入大中城市，以避免大中城市的过分拥挤。但是，工业化和城市化对乡村居民改变身份，即成为"城市居民"具有极大吸引力。城市建设和经济发展也需要大量的农业人口转变为城市人口。所以，鼓励农民进城，直至彻底改变身份，成为缩小城乡差距的重要政策。有学者认为，缩小城乡差距的根本途径只能是"减少农民"，所以必须继续发展大中城市，加快吸纳乡村人口；并认为，这是中国解决农业人口非农化问题最经济和环境破坏最小的有效方式。当然，如果城市建设滞后，这条道路的不利后果就是大中城市的拥挤和"大城市病"的出现。无论如何，在中国工业化进程中，"落后的农村"

和"拥挤的城市"是一对相互牵制的难题。所以,继续推进工业化和城市化进程和进行新农村建设以缩小城乡差距,是在中国现实国情下的必然选择。总之,中国工业化的产业产出结构变迁是一个相对容易达到的目标,而就业人口结构和城乡人口结构变迁则是一个相对困难的目标。尽管在人均国民收入核算的国际比较上,中国已经可以被认为是一个"中等收入国家",但是,中国工业化的过程还远没有完成。

特别需要指出的是,中国工业化过程中所发生的资源紧缺现象以及我们对此所作的分析决不意味着应该放弃工业化的发展,即试图以减缓工业化进程甚至回避工业化发展的方式来实现资源节约和解决资源短缺的问题。恰恰相反,中国的资源问题本身必须通过尽快推进工业化进程的方式来解决。我们的研究表明,尽管资源稀缺对工业增长具有一定的约束性,但对整个经济增长的约束性更大[1]。所以,在一定的资源约束下发展经济,即突破资源稀缺对增长和发展的障碍,正是产生工业化现象的历史原因,也是工业化的历史任务。换句话说,人类在一定的发展阶段(中国正处于这一发展阶段),必须以推进工业化的方式来缓解和解决资源阻碍问题。工业化确实会遇到资源约束的阻碍,但是,如果不实现工业化,则资源短缺的问题将更难以解决,甚至根本没有解决的可能。

所以,问题的本质并不在于要不要加速工业化,而在于在工业化现阶段,如何以最科学的方式来加速工业化,通过更高效率地利用资源来从根本上解决资源问题。其中,最现实的核心问题就是:在这样的工业化时期,中国工业的竞争力来源究竟是什么?如果采取应对资源约束的战略和政策性手段,例如提高资源价格和环境标准,是否会削弱中国产业的国际竞争力而减缓工业化的进程?

总之,工业化资源路线本质上就是实现工业经济效率和增强工业国际竞争力的资源开发利用方式的选择,即以何种经济有效和可行的资源利用方式来推进工业化的进程。一定的资源技术路线必须有其相适应的制度和政策安排。

---

[1] 例如,我们的研究表明,土地资源约束对我国工业增长的"阻力"为0.47%,而对整个经济增长的"阻力"为1.53%。

四　资源供求平衡与短缺的经济学性质

地球上的物质（以及人类有可能获取的太空物质）原先并无"资源"、"废物"或"丰富"、"短缺"之区别。任何自然物质是否是（工业）资源，是丰富还是缺乏，总是相对于一定的产品结构和技术路线而言的。只有生产某种产品所需要的物质才是工业资源，也只有生产一定的产品所需要的资源才可能会发生"缺乏"现象。例如，因为需要生产钢铁制品，钢铁才会短缺；如果没有钢铁工业，铁矿只是废物。同样，只有一定的技术路线所需要消耗的资源才可能会发生"不足"现象，例如，因为在现行工业技术上飞机和汽车需要消耗汽油，才可能会发生石油的"不足"。因为火电工业，化石燃料（石油、煤炭）才会成为"资源"，并可能表现为供应不足。那么，工业生产以至工业化的资源技术路线是怎样形成的呢？世界工业发展和工业化的历史表明，资源技术路线的选择总是倾向于更多地使用地质储量丰富而且获取和加工成本较低的物质，避免使用储量稀少或者获取和加工成本较高的物质。从这一意义上说，真正会发生工业性"短缺"现象的资源通常是自然界储量丰富的资源，例如，石油、煤炭、水都是地球上储量最多的物质。但是，工业生产具有巨大的扩张力量，任何进入工业消耗的物质，无论储量多么丰富，都可能成为全面的甚至世界性短缺的资源，出现所谓供应"危机"。长期以来，人们以为水是取之不尽的物质，但是，现在却成为令人担忧的短缺资源。相反，世界上真正稀少的物质，通常不会发生具有全局意义的工业性短缺。因为，根本就不会产生需要大量使用储量稀缺资源的工业技术路线。总之，任何自然物质，只有相对于一定的工业技术路线，才会成为工业资源。而工业发展的强大力量，可以使任何无节制消耗的地质物质发生供应短缺现象[1]。

自然资源的短缺与否，总是相对于需求与供给的关系而言的；同样，工业资源的短缺与否，总是相对于一定的工业技术路线所决定的资源供求

---

[1] 参见金碚《资源与环境约束下的中国工业发展》，《中国工业经济》2005 年第 5 期。

关系而言的。而供求关系又总是同一定的价格相关的，没有价格就谈不上是供大于求还是供不应求。从工业生产资源路线的技术选择的可能性上说，地球上储量丰富并且获取比较容易的物质往往成为工业生产的重要资源。而正是由于供应充分，其价格往往比较低甚至可以 0 价格（免费）供应。而低价格总是导致更大的需求，当需求量超过一定量，就会成为短缺资源。但是，短缺总是相对于一定的价格而言的，从理论上说，只要价格具有无限的浮动弹性，世界上就不可能出现普遍性的工业资源短缺现象。问题恰恰在于，由于种种原因，可以大规模开采利用的自然资源往往并不具有价格浮动的充分弹性。所以，就其价格特征而言，工业资源可以分为以下几类：

第一类：相对于有效需求可以无限供应的（非稀缺性）资源。这种资源的价格为 0，即完全可以免费获得，例如，阳光、空气、海水等。在前工业化时期，大多数国家和地区的淡水资源也属于这样的资源。这类资源可以称为"无约束资源"，或无限资源。

第二类：完全由市场价格调节的有限供应（稀缺性）资源。理论上说，这类资源不存在普遍性的"短缺"问题，即使是储量非常稀少的物质，也只会表现得非常"昂贵"而不会发生短缺危机。这类资源可以称为"经济性约束资源"。

第三类：必须普遍保证供应的稀缺性（非无限供应的）资源。由于这种资源对生活和生产具有不可缺少性，国家必须保证对居民和社会的普遍供应，所以其价格就不能太高。国家往往迫于种种压力而控制或者干预价格，因而发生"短缺"现象。而如果国家失去对这类资源价格的调控能力，其价格上涨超过社会承受力，就会发生严重的社会危机。可见，资源供应不足总是与价格控制有关，或者与对价格变动的不可忍受性有关，而价格变动的不可忍受性往往就是价格控制的直接原因。

由此可见，人们所关注的实际上主要是上述第三类资源的供求，特别是可能产生的"短缺"危机问题。所以，所谓资源"短缺"，归根结底是价格现象以及对价格变动的承受力问题。从经济分析的角度看，主要涉及两个基本问题：第一，某种可以普遍利用的工业资源在多大程度上是由市场价格调节供求的？第二，社会能够承受多大程度的资源价格变动（通常是向上的浮动）冲击？而这两个问题又是相互制约的，例如，往往是由于社会不能承受资源价格的过大变动冲击，所以不能让市场价格不受任何限制和干预地发挥供求调节作用；或者是相对于社会所能承受的一定价格水平来说某种资源供不应求了。这就是为什么一般工业制成品通常不会发生普遍性"短缺"，而资源产品供应则有可能发生普遍性"短缺"现象的主要原因之一。因为，一方面，一般工业制成品的供给弹性大，受自然条件的约束较小；另一方面，社会对绝大多数工业制成品没有不可容忍的价格浮动界限，即只要供不应求就可以提高价格，以实现供求平衡而不会产生严重的社会经济问题。而对于普遍利用的资源性产品，社会的价格敏感性都很高，具有明显的价格浮动（通常是价格上涨的）容忍限度。超越这一限度，社会（国家）将以种种方式进行干预或限制。

某种工业资源物质属于上述哪一类型并非一成不变，同一种物质在不同的国家和不同时期可能具有不同的类型特征。所以，在现实经济中，某种资源的短缺与否，可能处于不同的状况。首先是自然储量的多少，这取决于物质资源的自然禀赋。其次是不可再生资源的探明储量或可再生资源的潜在供应量的多少，这取决于资源勘探的投资量和勘探技术。再次是资源性产品的现实生产量和供应量的多少，这取决于产能和运输能力的大小，而这又是由技术、投资以及发挥生产能力的各种因素所决定的。最后是资源产品的实际供求关系，这取决于市场价格。简言之，储量、投资、产能（包括运输能力）、价格（机制和承受力）是工业资源问题的四个基本层面，其中，不同资源产品的价格特征又是资源供求的核心问题。对于我国目前和将来所面临的工业资源短缺性危机，首先是价格问题，其次是产能和投资问题，最后才是自然储量问题。

有学者的研究表明，工业资源需求对于价格变动具有较高弹性，对资本也具有较高的替代弹性。例如，杨中东根据1978—2005年的数据计算，制造业中的能源需求价格弹性为1.57，说明能源对价格的弹性是较为敏感的。制造业中能源与资本之间的 ALLEN 偏替代弹性为4.9，说明能源与资本之间存在较强的替代关系[1]。这意味着，只要提高能源价格，就可

---

[1] 杨中东：《对我国制造业的能源替代关系研究》，《当代经济科学》2007年第3期。

以在很大程度上克服能源短缺现象，也意味着，只要增加投资、改进技术，也可以显著减少能源的消耗。

但是，在中国工业发展和经济发展的现阶段，社会对资源价格（向上）浮动的承受力十分有限，过高的资源价格可能导致居民生活的困难和工业成本的普遍上升及企业经济效益的严重受损，甚至引发社会经济生活的紊乱，所以，资源价格往往受到了较严格的控制和干预。同时，以增加投资的方式来实现资源节约，也受到投资能力和新技术的经济有效性（即成本）的限制。也正是以此为理由或者借口，在资源价格的形成机制以及有关产业部门所安排的资源价格体制上，至今保留了更多的计划经济因素。这必然又反过来加剧了资源供求的矛盾，特别是更容易发生"短缺"与"过剩"现象的交替出现。从20世纪90年代以来，我国的煤炭、电力供求就发生过这种现象的典型表现。这是中国经济发展过程中的一个相当棘手的难题。

由于资源需求的普遍性和复杂性，过分依靠人为干预价格的手段来调控资源供求，难以实现期望的目标。而且随着经济的发展，资源需求与供应的价格弹性逐步提高，特别是资源供求的长期弹性显著高于其短期弹性，所以，归根结底，需要形成有效的价格机制来实现长期的资源供求平衡。但在一定的产业组织和社会承受力条件下，价格机制只能在相当严格的约束条件下发挥作用，所以，现实地看，在一定的条件下，价格机制特别是依靠自由市场价格能够在多大程度上解决资源的现实供求平衡问题，是一个需要作具体研究的复杂课题。这不仅涉及技术激励相容性，而且涉及制度激励相容性。

从技术激励相容性上看，人们可以问：市场竞争的效率机制为什么没有倾向于节约资源技术的更快进步？高能耗、高水耗、高物耗为什么会成为传统工业技术路线的顽固特征？其原因完全是内部成本的不完全化吗（即企业的财务成本中没有包含资源消耗和环境破坏的外部成本）？

从制度激励相容性上看，人们可以问：现行制度安排为什么没有更倾向于激励节约（少用资源）和替代（使用其他资源）行为？当节约和替代对于一部分利益主体有利，而对于另一部分利益主体不利时（市场机制的基础是交换，在交换过程中总是表现为一方的获益就是另一方的受损），现行的制度安排为什么并没有总是倾向于使节约和替代行为能有更大的获益？

激励相容关系到各方面的利益，经济活动中的行为人进行技术选择总是基于自身的实际利益。即使可以考虑社会利益和社会伦理的要求，也必须以自己的经济承受能力和企业的竞争力为前提。任何超过自己的经济承受能力和企业竞争力的良好的利他行为在竞争环境下都是不可持续的。这也许可以部分地解释在资源供求中，为什么技术激励相容和制度激励相容问题的解决会十分困难。不过，问题还有其他的方面，在制度安排上没有实现激励相容，可能同目标设定的优先顺序有关，即制度安排所要求的其他目标居更为优先的地位。特别是在经济和社会发展的不同阶段，各种目标的优先顺序可能是很不相同的。例如，在经济发展的初期，发展的重要性高于资源效率和环境保护，而随着经济社会进入更高的发展阶段，资源效率特别是环境质量的价值会越来越高。所以，在经济发展的初期，制度安排可能更倾向于激励发展，而随着经济发展水平的提高，制度安排将更倾向于激励资源效率和环境质量。这表明，对于资源和环境，无论是市场调节还是政府干预，其价值基础都不是一成不变的。也就是说，在不同的社会发展阶段，社会的基本价值准则是有差异的，所以，由其所决定的企业行为目标及政府政策目标也是不完全相同的。传统的工业技术路线和资源路线具有高消耗倾向，是与当时的发展阶段相关的。但是，我们不能因此而忽视对于传统工业化资源路线所产生的问题。特别是，我国目前的现实是，当社会价值基础已经显著地更重视资源效率和环境质量时，在技术激励和制度激励上仍然倾向于低估资源效率和环境质量的价值，在许多情况下，企业和地方政府仍然倾向于以更高的资源投入和环境代价来获得市场竞争和企业竞争的优势地位。这显然与我国目前各方面的制度改革滞后相关，即许多制度安排都仍然具有同节约资源与保护环境激励不相容的性质。这是当前在资源和环境问题上，市场机制和政府干预都不尽有效的重要原因之一。

总之，同一般工业产品相比，工业资源性产品的供求平衡与可能发生的短缺现象（往往被称为"××危机"）具有更复杂的经济学性质。在现实经济中，有关工业资源，特别是普遍使用的基础性资源的供应约束问题，总成为社会十分关注，甚至具有高度的国家战略敏感性的问题。因此，对这些资源以及资源产业的政府干预总是比较强烈（许多国家在这些领域都实行国家所有或者国家控制的制度）。而政府的干预和深度介入，又必然产生更多复杂、敏感和引起争议的问题。

五　资源产业的垄断性及其对供求关系的影响

资源供求领域的一个显著特点是：资源产品的需求是普遍的、分散的和竞争的；而资源产品的生产和供应产业的组织结构特点则往往是倾向于垄断性的，包括地区性垄断、全国性行业垄断甚至世界性垄断。因为，如前所述，资源的实际供应取决于投资和技术，而大规模开发资源的投资规模和技术运用倾向于集中和垄断。而且，政府对资源高度关注和管制要求也往往倾向于促使或者支持资源生产和供应企业形成市场垄断地位。这也是导致资源价格具有极大的产业组织特殊性的重要原因之一。所以，尽管如本文前述，资源供求中所产生的问题从本质上说是价格现象，但是，资源产品在大多数情况下实际上并不具有完全竞争意义上的价格，而总是有一套非常特殊的价格体系，并受到资源产业特殊的产业组织结构所影响。

资源产业组织的垄断性不仅表现为自然垄断，而且具有经济性垄断，甚至具有政府特许或其他形式的行政性垄断。复杂的垄断结构形成特殊的利益结构，而这种利益结构常常与政府权力结构密切相关。这使得垄断性资源生产和供应企业在社会权力结构中居于特殊地位和拥有特殊的影响力，甚至可以对国家的政策产生重要影响。例如，美国的石油财团对美国的国家政策以至外交战略和军事战略都有重大影响。实际上，资源产业也是政府直接参与（投资）的重要领域，国有企业常常就是资源产业，例如石油、煤炭等产业的重要进入者。所以，资源产业的竞争通常具有垄断竞争、寡头竞争的特点，而且具有国有企业高度参与和政府严格管制的特点。这些基本特征也决定了价格机制在调节资源产品的过程中所受到的很大约束，也决定了政府在干预资源产品价格和供求的过程中必然受到各方面利益集团的影响，往往很难权衡利益，理性决策。最终可能只不过是各方利益的妥协产物。

资源产业的垄断性可能产生多方面的影响。资源生产和供应企业负有明显的社会责任义务。它们往往并不能完全根据自身的成本—收益状况来决定资源产品的价格和供应行为，特别是不得任意终止供应。可以说，资源性垄断企业通常被要求必须承担最基本的"社会保障性"供应义务。所以，资源垄断性企业实际上承担着强制性的社会责任，这是它们的正社会效益。另外，垄断性资源生产和供应企业的自利性也可能导致社会福利损失，通常表现为以很高的垄断价格剥削消费者而获取高额垄断利润，这是它们的负社会效益，特别是如果它们依赖垄断地位来谋取更多不当利益或降低对消费者的服务质量，则更反映出资源垄断供应体制的负效益性。

由于资源供求体制的上述特点，资源生产和供应的产业组织结构（或市场结构）的优化就成为一个特别重要而也常常引起争议的问题。一方面，资源产业必须反对企业垄断行为；另一方面，产业的较高集中度又是资源产业发展的客观规律，也是实现资源合理开发利用和保护的技术要求。所以，反垄断和集中度的权衡是资源产业组织的重要课题。

资源领域的产业垄断特征不仅表现在空间可流动的资源产业（例如，油气、煤炭、矿物等）上，而且表现在空间不可流动的资源领域中，其中，土地开发利用就是最受关注的领域。土地资源的有限性决定了其特殊的垄断性，使其供求关系具有非常特殊的经济性质。特别是在工业化和城市化过程中，土地价格（绝对地租和级差地租）快速上涨。土地不仅成为经济活动的重要载体，而且成为越来越重要的财富实体。由于工业化导致的地区差距和城乡差距扩大，特别是大城市的发展，形成了巨大的经济活动聚集区。在这些地区中，土地的级差地租必然大幅度上升，使土地成为巨大的"虚拟财富"。虚拟财富并不是虚幻而不存在的东西，只要经济正常运行，虚拟财富也是现实存在的财富，只不过它属于虚拟经济范畴，更加依赖于人们对它的主观价值评价。

当土地资源成为巨大的虚拟财富载体，其价格决定和变动遵循特殊的规律性。而因为土地在空间上的不可流动性，在财富配置和要素配置两方面的作用力之下，价格调节可能难以发挥有效作用。所以，对于土地供求需要有特殊的方式来弥补价格机制的不足，其中，最重要的是政府土地规划和实行国家垄断（土地国家所有制）。前者是由政府垄断来替代以私有产权为基础的市场价格调节，后者则是对所有土地产权，包括国有产权、集体产权和私人产权，进行直接限制，实质上就是对所有土地产权进行部分国家垄断，即国家拥有对所有土地产权的开发使用决策权。例如，按照我国现行的土地制度，国家即使不拥有对农村集体所有制土地的所有权，仍然有权力决定土地的使用开发规划。未经国家规划，农业用地不得他用。在实行土地私有制的国家，政府只要拥有土地规划权，实质上就是拥有了部分的土地产权，而土地的私人产权实际上是不完全的。

在政府土地规划和国家垄断的土地制度下，土地供求和价格受到政府行为的控制。其有利性在于，可以体现社会利益和广大社会群体对土地资源配置的要求，而不是唯一地由土地的私人所有者或占有者来自由决定土地资源的使用方式。但有利必有弊。政府土地规划实行的是公共权力原则，在行使公权力时如何处理与被规划的土地所有者或者原占有者的私权利（物权）之间的关系是一个很复杂的问题。而国家垄断土地所有权，则意味着在土地开发过程中，政府作为一个特殊的具有行政垄断权的利益主体进入土地交易市场，政府部门的政绩行为和财政冲动很可能成为影响土地配置的强大力量而扭曲土地资源配置，甚至诱发政府官员腐败现象发生。从理论上说，实行政府土地规划和土地国有，可以从社会理性目标出发最合理地配置土地资源，必要条件是有一个社会理性目标的有效选择机制，即一套进行科学规划和国有土地开发使用的有效决策系统和程序。但是，社会理性目标有效选择机制的形成和完善是十分困难的。所以，不仅完全以私权力为基础的土地资源配置机制具有严重的缺陷（市场竞争的缺陷），以公权力为基础的土地资源配置机制也有一定的缺陷（政府垄断的缺陷）。在现实经济中，土地制度和土地资源配置机制的具体安排，实际上就是要实现这两个方面的权衡。

六 结论

工业生产是人类对自然资源进行开发利用，将其加工制造为符合人类需要的产品的过程。工业化是工业生产方式成为人类主要的和居主导地位的生产方式的社会发展过程。工业化需要大规模地开发使用自然资源。工业化的技术路线总是倾向于选择地球上储量丰富和比较容易开发的物质。这些物质由于成为工业生产过程的投入物，才成为具有工业利用价值的"资源"。所以，地球物质是否成为"资源"取决于工业技术路线以及由其决定的资源路线。也就是说，是工业化的资源路线决定了地球物质可以区分为"资源"和"废物"。任何"废物"在一定的工业技术路线下都可以成为"资源"。任何"资源"在一定的工业技术路线下也可以成为"废物"。工业化的强大创造力量（同时也就是巨大的物质消耗量），使得即使是非常丰富的地球物质也可能成为稀缺以及短缺的资源。所以，工业化过程中，只要是一种既定资源路线不断强化，而价格机制又不足以刺激大规模的资源替代，则资源价格通常倾向于上升，直至资源替代在经济上具有可行性。由于作为工业过程的基础性资源（往往也是生活的基础性资源）具有普遍供应要求，所以，对于其价格上升，社会往往不能容忍，或者不能承受价格机制对资源配置特别是资源替代进行调节的长期过程，因而需要政府干预，包括价格调控、行为管制、标准强制、政府规划、国家垄断等多种方式。因此，工业化过程中成为短缺资源的物质往往是具有特殊的价格表现的资源产品，而且，其中多数工业资源本身也是工业生产的产品，因而在工业生产体系中形成庞大的资源产品的生产和供应产业。这些产业往往具有相当程度的垄断性和特殊利益，其强大的市场势力使其往往拥有很大的社会经济影响力，而政府的介入又使得国家垄断或政府垄断因素深植其中。所以，各种资源的供求过程以及资源供求对工业增长所产生的推动或约束作用具有高度的复杂性。研究工业化的资源路线与资源供求，特别是对传统能源、重要矿物、水资源、土地资源等近代和现代工业化技术路线上的重要资源的供求走势，以及工业化资源路线的转变（传统资源的节约与替代），具有越来越重大的意义，对于中国按照科学发展观的要求走新型工业化道路更具有极大的必要性和紧迫性。特别是工业化过程在本质上是通过市场过程实现的，市场经济的巨大活力来源于有效的竞争，所以，工业化技术路线和资源路线的选择和转变，其决定性条件是工业竞争力源泉的现实状况和演化趋势。工业技术路线和工业化资源路线体现了获取竞争源泉的需要，工业技术路线和工业化资源路线的转变，实质上就是工业竞争力源泉的转变。所以，从这一意义上可以说，寻求竞争力的新源泉，是在新的发展阶段优化工业化资源路线的根本要求和核心内容。

（原载《中国工业经济》2008 年第 2 期）

世界工业化历史中的中国改革开放三十年

中国改革开放三十年历史的世界发展背景是：18世纪，世界工业化从西欧国家起步，历经两百多年，到20世纪七八十年代，当进入第三次工业革命或者第五次经济长周期的前期，中国改革开放开始起步，成为世界工业化历史中的一支巨大的新生力量。中国用三十年的时间，几乎走过了世界工业化两百多年产业发展的各个主要阶段。当前，世界工业化正处于第三次工业革命或者第五次长周期的成熟阶段。中国以改革开放的强劲动力推动工业化进程赶超世界工业化，时至今日，中国在产业发展的阶段特征上已逼近世界工业化的前沿。在中国工业实力和国际地位迅速提高的同时，一系列新问题和新挑战也开始突出地显现出来。因此，当我们回顾和总结中国改革开放三十年时，必须从世界工业化的宽广视角来观察和思考中国所面临的形势和未来的前进方向。

一 世界工业化的发展路径

经济史学家对世界工业化的阶段特征有两种较典型的分期法。一种分期法是将18世纪开始的英国工业革命称为第一次产业（工业）革命；19世纪中期开始的电气化和重化工业发展时期称为第二次产业（工业）革命；从20世纪中后期开始的信息通信产业发展时期称为第三次产业（工业）革命。另一种分期法是按照由技术革命决定的经济波动长周期的表现，将世界工业化进程划分为五个基本阶段。按照这种理论，在经济发展过程中，一种技术系统的生命周期可以粗略地划分为以下六个阶段①：

1. 实验室发明阶段，即一种新技术产生最初的原型，在小范围内被证明具有应用前途。

2. 技术和商业的可行性得到决定性证明阶段，即新技术被广泛地认识到具有很大的潜在应用价值。

3. 爆炸性的起飞和增长阶段，在这一阶段，新的体制逐步建立起来，同时伴随着经济结构的极大变化，并往往导致产生社会动荡和政治危机。

4. 持续高增长阶段，在这一阶段，这种技术系统被普遍使用，成为常识并主导了世界经济领先国家的技术体制；应用该技术的产业和服务范围越来越广泛。

5. 增长减缓，利润率下降阶段，在这一阶段，这种技术系统趋向成熟并产生新技术的挑战，往往引发新的结构调整危机和社会冲突。

6. 成熟阶段，在这一阶段，这种技术系统已成为"传统技术"，以这种技术系统为基础的产业成为"传统产业"，此时，它要么卓有成效地与新技术共存而"复兴"，要么成为淘汰技术和"夕阳产业"而逐步消失。

按照这样的分期法，从产业技术特征看，以发达国家为主导的世界工业化已经经历了五个周期（第一、第二两个周期大致对应于前一种分期法的"第一次产业革命"；第三、第四两个周期大致对应于前一种分期法的"第二次产业革命"；而第五个周期则大致对应于前一种分期法的"第三次产业革命"）。这五个长周期的主要技术路线特征是：

1. 从 18 世纪中后期开始的英国工业革命时期是一个棉纺织业、炼铁和水力的时代。1700—1760 年，棉纺织业的年均增长率是 1.4%，1770—1801 年期间提高到 9%。炼铁业的年均增长率从 1700—1760 年期间的 0.6%，提高到 1770—1801 年期间的 5%。包括运河在内的建筑业年均增长率从 1700—1760 年期间的 1%，提高到 1770—1801 年期间的 6%。这一

---

① ［美］克里斯·弗里曼、弗朗西斯科·卢桑：《光阴似箭——从工业革命到信息革命》，中国人民大学出版社 2007 年版。

时期的工业化进程主要是棉纺织技术所发起的,并带动了相关产业和基础设施建设的加快增长。

2. 19世纪上半叶开始的铁路,蒸汽机和机械化时代。1870—1913年,世界工业化从西欧向西欧的移民国家扩散,最显著的表现就是移民国家美国赶上了英国,在生产率和增长率方面走在了英国前面。由于美国具有广大的国土,19世纪30—90年代,铁路作为基础设施迅速发展起来。因而,与铁路紧密相关的蒸汽机车制造、铁路车辆以及其他的铁路设备产业也迅猛增长,其中,为机车提供动力的蒸汽机发展尤为迅速。蒸汽机制造成了机器设备制造业的核心部门,而伴随着技术创新浪潮,制造各种机器、机床的机器设备制造业发展迅速。当然,上述所有部门的发展都离不开为其提供原料的煤和铁的快速增长。

3. 19世纪下半叶开始的钢铁、重工业和电气化时代。上一周期的后期,即19世纪80年代,工业化国家发生了经济萧条现象,此后进入新一轮的快速增长,这一方面是由于工业革命前后建立的工业——煤、铁、铁路——出现了报酬递减趋势;另一方面是因为新的技术要求和新工业部门开始兴起,其中,电力、钢铁等新兴行业表现尤为突出。电力需求的急剧膨胀带动了新的大规模基础设施的建设——发电站和电网——最终将电力送到工业化国家的每个工厂、办公室和家庭。新兴工业也带动了发电和输电网络所需机器设备的制造,以及适用于其他工业分支和家庭的新机器、设备和工具的设计和制造。

4. 20世纪中期开始的石油、汽车和大规模生产时代。上一周期的后期,即20世纪20年代末30年代初,工业化国家又发生了经济大萧条现象:华尔街金融市场的崩溃、房地产繁荣终结、主要生产国出口萎缩……到20世纪中期,石油的大规模开采利用,汽车、飞机制造业的迅速增长,推动了新的经济繁荣。特别是工业化国家进入了大众消费和大规模生产时期。例如,1940年美国家庭的冰箱拥有率仅为1%,1960年达到90%,1970年为99%;电灯拥有率1920年为35%,1940年为79%,1960年达到96%,1970年达到99%。

这一时期,由于过度依赖石油,1973年和1979年的两次石油危机对工业国家产生了重大冲击。整个世界经济又一次进入萧条期。1982年,经气组织经济学家、科学家和实业家组成小组，研究对策。在他们完成的报告《新经济条件下的科学和技术》中得出结论说："现在各地出现的工业生产率下降源于未能充分利用新科技活动成果，而不是由于科学本身达到极限。增长极限是一套特定技术或某种特定技术与管理体制达到极限，而不是一般意义的技术极限，无疑也不是各地昂首奋进的新技术的极限。"①

5. 20世纪中后期开始的信息通信技术时代。20世纪八九十年代，新技术——信息与通信技术（ITC）终于迅猛发展起来，带动世界工业化进入新阶段。前美国联邦储备委员会主席阿兰·格林斯潘多次提到：计算机、电信和互联网被视为20世纪90年代美国经济迅猛增长的源头。芯片、计算机、电信，进而互联网和"网络企业"的发展，成为这一时代的标志。

20世纪后期，特别是1999年，纳斯达克综合指数飙涨，但2000年2—9月科技股泡沫破灭，猛烈下跌了3/4，投资者损失惨重。究其深层原因，正如一些评论家所指出的，是由于要把信息通信的卓越技术转化为持续不断的利润，其难度远远高出任何人的预期。也就是说：高技术产业还没有创造和普遍地形成有效的商业模式（盈利模式）。

综上所述，世界工业化迄今为止经历了二三百年的历史，期间已经过了4—5次由产业核心科技变革所决定的长周期阶段。从20世纪中后期开始，进入了以电子信息通信技术和网络经济为产业核心科技和技术创新主导路线的新一轮增长周期。这一时期被称为"高技术"或"新经济"的时代，使世界摆脱了20世纪70年代的石油危机所导致的经济衰退，再次走上强劲增长的产业发展路径。

但是，这一时代仅仅经历了二十多年的时间却已发生了三次严重的经济危机（或严重衰退）。第一次是1997年的亚洲金融危机；第二次是21世纪初（2000年开始）以美国纳斯达克综合指数大幅度下跌为标志，高技术产业和"新经济"股（主要是网络股和生物股）泡沫破灭；第三次

---

① ［美］克里斯·弗里曼、弗朗西斯科·卢桑：《光阴似箭——从工业革命到信息革命》，中国人民大学出版社2007年版。

是当前正在经历的以美国次贷危机所诱发的世界性经济衰退。

这表明：这一轮的产业核心科技主导路线及其与产业发展战略路径之间的关系尚没有得到深刻的认识。关于当代产业的技术支撑基础，特别是关于高技术产业的运行规则和可行的商业模式，还有许多问题没有搞清楚，因此，在实践中必然产生一系列矛盾。这一问题至今仍然是关系到世界经济和我国经济未来10—20年产业发展战略路径的最大"谜团"。如果不能解开这一"谜团"，那么，一系列现实问题将长期困扰着我们，例如，高技术产业为什么会让社会失去信心，导致创业股（"新经济"股）崩盘，而且，至今起色不显著？为什么在今天这个所谓"新经济时代"，传统产业（例如房地产业）对经济增长仍然具有决定性的影响，而高技术产业却没有表现出中流砥柱的力量？高技术产业具有非常不同于传统产业的经济学特点（例如，其产品的边际成本非常低甚至几乎为0），那么，怎样的市场竞争规则和商业模式才能使之不仅在科技上具有先进性，而且在经济上也具有可行性？高技术产业具有比传统产业强大得多的"创造性毁灭"性质，这在产业升级过程中会导致怎样的经济现象，特别是利益冲突和产业冲击？国家政策应如何应对？

总之，二三百年来，世界工业化取得巨大的成就，但也仍然留下了至今尚未解决的重大问题。而中国的改革开放正是在这样的历史背景下进行的。

二 产业发展值得借鉴的若干国际经验

在西方国家工业化过程中，美国是一个值得研究的案例。19世纪30—80年代，美国工业化走到世界前列，其制造业发展的关键条件之一是交通运输成本的降低，特别是日益密集的铁路网络的扩展。这使得美国自然资源丰富的优势突出地表现出来。美国占有充足的原始森林和灌木林，1800—1850年美国在木材使用方面开始处于领先地位，在制成品的生产过程中大量使用木材。20世纪美国加大了进一步对自然资源的开采。经济史学家说：大规模开采自然资源，成为美国工业主要的燃料来源、基本的建筑材料和重要的化工原料，以及难得的工业材料。特别是进入

"石油时代",美国经济发展得到极大推动,成为拥有世界霸权的超级经济强国。

戴维·莫厄里(David Mowery)和内森·落森堡(Nathan Rosenberg)在《20世纪的技术变迁》[①]中写道:"美国20世纪的技术变迁应被视为在依托众多有利的和独特的初始条件的背景下产生的。其中最重要的是经济中丰富的自然资源禀赋。经济中技术变迁的方向和意义是在美国拥有丰富的资源禀赋这一事实的作用下形成的,这对现代工业化至关重要。""相比起来,战后的美国研究与开发体系至少在三个方面不同于其他工业经济实体的研究与开发体系:(1)新兴的小型公司是新技术商业化过程中的重要实体;(2)与国防有关的研究与开发投资和采购对美国经济中的高科技产业产生了深入的影响;(3)战后时期美国反托拉斯政策具有非同寻常的严厉性。"他们经过各方面的讨论后写道:"我们因此可以得出结论,自然资源禀赋和制度这两个方面的因素在肯定美国20世纪非同寻常的经济和技术发展轨道以及取得非同寻常的成果方面都发挥着必不可少的作用。"

如果确实如经济史学家所说的那样,自然资源和制度创新是美国工业化领先于世界的两个重要因素。那么,其他国家会如何呢?世界上很少有像美国那样自然资源丰富的国家,而且即使拥有丰富自然资源的国家(例如石油生产国)也未必能获得美国那样的工业化成就。那么,资源缺乏的国家如何实现快速工业化呢?韩国是一个值得研究的案例。韩国自然资源并不丰富,却也在几十年的时期内高速增长,成为具有相当实力的新兴工业化国家。韩国的经济发展路径大致是:

1. 20世纪60年代——主要是出口导向经济起飞的阶段,劳动密集型产业(特别是轻工业)较快发展。

2. 20世纪70年代——主要是重化工业阶段,政府通过强有力的产业政策来实现从劳动密集型产业向资本密集型产业的调整升级。

为了实现出口导向型劳动密集型产业发展基础上的重化工业化,实现

[①] [美]斯坦利·L.恩格尔曼、罗伯特·E.高尔曼主编《剑桥美国经济史》,中国人民大学出版社2008年版。

产业结构升级，20世纪70年代，韩国的产业技术政策的主要目标开始转变，即强调在引进技术的同时大力促进自主技术的开发。韩国70年代的产业技术政策主要是建立以公立研究机构为中心的，政府主导的产业技术开发体系，同时采取措施促进民间企业技术开发。

3. 20世纪80年代——韩国开始反思政府强力推进产业结构升级所带来的弊端，于是进入了产业结构调整和经济增长方式转变的阶段。这一阶段的任务是实现从资本密集型产业向技术密集型产业的升级。将产业技术开发作为80年代产业政策的重要内容，全面推行技术立国战略，采取了一系列扶持政策。

4. 20世纪90年代——韩国的产业技术政策进入了全面调整时期。韩国政府为取得技术上的主动权，制定了一些促进高新技术开发和发展的制度和政策。当处于工业化初级阶段时，韩国政府对经济增长起到了关键的作用，"大政府"和"直接干预"，突出表现为控制市场价格和政府直接参与企业发展过程，特别是采取经济措施支持大企业集团发展。尽管取得了相当大的发展成就，但其弊端也越来越暴露出来。

5. 20世纪90年代，特别是1997年东亚金融危机后，韩国政府与经济界清楚地认识到，20世纪90年代以来，韩国经济停滞不前，并最终导致1997年年底那场空前规模的金融危机。企业尤其是大企业集团过度依赖于金融机构贷款的负债经营，以及由于高成本、低效益导致的韩国产业国际竞争力的削弱。大企业集团迅速膨胀，而中小企业却步履艰难乃至大量破产倒闭；第三产业过早地膨胀的同时制造业的比重过早地出现下降现象。产业结构上的这种严重失衡局面抑制了经济的长期稳定发展。特别是韩国进一步深刻反思了政府直接干预经济所产生的利弊得失。

从1998年开始，韩国进行政府公共部门的进一步改革。内容主要是缩小政府的规模，包括中央政府、地方政府、国有企业的规模缩小和减员。同时，建立有效率的运转体制，包括提高政府机构的透明度、责任感、效率性。实际上就是减少政府的干预和提高政府管理的效率。

纵观韩国自20世纪60年代以来的工业化历史，可以看到其工业化进程表现出了以下几个突出特点：

1. 韩国的产业发展体现了一个发展中国家在本国具体国情下所实现的可观成就。

2. 政府在产业发展过程中发挥了积极的作用，促进了产业结构的较快调整和升级；但也产生了一定的不利影响，导致结构的不平衡和一些产业国际竞争力的不足。

3. 大企业和企业集团在政府的支持下获得令人瞩目的发展，但中小企业的发展问题一直成为备受关注的问题。

4. 韩国十分重视保护和支持本国企业发展，注重自主技术，有很强的自主品牌意识；这反映在开放政策上，既有主动的一面，也有被动的一面。韩国政府一直对内外资企业实行统一税收政策。20世纪后期开始调整外国投资政策。在1997年经历金融危机后，韩国政府开始意识到有选择地吸引外资的重要性，随后对外资政策进行了一些调整，于1998年11月出台《外国人投资促进法》。根据这部法律，韩国政府大幅放宽了对投资领域的限制，允许外国企业并购韩国企业，并对外商在高科技、生物技术等产业直接投资实行鼓励和支援政策。

5. 韩国的经济发展战略和政策取向同政治体制变革有着密切而复杂的关系。

韩国的工业化走的是一条同美国相当不同的道路，既体现了后发工业化国家的特点，又表现了具体国情下不同的战略选择，包括体制和政策的不同选择。不过，无论是美国还是韩国，其工业化过程都有本质上相同的客观规律性，那就是不断进行体制创新和经济开放，推动技术进步，以技术进步实现资源的更有效利用。而无论是资源丰富还是缺乏，都不可形成长期单纯依赖资源优势的增长模式。依靠制度和技术创新，才是工业化最根本的动因。

三 中国改革开放以来的工业化进程与制度创新

世界各国工业化的重要经验——科学开发利用资源和不断进行制度创新，在中国三十年发展的历史上也非常突出地体现出来。"资源"和"制度"，也是中国工业化三十年的关键词。

从 20 世纪 70 年代末 80 年代初开始的改革开放，是中国工业化的第二个时期。中国工业化的第一个时期是从新中国成立到 20 世纪 70 年代末的二十多年，那是在计划经济体制下由政府通过强力的经济计划所推动的经济建设。自然资源的大规模开发也是其特点之一。那一时期，尽管也取得了一定的建设成就，但总体来看，效果非常不能令人满意，其根本原因是制度的僵化。中国工业化的第二个时期，经济增长速度和效果显著优于第一时期。

中国工业化第二个时期以改革开放为最突出特征，实际上就是进行彻底的制度革命，遵循经济发展的客观规律，从计划经济体制走向市场经济，从封闭经济走向开放经济，融入世界工业化的全球经济体系。三十年来，取得了巨大的成就，同时也付出了相当的代价。如果可以类比美国，那么，中国三十年工业化的加速也得益于两个基本因素：一是资源开发利用；二是制度变革。

中国从怀疑、徘徊、尝试，到义无反顾地走向市场经济，是一次震惊世界的制度革命。市场经济的竞争机制可以自发而极大地发挥国家和地区的基于资源禀赋的"比较优势"。原先在国内和国际上都有不少人以为，经济落后并且经历了长期计划经济僵化体制的中国会非常惧怕市场经济的激烈竞争。但事实却是，中国敢于以奋不顾身的精神，将"比较优势"即廉价资源的优势发挥到极致，用"血拼"式的竞争方式，勇敢面对国际竞争的挑战。尤其是中国实行了快速的开放进程。从世界工业化的历史看，与处于同中国相同发展阶段的其他国家相比，中国对国际资本全方位开放的高度容忍，在世界大国中是非常罕见的。

当然，中国的对外开放和市场经济改革主要和突出地表现在工业领域。工业是改革开放最彻底，因而市场竞争强度最高，发展也是最快的产业。工业化所带动的城市化，表现了最具独特性的人口迁移和城市建设过程。尽管中国经济具有很特殊的具体国情，其发展道路必然具有显著的特色，但是，中国工业化的技术路线与制度演进也绝不可能完全背离世界工业化的一般规律，相反，正如本文前面所说的，中国改革开放实质上就是从偏离世界经济发展规律的计划经济，转向遵循一般规律的市场经济。所以，中国经济发展总体上必然是世界工业化技术路线的扩散、延伸、模仿和借鉴。

由于中国是一个 13 亿人口的巨大经济体，所以，中国工业化是人类历史上从未经历过的世界工业化版图的迅猛变迁过程。而且，这一巨大经济体要在几十年的时间之内，走过世界工业化两三百年的历史阶段。所以，尽管中国改革开放具有"渐进式"的特点，但中国产业发展的阶段性特征则是"压缩性"和"急速式"的。在短短二三十年的时间内不仅实现了经济规模的巨大扩张，而且几乎经历了本文第一节所讨论的世界工业化的全部阶段。在这一意义上可以说，世界工业化两百多年的历史被压缩到了中国加速工业化（即改革开放）的三十年时间里。

三十年的历史是无比辉煌的，同时，这也导致产生了一种非常突出的文化现象及其在各方面的体现："追求极度压缩过程的显示性结果"，即忽视或者力图省略过程、急于求成、直接显示出标志性结果，成为普遍的社会现象。例如：组建企业集团、"做大做强企业"，教育与科研发展、产业结构调整，以致创造自主技术和自有品牌，实行各种各样的"战略"、"规划"，等等，几乎都是期望在很短的几年中就达到世界其他国家需要几十年甚至上百年才能达到的结果：发达国家有超级大企业（所谓世界 500 强），我们也尽快要有；发达国家有一流大学，我们也尽快要有；发达国家有世界级名牌，我们也尽快要有；发达国家的现代服务业成为主导产业，我们也要尽快发展服务业并使之超过工业……

"追求极度压缩过程的显示性结果"的社会心态，有其"只争朝夕"精神的可贵，但也可能是违背客观规律地"揠苗助长"。许多事物的过程是必须经历的，而且，往往是经历不同的过程就会有不同的结果，或者，表面上相同的结果因其形成过程的不同，实际上具有非常不同的性质（例如，中国进入所谓"世界 500 强"的大企业与发达国家的大企业具有非常不同的性质；中国的"名牌"与发达国家的名牌也不是同一性质的东西）。改革开放是一个观念革命与机理变换的过程，这一过程有其自己的运动规律，不可能一蹴而就。所以，从世界工业化的历史长河看，中国改革开放还将经历很长期的制度建设和机制发育过程。

四 面对当前形势的长期战略选择

以上分析表明，中国现代经济发展的基本性质是：在总体上循着世界工业化的总体路径持续推进，是世界工业化合乎逻辑的历史延伸。中国工业化不可能逾越世界工业化过程所须经历的各主要发展阶段，也难以另辟蹊径实行完全不同于西方发达国家的基本工业技术路线，更不可能脱离经济全球化背景和居主导地位的资本主义国际经济规则。另外，中国工业化又是人类工业化进程中的一个非常独特的现象，具有显著的"中国特色"。

经过三十年的改革开放，中国的工业化程度有了显著的提高，从产业结构的统计数据看，可以认为中国已经进入工业化的中期阶段。但是，由于中国经历的发展时间毕竟很短，极度压缩了变革过程，必然还有许多滞后的"长变量"需要经历相当长的演化过程。就产业领域而言，有两个基本问题：第一，产业结构演变；第二，企业的持续竞争力提升。

关于第一个问题，面临的现实国情是，作为一个人口众多、幅员辽阔的巨大发展中国家，中国正在面临和将要面临的几乎一切重大和长远的经济社会问题的解决，都高度依赖于重化工业的长足发展。只有发达的重化工业，才能解决中国的城市化、交通运输、国土整治、资源开发、水利工程、环境保护和国土治理，以及国家安全、民生福利等问题。但是，重化工业在本质上必须依赖资源的大规模开发利用。所以，"用资源解决资源问题"，是我们这个时代的特征。这样，产业升级的经济学意义：主要不是用"高新技术产业"替代"传统产业"。在现阶段，传统产业还不是必须淘汰的"夕阳"产业，而高技术产业也未必一定是比传统产业更具有商业前景的产业。总之，传统产业必须在与新技术和高技术产业的共存中"复兴"，而不是很快走向"衰亡"。当然，这并不否认高技术产业是更具长远前景的新兴产业。

关于第二个问题，面临的现实是，中国企业尽管有了很大的发展，甚至也有企业进入世界 500 强大企业的行列，但总体上看中国企业的国际竞争力还不强。麦肯锡公司最近进行的一个全球性调查表明①,世界跨国公司中77%的高层管理者认为,中国企业的竞争力主要来源于低生产成本(见表1)。而相当大比例的跨国公司认为,中国企业还不是他们的竞争对手,他们称中国企业为"一个无力的竞争对手"。其中41%的受访企业高层管理者认为中国企业"比其他大多数竞争对手都弱",32%的受访企业高层管理者认为中国企业"实力上与其他大多数竞争对手相当",只有14%的受访企业高层管理者认为中国企业"比其他大多数竞争对手都强大/强大得多"(见表2)。

表1　　　　　　　　　中国企业的竞争力的来源　　　　单位:占受访者%

选答问题	对目前状况的评价	对未来三年的预测
低生产成本	77	69
中国政府的支持	59	59
专利和版权法规未得到严格执行	49	43
享有进入海外市场的特权	20	26
卓越的产品或服务	8	24
有吸引力的品牌	7	22
其他	14	15

注:受访人数1020人。
征答问题:"总部设在中国的企业之竞争优势"。
资料来源:《中国的全球挑战》,《麦肯锡季刊》2008年第2期,经济科学出版社2008年版。

表2　　　　　　　　　中外企业的竞争力比较　　　　单位:占受访者的%

选答问题	对中国竞争对手的整体实力的评估
我们所有的竞争对手都在中国	1
比其他大多数竞争对手都弱	41
实力上与其他大多数竞争对手相当	32

---

① 《麦肯锡季刊》2008年4月进行这项调查,共收到1555份来自全球具有代表性的企业高层管理者的反馈,其中,28%是首席执行官、其他首席级高官或公司董事。

续表

选答问题	对中国竞争对手的整体实力的评估
比其他大多数竞争对手都强大/强大得多	14
不知道	12

注：受访人数 1225 人。

征答问题："考虑贵公司所在的所有的市场，中国竞争对手整体上的实力与来自其他国家的竞争对手相比较如何？"

资料来源：《中国的全球挑战》，《麦肯锡季刊》2008 年第 2 期，经济科学出版社 2008 年版。

从上述两个问题的分析中可以推论，中国未来改革开放要解决的中国产业发展的战略问题是：不仅要发展"高新技术产业"，实现产业结构升级，也要长期努力将传统产业发展为"精致产业"，培育更多"精致企业"。由于中国工业化是以高度压缩过程的方式进行的，所以，缺乏"精致产业"和"精致企业"是中国工业长期发展的一个突出问题。其重要性同创新，同发展高新技术产业同样具有决定性意义。创新具有"创造性毁灭"的性质，但也有"创造性连续"的性质。而后者就表现为形成"精致产业"和"精致企业"的雄厚竞争力基础结构。

无论是发展高新技术产业，还是培育精致产业和精致企业，都必须要有自主技术。中国发展自主技术必须解决的最基本问题是资源和环境约束条件下的中国产业发展长期战略。中国的资源禀赋，特别是一次能源结构与从西方国家转移过来的工业技术路线之间具有很大偏差。人类在一定的发展阶段（中国正处于这一发展阶段），必须以推进工业化的方式来缓解和解决资源阻碍问题。工业化确实会遇到资源约束的阻碍，但是，如果不实现工业化，则资源短缺的问题将更难以解决，甚至根本没有解决的可能。所以，问题的本质并不在于要不要加速工业化，而在于，在工业化现阶段，如何以更科学可行的方式来加速工业化，通过更高效率地利用资源来从根本上解决资源问题。工业成本上升是工业化进程中迟早要遭遇的问题，中国并不具有大规模向国外转移生产基地来解决这一问题的可能，所以，最根本的出路是激励和培育起各产业和企业通过提升自身效率来消化成本上升因素的能力。这将是中国未来的改革开放所要解决的最根本问题之一。

解决这一问题，包括确定改革开放的基本方向，应有科学的对策思路。其中所涉及的一个根本思维方式是：当社会面临重大而具有广泛性的问题时，我们是期望依靠更高层次的决策来解决（例如，提高审批层级，即让更高层级的政府部门来决策，以至让有关政府部门升格以增强执行权威），还是努力创造可以依靠尽可能低的决策层来解决问题的机制（例如，构建企业竞争的激励相容性机制，使企业的自主行为可以倾向于实现合理目标）？前者的思路倾向于依赖政府理性和执行权威，而且，相信层级越高的政府机构越具有社会理性，其执行效率也完全可以保证其决策的贯彻。后者的思路更倾向于依赖微观行为主体（特别是企业）的理性和行为效率，而且，相信可以通过设计和建立激励相容的体制和政策体系来达到微观行为主体的目标同社会理性目标尽可能的一致。前者可以称为"集权有效观"，后者可以称为"竞争有效观"。

不能否认，在一定的条件下，上述两种思路倾向各有其合理性，也有其不完善性或不适应性。但是，如果相信市场经济制度的有效性，并且认为解决中国现阶段面临问题的根本出路是提高企业竞争力以消化工业化成本上升的压力，保持中国经济持续快速增长，那么，世界工业化的历史和中国三十年改革开放的历史都证明了：归根结底，只有在有效和公平竞争秩序中，才能形成提升产业和企业竞争力的基础。所以，公平竞争是推进工业创新的最有效制度和政策条件。这应成为未来工业改革开放最基本的认识基础。

结语

中国改革开放三十年是世界工业化进程向中国推进的一段极为辉煌的历史，在这短短的三十年间，不仅中国发生了改天换地的变化，而且整个世界也因此而巨变。从工业技术路线看，中国工业三十年沿着世界工业化的产业核心技术路线以急速和压缩的方式发展，取得震惊世界的成就，同时也付出非常明显的代价。尽管三十年的历史和战略路径必须充分肯定，但未来向何处去却是一个非常严峻的挑战。因为，过去的发展模式已难以持续，转变经济发展方式成为迫在眉睫的紧迫问题。也就是说，一方面，中国工业化进程必须继续快速推进，不容迟缓；另一方面，面临的资源、环境约束以及社会公平等已经成为不得不高度重视的问题。多项政策目标的权衡将长期困扰我们。在这样的新形势下，必须避免在"以经济建设为中心"上的动摇，在"市场是资源配置的基础性机制"上的动摇和在"以公平竞争方式实现效益和效率提高"上的动摇。如果在此基本路线上发生动摇，不仅将使三十年改革开放的成就付诸东流，而且将使未来的中国经济再次陷入困境，甚至导致社会矛盾的尖锐化。以发展解决发展中出现的问题，是工业化阶段唯一可行的政策选择。同时，也必须深刻认识经济和社会结构，特别是利益结构的变化，充分估计工业化进入更高阶段必然发生的社会在价值目标选择上的变化。环保、公平、正义等将成为越来越受重视的价值目标。因此，如何在基本路线决不动摇的前提下，注入新价值因素，保持和不断提升国际竞争力，是中国工业化战略须解决的最根本问题。

（原载《财贸经济》2008年第11期）

中国工业改革三十年

中国经济发展处于工业化阶段，中国经济的最大主体是工业，三十年来，中国经济体制改革的关键是工业（工业企业）改革。迄今为止，在各产业中，工业经济（第二产业）发展最快，在三次产业中所占比重不断提高，除了是由中国目前所处的工业化阶段决定之外，一个重要原因是，工业改革的广度和深度最高，市场化和国际化进程最快，企业竞争最充分。所以，中国工业改革开放最真切地体现和反映了迄今为止探索中国特色社会主义道路和进行经济体制改革的丰富内容和艰难经历，以及改革的主要成就和需继续解决的问题。

一 突破计划经济羁绊——挣脱贫困低效陷阱（1978—1992）

中国工业改革发端于严重的经济困境之中。1978年4月20日发布的《中共中央关于加快工业发展若干问题的决定（草案）》（简称"工业三十条"），是当时指导工业战线拨乱反正的重要文件。其基本思路是明确"企业是生产单位，必须以生产为中心"和强化生产指挥过程的责任制（党委领导下的厂长分工负责制，总工程师、总会计师责任制），来建立和保持正常的企业生产秩序。该《决定》对工业改革所产生的实际作用并不很大，因为它只是要求维护计划经济体制下的生产活动，但却是当年党的十一届三中全会正式决定"把全党工作的着重点和全国人民的注意力转移到社会主义现代化建设上来"，即确立"以经济建设为中心"的党的路线转变在工业领域中发出的一个先声，也体现了在中国经济濒临崩溃边缘、生产效率低下、人民生活贫困的困境中，工业领域渴望变革的迫切愿望。

此后若干年，中国经济改革的核心战场在农村，因为，农村的极度贫困和低效已经危及亿万农民的生存底线，甘冒"准备坐牢"风险和"逼上梁山"式改革在农村破土后势不可当。以家庭承包为核心的农村改革实质上是农民要求破除计划经济的枷锁，争得自己的经济自主权。其实质就是要求建立（或者恢复）农村的市场经济制度。

农村改革短短几年就取得明显的成效。这给工业改革以极大的启示和刺激：要向贫困和低效宣战，就必须突破计划经济羁绊，这成为工业改革最初的意识起点。

1981年，十一届六中全会确认"我国的社会主义制度还是处于初级的阶段"，让突破计划经济体制的尝试有了"名正言顺"的理由。按照当时的认识，高级阶段的社会主义必须是纯粹的计划经济，而"初级阶段"的计划经济则可以不那么纯粹。于是，1982年，党的十二大提出了要"正确贯彻计划经济为主，市场调节为辅的原则"，这就在计划经济体系中为市场经济撕开一道缺口。

1984年，经济体制改革的主战场从农村转向城市，工业改革（企业改革）成为中心。十二届三中全会通过《中共中央关于经济体制改革的决定》，提出："社会主义经济，是在公有制基础上的有计划的商品经济，商品经济的充分发展，是社会经济发展的不可逾越的阶段，是实现我国经济现代化的必要条件。"其中，"商品经济"的提法实际上是市场经济的一种曲折的表达。从这一年开始，以工业领域为突破口和主攻点，计划经济的清规戒律一个个被打破。价值规律、价格改革、经济刺激等市场经济运行机理和原则，逐步得到承认和实行。尽管这一时期的改革措施大多具有计划和市场"双轨制"的特征，并因此而产生了许多矛盾和混乱现象，但毕竟是在计划经济的机体中顽强地生长出了市场经济的因子。

城市经济体制改革的中心环节是企业改革。企业改革主要包括两个方面：一是国有企业（包括大集体所有制）改革，即要把原先作为政府附属物和计划指标被动执行者的国营企业，改革成为独立核算的经济主体，自主经营，自负盈亏。并且从增加工资、允许发放奖金等开始，逐步引入经济刺激机制，力图改变"干与不干一个样，干好干坏一个样"的严重低效率行为。二是允许非公有制经济（企业）的发展，并逐步扩大非公有制企业可以进入的产业领域。期间，许多地方的乡镇企业也在计划体制的夹缝中成长起来，因此，农村工业发展成为中国工业化的一个突出特点。特别是，中国经济体制改革从一开始就采取了以对外开放打破僵化体制，为改革探索道路和获取借鉴的思路，因此，允许和鼓励外商投资成为突破计划经济体制和探索改革道路的重大战略举措。这样，工业改革为国有企业、私营（民营）企业和外资企业的"三分天下"企业结构基本格局的形成埋下了伏笔。与此相适应，实行了一系列的改革开放政策，其中，特别重要的：一是允许和鼓励一部分人、一部分地区先富起来的政策。这是打破计划经济体制下形成的顽固惰性，强化利益刺激，培育市场主体和动力机制的关键。其深层意义则是从固守计划经济的人为平衡和平均主义原则，转向承认效率和竞争原则，而后者正是市场经济的内在机理。二是以实行优惠政策和建立经济特区（经济开发区等）等方式，打破计划经济的封闭体系，植入市场经济的活体，特别是让国外（海外）市场经济因素直接进入中国，并孵化其发展。

可见，这一时期的工业改革特征是"穷则思变的改革"。为了摆脱贫困，征服低效，迫不得已痛苦地反思计划经济的有效性，既有怀疑，又不忍放弃。所以，这一时期的改革充满了争论，左顾右盼，走走停停，甚至也有犹豫和反复。尽管改革的方向是从计划经济向市场经济的转变，但理论认识是不够清晰的，因而政策表述是模棱两可的，改革措施是"双轨制"的。

但是，即使从今天的立场看，这一时期的改革所指向的方向也是正确的，所产生的影响是深远的。因为，最重要的是，开始了思想解放的历程，放弃了对计划经济的迷信和对传统社会主义模式的盲目崇拜，敢于"摸着石头过河"，并且敢于以"不管白猫黑猫，抓住耗子就是好猫"的朴素思想冲击当时极为僵化封闭的意识形态樊笼，特别是悄悄地开始了奠定市场经济发展基础的观念革命：人们越来越认识到，摆脱贫穷必须依靠自救自利，而如果仍然眼睛向上，"等、靠、要"，将没有人会替你改变贫穷的命运。因此，整个社会开始承认：个人和企业追求收入、利润和财富不仅是正当的个体理性行为，而且是对社会有益的合理行为。这一深刻的观念革命对于突破计划经济，转向市场经济具有决定性的意义。以此观念革命为基础，"发展是硬道理"、"效率就是生命"、"时间就是金钱"等口号迅速成为发自内心的社会共识和推动中国三十年改革开放和高速发展的内在动力。

二 走上市场经济道路——社会主义模式创新（1992—2000）

1992年是中国经济改革关键的一年。这一年，邓小平在视察南方时发表重要谈话，明确提出"计划和市场都是经济手段"以及"社会主义也可以搞市场经济"的论断。毫不过分地说，这在科学社会主义理论发展历史上具有石破天惊的意义。"计划经济"一直是社会主义的"天条"，提出"市场调节为辅"和"有计划的商品经济"已是大胆的突破，而明确地宣布社会主义可以实行市场经济，则是一次真正彻底的思想解放和理论革命。

当年召开的中国共产党第十四次全国代表大会正式宣布："经济体制改革的目标，是在坚持公有制和按劳分配为主体、其他经济成分和分配方式为补充的基础上，建立和完善社会主义市场经济体制。"这不仅进一步确立了邓小平建设有中国特色社会主义理论在全党的指导地位，而且从根本上明确和坚定了中国改革不可动摇的方向。

如果说前一阶段（1978—1992年）的中国改革是"逼上梁山"和"穷则思变"，那么，可以说，1992年开始的改革则具有"义无反顾"的特征，表现为"不再争论"，"大胆尝试"，"决不走回头路"。这一阶段的工业改革开始了向计划经济的各个环节发起大胆攻击。

第一，工业经济管理体制逐步摆脱指令性计划和行政性管理，政府管理工业企业的行政主管部门进行重大改革。随着市场取向改革的推进，企业要求政府"松绑"的呼声越来越强，工业管理的传统计划体制越来越成为阻碍市场经济发展的障碍。因此，政府工业主管部门首先成为改革对象。这就使工业生产指令性计划体系的行政依托和执行部门的功能不断弱化、边缘化，直至彻底撤销其建制机构。从而让工业生产的计划经济体制改革没有了"回头路"。其中，对工业改革具有重要意义的是，1998年开始进行的改革开放以来的第四次政府改革①。这次改革将国务院的40个组成部委减少了11个，特别是，这次政府改革使行政管理从具体的工业经济管理中淡出。除了国防科技工业和信息产业两个管理部门之外，这次改革将其他直接管理工业的10个部委都撤销了。从此以后，大多数（国有和大集体）工业企业都不再有直接的行政隶属主管部门了。中国工业经济的组织体系彻底从"部门管理"的计划系统转变为自主企业的产业组织集合体。

第二，中央向地方、政府向企业不断"放权让利"（包括将许多中央国营企业下放到地方），同时逐步硬化国有企业预算约束，将国有企业推向市场。直至1999年，中国共产党第十五届四中全会通过《中共中央关于国有企业改革和发展若干重大问题的决定》，明确宣布："建立现代企业制度，是国有企业改革的方向。"从这一时期开始，国有企业的改革循着两个基本方向推进：一是进行"国有经济战略性调整"，实际上就是把没有必要保持国有性质的国有企业改革为非国有企业。二是对仍然保持国有性质的国有企业进行公司化改造（从以《全民所有制工业企业法》设立和调整转为按《公司法》设立和调整）。由于多年计划经济体制的约束，国有企业的市场适应性非常差，经济效益低下，大多一度陷于严重经营困难的境地，因此从1998—2000年，在全国范围内进行了国有企业"三年改革与脱困"。到2000年年底，国有及国有控股工业企业实现利润2392亿元，比1997年增长1.97倍，全国31个省区市全部实现整体盈利。1997年亏损的6599户大中型企业减少4799户，占72.7%。大多数国有大中型骨干企业初步建立现代企业制度，列入520户国家重点企业的514户国有及国有控股企业有430户进行了公司制改革，占84%。国有企业"三年改革与脱困"目标的基本实现为下一阶段的深化改革创造了条件。

第三，在国有企业改革推进的同时，非国有和非公有制企业（以下

---

① 改革开放三十年来，共进行了6次政府改革，分别开始于1982年、1988年、1993年、1998年、2003年和2008年。

简称非公有制企业）以更快的速度发展，中国工业经济的企业制度结构（所有制结构）发生重大变化，即非公有制企业的比重迅速上升，国有企业的比重逐步下降。按工业总产值计算，1978年国有企业占77.6%，集体企业占22.4%，其他经济成分所占比重极小，基本可以忽略不计；1992年国有和国有控股工业企业下降到51.5%，非国有企业（包括集体、个体和其他工业企业）占48.5%（见表1）。

表1　　1978年以来工业总产值所反映的企业所有制结构变化

单位：亿元人民币

年份	国有及规模以上非国有企业工业	国有及国有控股工业企业	国内非国有企业*	"三资"工业企业
1978	4237（100%）	3289（77.6%）	948（22.4%）	
1992	34599（100%）	17824（51.5%）	16775（48.5%）	
2000	85674（100%）	40554（47.3%）	21655（25.3%）	23465（27.4%）
2006	316589（100%）	98910（31.2%）	117602（37.2%）	100077（31.6%）

注：*1978年为"集体企业"；1992年为集体、个体和其他企业；2000年和2006年为国有及规模以上非国有企业工业总产值、国有及国有控股工业企业工业总产值、"三资"企业工业总产值。括号内为所占比重。

资料来源：作者根据《中国统计年鉴》中的数据计算。

非国有企业的发展不仅使得微观经济主体基础更能够适应市场经济的运行，而且由于改变了国民经济由国有企业"独木支撑"的局面，也使国有企业的进一步改革有了更大的回旋空间。

第四，与企业所有制结构变化相应的是社会分配结构开始发生重大变化。1992年召开的党的十四次全国代表大会作出明确决定：社会主义市场经济体制的基础是"公有制和按劳分配为主体、其他经济成分和分配方式为补充"。这不仅确立了包括私营企业在内的各种非公有制经济的合法性，而且承认了按劳分配与要素分配具有同等合法性，尽管在当时的政策语言表达上两者之间还有"主体"和"补充"的差别。1997年，党的第十五次全国代表大会进一步明确确定："非公有制经济是我国社会主义市场经济的重要组成部分。"要"把按劳分配和按生产要素分配结合起来"。收入分配制度的改革不仅具有调动各方面积极性的巨大作用，而且使经济发展的动力机制产生了深刻的变化。从此，不仅"就业"是民生之本，而且"创业"也成为发展之源；个人和家庭收入不再只是"消费资金"，而是成为储蓄和投资的重要资金来源；广大群众不仅可以勤劳致富，经营致富，创意致富，而且可以通过获得财产性收入而致富。这就为市场经济的发展奠定了基于利益机制的稳固基础，使亿万人民从对切身利益的关心上，拥护和参与社会主义市场经济体制建设，并以持续的热情投入市场经济发展的历史潮流。

第五，在市场经济体制改革和建设过程中，价格体制改革是一个既不可回避怠慢，又充满极大风险的难题。从20世纪80年代开始，中国的改革就试图从价格改革入手，曾经在"渐进、双轨"中徘徊，而又在"彻底放开"的过程中产生很大的社会震荡。当1992年明确了市场经济的改革方向后，价格改革的推进就进入了比较顺利的轨道。到20世纪末，绝大多数工业产品价格都实现了市场化，标志着中国市场经济体制改革取得了决定性的成就。

第六，初步形成了全方位对外开放格局。不仅表现在进出口贸易的大幅度增长，而且，特别是表现为投资环境的明显改善和外商投资企业的大量建立，中国从一个完全封闭的国家，转变为世界发展中国家的所有大国中最为开放的国家之一。当其他大国处于像中国这样的经济发展水平时，没有哪个国家实行过像中国这样的对外商企业的高度宽容、鼓励和优惠的政策，而且，在各地区之间还以相互竞争的方式把吸引更多外资作为地方政府最重要的政绩目标之一。这种开放姿态在全世界都是极为罕见的。因此，中国在短短二十多年的时间内，就成为世界吸引外资（特别是外商直接投资）最多的发展中国家。全世界的工业生产能力大规模地向中国转移，加之中国的市场经济体制的迅速成长激发起极大的生产热情，并显著地提高了生产效率，使得中国很快成为世界工业生产大国，越来越多的主要工业产品生产规模居世界前列。

1992—2000年的改革是具有决定性意义的一段历史。在此期间，中国遭遇过挫折和艰难，而世界政治格局的巨变（特别是苏联的解体和东欧的蜕变）也曾给中国以巨大的压力。中国能够渡过这一充满极大风险的改革时期，并为确定长期的改革方向和道路奠定了不可动摇的基础，其中，邓小平的巨大贡献是举世公认的。而邓小平的决断之所以得到人民的广泛拥护，主要归因于其高度务实和完全从人民切身利益出发的精神。就像是当年承诺给农民"分地"、让工人"当家做主"的务实目标激励了人民对解放事业的拥护一样，"致富"、"小康"的务实目标也激励了广大人民以极大的热情拥护和投入改革开放事业。

这一时期的改革所形成的最重要观念是：要实现国家强盛、人民富裕，不可能靠国家计划的直接安排和政府以行政性方式进行资源配置。相反，市场调节应成为基础性的资源配置机制。也就是说，市场竞争成为推动工业化的强大力量，才能从根本上改变中国经济落后和低效的状态。所以，这一时期的理念革命：就是彻底地相信自立自强，相信"适者生存，优胜劣汰"的竞争规则。

在这样的观念以及以此为基础的行为原则之下，中国工业进入了一个"血拼"式竞争年代：企业竞争意识大大增强，竞争行为极端激烈，竞争强度大幅提高。为了在竞争中取胜，尽可能地调动各种可以获得优势的因素，包括低价格的资源（土地、能源、矿物等）、低报酬的劳动、低成本的资金、低环境标准，再加之减免税收等，使中国工业的许多产业出现了可能是世界工业史上最激烈的竞争现象。尽管"血拼"式竞争会产生明显的副作用，遭到人们的批评，但是，客观地看，这是中国改革开放过程中的一种历史性进步，是中国从计划经济向市场经济转轨中的一种"奋不顾身"的精神。正因为这样，中国才能够在短短二十多年的时间内就彻底消除了计划经济的"短缺经济"特征，使工业生产能力和规模大幅度提高。更重要的是使中国工业国际竞争力显著增强，有了在进一步开放条件下的生存能力和发展潜力，有了迎接经济全球化的竞争实力。

当然，"血拼"式竞争是一种代价高昂的发展道路，从长期来看是难以持续的。所以，在这一时期，"从外延增长向内含增长转变"、"要正确处理速度、规模和效益的关系"、"改变粗放经营方式"、"转变经济增长方式"等呼声始终伴随着实际上的"有水快流"、"大干快上"、"做大做强"的行为。所以，可以公允地说，"血拼"式竞争既是改革开放取得成效的表现，也是改革开放在一定时期内不得不付出的成本。无论如何，在这一过程中，中国工业树立起了向更加开放的市场经济体制迈进的勇气、信心和决心。因为中国工业终于可以向世界宣称：我们不仅不害怕市场竞争，而且，欢迎市场竞争；我们不仅不反对市场经济，而且可以对世界所有的国家说：让市场经济来得更猛烈些吧，中国工业做好了迎接经济全球化潮流的准备！所以，在这一时期，中国就进行了申请加入世界贸易组织（及其前身关税与贸易总协定）的不懈努力。

三 融入全球经济体系——探索科学发展之路（2001—2008）

2001年12月，中国正式加入世界贸易组织是一个有标志性意义的事件。它标志着，中国承认世界资本主义市场经济制度的现实性，决心全方位融入这一必然走向全球化的世界市场经济体系；这同时标志着，中国准备好了将在经济体制和机制上同世界接轨，接受世界市场经济制度的共同规则和竞争政策。从此，中国的经济体制改革不再仅仅是中国自己的事情，而且是全世界的事情，因为，中国的改革开放已经不仅仅关系到中国人民的利益，而且关系到世界各国的利益，所以，加快中国经济体制改革的要求不仅来自国内，而且将承受来自外部的越来越大的压力。也就是说，进入这一时期，内部的改革要求和外部的改革压力将推动中国经济体制加快改革步伐。而且，改革方向十分明确清晰：同世界市场经济制度全方位接轨，融入经济全球化的体系。

如果说此前的改革开放完全是中国自发的行为，那么，进入这一阶段的改革开放就具有"内外夹击"的特征，而且是"方向既定，别无选择"。简言之，中国经济体制改革完全走上了一条必由之路。

中国工业改革涉及四个根本问题：一是"计划还是市场"；二是"国有还是非国有"；三是"管制还是自由"；四是"垄断还是竞争"。应该说，经过改革的前两个阶段（1978—2000年），在上述第一个、第二个问题上，中国工业改革已经取得了决定性的进展，至少在改革的方向和观念上已经明确。也就是说，市场机制已经成为基础性的资源配置方式，在工业领域的大多数行业中，市场价格已经成为调节生产和供求的决定性因素；同时，尽管国有企业的根本性改革还没有完成，但是，国有、民营（非国有）和外商三分天下的格局已经形成（见表1），在观念上也已经明确了非国有企业可以进入几乎所有的工业部门，国有企业通过战略调整将退出更多的一般性工业部门。而且，在客观上，国有企业也在向着定位于特殊企业的方向不断深化改革。正因为在这两个根本问题上工业改革取得了比较大的成就，所以，改革三十年来，以工业为主的第二产业成为第一、第二、第三产业中发展最快、竞争力提高最显著的产业。这也是中国三次产业中第二产业增长率一直最高，因而在三次产业中的比重特别大的原因之一。

进入工业改革的第三个阶段，后两个问题越来越成为深化工业改革的重要内容。第一、第二个问题主要回答"要不要搞市场经济"的问题，第三、第四个问题则主要是涉及"要搞怎样的市场经济"的问题。

市场经济的基本要求之一是实行自由企业制度，只要是法律没有禁止的，企业就可以做。这是使市场竞争主体企业具有充分的活力和创新力的基本制度保障。世界贸易组织所要求的自由贸易原则是自由企业制度原则的延伸和在国际贸易领域中的体现。所以，加入世界贸易组织就意味着我们承诺要给企业（中国和外国企业）以充分的自由竞争保证。不仅在生产领域，而且在投资领域，都必须尊重企业的决策自主权，减少政府的直接干预。所以，中国工业改革的基本取向是政府逐步减少对企业行为的直接干预。也正因为这样，三十年来，中国企业，特别是工业企业获得了很大的活力，显著地提高了工业企业，特别是制造业企业的国际竞争力。中国制造的工业品在世界市场的份额大幅度提高。据统计，中国制造业产品在国际市场占有率从三十年前的不足2%，提高到目前的9%以上，而且还在进一步提高。

自由市场竞争极大地解放了企业的生产力，但企业为追求市场竞争优势特别是成本价格优势，以"血拼"方式参与竞争，代价也是巨大的。其突出表现是：大量消耗自然资源，无限圈占土地，严重破坏环境生态和对劳动者权益（劳动条件和报酬）的忽视等。所以，到了世纪之交，人们越来越认识到，为了节约资源和土地，保护环境生态，维护劳动权益，必须对企业的行为进行必要的规范（管制）。因此，以更有效的方式对企业行为进行必要的管制，成为新时期工业改革发展的一个重要问题，这实际上也是贯彻落实科学发展观在工业领域中的直接体现。也就是说，工业发展的根本目的不是物质的增长，而是必须以人为本，即让人民获得更高质量的生活，并且必须保证发展的可持续性。

问题是，对企业行为进行管制，最终体现为实行一系列具体的政策措施，而可行的政策手段和有效管制措施其实是有限的。通常的方式是：设置产业进入壁垒、制定各种技术标准、进行环境评价审核，以及实行各种各样的行政性审批程序等。而所有这些又都有一个合理的"度"的问题，超过了一定的限度，管制政策和措施就会成为妨碍市场经济正常运行，甚至导致低效率和腐败现象的消极因素。所以，减少和清理行政审批，放松管制也是工业改革的重要内容。其实，"管制还是自由"、"管制还是放松管制"，不仅在中国，而且在全世界都是经济体制改革的重要内容。中国既然加入了世界贸易组织，体制改革也必然遭遇世界各国都会面临的一些共同难题。从这一意义上可以说，中国工业改革已经由主要解决从计划经济向市场经济转轨的问题，转变为不仅要继续解决从计划经济向市场经济转轨的问题，而且要解决世界各国市场经济有效运行所面临的一些共性的体制和政策问题了。

除了管制和自由的问题，世界各国遇到的另一个共性的体制问题就是"垄断和竞争"的关系。从根本上说，市场经济的生命和活力来自竞争，没有竞争就没有市场经济。垄断是阻碍市场经济公平竞争的严重不良因素，但又是市场经济无法完全消除的现象。计划经济体制下是完全的国家垄断，没有竞争。向市场经济转轨后，竞争越来越替代垄断成为产业组织的主要形式。但是，自然垄断、经济垄断，特别是行政性垄断现象在我国工业领域中仍然普遍和顽固地存在，而且，随着企业收购兼并活动的增加，又产生了新的企业垄断行为的可能。近年来，大型国有垄断企业的行为，特别是凭借垄断地位甚至垄断特权获得集团利益的现象，越来越引起社会公众的关注和不满。有人甚至认为，这些垄断企业凭借国家赋予的特权和强大的市场实力，已经严重偏离了国有企业的公共利益目标，而常常直接损害了广大消费者和公众的利益。因此，要求对国有垄断企业进行进一步改革的呼声越来越高，国家也逐渐认识到了这一问题的严重性。

从工业体制和国家工业政策的历史沿革看，中国一直强调的是产业政策的重要性[①]。产业政策的特征之一是具有战略性和倾斜（歧视）性的，即鼓励一些、限制一些、禁止一些，对于符合战略方向的则进行国家的直接参与。国有垄断企业的形成往往是同一定时期的国家产业政策相关的，甚至直接体现了一定时期产业发展战略的要求，其逻辑是"既然重要，国家就集中力量自己干"。问题是，随着中国市场经济的不断发展和成熟，产业政策的作用将发生很大的变化。而主要通过公平的市场竞争而不是歧视性的国家干预来实现工业长期发展，将成为中国工业改革的基本方向。所以，与产业政策相比，竞争政策将越来越发挥更重要的作用。因此，垄断产业和国有垄断企业的改革将成为中国工业改革的重要内容之一。如果从世界贸易组织规则和经济全球化的国际竞争规则来看，中国国有垄断企业的深化改革，不仅是中国工业发展的要求，也必然成为国际关注的重大问题。从这一问题上也可以看到中国工业改革所具有的国际意义。中国工业改革不仅是中国的事情，也是世界的事情！

结论

中国的改革从来不是为改革而改革，不是从体制的理想观念出发而实行的改革，而是为发展而实行的改革。从这一意义上说，中国的改革不是理想主义的，而是现实主义的。不是出于意识形态价值追求，而是人民利益的价值追求。因此，中国改革的核心观念是"解放思想"，中国改革的价值观从不自觉地以物为本，转向自觉地以人为本，其精神动因是高度务实的。其中，承认中国正处于并将长期处于社会主义初级阶段，是中国务实改革的根本时代地位。中国改革的成败得失，是以发展的成就来衡量

[①] 我国从1986年开始提出"产业政策"。1989年3月颁布第一个正式的产业政策文件《国务院关于当前产业政策要点的决定》，1994年3月国务院颁布了第二个产业政策文件《90年代国家产业政策纲要》，1997年9月，国务院同意国家计划委员会会同水利部等有关部门制定和颁布《水利产业政策》。经国务院批准，中国国家发展改革委员会于2004年6月1日正式发布《汽车产业发展政策》，同时，1994年颁布实施的《汽车工业产业政策》废止。2005年4月国务院审议并原则通过《钢铁产业发展政策》。2006年10月，国家发展改革委员会公布《水泥工业产业发展政策》。2007年，国家发展和改革委员会颁布《煤炭产业政策》和《林业产业政策要点》。2008年2月，国家发展和改革委员会等部门发布《境外投资产业指导政策》。

的，这就是"实践是检验真理的唯一标准"在改革进程中的务实体现。从实践检验的结果看，中国工业改革无疑是非常成功的。工业改革极大地解放了生产力，使中国工业成为具有显著国际竞争力的大规模产业，令世界为之惊叹，甚至感到"威胁"。中国工业改革不仅解决了计划经济向市场经济转轨的体制问题，而且在解决世界共性的体制和工业政策问题上，中国工业改革也在作出重要的贡献。当然，中国工业改革的未来道路还相当长远，三十年的时间不可能实现体制改革的全部目标，而且，一些最深层、最根本的体制问题还没有得到彻底解决。所以，任重道远仍然是中国工业改革面临的基本态势。

(原载《中国工业经济》2008年第5期)

中国工业变革振兴六十年

回望1949年新中国成立以来的历史，亿万人民前赴后继，求解放、求变革、求振兴。六十年坚持不懈地艰难苦斗，其中，曾历经差不多三十年岁月试图建立计划经济，又经过了三十年向市场经济转轨的历史，走过风云变幻、跌宕起伏的年月，沧桑变迁，换了人间，使今天的中国站在了实现千年强国之梦的新起点上。在中国经济发展的这六十年中，由所处的社会发展阶段的历史性质决定，工业成长和工业化始终是不变的主题。因此，回顾和总结1949—2009年六十年中国工业变革振兴的历史经验，实际上就是重温和反思中国现代化道路的核心逻辑。

一 解放的历程：工业观念挣脱思想禁锢

解放，是被压抑了数千年的中国民众长久的追求，特别是，民族解放、国家解放和思想解放，成为近两百年来因封闭而落后，因落后而挨打，因挨打而濒临民族危亡的中华民族最大的愿望。谁举起解放的旗帜，就拥护谁；谁带领人民求解放，就跟着谁。"解放"成为唤起中国民众巨大热情和激发被压抑的生产力的极大召唤力。因此，中国对工业化和现代化的追求始于1919年开始的思想解放，而真正的工业化和现代化进程则始于1949年的国家解放，即新中国的成立。但是，解放的道路是不平坦的。特别是思想的解放往往是非常曲折的。当人们挣脱了旧观念的禁锢，满以为可以张开新思想的翅膀，却不料又成为另一种教条的思想奴隶；因而需要再次的思想解放。六十年来，中国为解放付出了巨大的努力和代价，直至今天，仍然需要新的思想解放。

（一）国家解放的火热年代

1949年是以"解放"载入中国历史的纪年。实际上，1949年的国家解放是1919年以来的思想解放运动并最终接受了马克思主义的科学社会主义理论的民族解放和人民解放运动的产物。中国人民曾经把西方强国当做"老师"，称之为"德先生"（民主）和"赛先生"（科学），希望从那里获得挣脱千百年思想牢笼的新思想；没想到，"老师"总是欺辱"学生"，而且他们的理论和思想并不适合中国国情。于是，中国不得不放弃对西方资本主义道路的追求，走上"马克思主义理论同中国具体实践相结合"的道路。

在新中国成立初期，"破除迷信，打破常规，向科学进军"成为激发人民热情的有力口号。经过短短三年的国民经济恢复时期就基本医治好了战争所造成的巨大创伤，整个中国进入了一个激情洋溢的火红建设时期。1952—1957年的国民经济建设第一个五年计划，在苏联所提供的经济援助下，开启了中国现代工业发展的伟大历史。国家解放所激发的思想解放唤起了万众一心的建设高潮。

第一个五年计划期间，是中国工业发展六十年历史上第一个取得了重要成就的时期。从工业发展的指导思想上看，尽管明显倾向于尽快走向计划经济和依赖国家直接参与经济建设活动的工业体制和工业化道路，从今天的立场看也许并不十分适当，但是，一方面，中国当时处于工业化初级阶段，确实需要国家发挥启动和推进作用；另一方面，当时的经济计划大体上能够从实际出发，而且国民经济结构比较简单，国家计划手段易于驾驭。所以，历史地看，当年的计划经济所取得的建设成绩是具有重大意义的，为以后的工业发展奠定了基础。

（二）极度亢奋后迷途知返

第一个五年计划时期所取得的很大成就，加之资本主义工商业的社会主义改造的顺利完成，极大地振奋了人心，但也使人们失去了冷静，误以为只要"让思想冲破牢笼"，人的任何伟大理想都可以实现。于是，"人定胜天"、"人有多大胆，地有多大产"等豪言壮语成为主导经济建设的思想倾向。西方工业化国家二百年历史所创造的工业成就，不仅不值得迷信和崇拜，而且相信，中国只要通过几个五年计划的奋斗就可以达到。因此，"赶上美国，超过英国"成为工业"大跃进"的直接目标。

1958年开始，中国工业在"鼓足干劲，力争上游，多、快、好、省地建设社会主义总路线"的指引下，进入了一个极度亢奋的时期，全民"大炼钢铁"，各类工业"土法上马"。当时的所谓"思想解放"，实质上成为不顾现实和无视客观经济规律的代名词，经济建设蜕变成为一场"思想运动"和"人民战争"。一些发展经济学家曾经主张的"大推进"理论，在中国的"大跃进"中得到了极端的表现。但是，严重违背客观经济规律必须付出极大的代价。经济结构的失衡所导致的损失远远大于建立起来的无数个完全不符合最基本的技术标准的工厂所形成的工业生产能力。失去了正确的方向，攀得越高摔得越重，越是努力损失越大。1958年开始的三年，主观上追求"大跃进"，结果却成为"三年自然灾害时期"。实质上是因违背经济规律而导致的国民经济严重失衡和紊乱，以致产生极大的经济困难。第二个五年计划不得不中断执行。这是六十年历史上第一次教训惨痛的时期。

冒进必须以"退后"为结局。随后的几年（1963—1965年）为"国民经济调整时期"，实质上是迷途知返，从畸形的突进中大幅度后退。不仅许多工厂、矿山关闭，而且大量工人返乡。由于中国经济具有极大的柔韧性，加之计划经济的思想和管理方式也有其特殊的动员力量，公共利益和集体利益高于个人利益、个人服从组织的计划经济原则，具有应对非常态危机的特殊功能，所以，中国经济居然较快地实现了有秩序的后退，并大体恢复了元气。

（三）误入歧途而濒于崩溃

尽管从实际的历史事实看，中国其实从来没有实现过苏联式的计划经济体制，但是，中国以建立计划经济为目标的思想却不断得以强化和固化。而且，在"大跃进"所导致的极度困难中不得不进行以"退后"为主要内容的经济调整，不仅没有弱化建立计划经济的理想，相反，似乎是依靠了计划经济的方式才使国民经济摆脱困境。于是，从历史挫折中不可思议地得出了中国必须彻底抛弃资本主义，拒绝一切市场行为和市场经济因素的意识形态结论。

20世纪60年代中后期，计划经济的意识形态在政治路线的强烈维护下越来越成为不允许有丝毫怀疑的信条。"彻底革命"、"打倒走资本主义道路的当权派"等政治口号，在经济思想上就等同于"拒绝市场"、"清除一切同市场经济相关的因素"，而且，将中国经济完全隔绝于世界资本主义体系之外。甚至企业利润、计件工资和个人奖金等都被认为是资本主义因素而禁止。

终于，中国的十几亿人口陷入了思想禁锢的深渊。理论与中国现实的严重背离，加之错误的政治思想和政治路线的蛮横推行，对中国经济造成了极大的损害。到20世纪70年代末，国民经济走到了"濒临崩溃"的危险境地。那时，尽管在统计上似乎可以显示"中国建立了相对完整的工业经济体系"，而且由于长期实行"优先发展重工业"的经济政策也确实形成了一定的工业基础，但是，同世界其他国家特别是发达工业国相比，中国工业完全缺乏竞争实力，差距越来越远。尤其是，绝大多数中国人根本没有享受到工业文明的利益，中国仍然处于极度贫穷和落后的境地。渴望尽快实现工业化和现代化，成为那个时代人心所向的愿望和梦寐以求的目标（当时称为"一定要实现'四个现代化'"），尽管广大人民这样的愿望和目标总是被"突出政治"、"政治挂帅"等错误思想和政治口号所湮没和打击而难以实现。

从1949年至20世纪70年代末的近三十年间，从主观愿望上，中国几乎是在不停顿地进行对旧思想、旧观念的"革命"，直到1966年发动"文化大革命"，"破四旧，立四新"，"进行无产阶级专政下的继续革命"，并以"革命"的方式进行经济建设的动员和统治。但是，却在"解放"和"革命"的旗帜下，一步步走向极端的思想禁区，直至各种能够激发经济活力，有利于经济发展，特别是同市场活跃及同国际经济联系的思想和理论，都被视为反动的"资本主义"和"修正主义"而受到越来越严厉的批判和禁止。

（四）思想解放的强劲动力

法国伟大作家维克多·雨果有句名言："世界上没有任何权威能够关住一种适合时宜的思想。"

20世纪70年代下半叶，"文化大革命"结束，中国开始了具有伟大意义的思想解放过程。与过去不同的是，这次思想解放不再是从意识形态理想出发，而是从解决最实际的经济和社会现实问题的实事求是考虑出发。从一定意义上甚至可以说，这是对传统观念和理论的"逼上梁山"式的"反叛"，即对极"左"政治思想和政治路线的反叛，对计划经济的传统体制和传统观念的反叛。从根本上说，是极度的贫穷和巨大的国际差距迫使中国必须彻底解放思想：从理想主义的幻想（意识形态目标）到现实主义的转变。

因此，20世纪70年代后期的解放思想从承认"实践是检验真理的唯一标准"开始，从承认中国将长期处于"社会主义初级阶段"的认识开始。基于这一认识，必然得出结论："广大人民群众日益增长的物质文化需求与落后生产力的矛盾是社会主义初级阶段的基本矛盾。"贫穷是最大的敌人，创造财富是最迫切的要求。所以，以经济建设为中心是唯一正确的政策选择。

其实，过去也讲经济建设和财富创造。只是在计划经济思想的逻辑下，发展经济的动力来自对公共财富的追求，而认为追求个体财富（个人财产和企业利润）是不道德的，甚至是违法的。实践证明，以这样的思维逻辑在现实中很难保证生产积极性的长期维持，效率低下的问题难以根本解决，特别是，慵懒、懈怠和依赖的工作态度和行为方式不可遏制地蔓延，将腐蚀整个社会的生产力基础。结果是使得国家和人民在追求崇高目标（"大公无私"、"无条件完成国家计划指标"、"跑步进入共产主义"等）的口号下，却走向了普遍贫穷的深渊。

从70年代下半叶开始的思想解放在财富观上的突破口就在于：承认追求个体（个人和企业）财富的正当性，将经济发展的动力基于个体收入和财富的追求上。所以，在政策上要允许和鼓励"一部分人、一部分地区先富起来"。要承认微观主体的经济责任制（农村的家庭联产承包和企业的自负盈亏等）和经济刺激。承认了微观主体的经济责任制和经济刺激制度，以及承认和鼓励非公有制经济的存在和发展，实际上就是承认了追求个人财富和进行个人财富积累的合法性和正当性，甚至还要鼓励和表彰"勤劳致富"，"万元户"以及"百万富翁"。同时，也承认了企业是追求利润最大化的独立经济主体。

财富观的解放为经济理论的解放奠定了基础。1992年邓小平明确提出，"社会主义也可以搞市场经济"，当年召开的中国共产党第十四次全国代表大会正式宣布："经济体制改革的目标，是在坚持公有制和按劳分配为主体、其他经济成分和分配方式为补充的基础上，建立和完善社会主义市场经济体制。"市场经济与计划经济在思想逻辑上的最根本的区别在于，计划经济基于自上而下的动力机制和资源配置机制，而市场经济的动力机制和资源配置机制则基于追求个体财富的微观动力；前者的运行直接基于对社会总体目标的关注和追求，后者的运行则是将社会总体利益的实现基于对个体利益的关注和追求。用学术性的语言来表述就是：市场经济相信，即使人人遵循"经济人"行为原则（即一切从个体利益最大化目标出发），整个社会也能够实现总体利益最大化目标。而计划经济则认为，如果实行追求个体利益为主导性的行为准则，则整个社会生产将陷入混乱，更不可能实现社会总体利益最大化。

实践证明：计划经济的逻辑是没有现实可行性的，而市场经济的逻辑所焕发出来的个体积极性和追求财富的动力机制是极其强大的。允许和鼓励微观主体更主动和自由地追求个体财富，确实能够导致整个社会生产力的巨大解放，导致社会财富的大量涌现。中国自20世纪70年代末以来，三十年社会生产力的极大解放源于伟大的思想解放，而这一思想解放所具有的真理性又得到经济发展实践，特别是三十年来工业发展所取得的辉煌成就的检验。这是中国六十年思想解放历程中的后三十年与前三十年的根本区别。即前三十年的思想解放是以某种意识形态原则为检验标准的，尽管也包含一定的合理性，但往往严重脱离现实；而后三十年的思想解放是以实践为检验标准的，尽管也须不断摸索和纠错，但总是充满生命力和不断进取的活力。

（五）科学发展的观念升华

思想解放的意义不仅仅是摆脱禁锢，而更在于与时俱进。思想解放使工业文明，特别是工业社会的经济效率原则在中国得到实现，唤发起巨大的生产潜力，取得了空前的成就，促进了国民经济特别是工业经济的高速发展，使社会物质财富极大涌流。但工业社会财富意识的觉醒绝不是让"不择手段"、"财大气粗"和"为富不仁"的劣行泛滥。"人为财死，鸟为食亡"、"金钱是万恶之源"的"财富诅咒"更不应成为现实悲剧。工业社会财富意识是市场经济的动力源泉，财富的觉醒是市场经济伟大创造力的体现。但是，现代财富文明和工业文明并不是极端个人主义和利己主义的统治。在基于现代财富文明和工业文明的市场经济制度下，追求财富不仅仅是一种个人负责精神，即意味着准备承受压力和竞争，自力更生，自尊自强；而且，追求财富也应该和必须是一种社会责任行为，它意味着财富形成过程中的个体行为也要具有对相关利益者负责，对社会负责，对世界负责的精神；它要求财富的创造和积累过程不仅只对个体是可以持久和代际相继的，而且应该和必须是对社会、世界和人类也是可持续的。

因此，思想的进一步解放，在经济发展观上必然表现为从以物为本向以人为本的观念转变，同时，实现社会责任意识的提升。21世纪，在经济发展成就的基础上，面临新的挑战，党中央提出了必须以科学发展观统揽全局的新思想。科学发展观的实质不是放弃对物质财富的追求，而是必须赋予物质文明和创造物质财富的过程更强的人文价值。即发展的价值不能仅仅用生产和产出的物质成果本身来判断，而必须用是否有利于或促进了全体人民的生活质量的提高和生活环境的改善来衡量；生产过程的竞争方式不能建立在对人的基本权利的损害之上，而必须将"社会责任"原则作为与工业社会的效率至上机理并行不悖的准则。因此，科学发展观不仅是对生产方式的科学选择，而且是对生活方式和人本价值的科学和合理选择。按照科学发展观，发展的价值不仅仅是物质财富的大量涌流（GDP的快速增长），而且是创造和追求物质财富过程的文明有序，是经济发展成果的公平分享，是物质文明与精神文明的良性互动。总之，发展的价值是物质富裕条件下人的自由、平等和尊严，是经济强盛条件下社会的文明、正义与和谐，是人类在利用自然中同自然友好相处从而能够世世代代获得大自然的持续恩惠。

"理论是灰色的，而生命之树常青"，正是中国六十年解放道路的真实写照。

二 变革的道路：工业改革开放领先全局

新中国成立六十年，如果说在思想上是不断追求解放，其中，前三十年是以某种意识形态原则为标准的思想解放历程，后三十年是以实践为唯一检验标准的思想解放历程；那么，在行动上，六十年来就是在体制、战略和政策上的不断寻求变革道路的历史。其中，前三十年是试图建立社会主义计划经济体制的理想主义变革道路，以不断的"革命"运动为特征；后三十年则是探索建立社会主义市场经济体制的现实主义变革道路，以"摸着石头过河"式或者"渐进式"的改革开放为特征。而无论是前三十年还是后三十年，工业都是变革行动最前沿的经济领域。

（一）难以持续的计划经济

从新中国成立到20世纪70年代末的近三十年，通常被称为"计划经济时期"。其实，准确地说，应称为"追求计划经济理想而不得实现并屡受挫折的时期"。

计划经济是由理论推演而产生的一种理想经济制度。按照这种理论设想，整个国民经济可以在实行生产资料全民所有制的基础上由一个集中决策中心通过下达指令性计划指标，实现全社会"有计划、按比例"的经济运行和发展；不仅可以完全避免资本主义市场经济的周期性危机，而且可以实现比资本主义市场经济更快的发展速度。计划经济的理想尽管是诱人的，不然也不会曾经有那么多国家苦苦追求，但是，在现实中却不可能满足计划经济运行的条件，所以，对计划经济的追求总是事与愿违的。

非常遗憾的是，在从1949年到20世纪70年代的将近三十年中，一次又一次朝向计划经济的事与愿违的"变革"尝试，都没有使人们怀疑计划经济理论设想的美妙和可行，反而不断强化着"绝不能走资本主义市场经济道路"的固执。因此，计划经济不仅几乎成为一种宗教式的盲目信仰，而且更严重的是，还成为一种人人必须在行动上固守的法条。其实，在现实中，即使在实行计划经济规则最严格的经济领域——工业中，计划经济也不可能完全实行。城市中存在各种"大集体"和"小集体"企业，农村中的社队工业（后来称为"乡镇工业"）在许多地区，特别是沿海省份顽强地发展起来。这些工业企业不可能被纳入计划经济，尽管在经济思想上认为它们的前途是都将"升级"为国营企业，因为，单一国营和全部纳入国家指令性计划工业经济体系，是那个时代不可怀疑的意识形态原则。

总之，前三十年经济体制的特征是：意识形态上的计划经济信仰，实际执行结果的事与愿违，现实中不得不允许"计划内"和"计划外"（也称"体制内"和"体制外"）的两个领域，市场关系和行为在观念上被"消灭"、在法律上被禁止而实际上却始终顽强地存在着。

与计划经济相一致的是国民经济体系的封闭性。尽管在前三十年中，也有局部的由国家垄断经营的对外贸易，也从外国主要是实行社会主义计划经济的苏联引进过一些工业设备和技术，但从总体上说，不断走向封闭，极端地主张"自力更生、自给自足"、"既无内债，又无外债"是那个时代的基本特征。在这三十年中，中国工业的体制特征不仅是高度指令性计划的，而且也是完全对外封闭的。

前三十年，在制度变革的追求上希望割掉资本主义的所有"尾巴"，"跑步进入共产主义"，建立纯粹的计划经济体制，并把公有制、计划经济和按劳分配作为社会主义制度最本质的特征。这种取向的社会变革的探索精神可嘉，但却因严重脱离现实而最终走到难以为继的境地。政府制订计划指标与实际达到的指标很少能达到一致，更不必说是具体的产品指标，即使是国民经济增长及工业增长的宏观性指标也相差极大，主观计划与客观现实基本没有相关性（见表1）。到20世纪70年代，当"文化大革命"结束的时候，中国的变革道路走到了一个发生彻底转折的历史关头。

表 1　　　　各五年计划的增长率计划目标与实际完成情况比较

计划时期 项目	国民经济年均增长率计划数①	国民经济年均增长率实现数①	工业年均增长率计划数①	工业年均增长率实现数①
"一五"	8.6	10.9	14.7	18
"二五"	16.9	0.65	22.9	3.8
"三五"	7	9.6	8	11.7
"四五"	12.5	7.8	12.5	9.1
"五五"	—	8.1	12	9.2
"六五"	4	10.1	4	10.6
"七五"	7.5	11.3	7.5	13.1
"八五"	6②	11.8	6.5	17.7
"九五"	8	8.3	—	10.2
"十五"	7	9.5	9	10.9③
"十一五"④	7.5	—		12.43

注：①国民经济增长率指标："一五"至"五五"为全国工农业总产值年平均增长率；"六五"至"八五"为国民生产总值年平均增长率；"九五"至"十一五"为国内生产总值年平均增长率。工业年均增长率指标："一五"至"八五"为工业总产值年增长率，"九五"以后为工业增加值年均增长率。

②后三年调为8%—9%。

③2001—2005年分别比上年增长8.7%、10%、12.8%、11.5%、11.4%，年均增长率据此计算。

④实际完成数到2008年。

资料来源：全国人大财政经济委员会办公室、国家发改委发展规划司：《建国以来国民经济和社会发展五年计划重要文件汇编》，中国民主法制出版社2008年版。刘国光等：《中国十个五年计划研究报告》，人民出版社2006年版。1980—2008年《统计公报》，国家统计局网站。"九五"时期国民经济和社会发展主要指标，国家统计局网站。"七五"时期《统计公报》，国家统计局网站。第一个五年计划至第十个五年计划，新华网，http://www.xinhuanet.com；五年计划，http://www.allzg.com；国家五年规划，http://www.zjgdx.gov.cn。

（二）改革开放的艰难突破

1978年是中国的"改革开放元年"，是中国变革道路上的历史分水岭。那时，突破旧体制的遭遇战首先在农村开始。农村改革短短几年就取得明显成效，给工业改革以极大的启示和刺激：必须突破计划经济羁绊成为工业改革最初的意识起点。

1981年，中共十一届六中全会确认"我国的社会主义制度还是处于初级的阶段"，让突破计划经济体制的尝试有了"名正言顺"的理由。1982年，党的十二大提出了要"正确贯彻计划经济为主、市场调节为辅的原则"，在计划经济体系中为市场经济撕开一道缺口。1984年，经济体制改革的主战场从农村转向城市，工业改革（企业改革）成为中心。从这一年开始，以工业领域为突破口和主攻点，计划经济的清规戒律一个个被打破。尽管这一时期的改革措施大多具有计划和市场"双轨制"的特征，并因此而产生了许多矛盾和混乱现象，但毕竟是在计划经济的机体中顽强地生长出了市场经济的因子。

20世纪80年代，中国开始走向改革开放的道路，实质上就是对前三十年所实行的体制的突破，过程是极为艰难的。无论是城市经济体制改革的中心环节国有企业改革，还是农村中乡镇工业企业在计划体制的夹缝中顽强地成长起来；无论是对外贸易管制的逐步缓解，还是允许和鼓励外商投资成为突破计划经济体制和探索改革道路的重大战略举措，都是在旧体制的封闭结构中打开一个又一个缺口。特别是从那个时代就开始大胆实行的允许和鼓励一部分人、一部分地区先富起来的政策和以实行优惠政策和建立经济特区（经济开发区等）等方式，打破计划经济的封闭体系的举措，使传统计划经济的僵化封闭体系从根基上产生了动摇。

20世纪80年代的改革开放是工业实践的生产力发展内在要求所推动着的历史变革。工业孕育了最具革命性的生产力因素。为了征服低效率，必须突破传统计划经济体系。即使在一段时期内，观念上对计划经济的有效性，既有怀疑，又不忍放弃；在变革的行动上左顾右盼，走走停停，甚至也有犹豫和反复，但是，改革的大方向却是正确的，它体现了工业革命对于体制变革的推动，其趋势和结果是不以人的意志为转移的。当"发展是硬道理"、"效率就是生命"、"时间就是金钱"等充分体现了工业革命内在要求的变革因素不断聚集，并形成对于经济体制变革的强大驱动力时，一个彻底变革的新时代就到来了。

（三）石破天惊的社会主义市场经济

1992年是中国的"市场经济元年"，是中国经济制度的变革方向终于彻底明朗的划时代年份。如果说在此之前，中国经济体制改革一直是在"计划经济"的基本框架内曲身"变通"，那么，在此之后，社会主义可以搞市场经济，而且必须走市场经济的变革道路，就成为一个全民共识。尽管从历史事实上看，确认社会主义市场经济改革方向依赖了邓小平的巨大政治威望和胆略，即邓小平在中国南方视察时明确提出了社会主义也可以搞市场经济，但从根本上说，邓小平实际上所说出的是一个呼之欲出的真理。

按照对社会主义经济基本性质的传统理论信仰，并被认为是不容怀疑的马克思主义的原则，在共产主义第一阶段——社会主义社会，必须实行生产资料全民所有、计划经济和按劳分配的三个基本制度，这三个基本制度是三位一体，否定其中之一也就放弃了其他两个；而这三个基本制度被认为是社会主义制度区别于资本主义制度的本质特征。这就是为什么邓小平说社会主义也可以搞市场经济，而且得到党内大多数人的赞同和广大人民的拥护，是一个石破天惊的伟大变革。它不仅是对马克思主义理论的实质性突破，而且是对社会主义制度的新定义，在中国社会变革的历史上具有划时代的重大决定性意义。

既然社会变革的方向是社会主义市场经济，那么，作为计划经济前提的生产资料全民所有制也就没有必要一统天下。实行多种经济成分并存的所有制结构不仅可以允许，而且更能适应市场经济的要求，更有助于解放生产力和通过多元经济的市场竞争而有效地提高产业国际竞争力。进一步的逻辑推演必然是：按劳分配也不再是唯一合法的收入分配制度。各种要素参与收入分配，包括按资分配，特别是保证出资人（投资人）的权益，成为社会主义市场经济制度基本原则之一。可见，在社会主义市场经济制度体系中融入了推动资本主义经济发展的积极因素，这样，社会主义与世界资本主义体系也不再格格不入、水火不容，而是具有可以接轨的制度衔接点和包容面。从这一意义上可以说，社会主义市场经济体制是对外开放，走向国际经济和全球经济的制度前提。

1997年是结束短缺经济的标志性年份。市场经济具有解放生产力的极大推动力。如果从1992年正式明确了走向市场经济道路算起,那么,仅仅经过了短短五年的时间,中国就基本上消除了伴随了计划经济三十多年的普遍"短缺"现象,越来越多的产品从"卖方市场"转变为"买方市场",甚至出现了生产过剩以及市场需求约束经济增长这种典型的市场经济现象。这表明,中国的计划经济已经一去不返,市场经济已经逐步占据主导地位。

一个如此深刻而巨大的制度变迁,竟然在这么短的时间内几乎没有发生任何重大社会震动就实现了决定性的跨越,确实是一个奇迹。其中的一个重要条件就是,在从计划经济向市场经济变革的过程中,中国工业保持了稳定而快速的增长,而且工业企业(主要是国有企业)承担了改革所须付出的很大代价。与其他部门相比,工业成为改革和开放最前沿、最大胆、最彻底的领域,因而工业自身也成长为中国经济各部门中国际竞争力最强的部门。这就使得中国有能力和有条件全方位地对外开放,并勇敢地进入经济全球化的"竞技场",全面接受全球化竞争的国际规则,与国际强手共舞,向世界强国迈进。

(四)走向经济全球化

2001年是中国的"经济全球化元年",以加入世界贸易组织为标志,中国全面接受经济全球化的自由贸易及国际投资原则,并将全方位融入经济全球化体系。如果说当代世界经济发展的主题是走向全球化和一体化,那么,很少还有哪个事件比中国的对外开放意义更加重大,影响更加深远而广泛。如果没有中国的开放,占世界1/5以上的人口隔绝在世界经济体系之外,经济全球化和一体化就不可能真正成为现实。而中国的开放使整个世界经济格局完全改变了模样,并且让全世界大多数国家的人民都切身感受到日常生活所受到的真实影响。

没有经历过那个时代的人很难体会到,中国作出对外开放的决策,一直到实行全方位开放,融入经济全球化是何等的艰难,需要何等的理论勇气和政治胆略。1949—1976年,中国的对外经济政策尽管也曾几度变化,但总体趋势上是越来越走向封闭。在1966—1976年的十年"文化大革命"

时期，更是走到了自我封闭的极端。在那个时代，所有的教科书和政策理论都"证明"了开放的危险，与国外发生交往甚至可以被认为等同于"卖国"、"投降"和"背叛"。对外开放，今天看来天经地义，而在当时却被指责为"离经叛道"和"崇洋媚外"。没有思想解放，未经深思熟虑，绝难走出这充满风险的一步。

从 20 世纪 70 年代开始逐步实行开放，到 2001 年中国加入世界贸易组织，中国对外开放的实质发生了很大的变化。起先，实行对外开放政策主要是基于承认中国经济的落后，希望通过利用国内、国外两种资源和两个市场尽快摆脱极度贫穷状态和实现经济赶超。而中国加入世界贸易组织，则标志着中国全面地接受国际市场经济的自由贸易体制，中国社会主义市场经济体制同世界资本主义市场经济制度的多方位接轨。如果说，20世纪 70 年代开始的对外开放的实质是中国打破封闭经济体制的变革，那么，2001 年加入世界贸易组织则是中国融入经济全球化和一体化的历史起点。

（五）工业变革对改革开放的贡献

历经六十年艰难曲折的变革实践，一个 13 亿人口的超大规模国家在一代人的生命周期所发生的如此巨大而迅速的变迁，在人类历史上实属罕见，而在这一巨变过程中，凡是具有积极进步意义的变革实践，工业几乎都走在各领域的前列。直到今天，我们仍然可以说，工业是中国改革开放最先进、最彻底的领域；甚至可以说，在很大程度上，工业是在其他领域的改革开放相对滞后的条件下"一马当先"，甚至是"单兵突进"式地进行着变革创新。迄今为止，中国所发生过或者仍然存在着的许多问题和矛盾，都产生于工业领域的变革先行与其他部门的改革滞后之间的差距，就像是在同一条公路上高速行驶的"工业快车"与其他速度缓慢甚至停滞不前的"慢车"之间难免发生的碰撞。

六十年来，工业一直是生产力最活跃和变革最迅速的领域，工业生产力是推动生产关系和上层建筑变革的革命性驱动力，这不仅发生在城市，而且深入于农村；不仅体现在物质创造上，而且反映在制度演进上；不仅具有坚韧的突破性，而且具有普遍的扩散性。工业所创造的变革力量在六十年历史中发挥了决定性的作用。中国工业改革不仅率先解决了计划经济向市场经济转轨的体制问题,而且,在解决世界共性的体制和工业政策问题上,中国工业改革也在作出重要的贡献。

不仅如此,工业变革还发挥着推动和激发其他相关领域进行变革的重要作用。例如,工业改革要求建立与之相适应的劳动和社会保障体制、市场管理和管制制度、环境监管和保护制度等,而且,要求交通运输、内外贸易、财政税收、金融服务、科学技术、教育培训、医疗卫生、就业管理等制度都必须进行彻底改革,甚至在政府行政体制改革中,工业变革也发挥了突出的促进作用。总之,工业变革的历史推动力是极其强大的,工业变革的社会意义是极其深刻的。工业变革强制性地要求经济、社会的全方位变革与之相适应、相配套,相互促进;工业变革的启动必然拉开所有领域变革的闸门,整个国家变革的洪流浩浩荡荡,势不可当。这就是马克思所说的生产力决定生产关系和经济基础决定上层建筑的现实表现。

三 振兴的成就:工业发展支撑强国之梦

解放思想,实现变革,归根结底是为了实现中华振兴的富民强国之梦。新中国六十年的奋斗,为的是摆脱"一穷二白",自立于世界民族之林,让中国再次成为世界强国,让中国人民享受小康社会的富足和福利。而这一国家和民族振兴的中心内容就是实现工业化。因此,工业化是中国六十年振兴之路的主题。

(一) 初步奠定工业基础

新中国成立之初,仅仅用了三年时间就基本恢复了因战乱而破坏的国民经济。这使人们相信,通过几个国民经济建设五年计划,就可以建立起完整而强大的工业经济体系。从1953—1957年的第一个五年开始,中国实行了优先发展重工业的进口替代战略,从前苏联及东欧国家引进156个大型建设项目,奠定了中国现代工业最初的基础。中国工业经济体系的雏形初现。

在以重工业为主导的工业化发展时期,中国主要的区位优势地区都被规划为工业发展地区；中国大多数所谓"消费性城市"都被要求发展为生产性工业城市。在那个时代，发展工业就代表了进步，不发展工业被认为落后，工厂的烟筒冒出滚滚浓烟，在文学作品中被赞美为"天空中美丽的水墨画大牡丹"。"农业为基础，工业为主导"以农业积累支持工业发展，成为中国工业化相当一段时期的路径特征。

六十年前，发展工业生产的强烈愿望是中国振兴之梦的最直接表现。尽管站在今天的立场看当时的想法难免过于稚嫩和朴素，但是，确实是号准了工业化路径的脉络。向重工业的倾斜和实行一定时期内的进口替代，只要把握好一定的分寸，可以成为不发达国家追赶工业化国家的"抄近路"策略。因此，在许多发展中国家的工业发展历史上都曾不同程度地实行过这样的发展政策。

与这样的发展战略相一致的是，国家在发展工业方面发挥更强、更直接的作用，特别是国家依靠行政力量配置经济资源，直接参与工业投资和生产活动，成为一个时代工业发展的显著特征。因此，工业化的启动与国家计划的强化和国有经济的不断壮大，成为并行的两条轨迹，一直从20世纪50年代延伸到80年代。国有企业不仅是计划经济的一般企业形式，即使是在市场经济中，作为一种特殊企业，国有企业也可以发挥初期发动和强力推进工业发展的功能，尤其是具有推动重工业发展的特殊功能和特殊优势。

（二）不惜代价的经济"大推进"

初步的成功往往会损害冷静和理智的判断力。第一个五年计划的超额完成让人们误以为，只要将指标订得更高，就能够实现比一般发展中国家期望的"大推进"战略的更高目标。第一个五年计划的国民经济年均增长指标为8.6%，实际实现了10.9%；工业年均增长指标为14.7%，实际实现了18%。第二个五年计划为什么不能分别订为超高的16.9%和22.9%？

客观规律是无情的，超高的指标和国家动员式的"大跃进"，不仅没有能够实现"赶美超英"的鸿鹄大志，反而陷入了严重的困境。1958—1961年的所谓"三年自然灾害"困难，实际上是违反客观经济规律所导致的严重经济危机。第二个五年计划期间,国民经济几乎没有增长,有几个年份甚至大幅度负增长;工业生产的年均增长率也只有3.8%。

20世纪50年代末60年代初的"大跃进"失败尽管损失惨重,很快进行了政策调整,并使经济恢复到了正常轨道。但是,人们并没有因此而彻底转变期望通过国家强力手段,以政治动员的方式推进工业发展的思维定式。因此,"抓革命,促生产",甚至"突出政治"和"以阶级斗争为纲",成为1966—1976年"文化大革命"时期的扭曲的政治路线。中国远离了工业化的正常轨迹,甚至使国民经济走到"崩溃的边缘"。

每一次危机都是一次清醒剂,"大跃进"的失利和"文化大革命"的严重破坏,彻底地震撼了中国:当我们关着国门折腾得遍体鳞伤的时候,外部世界却是另一番景象。不仅发达资本主义国家经济迈上新的水平,而且一批发展中国家也实现了令人羡慕的经济发展,有的正进入新兴工业国家的行列。中国远远地落后了,甚至有"被开除球籍"的危险!

中国必须以经济建设为中心,一心一意推进工业化,而工业化必须遵循客观经济规律,这就是十多年的惨痛经历所留下的教训。中国必须刻骨铭心地记住它!

(三) 加速工业化的辉煌时代

从1978年开始实行经济改革以来,中国进入了加速工业化时期。这一时期所取得的工业发展成就是空前的,而且,工业发展成为支撑国民经济高速增长和国家实力显著提升的关键力量。

首先,工业发展机制的变革,使工业增长成为中国经济和社会发展强大的经济引擎。1978年以来,工业体制和发展机制率先从计划经济向市场经济转变,实现了持续高速的工业增长。1978—2008年,工业年均增长率高达11.98%,支撑了国民经济(GDP)年均增长9.6%。同时,从各类工业品制造业,到采掘工业、能源原材料工业、装备制造业的整个工业生产链的全面成长和壮大,有力地推动了中国经济现代化的进程。中国这三十年的工业增长和结构变化差不多走过了先行工业化国家二三百年的历史。中国经济因此而经历了一个持续高速发展的"黄金时期"。

其次,工业化迅速推进奠定了中国产业国际竞争力的基础。20世八九十年代，中国工业以"奋不顾身"和"不惜代价"的精神，利用低价格要素的比较优势进行"血拼"式的竞争，迅速扩大了生产能力和市场份额规模。尽管这样的增长方式具有众所周知的高消耗和高代价局限性，但是，其历史贡献是不容否定的。目前，工业竞争力几乎是中国经济中可以同发达国家相比试的唯一强有力"法宝"。在越来越多的工业部门中，中国工业品具有"势不可当"的市场渗透力和规模扩张力，许多工业品的"中国价格"具有横扫国际市场的强大冲击力和消费者亲和力，极大地改变了世界工业竞争力的整体格局。而工业之外的中国其他产业总体上的国际竞争力还相当弱小，与中国工业竞争力的国际地位不可同日而语。当然，同发达国家相比，目前中国工业的国际竞争力仍然不够强大。迄今为止，中国工业竞争力仍然主要依赖基于低价格要素的比较优势，而以技术进步为基础的竞争优势仍然明显不足。但是，不容否认的是，改革开放三十年来中国工业的长足发展历史性地改变了中国产业竞争力的状况，甚至使整个世界感到震撼和受到严重的竞争压力。

再次，工业为其他领域的改革和发展注入活力和动力。在现阶段，几乎任何重大经济和民生发展规划在经济上的实际作为，都必然体现为需要加快工业发展，特别是扩大工业投资；或者必然体现为企望发达工业的支撑，例如，发展高技术产业与现代服务业都必须以发达的工业为基础。更重要的是，工业精神（效率原则）、工业管理（企业化管理）、工业改革（自主责任）、工业竞争（反垄断性）的成效，为其他行业的改革、开放和发展提供了越来越强的刺激和借鉴；其他领域的改革、开放和发展大多汲取了工业改革、开放和发展的重要经验。从一定意义上甚至可以说，工业振兴是中华民族全面复兴的"裂变核心"。

最后，工业发展显著地提升了中国的国际地位。短短三十年的工业成就，将中国从"落后国家"变为"经济大国"；从"贫穷国家"变为全世界拥有外汇储备最多的国家，并成为美国的最大债权国；从国际自由贸易的被动接受国变为国际自由贸易的积极主张和捍卫国。现在，如果没有中国的参与，任何重大的世界性问题都难以解决。总之，强有力的工业实力支撑了中国的经济基础和国际形象，增强了中国的国际谈判地位、话语权和影响力，使中国获得了近代以来从未受到过的国际尊重。以此为基础,新中国成立60周年的2009年,尽管经历着百年一遇的国际金融危机,却可以成为中国进入世界主导国家之列的标志性年份。

(四)远未走完的中国工业化道路

六十年来,特别是改革开放三十年来,中国工业发展取得了巨大的成就,但是,工业化的道路还远未走完。中国现代经济发展的基本性质是:在总体上循着世界工业化的路径持续推进。中国工业化不可能逾越世界工业化过程所须经历的各主要发展阶段,也难以另辟蹊径实行完全不同于西方发达国家的基本工业技术路线,中国经济发展总体上是世界工业化的技术模仿、扩散、延伸和在此基础上的创新。另外,中国工业化又是一个非常独特的现象。中国工业化是人类历史上从未经历过的世界工业化版图巨大变迁的过程。目前,尽管从经济产出的构成看,中国的工业已经占有很高的比重,似乎已经达到工业国的标准,但是,从人口和劳动力结构看,农业仍然占很高比重,农业劳动向非农产业主要是工业转移的过程还远未完成。

再从经济发展的实质内容看,现实的国情则是:作为一个人口众多、幅员辽阔的巨大发展中国家,中国正在面临和将要面临的几乎一切重大和长远的经济社会问题的解决,都高度依赖于重化工业的长足发展。只有发达的重化工业才能解决中国的城市化、交通运输、国土整治、资源开发、水利工程、环境保护和国土治理,以及国家安全、民生福利等问题。所以,发展更为强大的工业仍然是相当长的一段时期内中国经济发展的中心内容。

而且,即使是从工业本身的技术特征看,有学者的研究也表明:中国现阶段"绝大多数地区的工业表现为资本收益递增……因而从总体上判断,我国工业仍处于规模收益递增时期"[①]。这是各地区都具有发展工业的强烈愿望的经济学根源,它表明,在相当长的时期内,增加工业投资和扩大工业规模仍然具有客观必然性和效益合理性。

---

① 吕冰洋、于永达:《收益递增与中国工业经济资本积累》,《经济理论与经济管理》2009年第3期。

另有学者的研究证明：当前在中国，"服务业和制造业企业法人相比，前者装备一个劳动力所需资产量多于后者；前者的财务和经济效益比后者差；进入前者的投资门槛不比后者低"。"建立这些服务业部门的企业所需的资金门槛并不比制造业低，而服务业法人企业绩效又比制造业法人企业差，从提高整个社会资金使用效率的角度看，恐怕难以断言我国当前发展阶段大力发展服务业就是集约的增长方式。"[1]

以工业高速增长为主要标志，中国经济发展具有十分突出"压缩性"和"急速式"的阶段性特征，即在短短几十年时间内，实现了工业生产能力和经济规模的巨大扩张。"赶超"、"升级"、"飞跃"、"跨越"、"新阶段"等成为最流行的语言。由此产生了一种普遍的文化现象并体现于社会生活的各方面："追求极度压缩过程的显示性结果"，急切地追求显示性成果，甚至可以忽视过程的重要，试图超越必经的过程。这样的社会心理表现在经济政策上就是，有些人主张，中国在现在就可以转向后工业化的产业发展方向，即不再发展工业尤其是不要发展重化工业，而直接向现代服务业快速升级。

尽管这样的愿望不可谓不良好，作为长远目标不可谓不可取，但是，仅仅有良好愿望和长远目标是不够的，路径和过程是更不能忽视的。选择可行的路径，经历必由的过程，对于确定和实施正确的战略具有决定性的意义。中国的现实国情根本不具备逾越工业化必经阶段的可能性。金融经济学家李扬在一份研究报告中也指出："有一种说法认为，中国今后应当大力发展服务业，尤其是要发展金融、高新技术产业之类的新兴服务业。我认为，这种观点的依据以及实现路径，等等，也需要认真讨论。最近几十年来，国际上将服务业发展水平的高低引为评价一国经济发展水平高低的重要指标。这在理论上无可争辩。但是，将这样一种发展规律运用到一个具体国家，必须与该国的具体发展阶段、发展路径、发展过程相一致，才能产生积极的正面效果，否则可能产生误导。在这里，最大的误导就是，我们可能只注意到发达国家如今服务业占主导的现象，忘记了他们那里确曾走过制造业为主的历史，忘记了发达的服务业必须以高度发达的制

---

[1] 刘培林、宋湛：《服务业和制造业法人企业绩效比较》，《经济研究》2007年第1期。

造业为基础的事实，忘记了类似中国这样的大国，不可能像如今某些发达国家那样着重发展服务业而将其对制造业的需求放在其他发展中国家的生产结构之上的冷酷现实。在我看来，在中国促进服务业发展，仍然必须时刻牢记中国人口众多、工业化和城镇化均在进行过程中的具体国情。"①

让历史告诉未来：如果说近三十年来中国所实行的成功的经济和社会发展战略是基于对"社会主义初级阶段"的现实国情的正确认识，那么，未来相当长一段时期能否实行成功的经济和社会发展战略，就取决于是否能够正确认识中国仍然处于工业化发展阶段的现实国情。正如不能逾越社会主义初级阶段一样，中国未来的发展也不可能逾越工业化未尽的必由之路。

中国振兴之路刚刚走过六十年：新中国成立以后的三十年，中国在计划经济体制下初步奠定了工业基础；改革开放以来的三十年，实现了工业化的加速推进，中国的工业实力和国际地位显著提高。再坚定不移地继续走过未来至少三十年的工业化道路，中国才能真正成为民富国强的现代化国家，并稳固地确立在世界体系中主导国家的地位。这就是中国崛起和中华振兴的百年之路。

结语

中国六十年经济社会发展的主题是工业化。解放、变革、振兴，三大核心内容演绎了中国工业化艰难曲折、起伏跌宕，但也是富有创造和成效显著的丰富历史画卷。作为解放、变革和振兴历史的"裂变核心"的工业，不仅表现出生产力最活跃和最具革命性的本性，而且以其彻底的改革、开放精神和最具竞争性的进取行为，迅速地提升了中国产业的国际竞争力，创造和积累了巨大的物质财富，以此为基础而为其他领域的改革和发展创造了条件。中国工业化的巨大成就根本性地改变了中国的国际地位和整个世界的国家关系格局。但中国还远未走完工业化的路程，中国所有其他领域的进步和发展都需要以更发达的工业经济体系和更强大的工业生

---

① 李扬：《宏观经济运行目标：从增长优先到就业优先》，中国社会科学院金融研究所《金融论坛》（内部资料）2009 年第 14 期。

产力为基础。

　　总之，六十年的中国工业化使数亿中国人开始能够越来越多地享受工业文明的福利，这是人类发展历史上的一个辉煌成就；但中国13亿人口中还有更大一部分人仍在期待着工业文明的到来，使他们也能够真正享受工业文明的福利。从这一意义上说，工业化不仅仍然是中国经济社会发展的主题，而且也是最大的民生事业。工业发展的民生意义更高于强国意义，将成为中国工业化新阶段的显著特征之一。

（原载《中国工业经济》2009年第6期）

国际金融危机与中国工业化形势

由美国次贷危机所引发的国际金融危机，从表面上看是金融制度缺陷和金融行为非理性所导致的系统性风险爆发，而实体经济只是被殃及的池鱼。其实，这次国际金融危机之所以是"百年一遇"，就是因为其根源在实体经济之中。无论是发达国家还是我国，都应从整个经济机体的内在联系中认识危机的性质，寻找战胜危机的途径。

一 国际金融危机的产业经济根源

当今世界产业发展的时代特征是：以石油等化石能源为基础的传统产业发展达到巅峰时期；以电子信息技术为代表的高技术产业发展处于高平台期；以金融为代表的现代服务业发展进入扩张期。体现时代特征的三类产业——传统产业（主要是工业）、高技术产业（包括工业和服务业）和金融服务业，成为经济发展的三大支柱，彼此相互渗透、相互依存。国际金融危机的爆发，表明这三大产业均面临深刻的矛盾：传统产业面临越来越严峻的资源环境约束，发达国家传统产业面对成本上升压力却越来越缺乏机制弹性，层层向发展中国家转移；高技术产业尽管具有技术优越性，但技术创新的巨大"创造性破坏力"缺乏有效的新商业模式支撑，导致投资人长期信心不足而倾向于风险性短线投资；金融服务业具有极强的自我增值能力，其迅速扩张导致虚拟经济膨胀，系统性风险剧增。

由此，世界产业发展的三大机制出现了明显障碍：第一，创新机制出现创新不足与创新失度并存现象，其基本原因是创新外溢和创新风险导致产业创新动力不足；因创新者可以转嫁失败风险，又导致一些领域创新失度。因此，世界产业核心技术的突破性创新前景不明。同时，虚拟经济吸纳大量投资资源，并积累起越来越大的风险。第二，由于体制机制趋向于缺乏弹性，企业特别是巨型企业的成本控制能力衰减，盈利能力高度依赖于金融虚拟经济及其支撑的"资本运作"（兼并、收购、剥离、重组、证券化等），而一旦市场环境发生变化，整个经济机体就可能发生严重的系统性风险。第三，传统产业和高技术产业的市场渗透能力都呈现缺乏适应性和扩张力的疲态，难以应对市场需求结构和社会（居民）财富结构巨大变化的现实，表现为销售乏力，因而不得不越来越依赖于信贷扩张。

二 我国工业化的广阔空间决定了经济增长的乐观前景

国际金融危机反映出发达国家的产业根基存在深刻矛盾，它们只有解决了产业发展的市场空间、技术路线方向、升级路径和机制模式等问题，经济增长才会有长期的乐观前景。那么，我国现阶段的产业发展具有怎样的特点呢？

三十多年来，工业是我国改革开放最前沿、最深刻的领域，也是我国目前国际竞争力最强的产业。但是，我国工业化的过程还没有完成。尽管从经济产出的构成看，工业已经占有很高比重，似乎已达到工业国的标准（其实，我国工业的比重还没有达到发达国家曾经达到的比重），但从人口和劳动力结构看，农业仍然占很高的比重，农业劳动力向非农产业，主要是工业转移的过程远未完成。

我国的现实情况是：作为一个人口众多、幅员辽阔的发展中大国，解决正在面临和将要面临的几乎一切重大和长远的经济社会问题，都高度依赖于重化工业的长足发展。只有形成发达的重化工业，才能解决我国城镇化、交通运输、资源开发、水利工程、环境保护和国土治理以及国家安全、民生福利等问题。所以，建设更为强大的工业，仍然是相当长一个时期我国经济发展的中心内容。而且，从工业本身的技术特征看，我国工业总体上仍处于规模收益递增时期。在相当长的时期内，增加工业投资和扩大工业规模仍然具有客观必然性和效益合理性。这是各地具有发展工业的强烈愿望的经济学根源。

当然，工业增长和发展也会出现一些问题，但对此应有科学的认识。工业对我国改革发展作出了巨大贡献。我们所面临的许多经济和社会问题，在本质上是由于工业率先改革开放而其他大多数领域相对滞后所产生的，不应都被归结为工业发展本身的问题。例如，由于社会保障制度、土地制度、环境保护制度、资源开发利用制度等的变革落后于工业所产生的一些问题，不应被归结为工业发展的恶果。人们常常指责工业消耗了资源。其实，从根本上说，恰恰是工业创造了"资源"：地球上以及太空中的物质是"资源"还是"废物"，完全取决于工业技术能力和需求。如果没有工业，地球上的大多数物质都不是"资源"。有了发达的工业，才能节约或高效率地使用地球物质，包括土地、水、矿物等。人们还常常指责工业破坏了环境。其实，工业是保护和改善人类居住环境的经济基础。如果没有工业，人口密集的我国不可能保持青山绿水，荒凉贫瘠的土地难以成为适合人群居住生活的地方。有了发达的工业，保护和改善环境才能成为现实和可行的目标。

工业增长还是解决最大的民生问题——就业的最有效方式。在现阶段，工业发展的民生意义具有根本性和基础性。新中国成立六十年来的工业化，使数亿中国人能够越来越多地享受工业文明的成果；但13亿中国人中的大多数（主要是农民）仍在期待着工业文明到来，期盼着工业文明带来的福利。从这个意义上说，工业化不仅仍然是我国经济社会发展的主题，而且是最大的民生事业。

可见，从我国工业化的性质和进程可以看出，工业化仍然具有广阔空间，这决定了我国经济增长的乐观前景。因此，只要科学认识产业发展的方向和路径，就可以树立起克服国际金融危机的信心。

三 工业增长和发展对于摆脱危机冲击具有关键作用

摆脱国际金融危机的过程大体将经历四个阶段：第一，政府实施宏观经济刺激政策，稳定宏观经济供求，遏制经济下滑。第二，越来越多的企业在经受危机冲击后，完成调整过程，适应变化的环境，恢复和提升竞争力，逐步进入良性经营状态。第三，部分产业出现增长回升并趋于稳定，相关经济部门（房地产、股市等）恢复常态。第四，国际市场景气回升，经济增长回到正常轨道。当前的工业运行数据显示，我国正处于第一个阶段向第二个阶段过渡的时期。世界之所以对我国抱有很高期望，主要就是因为，不仅在第一个阶段而且在第二和第三个阶段，我国都可以发挥重要作用。很显然，其中工业和工业企业包括中小企业将发挥关键性作用。

可以说，摆脱国际金融危机的过程，就是我国工业进一步增强和发挥国际竞争力的过程。从根本上克服国际金融危机和世界经济衰退的不利影响，归根结底依赖于工业国际竞争力的进一步提高。我们将看到：

——经历国际金融危机，我国占世界经济的份额（以 GDP 或者国际贸易总额计算）将显著提高。2009 年，我国很有可能成为世界第一出口大国。

——我国从自由贸易的被动接受国成为积极捍卫国。过去举着"自由贸易"大旗并动辄指责我国违反自由贸易原则的国家，将不得不承认我国以极大的努力执行和维护了自由贸易原则。

——我国基础设施实力将大大增强。在应对危机中，我国超常规地加大基础设施建设投资，将成为基础设施最雄厚、投资和发展条件最优越的国家之一。可以预期，世界资本、技术和人才将更大规模地流向我国。

——资源环境压力在短期内得到一定程度的缓解。一些在资源严重供不应求、资源价格高涨时期办不成的事，现在也许正是解决问题的难得良机。同时，国际资产价格大幅度调整，为已经积累了一定实力的我国经济，特别是给一些具有相当优势的我国企业提供了国际战略选择的机会。

——我国产业和企业的国际竞争力将显著增强。经历国际金融危机的"精洗"，我国产业将具有更强的国际竞争力。具有世界影响的我国企业数量将大量增加。

四　我国工业创新需要解决几个关键问题

无论是应对当前的国际金融危机，还是实现经济长期发展，我国工业都有大有作为的空间。其中的核心问题是，我国工业必须在不断提升国际竞争力的过程中实现关键性的创新突破。

第一，形成节能和节约资源的技术创新机制。其中特别要形成高度外溢性（公益性）的技术创新机制，解决工业发展的资源环境约束问题。现代产业体系的特点是：大规模创造和高效率地利用资源，实现长期可持续发展；以发达的工业技术为基础，使地球上更广大的空间成为适合人类生存的环境。

第二，建立产业升级的创新机制。在现阶段，我国没有"夕阳产业"，应实行全方位的产业发展战略。产业升级的意义不仅仅是产业间升级，更重要、更具有普遍意义的是产业内升级，即工艺升级、价值链升级、产品质量升级，以形成"精致制造"的工业素质。因此，明确产业升级的方向是重要的，但更重要的是正确选择产业升级的可行路径。我国产业升级不是简单的"低端—高端"替代过程，而是沿着竞争力优选路径（不断形成更具竞争力的产业）推进。

第三，实现技术创新和商业模式创新的有效结合。应形成有助于企业实现技术创新和商业模式创新有效结合的制度环境。例如，光伏产业、新能源汽车、环保产业等的发展都需要有效的制度安排。因为，工业创新只有以商业投资信心为基础，才能成为可持续和高效率的活动，成为推动工业持续增长和发展的动因。

总之，这次国际金融危机具有深刻的产业经济根源。我国坚实的产业根基和广阔的工业化空间，是我们可以率先摆脱危机的可靠基础和有利条件；而进一步增强产业国际竞争力特别是进一步发展壮大工业，是我国经济摆脱国际金融危机不利影响并长期保持平稳较快发展的关键。我国工业经历过市场竞争的风浪，不仅可以成为抵御危机的中流砥柱，而且能够发展成为更强大、更高效、更清洁的现代工业体系。

（原载《人民日报》2009 年 6 月 22 日第 7 版）

中国工业化六十年的经验与启示

工业化是一国现代化的基础和前提。新中国成立六十年，不断解放思想，奋力实现变革，为的是摆脱"一穷二白"，自立于世界民族之林，使全国人民享受小康社会的富足和福利。而这一国家和民族振兴过程的关键环节就是实现工业化。在经济全球化的条件下，经过六十年来特别是近三十多年的努力，我国工业迅速发展，推动我国从"落后国家"变为"经济大国"，从"贫穷国家"变为全世界拥有外汇储备最多的国家，从国际自由贸易的被动接受国变为积极主动参与和捍卫国。在今天，我们可以自豪地说，中国工业化进程深刻地影响了世界发展格局。正是在加快工业化进程中形成的经济实力，强有力地支撑起了中国特色社会主义这片蓝天。

追溯世界近代史，我们可以清楚地看到：工业化是近二三百年以来世界经济和社会发展的主题。但是，从19世纪开始，资本主义工业化就表现出了普遍而深刻的矛盾，并产生了一系列严重的经济和社会问题。所以，从20世纪六七十年代起，在一些经济发达国家和发展中国家一直存在两种试图摆脱工业化道路的呼吁。一种主张放缓工业增长，直至20世纪末实现所谓"零经济增长"。另一种主张走"第三条道路"，就是既不停留于传统经济也不搞大工业，而是要采取有别于西方发达国家工业技术路线的所谓"中间技术"，即主张"小的是美好的"。尽管这些主张不无合理的因素，但历史事实却是：没有哪个国家特别是大国可以不走工业化道路而实现经济和社会现代化。

新中国成立后，由于特定的国际环境和工业基础的极端薄弱，我国决定优先发展重工业是没有错的。从"一五"计划开始，我国集全国人民之力，大规模地推进工业化，一些工业部门从无到有，一些产业从弱到强，在很短的时间里形成了独立的、较为完整的工业体系，使工业成为国民经济的主导产业。但在计划经济时期，工业化在带来社会经济快速发展的同时，也出现了一些问题。主要表现为：在高度集中的计划经济体制框架内，发展工业是以其他产业特别是农业的滞后发展为代价的，依靠工农产品价格的"剪刀差"来支撑工业的高投入、高积累、高消耗，工业经济效益不高，产业结构不合理。改革开放以来，我国坚持从实际出发，积极开拓适合国情的工业化发展道路，在战略上坚持总量增长和结构转变并重，在体制上重视发挥市场机制的作用，在扩大开放中注重利用国内外两种资源、两个市场。从此，我国在改革开放中步入了加速工业化时期，并取得了具有世界意义的经验。

一是体制机制变革使工业增长成为经济发展的强大引擎。中国工业化的实践证明，以改革开放为前提和标志的社会主义市场经济能够极大地解放社会生产力和有效地推进工业化进程。1978年以来，我国工业体制机制逐步从计划经济向市场经济转变，这就为加快工业发展注入了竞争性动力，形成了工业企业进行技术改造和创新的持续压力，使工业企业更加重视提高经营效益，最终推动我国工业实现了持续增长。1978—2008年，我国工业年均增长率达11.98%，支撑了国民经济年均9.6%的高速增长，创造了世界经济增长史上的"中国奇迹"。与此同时，从各类工业品制造业到采掘工业、能源原材料工业、装备制造业，我国整个工业生产链全面成长并不断壮大，有力地推动了中国经济现代化的进程。

二是从比较优势出发打造核心竞争力，为工业化迅速推进奠定了产业基础。20世纪八九十年代，我国工业利用低价格要素的比较优势，以开放的姿态积极参与国内外市场竞争，迅速扩大了生产能力和市场份额。在这个时期，尽管我国工业增长仍带有高消耗和高代价的局限性，但已经初步形成了具有自主技术进步特征的核心竞争力，其历史贡献是不容否定的。改革开放三十多年来，中国工业的长足发展历史性地改变了中国产业竞争力的状况。当然，同发达国家相比，目前我国工业的国际竞争力仍不够强大。迄今为止，中国工业竞争力仍然主要依赖于低价格要素的比较优势，而以技术进步为基础的竞争优势仍显不足，中国经济包括工业仍面临着转变发展方式的艰巨任务，提升工业核心竞争力任重道远。

三是坚持以工业带动多领域协调发展是推动工业化的活力之源。中国还远未走完工业化的路程，工业化任务仍然十分艰巨，这是当代中国最基本的国情之一。现阶段，我国作出的几乎所有重大经济社会发展规划都必然会体现为加快工业发展，这是我国赢得未来竞争优势的基础所在。更重要的是，工业先行发展形成的有益经验，如工业效率原则、企业化管理、自主责任制度、行业竞争规则等，为其他行业的改革发展提供了越来越强的激励作用，而其他领域实际上也主要是在汲取工业改革发展经验的基础上推进改革发展的。因此，从一定意义上可以说，工业发展是中华民族全面复兴的"裂变核心"。反过来看，我国在其他领域的快速发展，不但为推动工业发展提供了更加广阔的国内市场，而且形成了推进改革开放的巨大力量，进一步消除了深化工业改革的体制机制障碍，促进了我国工业的长足进步。

总结中国工业化六十年的经验，我们深深体会到：中国的工业化道路是曲折的，即使近三十多年来的加速工业化取得了巨大成就，其中也有许多值得思考的问题。特别是在当前，面对因国际金融危机而陷入严重衰退的世界经济，反思我国工业化道路，更能从中得到许多宝贵启示。

保持工业持续稳定增长是经济顺畅运行的基础和前提。当一个国家实现工业化时，工业增长就成为关系经济和社会发展全局的重大问题。如果工业增长失速，各种经济和社会问题都会随之出现，如就业、收入、市场、国家财政等会发生困难。特别是遭遇国际金融危机影响之时，"保增长"成为我国第一位的经济政策目标，而工业增长则是应对危机的关键。正是由于三十多年来工业是改革开放的先行领域，中国工业在竞争中成长为具有强大国际竞争力的产业力量，因此我们才有底气和信心说，中国能够率先走出这次国际金融危机的影响，继续保持经济平稳、较快发展的态势。而从长期看，一国经济增长和发展的前途归根结底取决于其产业竞争力的强弱，因此，进一步增强中国工业国际竞争力和快速推进工业化进程，是解决当前及今后一切重大经济和社会问题的基础。

产业结构升级必须以提高核心竞争力为首选目标。当今世界总体上仍处于工业化时期，即工业化进程从先行工业国向全球扩展的时期，即使像美国这样的发达国家，工业仍是其经济体系的重要基础之一。当前，为吸取国际金融危机的教训，一些发达国家提出了"再工业化"主张。中国是一个正处于工业化中期的发展中国家。现阶段，中国产业升级的内容不仅仅是产业间升级，更重要且更具普遍意义的是产业内升级，即通过工艺升级、价值链升级、产品质量升级等，形成"精致制造"的工业素质。因此，产业升级不是简单的"低端—高端"替代过程，而是必须沿着竞争力优选的路径推进，即选择发展什么产业或哪个产业环节，主要不是看这个产业或产业环节是否属于技术上的"高端"，而是首先要看进入这个产业或者产业环节是否能够具有竞争力。只有不断沿着形成更具竞争力的产业或者产业环节推进工业化，我国才能在始终保持强劲增长和控制转换风险的基础上，更有效地实现产业升级过程。

技术创新和机制优化是解决资源环境问题的核心。工业化是一个大规模开发和高效率利用自然资源和人力资源的过程，同时，工业化对环境造成的影响也比传统农业要大得多。如果处理不当，工业生产活动以及工业品的消费确实可能导致突出的资源和环境问题。但是，对于工业化与资源环境的关系，必须有科学的认识。地球上的物质之所以区分为"资源"和"废物"，取决于工业技术和工业需求。工业技术水平越高，工业经济体系越发达，地球上的"资源"就越多，即更多的物质可以成为"资源"，甚至连垃圾都可以变为资源。从科学的彻底意义上说，只要有发达的工业，所有的物质都是资源。可见，工业化在本质上是一个不断创造"资源"的过程。所以，只有用发展工业而不是停止工业发展的方式，才能解决资源约束问题。同样，工业化能够使得地球上更多的地方具有适合人类居住生活的环境，工业化的本质是可以使得环境与人类更友好和更亲近。当然，实现工业化与资源环境之间的良性关系是有条件的，那就是工业技术的发展方向必须更倾向于高效利用资源和优化环境，在体制和机制上更倾向于激励节约资源和优化环境的工业技术进步。因此，加快形成激励节约资源和优化环境的工业技术创新的体制机制，是当前解决资源环境问题的关键。

以人为本是工业化不可逾越的准则。新世纪以来，党中央提出了以科学发展观统揽全局的思想。科学发展观的实质不是放弃对物质财富的追求，而是赋予物质文明和创造物质财富的过程以更强的人的价值，即发展的价值不能仅仅用生产的物质成果和物质财富来判断，而必须用是否有利于或促进全体人民的生活质量的提高和生活环境的改善来衡量。发展的价值不仅仅是物质财富的大量涌流，而且是创造和追求物质财富过程的文明有序，是经济发展成果的公平分享，是物质文明与精神文明的良性互动。因此，我国推进工业化必须坚持以人为本，在利用自然的同时同自然友好相处，使世世代代获得大自然的恩惠，从而在物质富裕的条件下实现人的自由、平等与尊严，在经济强盛条件下实现社会的文明、正义与和谐。从这个意义上说，追求财富必须是也应该是一种社会责任行为。它意味着财富形成过程中的企业要具有对利益相关者负责、对社会负责的意识，并要求财富的创造和积累过程不仅对企业而言是可以持续并代际相传的，而且应该和必须对社会乃至对全人类也是可持续和有价值的。这是因为，工业化应该是社会进步与现代文明的过程。新中国成立六十年来，工业化不仅是中国经济社会发展的主题，而且具有巨大的社会价值和全人类价值。我们坚信，只要我们以对全人类负责的理念和实际行动推进工业化，就能使中国13亿人全面享受现代工业文明带来的福利，到那时中国工业化的成就和价值就足以让全世界更加瞩目。

（原载《求是》2009年第18期）

资源环境管制与工业竞争力关系的理论研究

18—19世纪，西欧工业化所导致的资源环境问题就开始引起广泛的关注和批评。20世纪中期以来，随着工业化向全世界更多国家的扩展，自然资源的更大规模开采和利用，以及一些国家工业集中地区环境的过度破坏，使得人们越来越强烈地感觉到资源环境与工业增长的矛盾日趋突出，要求节约资源和保护自然环境的呼声越来越强烈。一些人甚至认为，只有实现经济"零增长"，才能将人类经济活动（主要是工业生产）控制在自然资源和生态环境可以承受的限度内。而另一些人则主张，必须放弃传统的工业化道路，即彻底改变二三百年以来的发达国家工业增长技术路线，另辟蹊径，例如，主张采用所谓"中间技术"（既不是传统技术，也不是工业化国家的先进技术），才可能应对资源环境问题的严重挑战。否则，整个人类终将无法在这个"又平，又挤，又热"的地球村中生存下去。但是，无论主张"零增长"或者另辟增长路线的呼声如何强烈，世界工业化的步伐似乎总是我行我素，不可阻挡。问题的实质是，推动工业化的根本经济机制是市场经济制度，自由放任的市场经济显然难以自发地解决资源环境与工业增长的矛盾，于是，必须求助于政府的干预。其中，实行资源环境管制是政府干预的重要方式之一。问题是，从经济学意义上说，管制是必须付出成本的，对于被管制对象（主要是企业），实际上必须承担由于政府管制而产生或者转移的成本。那么，各类管制方式所产生或者可能产生的成本（包括因管制而转移给企业的成本），将对企业产生怎样的影响，进而对各工业部门的竞争力的影响，就成为一个极为重要的问题。

一 工业化时期的资源与环境问题

（一）工业化的技术实质是对自然资源更高效率地开发利用

在人类几千年的历史中，近二三百年是经济发展和财富创造最伟大的时代，这一时代被称为"工业化时代"，几乎所有的国家都经历了从传统社会向"工业社会"的转变。工业化和工业社会，不仅实现了高速经济增长和物质财富的巨大涌流，而且，极大地提高了生活水平和社会福利。"在工业革命以前，即使是最富有的消费者所能拥有的商品种类，事实上也没有超出古罗马时期就已经存在的商品范围。"① 而自工业革命以来，人们的消费水平和生活质量大幅度提高。其最终标志就是人的寿命预期显著提高。"1300—1425 年时期的英格兰人的预期寿命为 24 岁左右，可能与罗马帝国时代相当，而到了 1801—1826 年，英格兰人的预期寿命已经提高到 41 岁，到 1999 年达到 77 岁。"②

无论如何定义"工业化"和"工业社会"，其最基本的特征总归是工业生产，特别是制造业的高速增长并成为主导产业工业生产方式以及与其相适应的经济体制和社会观念成为决定性的力量。追求效率和效益成为经济运行的"中轴机理"。

工业生产及其"效率至上"的"中轴机理"，在技术上的体现就是对自然资源的更大规模和更广泛的开发利用。从 17—18 世纪世界工业化的萌发直到今天，世界上只有两个国家长期成为过世界工业化的领头国，一个是英国，另一个是美国。

从 19 世纪 30—80 年代美国经济超过英国以来，美国工业化一直走在世界前列。起先，其制造业发展的关键条件之一是交通运输成本的降低，特别是日益密集的铁路网络的扩展。这使得美国自然资源丰富的优势突出

---

① ［美］威廉·鲍莫尔：《资本主义的增长奇迹——自由市场创新机器》，中信出版社 2004 年版，第 3 页。
② ［英］马丁·沃尔夫：《全球化为什么可行》，中信出版社 2008 年版，第 36 页。

地显现出来。美国占有充足的原始森林和灌木林，1800—1850 年，美国在木材使用方面开始处于领先地位，在制成品的生产过程中大量使用木材。20 世纪，美国进一步加大了对自然资源的开采。经济史学家说：大规模开采自然资源成为美国工业主要的燃料来源、基本的建筑材料和重要的化工原料，以及难得的工业材料。特别是进入"石油时代"，美国经济发展得到极大推动，成为拥有世界霸权的超级经济强国。

戴维·莫厄里和内森·罗森堡在《20 世纪的技术变迁》① 中写道："美国 20 世纪的技术变迁应被视为在依托众多有利的和独特的初始条件的背景下产生的。其中最重要的是经济中丰富的自然资源禀赋。经济中技术变迁的方向和意义是在美国拥有丰富的资源禀赋这一事实的作用下形成的，这对现代工业化至关重要。"他们经过各方面的讨论后写道："我们因此可以得出结论，自然资源禀赋和制度这两个方面的因素在肯定美国 20 世纪非同寻常的经济和技术发展轨道以及取得非同寻常的成果方面都发挥着必不可少的作用。"

如果确实如经济史学家所说的那样，自然资源和制度创新是美国工业化领先于世界的两个重要因素。那么，其他国家会如何呢？世界上很少有像美国那样拥有丰富的自然资源的国家，而且，即使拥有丰富自然资源的国家（例如一些石油生产国）也未必能获得美国那样的工业化成就。那么，资源缺乏的国家如何实现快速工业化呢？

（二）"资源"与"废物"的区分取决于工业技术水平与工业需求规模

尽管各国的自然资源禀赋有很大差别，但是，任何国家只要走上工业化的道路，都绝不可能背离"工业化的技术实质是对自然资源更高效率的开发利用"这一基本规律。工业生产不可能是"无米之炊"，不可能不消耗自然资源。而且，地球上的物质之所以区分为"资源"和"废物"，根本上取决于工业技术水平和工业需求规模。也就是说，任何一种物质，如果在现有的工业技术条件下可以经济地（即有效率地）得到大规模利

---

① 斯坦利·L. 恩格尔曼、罗伯特·E. 高尔曼主编：《剑桥美国经济史》，中国人民大学出版社 2008 年版。

用，就是工业"资源"；而如果在现有的工业技术条件下无法经济地得到大规模利用，就不是工业"资源"。所以，如果没有工业技术的能力，地球上的大多数物质都不是"资源"；而只要工业技术能力达到一定的水平，地球上甚至太空中的任何物质都可以成为"资源"。例如，在前工业时代，石油绝不是"资源"，而当代，石油却是最重要的"资源"。将来，随着工业技术水平的提高，其他物质包括今天的各种"废物"都可能成为重要资源。

例如，美国著名未来学家阿尔文·托夫勒说：现在，"就连石油公司的总裁们也开始讨论起'石油时代的终结'了"。有研究者认为："我们正在迈向一种'以生物技术为基础的'经济，在这种经济中，'基因取代石油'，不仅会成为许多种原材料和产品的重要来源，还会成为重要的能源。""并估计美国国内以生物技术为基础的经济最终可以实现'美国90%的有机化学消费和50%的其他液体燃料的需求。"①

总之，如果没有工业开发利用能力，所有的物质都不是"资源"；而随着工业开发利用能力的提高，人类并不会走到资源枯竭的历史尽头。当然，在一定的工业技术水平条件下，在一定的历史时期，工业生产所必需的许多自然资源确实都是具有稀缺性的，而且，大规模的工业生产所产生的巨大需求，可能使某些自然资源的供应严重短缺，表现为其价格的大幅度上涨，以致使得经济和社会难以承受。所以，节约资源会成为对工业活动的特殊要求。这种要求不仅是一般效率意义上的需要，因为工业活动本身就具有高效率利用资源的内在动机；而且是为了应对一定技术条件下某种基础性工业资源总体供应不足的挑战。

不过，即使在面对上述问题时，也不能违背"资源"与"废物"的区分取决于工业技术水平与工业需求规模这一基本规律。例如，石油是当代最重要而且最需要节约使用的工业资源，但是，其前提也是存在大规模的工业需求。如果工业需求大幅度减少，石油的过剩（表现为价格下跌）也会成为严重的问题，例如，产油企业生产能力闲置、严重亏损、失业率上升等。所以，工业资源问题归根结底是工业技术能力和工业需求问题。

---

① ［美］阿尔文·托夫勒、海蒂·托夫勒：《财富的革命》，中信出版社2006年版，第297页。

2008 年所发生的戏剧性变化就是一个极好的例证。2007 年到 2008 年上半年，全世界还都在为原油价格的飙涨而惊恐；但 2008 年下半年，形势就急转直下，由于国际金融危机导致的需求量骤减，原油价格暴跌，而使世界陷入供过于求的极大痛苦之中。

（三）环境是工业发展的条件，同时也是工业改造的对象

工业生产活动不仅要消耗自然资源，而且，也必须以一定的环境为基础；同时，工业活动也会改变（改造）环境，包括改善优化环境和污染破坏环境。由于环境容量是有限的，所以，环境也是工业活动的一种重要资源。随着工业化的迅速推进，特别是向中国、印度这样的人口大国推进，工业对环境的负面影响，即对工业集中地区的环境污染和破坏，正越来越引起人们的广泛关注。

正如一些学者所指出的："许多环境学家看到了工业发展与环境质量之间的矛盾。以历史为鉴，他们相信，如果为追求更高的生活水平，第三世界国家沿着传统的工业化道路前进的话，这就造成一场环境噩梦。最后，作为解决发展与环境之间矛盾的办法，'可持续发展'的概念出现了，可持续发展是一种追求不污染增长的幻想，它基于环境质量优先的价值观，同时反对传统的工业价值观，诸如物质主义，追求高消费和高耗能等。但到目前为止，可持续发展与其说是一种可实现的概念，不如说只是一个理想。""总之，工业行为是不可避免污染的，各种各样的污染总会强加给全球生态系统巨大的负担，尽管这个负担的严重程度还有争议。"[①]

因此，工业化对环境改造的意义是双重的：一方面，发展工业是为了提高生活水平，包括提高环境质量，所以，工业越发达，环境质量应该越高，变得更适于人类生存。确实，我们可以看到的事实是：人口总是倾向于向工业发达的国家和地区移动。另一方面，工业活动会污染甚至严重破坏环境，所以，环境也是工业生产必须"消耗"的一种资源，在一些情况下，或者超过一定的限度，环境甚至是不可再生的资源。我们可以看到

[①] ［美］乔治·斯蒂纳、约翰·斯蒂纳：《企业、政府与社会》，华夏出版社 2002 年版，第 500—501 页。

的事实是：在一定的工业发展阶段，人们宁可承受较大的环境污染代价来换取工业成就；而到了工业发展的较高阶段，环境的重要性变得越来越突出。所以，环境和工业发展的关系从来就是一个高度争议的问题，尽管抽象地说，两者都十分重要。

《人民日报》的一位记者写道："笔者参加了在波兰波茨南举行的联合国全球气候变化大会。会场内唇枪舌剑，会场外，绿色和平组织也与当地工人'掐'了起来。当时，该组织在当地煤矿旁进行一些和平示威活动，包括写标语、挂旗子，等等，劝告当地关闭煤矿，停用火电厂，改用清洁能源。出乎意料的是，他们遇到的最大阻力不是当地警察和厂矿保安，而是当地工人。双方发生严重肢体冲突。"这位记者评论说："要说干净整洁，穷人和富人都喜欢。但问题是，不论是风能和太阳能，设备的投入都非常惊人，得花巨资，谁来埋单。但是，'绿色和平'负责人只是说：钱并不重要，关键是要保护环境。真是不当家不知柴米贵。有钱的人可以说，钱不重要，但对穷人来说，却要一分钱掰成两半花。'绿色和平'可以从发达国家募得大笔经费，但对于以解决人民温饱为首要目标的发展中国家来说，哪个能说一句，钱不重要？"① 其实，十分常见的现象是，贫穷地方的穷人可以毫不犹豫地离开被城市人誉为"宜居之地"的乡村，而涌入绝对不可能被评为"宜居之地"的工业城市。他们并没有觉得失去了什么，至少是深信自己的选择是充分理性的行为。但是，富裕起来的人，却宁可远离拥挤和繁华的城市，付出交通成本的代价，到山清水秀的远郊甚至乡村居住，去享用未被污染的环境。这说明，环境质量在不同的发展阶段，甚至对不同的人群是有不同的价值和需求的。是工业化所实现的人类生活水平的提高，使得环境质量的价值和需求不断提高。从这一意义上也可以说，是工业化才使得环境成为具有更高价值的"资源"；而如果没有工业化，环境并不是什么值得让人特别珍惜的"资源"，即使是环境优美、风景如画之地也不适合居住，甚至可能是难以到达之处。

---

① 任建民：《要环保，也要通世情》，《环球时报》2009年1月7日。

（四）工业以高效开发利用资源环境的方式，从根本上解决资源短缺和环境破坏现象

面对全世界似乎越来越严重的资源和环境问题，并且是对工业活动越来越尖锐的批评和指责之声，我们应有怎样的科学认识？问题可以反过来问：如果不发展工业，甚至停止工业活动，资源和环境问题就不存在，或者就可以解决吗？如果不发展工业，地球上所有不开发的"资源"实际上都成为无用之物，只有观念意义，根本没有实际价值。例如，非洲有丰富的工业性矿藏，但如果不开发出来，那么，非洲将永远贫穷。同样，如果不发展工业，地球上"环境"最好的地方正是那些人类无法生存或者生存条件极为艰难的地区；如果是人类集中居住却没有工业基础，则再好的"环境"也必然变成环境恶劣的地区。例如，如果没有煤、油、电、汽，人们只得砍伐树木用作薪材，青山绿地终将成为荒山野地，根本不可能保持良好的生态环境。

因此，从人类发展的长过程看，工业化是在本质上解决资源环境问题的根本途径。如果没有工业化，人类生存和居住的地球环境将不可避免地趋向恶化，这是几千年的人类历史已经证明了的。所以，工业化绝不是导致资源环境恶化的罪魁祸首，而是人类摆脱资源约束和环境困境的必由之路。

当然，任何解决问题的方式都是必须付出成本的，人类要根本性地摆脱资源环境困境，唯一可行的选择就是，坚决而高效率地走过工业化的历史。探索一条有效开发利用地球物质，使之"前赴后继"地不间断进入工业活动，并且将对环境的不良影响控制在可承受限度之内，使优化环境成为工业活动方向的工业化道路。

二　中国工业化进程中的资源与环境问题

（一）资源开发利用是中国工业化的初始条件之一

尽管在中国是否"地大物博"的问题上存在非常不同的意见，而且，相对于巨大的人口规模，没有人认为中国工业化可以长久地走依靠自然资源优势的道路，但是，不可否认的事实是，自然资源的大规模开发利用是中国工业化的初始条件之一。中国绝大多数工业生产集聚地区，在历史上都是某些工业资源的丰富地区或者易得地区。如果不是特殊的历史原因，经济发展的自发倾向可能会使中国的工业生产活动更集中于沿海地区。而矿藏资源更多分布于内陆地区，却没有使那里成为中国经济率先发展的地方。但这些都不能证明中国工业化并不依赖于"地大物博"。而恰恰说明，只有工业生产技术的不断提高（包括由其所决定的交通运输能力的提高）和工业需求的不断增长，才使得无论是沿海还是内陆的物质资源都可以成为中国工业化的基础条件。中国工业化的技术路线同西方工业化没有本质的区别。因此可以看到，中国绝大多数地区，至少是在其工业化的初期，都是高度重视本地区的自然资源状况的。充分发挥资源优势，都是各地区发展战略的重要内容之一。

当然，承认资源开发利用是工业化的初始条件之一，并不是说资源是唯一条件。工业化的本质需要资源，更需要的是资源的开发利用能力。工业化过程的基本特征主要不是资源投入的数量，而是有多大的技术能力能使得地球物质更多地成为资源。也就是说，在"资源开发利用"这个词组中，工业化更强调的是"开发利用"。因为，如果没有开发利用能力，也就无所谓"资源"，即使是卖"资源"也得有基本的工业条件。也正因为这样，如果走上单纯依赖资源的道路，即形成"资源依赖"路径，也是不可取的。

（二）巨大人口规模和全球化规则的不彻底性所产生的资源环境矛盾

与一般国家相比，中国工业化的一个最突出特点是有13亿人口，劳动人口要占世界总劳动人口的1/4。当进入工业化时期，农业劳动力向非农化方向转移，必然要进入工业生产领域，也就是说，大多数的劳动人口将以工业生产为生计。但正如马丁·沃尔夫所指出的："富裕国家的选民希望保护自己对与人力资本、物质资本以及技术诀窍的特权地位，结果，与19世纪晚期相比，如今的全球化的最大不同是对于移民的限制。"[①]

[①] ［英］马丁·沃尔夫：《全球化为什么可行》，中信出版社2008年版，第98页。

这样，中国工业化与发达工业化国家当年处于同今天的中国同样的工业化阶段时所处的国际经济规则体系是非常不同的。工业化要求经济全球化，彻底的经济全球化应有四条基本原则：贸易自由化（商品和服务的国际自由流动）、投资自由化（资本的国际自由流动）、技术流动自由化（技术的国际自由交易转移）和移民自由化（劳动力的国际自由流动）。但今天的现实则是"跛足的全球化"：只强调贸易和投资自由，技术转移受限，特别是国际移民的严格受限。因此，13亿中国人不可能通过完全的经济全球化机制来实现要素在世界范围的高度有效配置。

于是，尽管中国在总量上完全可以称得上"地大物博"，但在人均意义上却是一个土地和资源缺乏，环境承载压力巨大的国家。问题是，除了工业化，没有其他的道路可走。也就是说，占世界总劳动人口1/4的中国劳动人口中的大多数必须进入工业领域，进行大规模的工业生产。而工业产品所面对的国内市场的人均收入将长期处于较低水平，所以，大规模生产的工业产品必须出口进入人均收入较高水平的发达国家市场得以实现。实际上，其经济实质就是以劳动密集型工业产品出口的方式，实现劳动力的有效国际配置。

因此，在中国国土上，巨大的工业生产规模与有限的资源和环境承载能力必然形成严重的不平衡现象。目前，尽管经过三十年的高速增长，工业生产和出口规模大幅度扩张，但是，中国人口占世界21%—22%，所生产的GDP还不足世界的6%，却已经感受到了十分"拥挤"的状态。前面的路还要如何走？难道中国工业化的路已经走完了吗？很显然，中国工业化还远远没有完成。如果不继续走过工业化的历程，中国面临的所有重大问题均无法解决，其中也包括资源和环境问题。

（三）以技术解决资源，以发展保护环境

如前文所述，地球物质并无天生的"资源"和"非资源"，即"废物"之别。决定的因素是现实的工业技术路线和工业技术水平，能够使得哪些物质可以和需要进行大规模的工业性开发利用。而任何工业生产活动的实质都是实现物质形态的转化，即将一定形态的物质转化（采掘、加工、制造、包装等）为另一定形态的物质（产品）。所以，工业化的基

本逻辑是以高效率的方式开发和利用资源，以科学技术的运用来解决资源稀缺问题。与传统农业相比，工业是一种更加节约资源的生产方式，它远比农业更节省土地和水资源；而且，工业使得传统农业毫无用处的物质大规模地"变废为宝"，成为可贵的资源。例如，如果没有工业技术，煤炭、石油、矿石等都是无用之物，而工业的发展却使它们成为财富的源泉。

那么，在中国所要继续推进的工业化进程中，这一基本逻辑将仍然成立，即必须以更高效率的工业开发和工业利用方式，来解决中国面临的资源短缺问题，而绝不可能用放弃工业化的方式，或者不再使用工业资源的方式，来解决资源问题。实际上，这一基本逻辑在发达国家中也仍然得以坚持。例如，欧洲一些国家相继规定了节能义务。"英国于1994年第一个引入了节能义务，意大利2002年引入（推迟到2005年），比利时佛兰芒地区2003年引入，法国同意引入国家义务，于2006年开始实施。""它们需要应用一些节能技术在若干时间内将能源消耗减少到一定程度，这些技术应能够提供与其替代的技术能提供的相同水平的能量服务（如照明、室内温度和生产水平）。换句话说，应该通过节能技术投入而不是通过减少能源使用来进行节能。"① 也就是说，我们不是以放弃工业文明的方式来实现资源节约，而是要通过工业资源的更有效开发利用来实现和保持工业文明的成就。

同样的逻辑也适用于应对环境问题，即必须以发展来实现环境保护。因为，除了继续推进发展，完成工业化进程，没有其他更有效的方式来解决13亿人口的中国环境保护问题。必须承认，以发展来实现环境保护和优化不是一条平坦而轻松的道路。经济发展不可能不影响环境，因为，处于工业化的现阶段，不可能不使用煤炭、石油、钢铁、化学产品等，而这必然会产生一定程度的污染。但是，持久地改善和优化环境的努力，实际上，也绝对离不开工业技术基础，包括煤炭、石油、钢铁、化学产品等的开发和利用。

---

① ［意］Corrado Clini、Ignazio Muso主编：《可持续发展与环境管理——经验与案例研究》，施普林格（SPRINGER）公司出版、科学工商传媒公司2008年版，第260—261页。

（四）科学认识所处时代，应对资源环境挑战

当前的国际金融危机表明：整个世界对于当前发展阶段的产业核心科技主导路线及其与产业发展路径之间的关系尚没有得到深刻的认识。关于当代产业的技术支撑基础，特别是关于高技术产业的运行规则和可行的商业模式，还有许多问题没有搞清楚，因此，在实践中必然产生一系列矛盾。这一问题至今仍然是关系到世界经济和我国经济未来10—20年产业发展路径的最大"谜团"。如果不能解开这一"谜团"，那么，一系列现实问题将长期困扰着我们，恢复投资信心将遇到深刻的障碍。例如，高技术产业为什么会让社会失去投资信心，导致创业股（"新经济"股）崩盘，而且，至今起色并不显著？为什么在今天这个所谓"新经济时代"，传统产业（例如房地产业）对经济增长仍然具有决定性的影响，而高技术产业却没有表现出中流砥柱的力量？高技术产业具有非常不同于传统产业的经济学特点，那么，怎样的市场竞争规则和商业模式才能使之不仅在科技上具有先进性，而且在经济上也具有可行性（具有商业投资价值）？高技术产业具有比传统产业强大得多的"创造性毁灭"性质，这在产业升级过程中会导致怎样的经济现象，特别是利益冲突和产业冲击？国家政策应如何应对？

中国的改革开放正是在这样的历史背景下进行的。20世纪70年代末到21世纪初，短短三十年来，从轻工业到重工业，从传统制造业到高新技术产业，中国走过了传统产业各个发展阶段和高技术产业迅速崛起的整个工业化历程。从产业发展的演进阶段看，中国已经逼近世界工业化的技术路线前沿。因此，世界工业化面临的突出问题，也必然尖锐地摆到中国面前。于是，美国和中国这两台世界经济增长"发动机"都必须回答"向何处去"的问题。

本次国际金融危机告诉我们：现阶段世界经济的"根系"仍然是发达而强大的传统产业和生长中的高技术产业的复合体。即使是最发达的国家美国，尽管高技术产业和现代服务业的重要性越来越突出，但是，其整体经济也仍然在很大程度上基于传统产业，当房地产业发生严重问题，整个经济体系也将陷入危机。所以，任何"创新"包括"金融创新"，都不

能脱离实体经济的这一现实基础。金融虚拟经济的扩张最终依赖于实体经济的坚固基础。如果实体经济基础发生严重问题，将危及整个金融虚拟经济大厦的安全。

中国现代经济发展的基本性质是：在总体上循着世界工业化的总体路径持续推进，是世界工业化合乎逻辑的历史延伸。中国工业化不可能逾越世界工业化过程所须经历的各主要发展阶段，也难以另辟蹊径实行完全不同于西方发达国家的基本工业技术路线，更不可能脱离经济全球化背景和居主导地位的资本主义国际经济规则。另外，中国工业化又是人类工业化进程中的一个非常独特的现象，具有显著的"中国特色"。

总之，处于工业化时代，解决资源环境问题的方式必须是积极进取的，而绝不可以是消极回避的。必须经过的道路是绕不过去的，必须经历的发展阶段是逾越不了的。这就是中国面临的基本现实。一切都必须面对现实，承认现实，科学地应对现实挑战。

三 资源环境管制的理论逻辑和现实条件

（一）化石能源消耗是资源环境问题的突出因素

以上的分析表明，当前，世界经济总体上尚没有走过工业化阶段。尽管人们已经开始谈论石油时代的巅结，但实际上当代产业发展仍然处于石油时代的巅峰时期，即使是对于经济最发达的美国，传统产业，房地产、汽车制造等，仍然是国民经济体系的重要基石，是实体经济的基础性组成部分；同时，当代世界也确实进入了新经济崛起的时期。总之，当前的世界经济所处的是一个传统产业仍然坚实强大与高技术产业正在崛起相交织的时代。

传统产业具有需要大量消耗自然资源的基本特征。特别是，化石能源消耗仍然是当今世界经济的最重要特征之一，可以说，整个世界经济仍然在很大程度上以化石能源为基础。以化石能源以及直接以化石能源为基础的相关产业为主体的工业活动，同资源环境的关系必然面临三个重要问题：第一，化石能源是不可再生的物质，终究有其枯竭的一天；第二，化石能源的消耗过程会造成一定程度的环境污染；第三，化石能源消耗所导致的污染具有明显的外部性甚至全球性,即越来越多的人相信,化石能源消耗过程中的温室气体排放导致全球气候变化将危及人类生存。因此,随着工业化的迅速推进和在世界更多国家和更大范围的扩展,工业生产活动的大规模扩张、资源节约,特别是节能(主要是节约化石能源)和环境保护就成为越来越突出的重要问题。

(二)资源环境管制的方式和基本思路

众所周知,不仅化石能源消费,而且许多工业生产过程都会产生污染。如果污染所造成的所有损失都可以计入工业企业成本,那么,一方面与其他要素的消费一样可以由企业自行消化成本;另一方面,企业既然支付了全部成本,也就不会产生需要特别解决的问题。也就是说,如果工业企业可以支付所有的资源和环境成本,则化石能源的消耗也好,工业环境污染也好,都不会成为其特殊问题,完全可以由市场价格机制自行解决。但现实的情况是:这样的条件是难以实现的,所以,几乎所有国家的政府都采取了对资源环境的一定干预措施,即进行管制。其理由主要是三个:第一,化石能源,特别是石油已进入即将枯竭的时期,而其他接续能源的开发尚待时日,所以,如果没有可以替代化石能源的新能源的充分供应,就必须特别节约使用化石能源尤其是石油,以延缓其供应使用时间;也就是说,即使按照现行价格和供求状况是"经济的"使用,由于是不可持续的,所以,也是不可取的。第二,工业活动所造成的污染具有外部不经济性,使用者没有充分承担成本,所以,必须限制其消费。第三,环境是一种"公共品",自发的价格机制难以发挥有效调节作用。

以上三点其实都可以归结为"市场失灵"的表现,而从市场失灵又可以推论出政府干预的必要。这就是实行资源环境管制的一般理由。而且,通常认为,政府干预的方式主要分为三类:第一类是命令—控制式,即由政府规定哪些行为须禁止或被限制。第二类是经济方式,即将外部非经济性(即外部成本)内部化(例如征收环境污染税)。第三类是产权方式,即将产权边界清晰化,从而以产权交易的方式实现市场功能(例如,排放权交易)。

这三种管制方式的理论逻辑是不同的。第一种方式的理论逻辑是:由于对于资源环境实施的政府管制属于"社会性管制",而不是"经济性管制",所以,管制目标的设定主要取决于对社会价值的判断而不是经济的成本—效益计算。也就是说,为了环境质量和能源节约,完全可以在一定程度上牺牲经济效益,作为获得社会效益的成本。而在现实中,通常采取技术准入标准和政府行政审批等措施,即不达标准或者未被许可就不得进行生产。第二种方式的理论逻辑是:政府"帮助"市场机制发挥作用,将行为的外部性成本转而计入内部成本。让行为人为其所造成的外部非经济性影响充分付费。第三种方式的理论逻辑是:政府"制造"出市场经济可以有效发挥作用的条件,即让"公共品"具有私人产权的明确界定,而使得原先既不可交易也没价格发现机制的污染行为(气体排放)具有私人品的产权边界,也就可以进行交易并具有价格发现机制,从而可以由市场机制进行"配置"而达到合意的均衡状态。

从市场经济的理论逻辑看,第三种管制方式是最理想的;第二种管制方式是可取的;第一种管制方式是迫不得已的。但在现实中,第一种管制方式是最易行的,而且容易产生管制机构利益,因此,往往成为政府部门进行资源环境管制的首选方式。第二种方式体现了市场经济的效率和责任原则,即谁污染谁付费,谁消耗谁承担。但是,外部成本的内部化可能超过企业承受能力,而企业却难以进行机会选择。而且,这种方式的价格发现(成本确定)往往是行政性的(或者是法律规定的),所以,很难真正实现有效的污染—付费和消耗—承担的对应性。第三种方式是精巧的,特别是可以保证行为人(企业)的可选择性和"公共品"(环境)的可交易性,而且,节约资源和保护环境的社会性目标的实现是由低层次的决策者(企业)来达到的,而不像第二种,特别是第一种方式需要依靠高层次的决策者来实现节约资源和保护环境的社会性目标。

因此,在选择政府管制方式中,我们可以看到两种相反的思路:一种思路是,认为越是重要的尤其是强调社会价值的目标,越应该依赖于高层次决策者,这就越可能获得管制效果。例如,如果重要,就由市政府审批;更重要,就由省政府审批;最重要,就由中央的部门审批。按照这一思路,管制内容越重要,被管制的行为越严重,就越是提高管制机关的行政级别(例如将环境保护部门从副部级升格为正部级),或者将原由较低级别的机构管制的行为转由更高级别的机构来管制（例如将一些项目的原市级或者省级行政部门的审批权上升到中央的行政审批部门）。

另一种思路则是：认为只有形成了可以由尽可能低层次的决策者（企业）进行自主选择的机制，才能最有效地实现所要达到的管制目标，包括社会性管制的目标，所以，管制制度设计和改革的方向是尽可能减少行政性审批，特别是高层次的行政性审批。

一般来说，中国文化更倾向于前一种思路，西方文化更倾向于后一种思路。不成熟的市场经济条件下，更倾向于前一种管制思路；成熟的市场经济条件下，更倾向于后一种管制思路。

（三）政府管制的局限和管制改革

众所周知，尽管政府管制是必要的，但也是有局限性的。因为，要保证政府管制的充分有效，就必须满足十分严格的条件，而实现这些条件可能比实现市场有效运行的条件更困难。所以，当政府管制的政策思路倾向强化到一定程度后，几乎所有国家又都走向放松管制的方向。因此，管制改革似乎是一个永远没有终结的过程，只不过是，有时候，管制改革的含义是强化管制；另一些时候，管制改革的含义又变为放松管制。就像是钟摆从右边摆到左边，从左边再摆向右边，然后，又再向左边摆动。似乎总是找不到恰到好处的"最优"状态。

从逻辑上说，有效的政府管制至少必须满足四个条件：

第一，管制措施应是透明、可信、可预见和持续的。被管制部门如果不知道政府想要达到的结果，就不会采取政府所期望的行动。所以，政府必须给被管制部门明确无误的管制信息。而且，被管制部门还需要知道，自己有没有其他选择，即如果采取其他行为，可能有怎样的后果。

第二，管制应具有直接性。即管制政策应直接针对市场失灵的具体现象，尽可能不要采取间接性措施，而且，要让管制的间接性损害减少到最低程度。

第三，管制措施要有激励相容性。即政府应尽可能诱发所期望的行为，使被管制部门的行为在管制制度和政策下会更倾向于达到政府管制所期望达到的目标。

第四，纠正的可行性。管制是需要付出成本的，管制所获得的效益至少不应低于所付出的成本。所以,如果实行管制,就必须确信相对于不实行管制,实行管制可以得到显著的净收益。也就是说,实行管制措施后,如果情况得到了确切的改善,而且所付出的成本不是很高,政府的管制行为才是合理的。进一步的要求是,对于情况改善的程度应是可以识别的,也就是说,可以用有效的监测和评价方式来确认实行管制措施的实际效果[①]。

很显然,要全部满足以上条件是不容易的。而且,实行管制还有一个假设条件,即实行管制措施的政府部门是"利益中性"即完全是以社会利益为目标函数的。也就是说,管制部门没有自己的利益,所有的管制行为完全出于为了实现期望的管制目标。也很显然,这一条件是更难完全达到的,在现实中,行政管制总会在一定程度上产生行政管制机构的自身利益。也就是说,管制部门的利益偏向性甚至管制腐败现象是很难完全杜绝的。这也是管制制度需要不断改革,或者,社会公众总是呼吁管制改革的重要原因之一。

(四) 管制差异及其后果

在进行一般的管制研究时,通常假定管制政策会无差异地涉及所有的相关被管制者(企业)。其实,情况远不是如此,特别是实行资源环境管制,总是存在各种管制差异性。

第一,资源环境管制的地区间或者国家间差异。即有的地区或国家管制强度高,有的地区或国家管制强度低。由于存在这种差异,通常的情况可能是,被管制企业从管制强度高的地区或国家转移到管制强度低的地区或国家,例如,高消耗、高污染的企业从发达国家(地区)向不发达国家(地区)转移。

第二,资源环境管制的企业类差异。即对有些企业实行较强的资源环境管制,对另一些企业实行较弱的资源环境管制。例如,有些国家(地区),对大企业实行更高标准的环境管制,而对小企业实行较低一些的环境标准。实行较低的管制标准,实质上就是进行一种补贴。

第三,管制措施可及性差异。即由于管制能力或其他可能的原因,对

---

① 参见[英]马丁·沃尔夫《全球化为什么可行》,中信出版社2008年版,第56页。

所有的被管制对象（企业）难以实行完全一视同仁的管制强度。有的企业受到较严格的管制，有的企业可能违反了管制政策也没有受到相应的处罚。这样，政府管制就可能造成企业之间的不平等待遇，而影响企业间竞争的公平性。

由于存在管制的差异性，所以，资源环境管制及其强度会对各国（地区）和不同企业的竞争力产生不同程度的影响（下文将继续讨论这一问题）。因此，人们担心，各国及各地区是否会发生管制（或监管）竞争现象？如果有这种现象，那么，管制竞争的方向是竞相降低环境标准（恶性竞争）还是不断提高环境标准（良性竞争）呢？

通常人们担心可能会发生环境管制的恶性竞争，因为较低的环境标准可以提高本国或本地区产业和企业的竞争力。例如，人们常常指责地方政府放纵本地企业污染环境的行为，并认为那是"地方保护主义"的一种表现。但有学者指出："所谓环境监管发生恶性竞争的证据不足。研究显示，发展中国家的环境监管正变得越来越严格，部分是来自政治压力。实际上很明显，污染的大气和水源在吸引跨国公司的时候是很不利的条件，因为这会导致外国的职业人员不愿意前来工作和居住。""在高收入国家，同样确定无疑的是，环境保护标准在过去二三十年正在竞相提高，而不是恶性竞争。随着监管的加强，地方的空气和水源的质量大有提高。"[①]

四　资源环境管制与产业及企业竞争力的关系

（一）资源环境管制与产业竞争力的长期关系

从统计分析看，在一个相当长的时期内，资源环境管制和产业竞争力都在不断提高。我们的研究也表明，中国工业发展过程中，工业生产的"清洁度"也不断提高。因此，可以确信，环境改善与产业竞争力两者之间存在长期的正相关关系。但是，这种正相关关系是否表明两者之间具有正向因果关系，则是更值得研究的问题。

---

① ［英］马丁·沃尔夫：《全球化为什么可行》，中信出版社2008年版，第160页。

关于环境监管与产业竞争力的关系有两种不同的观点：一种观点认为："如果某个国家的环境成本通过税收体制'内部化'了，强迫企业加入自己的生产成本，但在世界市场上，其他国家的企业可能没有负担类似的环境成本。如果它们之间出现竞争，那么环境监管严格的国家的企业就必然要面临系统性的劣势。"

另一种针锋相对的观点是："假设某个国家的所有企业都必须为污染行为缴税，再为了简化分析，我们假设资本回报率和所有产品的价格都是由国际市场决定，那么，这些企业就必须支付较低的工资，污染越严重的企业支付的工资水平就越低。但问题是，在一个国家内部，同样技能的人得到的工资是相同的。于是，这个国家的经济就必须因为污染税的实施而进行调整，这会带来三方面的变化：一是这个国家整体上的真实工资水平将下降，以补偿环境改善的收益；二是该国的企业将更多采纳有利于减少污染的技术设备；三是污染较严重的企业将会萎缩，向国外转移。但实际上，由于上文讨论过的原因，后一种效应并不明显。总之，这些变化对于国家的竞争力都没有影响。相反，污染税和监管政策将取得计划中的成果——降低污染——部分是通过改变产业结构，部分是通过改变技术特征，从而增加全体国民的福利。只不过作为这种福利提升的部分代价，相对于产品和服务的真实工资水平将下降。"①

我们的研究表明：在中国，从总体上来看，环境管制强度的提高并没有影响中国制造业的国际竞争力。至少是经过三十年的长足发展，较低的环境标准对中国产业国际竞争力的影响已经十分有限。也就是说，中国制造业国际竞争力的提高不仅是与环境管制强度的提高同时发生（两者具有正相关关系），而且，中国制造业已经有能力接受更高的环境标准，甚至把提高环境质量作为提升竞争力的一种重要方式，即两者间确实存在企业可以感觉到的正向因果关系②。

（二）资源环境管制的可行性取决于企业竞争力

尽管如上所述，资源环境管制与产业竞争力具有长期的正相关性，而

---

① ［英］马丁·沃尔夫：《全球化为什么可行》，中信出版社2008年版，第221页。
② 参见本研究报告第三部分"资源环境管制与中国工业竞争力关系的实证研究"。

且，也可以观察到两者的正向因果关系，但是，对于被管制对象来说，资源环境管制毕竟是一种增加的成本，实际上，如果管制可以对企业不增加成本的话，也就没有必要实行管制了。因为，如果管制目标本身就能直接提高产业竞争力，那么，企业就会自己去实现，而没有必要让政府采取管制措施来促使企业执行了。所以，至少是在短期内，政府实行的资源环境管制措施总是会增加企业的内部成本。企业必须有能力消化这样的成本，并且不使其竞争力受到难以承受的不利影响，才能生存下去。而企业以及整个相关产业是否有能力消化资源和环境成本上升，其中包括资源环境管制成本上升所产生的压力，又取决于企业竞争力的强弱。

一般来说，如果实施一项资源环境管制措施，例如提高环境保护标准或者增加资源和环境税，对于竞争力较强的企业，不仅在短期内可以承受成本的提高，而且有能力尽快实现技术和管理调整，以适应高标准的管制要求。但对于竞争力较弱的企业，就可能因难以承受成本提高的冲击而难以为继。所以，资源环境管制强度的提高，特别是环境保护标准的提高，对产业和企业群体都是一种强制性的"精洗"，产生优胜劣汰的作用。

问题是，在一定时期内，一国的产业和企业对于资源环境成本提高的能力总是有限度的。或者更准确地说，当资源环境成本提高，一些企业因无法承受而被淘汰，资源环境成本提高的幅度越大，因无力承受而被淘汰的企业就越多。而一个国家或地区，能够承受有多少企业被淘汰的冲击，是有一定的限度的。如果超过一定的限度，即如果很多企业都难以承受，则这样的管制强度和标准就是不可行的。

也可以这样理解，对于产业和企业来说，资源环境管制短期是成本增加，长期则是技术促进。因此，关键是从短期影响为主到长期影响为主的过渡期路径。也就是说，资源环境管制所导致的成本增加既不能过高，让许多企业难以承受；也不能过低而使管制所产生的技术进步激励的强度过低。从理论上说，既要让大多数企业能够承受，又要让企业有相当的压力来提高技术水平，就是资源环境管制的适当强度。

（三）管制的一致性和有效公平竞争

资源环境管制不仅关系到管制目标的实现以及产业和社会的承受能

力，而且，关系到市场竞争的有效性和公平性。不适当的管制，可能因过多地减少了市场竞争主体的数量，导致实际上的市场垄断而影响市场竞争的有效性；也可能因过分淘汰了市场竞争中的弱小者（例如，小型企业），而影响了市场竞争的公平性。特别是，如果管制政策的实施具有不合理的非一致性，即执行人自由裁量权过大，实施管制政策有严有松，"睁一只眼闭一只眼"，或者管得了的管，管不了的不管；甚至因管制腐败而导致管制一致性的严重破坏，则必然严重损害市场竞争的有效性和公平性。

如上文所述，由于种种原因，管制的差异性总是存在的，而且，从长期来看，资源环境管制的差异性所产生的不利后果也许并没有人们所想象的那样严重，但是，不仅就一般而言，而且，特别是在我国所处的体制转轨时期，非正常的管制差异的严重存在，必然会产生严重的问题。其突出表现是：其一，由于没有实现管制的一致性，使得管制目标无法实现，违反管制标准的企业从严格实行管制政策的地区转移到不严格实行管制政策的地区。其二，发生逆向竞争现象，即严格执行管制政策的企业反而不如不严格执行甚至完全不执行管制政策的企业，前者竞争不过后者，导致优汰劣胜，即"劣者驱逐良者"的后果。其三，资源环境管制政策的实行成为"寻租"领域，企业不仅可以向监管者行贿而获得豁免，而且，监管者也可以对被监管对象进行要挟而获得不当利益。

问题的复杂性在于，要求管制的一致性也不等于绝对不应有一定限度的差别性。例如，中国国土辽阔，各地区经济发展水平差异巨大，用完全一致的标准来管制全国所有地区的资源和环境，显然是不合理的。而且，即使是在同一个地区，对大企业和小企业是否就应该实行标准完全一致的资源环境管制标准，也是一个值得讨论的问题。假定大企业的技术水平高、经济实力强，能够承受更大的成本上升压力；小企业的技术水平低、经济实力弱，难以承受很大的成本上升压力。如果要求绝对的管制一致性，那么，管制标准是应该针对大企业的现状还是小企业的现状？如果针对大企业的现状，小企业因无法生存而大量被淘汰，失去了发展权和发展机会；而如果针对小企业的现状，大企业因没有什么压力而放弃节约资源和更高水平地保护环境的努力，进而影响管制目标的实现。所以，在中国，面对政府的政策措施，常常会有"不要一刀切"的呼吁。政府往往也不得不承认，确实不应该"一刀切"。但是，如果既要严格管制，又不搞"一刀切"，即承认管制差异甚至执行者拥有较大的自由裁量权，则上述管制差异的弊端就难以避免。所以，这是一个需要谨慎权衡的两难问题。

可见，资源环境管制与经济发展水平，特别是与产业和企业竞争力有着十分复杂的关系。产业和企业竞争力从本质上决定着资源环境管制制度和政策的实行状况。也就是说，只有达到了一定水平的产业和企业竞争力状况，才可能实行一定强度的资源环境管制。反之，适应产业和企业竞争力状况的资源环境管制，不仅能够达到目标，而且可以长期地促进产业和企业竞争力的不断提升。而要做到后者，实际上就是要解决"如何实现管制条件下的有效公平竞争"问题，因为，有效公平竞争是提高竞争力的最根本途径，即从根本上说，竞争力源于竞争。所以，政府实行资源环境管制，最根本的目标是：第一，实现资源节约和环境保护的可行目标；第二，维护有效和公平的竞争秩序。尽管从短期看，两者间可能会有一些不一致性，但从长远来看，则两者具有本质上的高度一致性。

结语

与工业化以前的社会相比，工业化时期最显著的特点就是人类以采掘、加工和制造的工业生产方式对自然资源进行前所未有的高效率和大规模的开发利用，并以此为前提和基础，实现了制造能力的极大提高和制造业的迅速发展。实际上，正是工业技术的不断进步和工业生产能力的持续提高，使得越来越多的自然物质成为具有经济利用价值的工业资源。从这一意义上可以说，工业创造了资源。因为，工业技术的不断进步和工业生产能力的持续提高不仅使原本无所谓"资源"和"废物"之别的各种地球物质"前赴后继"地成为可以投入工业生产过程的"资源"，而且，工业的发展也是解决人类赖以生存和发展的资源和环境问题的根本途径。如果没有发达的工业，人类不可能长久和根本性地获取自然资源的恩惠和有效地保护地球环境。但是，工业在创造资源的同时也大规模地消耗着资源，而且，工业生产过程也不可能不对环境产生重大影响。所以，如果不能平衡工业对资源和环境的积极贡献同消极影响之间的关系，在工业化过程中也会由于对资源的无度低效开发利用，以及由于对环境的掠夺性破坏，而导致严重的后果，甚至资源环境灾难。特别是，由于推动工业化的最基本机制是市场竞争机制，而市场竞争机制的"效率至上"原则和机理并不能天然和自发地解决所有的资源有效配置问题，尤其是难以解决涉及不可再生的自然资源和具有显著的外部性和公共性的生态环境问题。这就是人们常说的市场机制失灵现象。因此，需要政府干预，其中，资源和环境管制是最常见的政府干预方式之一。政府若要有效地实行资源环境管制，须基于一定条件，采取可行的措施。而资源环境管制的可行性很大程度上取决于工业企业的竞争力。因为，管制总是有成本的，只有当管制所产生的成本能够被大多数企业所承受或消化，而不至于普遍地和严重地损害工业企业的整体竞争力，管制措施才是可行和可持续的。我们的研究表明，工业具有非常强的创新能力，即使资源环境管制产生了较大的成本负担，只要给工业企业留有进行适应性调整和实现技术及管理创新的时间和空间，工业竞争力的提高与资源环境管制强度的增强，完全可以并行不悖。统计数据表明，近十多年来，中国工业竞争力与资源环境管制强度表现出显著的正相关性，即在中国工业竞争力不断提高的同时，中国工业生产活动也正在变得更"清洁"。当然，这并不否认，当前中国工业发展仍然处于资源和环境形势相当严峻的时期，工业生产活动正在变得更清洁的事实，并不表明现在的工业生产已经达到了令人满意的资源节约和环境保护水平。相反，由于中国仍然处于工业化中期，必须继续走过重化工业更大发展的大规模消耗资源阶段，而且，与发达工业国相比，中国工业的技术水平和资源利用效率水平还有相当大的差距，中国工业生产对资源的浪费和环境的污染仍然相当严重。正因为如此，加强政府的资源环境管制并提高管制有效性，仍然是现阶段中国工业化过程中的一个极为重要的问题，甚至是一个十分沉重的问题。

实行资源环境管制，必须高度重视管制方式及强度与产业及企业竞争力之间的关系。有效可行的资源环境管制方式，应既要确保节约资源、保护环境政策目标的实现，又要有助于产业和企业竞争力的长期提升，特别是要保持公平竞争规则下中国工业国际竞争力的不断增强；适度合理的管制强度,应既要对企业行为形成有效约束,又不能过分超越产业和企业竞争力现状所决定的最大限度承受能力,特别是要实现经济效率准则和社会效益准则的合理平衡。总之,科学认识和合理处理好资源环境管制与工业竞争力的关系,是我国现阶段经济和社会发展中的一个十分突出的重大战略问题,也是一个关系国家利益和国家安全的现实政策问题。

(原载《中国工业经济》2009年第3期)

国际金融危机下的中国工业

2007年开始的美国次贷危机迅速演变为一场百年一遇的国际金融危机，系统性风险骤然爆发，表现出几乎是势不可当的败坏性，海外许多人称之为"金融海啸"。从2008年开始，这一震动世界的危机以汹汹来势冲击着中国经济，使得开放度很高的中国经济也经受了巨大的考验。其中，中国工业所受的冲击以及在这一冲击下的反应和表现，更是令人关注。因为，中国正处于工业化的一个关键时期，工业是中国经济的根基和产业主体。2007—2008年年初，中国还因为对"经济过热"的高度担忧而正在出台多项紧缩性宏观调控政策（所谓"双控"），给经济降温。未曾料猛然遭遇国际金融危机冲击，经济走势急剧冷却，不得不采取以"保增长"为主要目标的宏观刺激政策，从"踩刹车"紧急转变为"踩油门"，同其他国家一样进入了一个政府"救市"的非常时期。从2008年下半年，经过2009年直到2010年上半年，被称为"国际金融危机时期"，而此后（2010年下半年后）人们开始谨慎地称为"后金融危机时期"。观察国际金融危机下的中国工业走势和产生的种种现象，并深刻思考其对中国工业化的长久影响，具有极为重要的意义。

一 首当其冲的工业成为保增长的中流砥柱

当前，中国经济发展正处于加速工业化时期，工业是增长最快、改革力度最大、开放度最高的部门，所以，当国际金融危机的风暴袭来，工业也必然首当其冲。2008年下半年开始，中国工业增速显著下滑，规模以上工业增加值和企业利润的增速均跌至近十年来的最低。造成这一情况的原因是多方面的，其中，最直接的原因是金融危机造成的国际市场需求快速大幅度下降。当时，世界各国经济增长均因需求锐减而显著放缓，而且，出口依赖程度越高的国家，其经济增长和工业生产放缓甚至出现负增长的程度就越严重，无论是发达国家还是发展中国家都基本如此。由于工业是中国经济中对外开放程度最高、利用外部资源最集中的领域，所以，在国际金融危机冲击的初期，工业，特别是外向性程度较高的产业和地区受到的损害首先表现出来。2008年第四季度开始，反映内需的国内投资和消费增速相对稳健，其中，私人部门的内需比较正常，但出口形势急剧恶化。自2008年11月以后，连续3个月出口负增长。2008年全年出口同比增长17.2%，增幅回落8.5个百分点，明显超过工业增速下滑的幅度。这是国际金融危机影响我国并加速向实体经济传导的重要表现之一。

面对这样的严峻形势，中国政府的宏观政策方向不得不进行重大转变，即从紧缩性的"双控"（控制经济过快增长和控制通货膨胀）急速转向扩张性的宽松货币政策和宽松财政政策。特别是，中央政府紧急作出4万亿元人民币的刺激性投资计划决定（其中，中央财政支出1.8万亿元），并要求各地方追加配套投资。这4万亿元国家投资计划及其带动的地方和民间投资，除了一部分进入民生项目和促进技术进步的项目等领域外，相当一部分进入基础设施建设。同时，中央政府陆续出台了十大产业振兴规划，不仅以此提振信心，而且对一些工业部门（例如，汽车、家用电器等）的"保增长，扩内需"以及（通过提高出口退税率等）阻止外销的急剧下降产生了直接的刺激效果。

经受了三十年改革开放锻炼的中国工业企业，在宏观政策的刺激下，不仅是直接受惠于国家政策的大型国有企业，而且包括未直接受惠的中小型企业，都表现出应对国际金融危机冲击的较强市场适应能力和竞争力，顽强地从困境、逆境中奋起，使工业增长在2009年触底后企稳，并实现了强劲反弹。这样，在国际金融危机中首当其冲的中国工业经济，在应对危机和实现2009年国民经济增长"保八"目标（GDP年增长率达到8%）上，继而在2010年经济增长率的强劲回升中，发挥了中流砥柱的作用。

统计数据显示：规模以上工业生产增速由2008年6月的16%一路下

滑到 2009 年 1—2 月的 3.8%，之后止跌回升，3 月增速达到 8.3%，11 月、12 月分别达到 19.2% 和 18.5%，2010 年 1—2 月增速达到 20.7%，呈现明显的"V"形运行轨迹（见图 1）。2009 年，全部工业增加值达到 13.5 万亿元，比上年增长 8.3%；规模以上工业增加值增长 11%，其中轻、重工业分别增长 9.7% 和 11.5%，2010 年 1—2 月分别增长 14.5% 和 23.7%。

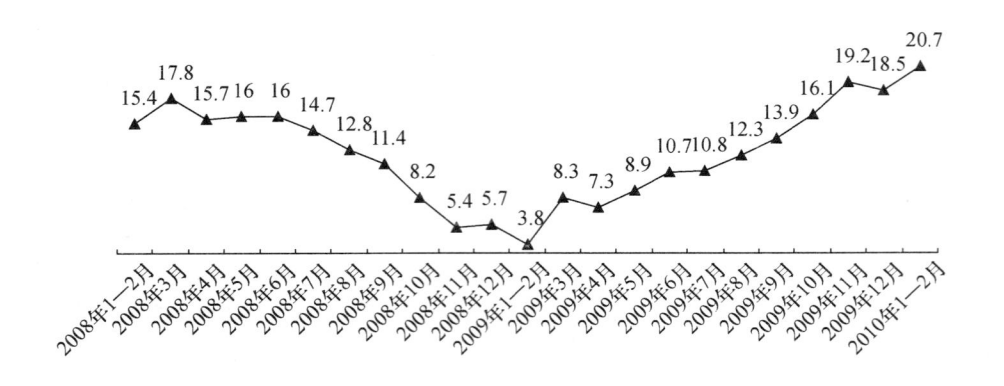

图 1　2008 年 1 月至 2010 年 2 月规模以上工业增加值增长率（%）

在工业生产增长实现"V"形轨迹时，工业品出口形势也逐步好转，但因国际经济形势恢复的滞后，中国工业出口增长的恢复也明显相对滞后于工业增长的整体好转。2009 年，规模以上工业销售产值比上年增长 9.4%；其中出口交货值同比下降 10.1%，降幅比前三季度缩小 4.6 个百分点。出口交货值占全部销售产值的比重由上年的 16.7% 下降到 13.7%。2010 年 1—2 月，规模以上工业销售产值同比增长 37.5%；出口交货值同比增长 22.5%，占全部销售产值比重的 12.9%。出口大体恢复到国际金融危机前的水平。

中国应对国际金融危机冲击的过程大致经历了四个阶段：第一，政府实施宏观经济刺激政策，稳定宏观经济供求，遏止经济下滑。第二，越来越多的企业在经受危机冲击后，完成调整过程，适应变化的环境，恢复和提升竞争力，逐步进入良性经营状态。第三，部分产业出现增长回升并趋于稳定，相关经济部门逐步恢复常态，以至有些产业进入强劲增长态势，经济景气周期出现上升势头。第四，国际市场景气回升，经济增长回到正常轨道。到 2010 年第一季度，工业运行数据显示，我国正处于第二个阶段向第三个阶段过渡的时期。世界之所以对我国抱有很高期望，主要就是因为，不仅在第一个阶段而且在第二阶段，特别是第三个阶段，中国经济都可以发挥重要作用。很显然，其中工业和工业企业包括中小企业发挥着关键性作用。

可以说，摆脱国际金融危机的过程，就是我国工业进一步增强和发挥国际竞争力的过程。从根本上克服国际金融危机和世界经济衰退的不利影响，归根到底依赖于工业国际竞争力的进一步提高。

二 从金融危机的实体经济根源中认识中国工业的现实

由美国次贷危机所引发的国际金融危机，从表面上看是金融制度缺陷和金融行为非理性所导致的系统性风险爆发，而实体经济只是被殃及的池鱼。其实，这次国际金融危机之所以是"百年一遇"，就是因为其根源在实体经济之中，而不仅仅是金融体制上的缺陷和金融业者的贪婪无知。无论是发达国家还是我国，都应从整个经济机体的内在联系中认识危机的性质，寻找战胜危机的途径。

当今世界产业发展的时代特征是：以石油等化石能源为基础的传统产业发展达到巅峰时期；以电子信息技术为代表的高技术产业发展处于高平台期；以金融为代表的现代服务业发展进入扩张期。体现时代特征的三类产业——传统产业（主要是工业）、高技术产业（包括工业和服务业）和金融服务业，成为经济增长的三大支柱，彼此相互渗透、相互依存。国际金融危机的爆发，表明这三大产业均面临深刻的矛盾：传统产业面临越来越严峻的资源环境约束，发达国家传统产业面对成本上升压力却越来越缺乏机制弹性，层层向发展中国家转移；高技术产业尽管具有技术优越性，但技术创新的巨大"创造性破坏"缺乏有效的新商业模式支撑，导致投资人长期信心不足而倾向于风险性短线投资；金融服务业具有极强的自我增值能力，其迅速扩张导致虚拟经济膨胀，系统性风险剧增。

由此，世界产业发展的三大机制出现了明显障碍：第一，创新机制出现创新不足与创新失度并存现象，其基本原因是创新外溢和创新风险导致产业创新动力不足，例如，能源节约和能源替代主要受益为社会而创新者的投资风险大，因而研发投入不足；另外，因创新者可以转嫁失败风险，又导致一些领域创新失度，例如金融创新的个人受益巨大而一旦失败损失将由其他人和社会承担，因而导致发生金融创新过度现象。创新机制的障碍使得世界产业核心技术的突破性创新前景不明。同时，虚拟经济吸纳大量投资资源，并积累起越来越大的风险。第二，由于体制机制趋向于缺乏弹性，企业特别是巨型企业的成本控制能力衰减，赢利能力高度依赖于金融虚拟经济及其支撑的"资本运作"（兼并、收购、剥离、重组、证券化等），而一旦市场环境发生变化，整个经济机体就可能发生严重的系统性风险。第三，传统产业和高技术产业的市场渗透能力都呈现缺乏适应性和扩张力的疲态，难以应对市场需求结构和社会（居民）财富结构巨大变化的现实，表现为销售乏力，因而不得不越来越依赖于信贷扩张。

国际金融危机反映出发达国家的产业根基存在深刻矛盾，它们只有解决了产业发展的市场空间、技术路线方向、升级路径和机制模式等问题，经济增长才会有长期的乐观前景。那么，我国现阶段的产业发展具有怎样的特点呢？

三十多年来，工业是我国改革开放最前沿、最深刻的领域，也是我国目前国际竞争力最强的产业。但是，我国工业化的过程还没有完成。尽管从经济产出的构成看，工业已经占有很高比重，似乎已达到工业国的标准（其实，我国工业的比重还没有达到发达国家曾经达到的比重），但从人口和劳动力结构看，农业仍然占很高的比重，农业劳动力向非农产业主要是工业转移的过程远未完成。

我国的现实情况是：作为一个人口众多、幅员辽阔的发展中大国，解决正在面临和将要面临的几乎一切重大和长远的经济社会问题，都高度依赖于重化工业的长足发展。只有形成发达的重化工业，才能解决我国城镇化、交通运输、资源开发、水利工程、环境保护和国土治理以及国家安全、民生福利等问题。所以，建设更为强大的工业，仍然是相当长一个时期我国经济发展的中心内容。而且，从工业本身的技术特征看，我国工业总体上仍处于规模收益递增时期。在相当长的时期内，增加工业投资和扩大工业规模仍然具有客观必然性和效益合理性。这是各地具有发展工业的强烈愿望的经济学根源。

当然，工业增长和发展也会出现一些问题，但对此应有科学的认识。工业对我国改革发展作出了巨大贡献。我们所面临的许多经济和社会问题，本质上是由于工业率先改革开放而其他大多数领域相对滞后所产生的，不应都被归结为工业发展本身的问题。例如，由于社会保障制度、土地制度、环境保护制度、资源开发利用制度等的变革落后于工业所产生的一些问题，不应被归结为工业发展的恶果。人们常常指责工业消耗了资源。其实，从根本上说，恰恰是工业创造了"资源"：地球上以及太空中的物质是"资源"还是"废物"，完全取决于工业技术能力和需求。如果没有工业，地球上的大多数物质都不是"资源"。有了发达的工业，才能节约或高效率使用地球物质，包括土地、水、矿物等。人们还常常指责工业破坏了环境。其实，工业是保护和改善人类居住环境的经济基础。如果没有工业，人口密集的我国不可能保持青山绿水，荒凉贫瘠的土地难以成为适合人群居住生活的地方。有了发达的工业，保护和改善环境才能成为现实和可行的目标。

工业增长还是解决最大的民生问题——就业的最有效方式之一。在现阶段，工业发展的民生意义具有根本性和基础性。新中国成立六十年来的工业化，使数亿中国人能够越来越多地享受工业文明的成果；但13亿中国人中的大多数（主要是农民）仍在期待着工业文明的到来，期盼着工业文明带来的福利。从这个意义上说，工业化不仅仍然是我国经济社会发展的主题，而且是最大的民生事业。

可见，从我国工业化的性质和进程可以看出，工业化仍然具有广阔空间，这决定了我国经济增长的乐观前景。当然，中国工业存在的问题也是十分严重的，资源浪费、环境破坏、结构失衡、民生欠账，都是中国工业发展面临的挑战。而这次国际金融危机的冲击，使得中国工业发展的问题更显著地表现出来，而有些问题（例如结构调整）的解决则因应对金融危机而产生了一系列新情况。总之，中国工业发展的复杂性和新异性更为突出了。

三 逆境中再启强国富民之路的新征程

国际金融危机对中国工业产生了巨大冲击，使其一度处于非常困难的逆境之中。但也正是在极度逆境中，中国经济表现出很强的抗风险能力，中国工业不仅实现了"V"形反弹，而且使遭遇国际金融危机极大冲击的2009年成为中国再启强国富民之路新征程的又一个标志性年份。

尽管这次国际金融危机的影响世界上没有哪个国家可以幸免，中国也不例外。但是，中国所面临的问题同美国等发达国家有很大的不同。美国金融危机的产生反映的是其产业发展空间和动力的不足（或迷惘）。美国加州大学洛杉矶分校教授罗伯特·布伦纳认为，自20世纪90年代中期以来就存在的一个问题是"美国经济从哪里找到自身前进的动力"。"危机的严重性因而内在于经济扩张本身之中，即历史性的经济衰弱与对房价上涨的依赖，而后者本身是由历史性的信贷泡沫所拉动的。""家庭本来是经济扩张的主要力量，依靠个人消费支出的上涨，依靠历史性的借贷所推动的住宅投资，家庭以需求来拉动经济扩张。但是，房价跌落使家庭财富损失殆尽，房地产泡沫时期的债务又使其积重难返，更不用说劳动力市场的萎缩了，家庭只能停止借贷消费而自愿或被迫地进行储蓄。""美国占世界制造业市场的份额在1987—2000年间基本保持在11%—12%，而2000—2005年突然惊人地下降了25%，从12.1%下降到9%，达到战后的最低水平。

与此同时，中国市场份额增加的3%绝非巧合。美国制造业无疑陷入了空前的困境之中。""然而如果制造业未能在八九十年代得以重振，那么由什么来推动经济增长？"① 而中国所处的发展阶段以及中国的经济体制决定了中国工业增长的空间仍然非常广阔，动力仍然极为强劲。因此，经历这次国际金融危机，中国不仅应对有效，而且成为一个公认的"赢家"。《今日美国》报的署名文章说，国际金融危机以来，"发展中国家看

---

① ［美］罗伯特·布伦纳：《高盛的利益就是美国的利益——当前金融危机的根源》，《政治经济学评论》2010年第2期。

到了美国的焦虑、欧洲的动荡、日本的瘫痪和中国的增长和稳定"①。

首先，经历国际金融危机，我国占世界经济的份额（以 GDP 或者国际贸易总额计算）显著提高。2009 年，我国成为世界第一出口大国。世界贸易组织于 3 月 29 日公布 2009 年全球主要国家和地区商品贸易排名，中国大陆以 1102 亿美元的出口量，占全球近 10%，超过 2008 年的冠军德国，夺得第一。而中国企业联合会会长王忠禹透露，来自联合国工业发展组织的统计报告显示，2009 年中国制造业在全球制造业总值中所占比例已达 15.6%，成为仅次于美国的全球第二大工业制造国②。

第二，经历这次国际金融危机，由于相对经济地位的变化和产业竞争力状况的变化，中国对自由贸易的认同能力显著提高，因此，从自由贸易的被动接受国成为积极捍卫国。过去举着"自由贸易"大旗并动辄指责我国违反自由贸易原则的国家，将不得不承认我国以极大的努力执行和维护了自由贸易原则。国际金融危机后，世界各国将进行重大战略调整，国际竞争规则和贸易规则也将发生重大改变。有学者认为，世界政策取向将从"释放市场力量"向"保护社会"转变③。面对国际经济形势的变化，中国的应对能力和回旋空间有了显著的提高。

第三，我国基础设施实力大大增强。在应对危机中，我国超常规地加大基础设施建设投资。中国的铁路、机场、高速公路、桥梁、城市地铁等的建设大大加快。高速公路建设成为世界第一强国。以强大的工业生产和建设能力为后盾，中国基础设施建设能力爆发式成长，令世界震惊。现在，中国已经成为基础设施最雄厚、投资和发展条件最优越的国家之一，在有些领域甚至超过发达国家。可以预期，由于投资条件和市场条件的极大改善，世界资本、技术和人才将更大规模地流向我国，进一步增强中国工业的国际竞争力和整体实力。

第四，在国际金融危机中，中国工业发展获得了一次难得的突进机

---

① 伊恩·布雷默（亚欧集团总裁）：《信奉自由市场的民主国家挣扎之际，中国却取得罕见的"成功"》，中译标题《中国发展模式赢得民众支持》，《参考消息》2010 年 5 月 27 日。
② http：//www.sina.com.cn.2010 年 3 月 29 日 2:37，大洋网—广州日报。
③ 参见高柏《奥巴马政府与正在到来的后全球化时代》，北京大学中国与世界研究中心《观察与交流》第 54 期，2010 年 4 月 30 日。

会。资源环境压力在短期内得到一定程度的缓解。一些在资源严重供不应求、资源价格高涨时期办不成的事，现在也许正是解决问题的难得良机。同时，国际资产价格大幅度调整，为已经积累了一定实力的我国经济，特别是给一些具有相当优势的我国企业提供了国际战略选择的机会。中国企业"走出去"的步伐显著加快。中国为解决资源、环境问题所进行的投资显著增加。

第五，我国产业和企业的国际竞争力将显著增强。经历国际金融危机的"精洗"，我国产业将具有更强的国际竞争力。具有世界影响的我国企业数量将大量增加。在有些领域，例如金融、通信和工业领域，都有一些实力和规模都达到世界水平的中国企业出现。有些企业，例如华为、比亚迪等，在高技术创新上成为世界瞩目的企业。

第六，由于中国经济实力的显著增强，特别是在这次国际金融危机中中国经济所表现出的有效应对系统性危机的能力，世界各国包括发达国家不得不承认中国对国际经济的影响力，甚至常常不得不有求于中国，希望中国在解决国际重大问题上发挥更大作用，因此，中国在决定国际事务包括决定国际经济规则上的话语权显著提高。这一方面，有利于中国在国际竞争中的战略实施和利益维护；另一方面，也将承受国际社会要求中国承担更多的国际义务和大国责任的压力。

当然，在中国工业乐观前景下，我们也必须看到中国工业发展存在的问题，特别是，在工业创新方面，中国工业还面临着一些重大问题。无论是应对当前的国际金融危机，还是实现经济长期发展，我国工业都有大有作为的空间。其中的核心问题是，我国工业必须在不断提升国际竞争力的过程中实现关键性的创新突破。

第一，形成节能和节约资源的技术创新机制。其中特别要形成高度外溢性（公益性）的技术创新机制，解决工业发展的资源环境约束问题。现代产业体系的特点是：大规模创造和高效率地利用资源，实现长期可持续发展；以发达的工业技术为基础，使地球上更广大的空间成为适合人类生存的环境。

第二，建立产业升级的创新机制。在现阶段，我国没有"夕阳产业"，应实行全方位的产业发展战略。产业升级的意义不仅仅是产业间升级、更重要、更具有普遍意义的是产业内升级,即工艺升级、价值链升级、产品质量升级、品牌升级,以形成"精致制造"的工业素质。因此,明确产业升级的方向是重要的,但更重要的是正确选择产业升级的可行路径。我国产业升级不是简单的"低级—高级"替代过程,而是沿着竞争力优选路径(不断形成更具竞争力的产业)推进。特别是,无论是在"低级"产业还是在"高级"产业,中国企业都有一个从产业链的低端向高端推进的任务。

第三,实现技术创新和商业模式创新的有效结合。应形成有助于企业实现技术创新和商业模式创新有效结合的制度环境。例如,光伏产业、新能源汽车、环保产业等的发展都需要有效的制度安排。因为工业创新只有以商业投资信心为基础,才能成为可持续和高效率的活动,成为推动工业持续增长和发展的动因。

总之,这次国际金融危机具有深刻的产业经济根源。我国坚实的产业根基和广阔的工业化空间,是我们可以率先摆脱危机的可靠基础和有利条件;而进一步增强产业国际竞争力特别是进一步发展壮大工业,是我国经济摆脱国际金融危机不利影响并长期保持平稳较快发展的关键。我国工业经历过市场竞争的风浪,不仅可以成为抵御危机的中流砥柱,而且能够发展成为更强大、更高效、更清洁的现代工业体系。

四 国际金融危机后中国工业经济发展的趋势与挑战

由于国际金融危机深刻反映了实体经济特别是产业经济中所存在的深刻机制缺陷,世界经济似乎发生了不知向何处去的困惑,所以,尽管所有的人都在呼吁"创新",但却因创新机制缺陷而看不明创新的方向。危机爆发后,各国在采取超强度的刺激政策和救市措施以遏制经济大幅度下滑势头并取得了一定效果的前提下,进一步考虑实行提升产业竞争力的重大战略调整,竭力寻找新的产业核心技术路线创新突破方向和新的产业增长空间,希望形成带动经济强劲增长的新的产业增长引擎,并使本国产业能够在不可逆转的全球化条件下保持相对竞争优势,以缓解可能导致系统性风险和经济失衡的内在矛盾。为了实现经济战略调整,各国尤其是在这次国际金融危机中受影响较大的发达国家，将进一步反思现行竞争规则及国际贸易规则的有效性和有利性。发展中国家会更倾向于传统意义的自由竞争和自由贸易规则；发达国家则会更倾向于在自由竞争和自由贸易规则中加入各种非传统因素（例如低碳），以抵消日益削弱其传统竞争优势的传统规制对其的不利影响。因此，国际竞争规则和国际贸易规则将发生显著的变化。在这次国际金融危机冲击下，中国工业一方面表现出历经三十年改革开放而显著增强的竞争力和抗风险能力（因而能够在世界经济严重衰退的2009年保持8%以上的经济增长率；即使外向型产业受到很大冲击，中国工业产品的国际市场占有率仍然保持持续提高的势头）；另一方面中国工业发展长期存在的深层问题也在危机冲击下更突出地显露出来。因此，经受金融危机冲击之后，中国也将实行重大的发展战略调整，中国工业发展将呈现显著的新态势，要探索新型工业化道路，实现经济发展方式的转变。

（一）工业化推进中实现"清洁技术"和"节能减排"

中国工业化的路程还远未走完，中国不可能以不发展工业的方式来解决资源环境问题。中国现阶段一切重大问题包括资源环境问题的解决都必须依赖于更发达的工业生产能力和更先进的工业技术水平。因此，资源密集型产业仍然具有很大发展空间。而在资源环境约束日趋显著的条件下，中国工业包括资源密集型产业将以显著快于世界平均的速度向更有效利用资源（即更节约资源）和更清洁生产的方向升级。同时，能源替代（新能源）也将以显著高于世界平均的速度发展。实际上，中国工业近些年来正在走向更节能、更清洁的道路，中国对世界能源和资源利用效率的提高所作出的贡献为许多国际研究机构和学者的研究成果所证明。国际金融危机后，这一趋势将更趋明显。中国工业中越来越多的行业和企业的实力已经达到了可以选用更节能、更环保的技术并保持竞争力的水平。近年来，中国新能源产业的投资和生产能力的迅猛提高甚至导致出现"重复投资"和"产能过剩"的现象，表明中国新能源产业增长和节能技术应用的微观动力机制正在形成。

（二）丰富的劳动力资源仍然是比较优势的现实依托

中国劳动密集型产业的比较优势将长期存在，各产业竞争优势的增强仍将以发挥比较优势为前提，而新型劳动密集型产业的发展和人力资源的不断升级将成为中国产业新的比较优势。这将表现为：劳动密集型产业仍然将保持基于比较优势的竞争力，同时，传统劳动密集型产业将向新型劳动密集型产业即高新技术产业链上的劳动密集型环节升级。无论是从发挥比较优势还是从实现就业目标的要求看，中国劳动密集型产业都具有发展的必然性。随着中国经济发展达到新水平，人口与发展的关系正在发生历史性的变化。众多人口作为"负担"的状况将越来越弱化，而人多作为经济增长和发展的优势，包括形成更大市场空间的优势，将越来越显现出来。

以个人计算机产业为例，可以明显反映中国如何依靠劳动资源的比较优势逐步实现高技术产业的发展，以及从低端产业链向高端产业链的逐步推进。美国科学院科学技术与经济政策委员会发布的2008年《全球产业创新》报告中的研究结论是：从1990年以来，全球产业分工的格局发生了很大的变化，21世纪以来，中国从生产和维护工程环节大规模进入该产业。现在，"该产业创新活动的全球分工有如下特点：元器件层面的研发（概念设计和产品规划）在美国和日本进行；新平台（尤其是笔记本电脑）的应用研发在台湾进行；成熟产品（主要是台式计算机）的产品开发以及大部分生产和维护工程在中国进行。"[1] 将来，中国的个人计算机产业也必然会逐步向产业链的高端（包括应用研发和产品规划及概念设计）升级。经过这次国际金融危机，这一产业升级的趋势正在加强。

（三）雄厚基础设施和高储蓄率将成为工业长期增长的重要物质支撑

经过数十年特别是近三十年来的投资建设，中国的基础设施条件正在实现历史性的转变，即从以往的瓶颈约束状态变为超前发展状态；同时，

---

[1] 中华人民共和国科技部调研室、中国科学技术信息研究所编：《全球产业创新——在新世界中竞争的美国企业》上卷，2009年6月。

中国持续的高储蓄率和巨额资本积累及巨大投资能力,成为支撑中国工业发展的强有力的独特优势。2008年以来,为应对国际金融危机的影响,实施经济刺激计划,超常规地加大了对基础设施建设的投资,提前了许多基础设施建设项目的实施进度,中国正在经历基础设施建设的又一次投资高潮,这将大大增强中国基础设施的实力,各地区(包括中西部地区)基础设施瓶颈现象将得到根本缓解;同时,城市基础设施建设也正在大幅度加速,从而明显改善中国整体的投资环境和生活条件。随着基础设施建设的更大改善,中国正在成为基础设施条件最优越的发展中国家之一,甚至可以同一些发达国家相媲美(美国等发达国家基础设施的陈旧已成为其产业发展的一个不利因素),因而对国际资金、技术和研发能力的吸引力将明显增强,经济发展的区位条件和区域优势极大改观,例如,根据中央最近制定的新的发展规划,新疆维吾尔族自治区的基础设施建设将大大加快,为开发利用新疆的资源创造有利条件。这一切都将进一步夯实和提升中国产业发展的物质基础。

(四)制造业精致化和形成新的专业化分工优势成为产业升级的重要特征

在资源条件改变和全球化竞争中贸易伙伴国对华贸易政策变化的双重压力下,中国产业发展必须告别"粗放制造"、"低价竞争"、"快速扩张"的时代,形成"精致制造"、"清洁生产"的战略机制、工业素质和企业文化,才能进一步夯实制造业竞争力的微观基础,真正形成现代工业文明的精髓。金融危机使得从未经历过严重经济危机冲击的中国企业普遍接受了一次严峻的考验和"精洗",也给具有竞争力的中国企业提供了一次特殊的战略调整机遇,促使中国制造业将向精致化方向转型和发展。同时,制造业产业链的不断分解,并在信息化过程中形成新的产业业态,包括推进生产性服务业的发展,将逐步形成中国产业竞争力新的专业化分工优势。

(五)有效竞争规则和新的成本优势机制是中国工业竞争力的重要因素

产业组织结构的不断演变和形成新的成本控制机制,是中国产业保持和增强竞争优势的关键之一。经历这次金融危机,中国将形成一批更具国际竞争力的企业,包括民营企业和大型国有企业和企业集团。由于国有企业具有在非常时期发挥功能和优势的特殊性质,所以,中国大型国有企业(主要是央企)的全球性战略举动将成为今后一段时期全球竞争新格局的一个引人注目的现象。这次金融危机是对中国企业的巨大冲击,但也是一个生动的"课堂",特别是对高度开放和竞争性的企业,对于发展历史还不长的民营企业,更是一次在经济全球化条件下"战争中学习战争"的成长经历。在这一时期,一批优秀的企业和企业家将越来越成熟和强大起来。"竞争力来源于竞争"这一铁律,将以新的方式向中国提出挑战。中国产业竞争力的更大提升取决于两个关键因素:第一,形成各类企业公平竞争和有效竞争的格局,使各类企业在平等竞争中依靠自身努力提升内在的和长期的核心竞争力。第二,形成新的成本优势机制,即从主要依赖"血拼"方式维持产品低价格优势转变为更有效发挥综合优势,特别是通过技术创新和商业模式创新,来获取较高水平的投入—产出关系和产品性能—价格比基础上的市场竞争优势。

(六)中国工业的国际化和信息化将面临新机遇、新挑战和新风险。

金融危机和资产价格的极大变化为中国企业"走出去"提供了机会,但中国产业向制造业以外的海外领域拓展,可能付出较大"学费"。改革开放三十多年来,真正实行了较彻底的改革开放的领域主要是工业特别是制造业,因此,工业特别是制造业是目前中国最具国际竞争力的产业。而其他产业大多改革开放滞后,缺乏市场竞争经验,国际竞争力不强,所以,当这些产业走出国门,参与国际竞争时,难免不敌强大对手的竞争,屡遭挫折和失利。这些行业只有在不断地历练中才能逐步培育起较强的国际竞争力。当然,即使是工业企业的海外拓展也将面对着许多不熟悉的情况,当涉及各种法律、政府管制、当地文化等复杂关系时,中国企业因缺乏经验而经受的风险性会明显增加。

在国际化过程中,科技进步和新兴产业的形成,特别是信息化、网络化和网络经济的加速发展,将会深刻影响世界的竞争规则。希望在电子信息和网络经济方面有新的实质性突破,是欧美发达国家的重要战略动向之一。据报道,奥巴马就任美国总统后,1月28日与美国工商业领袖举行了一次"圆桌会议",IBM首席执行官彭明盛首次提出"智慧的地球"这一概念,建议新政府投资新一代的智慧型基础设施。奥巴马对此给予了积极的回应:"经济刺激资金将会投入到宽带网络等新兴技术中去,毫无疑问,这就是美国在21世纪保持和夺回竞争优势的方式。"此概念一经提出即得到美国各界的高度关注,甚至有分析认为,IBM公司的这一构想极有可能上升至美国的国家战略,并在世界范围内引起极大关注。

我们可以看到,现行的竞争规则、贸易规则、政府监管规则(包括税收制度)等,都越来越暴露出难以适应高度信息化和网络化的经济活动。世界经济活动的实体形态正在从"原子型企业"越来越演变为"网络型企业(或企业群)",而且网络化的产品和服务形态越来越普遍。对原子型企业行为的监管与对网络型企业甚至网络型企业群行为(以及网络化产品和服务)的监管,显然具有不同的性质。这样,被监管的企业与实施监管的政府机构,都会面临极大的挑战。特别是,各种法律的和行政的规则体系受到极大的挑战。而经济全球化的趋势又要求实现世界各国规则体系的一体化或者可相互"接轨"。因此,各国新规则的制定或现行规则的改变将受到其他国家的密切关注和高度重视。前些时候,中国工业和信息化部推出的过滤软件"绿坝"之所以会遭到那么大的国际压力而不得不缓行,最后不得不由原先的强制安装改为自愿安装,就是一个非常典型的案例。因为,旧规则的改变和新规则的制定都将对各国、各企业的竞争力产生很大的影响,这是在产业向信息化方向发展中,必须引起我们高度重视的问题。总之,应对产业发展的进一步深度国际化和信息化所产生的风险,将是中国产业提升国际竞争力的重大新课题。

(七)财富创造与民生普惠的协调将成为中国工业发展战略的重要政策取向

国际金融危机暴露出发达国家的一个深刻而难以解决的问题,即过度的社会福利支出成为沉重的负担,超过经济承受能力的社会福利损害了勤劳工作的产业文化,导致国家债务膨胀,产业国际竞争力减弱,例如,最近希腊所爆发的金融危机以及可能产生的"欧元危机",反映了勤劳工作—福利保障关系的失衡,特别是随着经济全球化的深度推进,一些发达国家尤其是欧洲各国将面临严峻的挑战。而中国似乎是另一种情况，即在财富创造取得巨大成就的过程中，民生福利的改善却明显滞后。因此，不断增加民生支出将成为今后国家经济社会政策的一个显著特点，在此过程中，工业发展也将更注重财富创造和民生普惠关系的平衡与协调。这样的政策取向将对工业的成本—价格结构、技术路线选择以及竞争战略等产生重要影响。

结语

  处于工业化中期的中国，在突如其来的国际金融危机冲击下，表现出很强的应对能力和调整能力，不仅将国际金融危机冲击所导致的损失减少到最小，而且从逆境中崛起，国际地位显著提高，其中，工业发挥了基础性和关键性的作用。工业是应对国际金融危机的中流砥柱；国际金融危机后，中国工业经济将加快走上新型工业化的道路，并成为转变经济发展方式的重要领域之一。当然，在国际金融危机冲击下，中国工业存在的突出问题也显著表现出来，而且，由于危机时期经济刺激政策的副作用，使得有些长期性问题变得更为严重，例如结构调整成为越来越突出的问题，一些领域中体制改革推进的迟缓也会对未来的经济社会发展产生不利影响。因此，后国际金融危机时期，中国工业发展进入了更强劲、更具进取性，同时也是更复杂、更具挑战性的阶段。

（原载《中国工业经济》2010 年第 7 期）

中国工业的转型升级

"十一五"时期以来,其实还可以再往前追溯 5—10 年,中国工业结构调整和升级就一直是个备受关注、多次写入政府文件的问题。工业化本身就是一个经济结构剧烈变动,往往发生显著的结构不平衡甚至严重失衡现象,因而人们在主观上特别渴望实现平衡的发展时期。所以,在现实的不平衡条件下追求合意的平衡,是整个工业化时期的一个显著时代特征。不过,在"十一五"和"十二五"时期之交的历史关头,经济失衡以及社会失衡的现象,以及对于克服严重不平衡、不协调现象的强烈愿望尤为凸显,转变发展方式成为全社会最重大的问题。由于中国仍然处于工业化时代,所以,作为转变经济发展方式最重要内容之一的工业转型升级具有极为关键的意义。

一 工业转型升级是转变经济发展方式的关键

作为 13 亿人口的超大型国家,中国从 20 世纪 70 年代末以来的三十多年加速工业化,不仅彻底改变了中国的面貌,而且极大地改变了世界经济和地缘政治的基本格局。这三十多年来,中国以极大的勇气和"血拼"的方式,不仅全面接受世界市场的竞争规则,实行全方位对外开放,并且主动融入经济全球化体系,从而实现了令世界惊叹甚至"不可思议"的巨大成就。

但是,天下没有免费的午餐。当我们享有了经济发展成就的同时,也不能不看到,饥不择食地沿着西方早期工业化技术路线和竞争方式推进的中国工业化进程也付出了极大的代价。那种导致严重的不平衡和对资源环境的过度消耗和损害的传统工业化道路是不可持续的,因此,必须实现经济增长方式和发展方式的转变。

转变发展方式是一个涉及经济、社会、政治、文化以及全体人民的思维方式和生活方式的深刻变化过程,而工业转型升级则是其关键。因为中国目前和相当长一段时期将处于工业化时代。实际上,全世界在总体上也将长期处于工业化时代。由西方工业化先行国家所"锁定"的工业生产技术路线的优点和缺陷,以及与此直接相关的生活方式,将继续向世界其他国家扩散。工业生产和工业社会的基因和"中轴原理"仍然是我们所处时代的经济机理的决定性力量,并决定着社会上层建筑的基本性质和主要特征。因此,从一定意义上可以说,所谓发展方式的转变,其核心就是工业化技术路线的优化和运行体制机制的转变。

到"十一五"期末,中国工业化进程显著地达到了一个阶段性转折点,并面临着下一阶段新的战略机遇期。"十二五"时期,贯彻科学发展观是主题,转变发展方式是主线。而能否实现工业转型升级,则在很大程度上决定着能否实现发展方式的转变。

"十一五"时期,中国(除了很少数欠发达地区外)在总体上进入了工业化中期阶段,并跨入了"中等收入"国家行列。特别是,由于中国巨大的经济规模和人口数量,在这一时期,在许多总量指标上中国"轻而易举"地一跃而居世界前列:成为世界第一大出口国、以 GDP 计算的世界第二大(仅次于美国的)经济体、大多数主要工业品产量居世界第一……不仅如此,中国经济的结构性质也发生了极大的变化。这完全是一个今非昔比的新时代。

在工业化初期,中国具有许多同大多数不发达国家相同的现象:资金和外汇短缺、人口二元结构下的劳动无限供应、技术落后因而模仿空间巨大、基础设施和工业配套能力较弱,等等;同时,中国也有一些自己的国情特点,例如,从计划经济过渡而来的短缺经济特征以及与此相关的市场宽容。这一时期,中国工业的最大特点就是各行业生产能力和生产规模的快速扩张。20 世纪 80 年代以来,从轻型加工业的率先快速增长到重化工业的更快增长。"十一五"时期,重工业加速增长的势头更加强劲,直到这一时期的最后一年 2010 年,轻工业增长 13.6%,重工业增长 16.5%。而且,重工业快速增长的趋势将至少继续延续到"十二五"时期。总之,工业化初期向中期转变的重要特征之一就是工业结构的显著重型化和高度复杂化（如经济学家所说的"具有更大的迂回性"）。

一般发展中国家进入工业化中期后都会表现为资金和外汇短缺现象的缓解，而我国经济进入工业化中期后更突出地表现为资金供应和外汇储备的异常充裕。同时，由于工业技术水平的迅速提高而日趋接近国际先进水平，技术模仿的差距空间显著收敛；大规模投资建设使得基础设施显著改善，工业生产的配套能力明显增强，这一切都使中国工业不仅在规模上，而且在结构上和技术素质上都越来越具有"成熟"特征。这种成熟特征甚至表现为，"产能过剩"成为突出并具有普遍性的结构现象。而在工业品市场供需关系上则形成了绝大多数传统工业品市场日益趋向于饱和的格局。如果说从20世纪90年代后期开始，中国从卖方市场转变为买方市场，那么，直到经历本次国际金融危机，中国最终全面摆脱短缺经济特征，并实现了市场供需关系从短缺向供应全面过剩的转变。在这一意义上可以说，到"十一五"和"十二五"时期之交，我国工业在总体上进入了趋向于成熟的工业化中期阶段。

工业化中期的显著特征之一是国民经济达到中等收入阶段。2010年，中国国内生产总值397983亿元人民币（见图1）；如果按照购买力平价计算，中国的GDP甚至已经越来越接近美国，有专家[1]和国际货币基金组织（IMF）估计，到2015—2016年前后，中国的GDP将超过美国；即使是较保守的预测，在10—20年之内中国的GDP也一定会超过美国。即使是按现行美元汇率计算，中国人均国内生产总值也已达4000美元；而如果按购买力平价计算，则已超过8000美元甚至更高。无论按何种计算方法，按照世界银行的标准，中国都已经达到中等收入国家（地区）的水平。在这一阶段，尽管我国人口数量巨大，劳动资源丰富，但也明显地出现了进入中等收入阶段所具有的劳动供需特征。"十一五"和"十二五"时期之交，中国劳动市场结构性转换的突出表现似乎有点"突如其来"和"出人意料"（例如，出现引人注目的"民工荒"和"招工难"现象）。

---

[1] 参见[英]安格斯·麦迪森《中国经济的长期表现——公元960—2030年》，上海人民出版社2008年版。

其实，这正是进入中等收入阶段的必然表现。因为，同低收入阶段不同，中等收入阶段的劳动者将越来越不再"饥不择食"地接受就业岗位和工作条件，而越来越会"挑挑拣拣"，甚至"挑肥拣瘦"。农村生活条件的改善和农民收入的提高，也显著增加了民工到工业企业就业的机会成本。于是，单方挑选和单方出价的劳动市场逐渐转变为双方选择和双方协商的劳动市场。其市场反映就是：劳动工资水平的明显提升，不仅劳工自身而且全社会对劳工权益的关注更高。

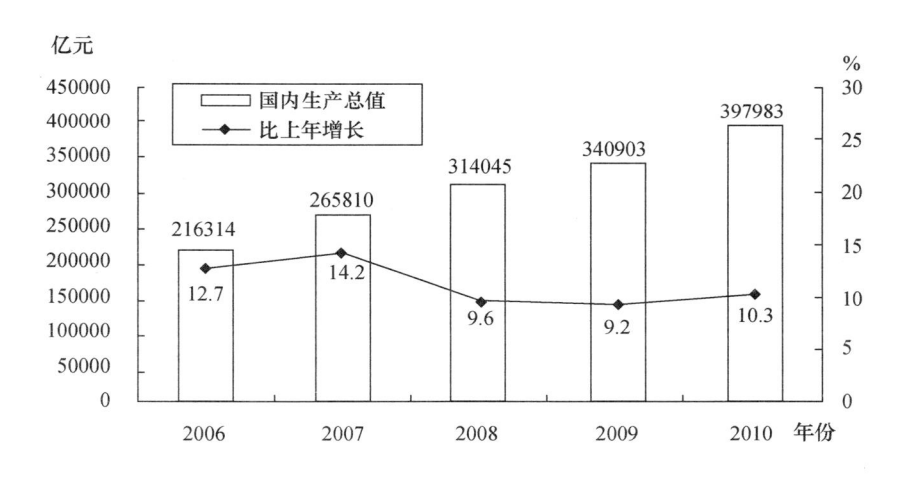

图1　2006—2010年国内生产总值及其增长速度

资料来源：国家统计局：《中华人民共和国2010年国民经济和社会发展统计公报》，2011年2月28日。

总之，中国工业化进入中期阶段，2010年，全部工业增加值达160030亿元。进入这一新的工业化阶段，工业生产能力、技术水平、劳动工资状况、基础设施条件，以及市场供求关系等的一系列显著变化，促使工业结构在向重化工业倾斜的基础上，进一步向制造业的更复杂部门以及产业链的更高环节转型升级。从这一角度观察，中国工业发展既有继续追赶发达工业国的内容，又越来越具有必须走向更加依赖自主创新道路的表现；既有继续完成工业化不可逾越阶段的历史过程的内容，又越来越具有成为世界制造业领先者的表现。简言之，中国工业已经从幼稚时期，进入成年时期，转型升级是成长的必然，必须从工业化初期的工业结构体系向适应工业化中后期的工业结构体系转变。

二 资源环境约束下的技术路线转换

"十一五"时期，中国工业发展的一个突出特点是资源环境约束的压力越来越大。这种压力不仅来自市场供求关系和资源价格的不断上升，来自社会舆论和民众呼吁，而且也来自国际社会对中国的抱怨。实际上，中国工业发展自身也要求向着更节约和更有效利用资源特别是化石能源，更重视环境价值和更快地提高环境保护标准的方向转型升级。"十一五"规划的一个约束性指标是全国万元国内生产总值能耗下降20%，确定这一目标表明政府节能减排的决心。五年来，尽管作出了很大努力，个别地区甚至采用了"拉闸断电"的不适当行政手段，但"十一五"期间全国万元国内生产总值能耗下降20%的目标仍然未能圆满完成（与规划目标相比还差不足1个百分点，即19.1%）。这表明，节能环保不仅是企业决策问题、政府决心和管制强度问题，更是一个工业技术路线转换过程。而工业技术路线转换是不可能一蹴而就的。

工业技术路线的转换，不仅需要新技术的突破，而且必须付出很大的成本和经历相当长的时间。以汽车为例，汽车是化石能源为基础的工业技术路线的典型产业。由于化石能源特别是石油的丰富、安全和经济，以消耗石油（汽油或者柴油）为燃料的汽车发动机是汽车制造的技术路线的核心。于是，围绕这一工业技术路线，汽车工业不仅形成了庞大的汽车制造业，而且形成了采油、炼油、输油、加油等庞大的基础工业和基础设施网络（加油站、公路、桥梁等）。现在，由于资源环境约束的增强，除了最大限度地生产节油型汽车之外，还要研制生产新能源汽车。而新能源汽车意味着汽车生产技术路线的重大转换。为此，需要付出怎样的代价，经历怎样的过程呢？在考察一家在新能源汽车研制方面具有相当优势的制造企业时我们看到：生产一辆石油燃料的汽车出厂价不足10万元人民币，即使是相当漂亮的SUV型汽车价格也仅在10—15万元。而一种投入城市出租汽车市场的双动力（电动和汽油电力）车，售价高达30万元。为推广这种汽车,尽管中央财政补贴6万元,省财政补贴6万元,客户也得支出18万元,大大高于相同等级的汽油或柴油动力车的价格。可见,为了实现技术路线的转换,不仅生产企业要付出极大努力,政府(实际上是广大纳税人)和使用者也必须承担很大的代价。只有当技术进一步成熟,在政府和购车者及消费者持续付出代价的基础上不断扩大生产和销售规模,从而逐步降低售价;同时,建立起新能源汽车的基础设施(充电、蓄电),才能真正实现汽车生产的技术路线转换。这是一个巨大的历史变迁。当前,整个世界仍然处于化石能源时代的巅峰时期,化石能源的经济优势仍然非常强大。其实,在我们上述例子中,汽油车转为双电力(或混合电力)还只是以电力部分替代燃油,而作为二次能源的电力,其一次能源仍然主要是化石能源——燃煤。所以,即使双动力或混合动力发动机替代了燃油动力发动机,汽车工业技术路线转换也还只是完成了一半。可见,尽管向以替代化石能源的新能源为基础的工业技术路线创新正在上路,但未来的道路仍然漫长,目的地还很遥远。

要更大程度实现工业技术路线的动力转换,就得要实现一次能源结构的转换,即用非化石能源替代化石能源。这一过程将取决于更具决定性的技术进步。例如,太阳能技术目前只能达到15%—17%的转化率,风能的更大利用仍然存在一系列技术难点,核能利用在我国短期内难以达到较高比重,而且,2011年3月11日的日本大地震对核电站的安全再次提出疑虑和更高要求。中国的自然资源条件决定了,在当前和相当长的时期内,煤炭仍是最主要的能源。与"十五"时期相比,"十一五"期间,煤炭消费的比重并没有下降,非化石能源的比重也无明显提高(见表1)。这些都表明,我国仍然处于化石能源时代的巅峰时期。确保化石能源的供应安全、节能和化石能源的清洁化,是现阶段我国能源战略的重要内容之一。

表1　　　　　　　　2001—2010年我国能源消费总量及构成

年份	能源消费总量 (万吨标准煤)	占能源消费总量的比重(%)			
		煤炭	石油	天然气	水电、核电、风电
2001	150406	68.3	21.8	2.4	7.5
2002	159431	68.0	22.3	2.4	7.3

续表

年份	能源消费总量（万吨标准煤）	占能源消费总量的比重（%）			
		煤炭	石油	天然气	水电、核电、风电
2003	183792	69.8	21.2	2.5	6.5
2004	213456	69.5	21.3	2.5	6.7
2005	235997	70.8	19.8	2.6	6.8
2006	258676	71.1	19.3	2.9	6.7
2007	280508	71.1	18.8	3.3	6.8
2008	291448	70.3	18.3	3.7	7.7
2009	306647	70.4	17.9	3.9	7.8
2010	324739	68.9	18.7	4.3	8.1

资料来源：《中国统计年鉴》（2010），中国统计出版社2010年版；2010年的数据根据《2010年国民经济和社会发展统计公报》数据估算。

当然，尽管工业技术路线转换是一个相当艰难并且必须付出很大代价的过程，但这毕竟是一个面对资源环境约束条件越来越严酷的现实挑战而必须完成的过程。人类没有别的选择！在当前，除了探索资源替代的新出路之外，更为现实的是，还要作极大的努力实现从以资源比较优势和以化石能源为基础的技术路线，向更符合节能环保要求的工业技术路线转换。在这方面各工业部门都有很大的技术创新空间。例如，原为高耗水、高耗电的钢铁工业生产技术变为节水、节电的钢铁工业生产技术，不仅在技术上是完全可行的，而且在经济上也是可以全面推广采用的。"十一五"期间，我国工业生产的自然资源及能源节约技术有了显著提高。2010年，全国万元国内生产总值用水量190.6立方米，比上年下降9.1%，万元工业增加值用水量105立方米，下降9.6%（"十一五"时期，单位工业增加值用水量累计下降36.7%），万元国内生产总值能耗下降4.01%。

从"十一五"时期看，我国单位国内生产总值及单位工业增加值的能源消耗量都在持续下降（见表2和图2），而且其下降速度明显快于"十五"时期。工业是最大的商品能源消费部门，"十一五"时期规模以上企业单位工业增加值能耗下降了26%（显著高于全国单位GDP能耗的下降幅度），对全国单位 GDP 能耗下降作出了很大贡献。这表明，尽管节能减排的任务仍然非常艰巨；但我国工业的能源利用效率正在显著提高，转型升级步伐正在加快。

表 2　　　　　　　　2001—2010 年我国单位 GDP 能耗

年份	能源消费总量（万吨标准煤）	GDP（亿元）	万元 GDP 能耗
2001	150406	109655	1.371629201
2002	159431	120333	1.324915027
2003	183792	135823	1.353172879
2004	213456	159878	1.335118027
2005	235997	184937	1.276094021
2006	258676	216314	1.195835683
2007	280508	265810	1.055295136
2008	291448	314045	0.928045344
2009	306647	340903	0.899513938
2010	325000	397983	0.816617795

资料来源：2010 年《中国统计年鉴》（2010），中国统计出版社 2010 年版。
2010 年的数据根据《2010 年国民经济和社会发展统计公报》计算。

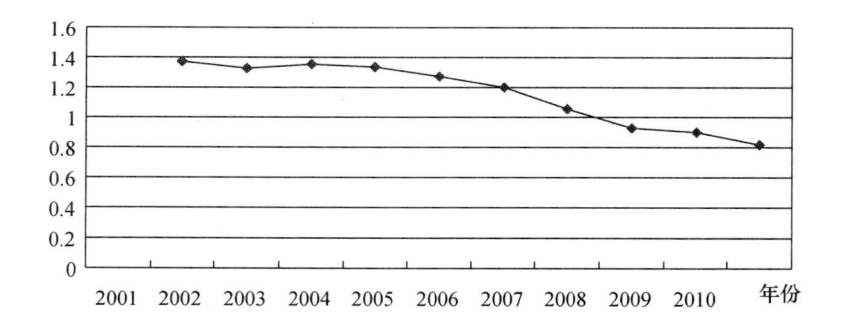

图 2　2001—2010 年我国单位 GDP 能源消耗的变化

表 3　　　　　　　　　2001—2010 年我国单位工业增加值能耗

年份	工业能源消费总量（万吨标准煤）	工业增加值（亿元）	万元工业增加值能耗
2001	92346.68	43581	2.118966522
2002	102181.18	47431	2.154312159
2003	119626.63	54946	2.177167219
2004	143244.0162	65210	2.196657203
2005	158058.37	77231	2.046566405
2006	175136.642	91311	1.91802348
2007	190167.2949	110535	1.720426063
2008	209302.15	130260	1.606802933
2009	218639.311①	135240	1.616676361
2010	249114.918②	160030	1.556676361

注：①2009 年数据根据《我国高耗能行业能耗约占工业能耗 80%》，新华网（http://chn.chinamil.com.cn/xwpdxw/gnssxw/2010-12/20/content_ 4356214.htm）中关于"2009 年，我国工业能耗占全国一次能源消费的 71.3%"的结论计算。

②2010 年数据根据《辉煌"十一五"：节能减排攻坚初战告捷》（http://www.miit.gov.cn/n11293472/n11293877/n13434815/n13434877/13453029.html）一文中关于"2010 年全年单位工业增加值能耗比 2009 年下降 6% 左右"的预测结论计算。

资料来源：2002—2010 年《中国统计年鉴》，中国统计出版社 2002—2010 年版。

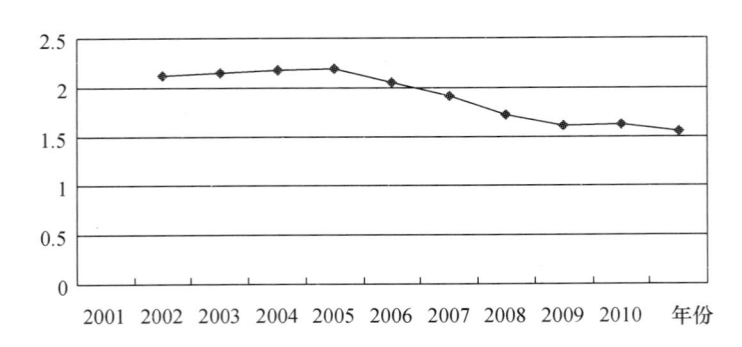

图 3　2001—2010 年我国单位工业增加值能源消耗的变化

可以预期，"十二五"时期，我国工业节能减排和发展新能源的转型升级速度将进一步加快。通过创新而实现工业技术路线的转换将成为更多工业企业的努力方向。经过改革开放以来三十多年的持续增长，中国工业已经积累起了巨大的实力和能力，特别是，工业企业技术素质的显著提高和国际竞争力的增强，使得在越来越严峻的资源约束条件下实现工业技术路线向节能环保和新能源、新材料方向转换具有现实可能性。特别值得一提的是，据报道，中国已经成为全世界开发新能源投资最大的国家。在这方面，中国工业的转型升级速度可能再次超过人们的预期，就像中国工业以超人预期的速度进入工业化中期以及中国经济以超人预期的速度进入中等收入阶段一样。总之，资源约束尽管对中国工业发展造成了一定的困难，但也可以成为促进中国工业转型升级的压力，而不会成为阻止中国工业继续快速增长的不可逾越的障碍。

三　现代工业经济体系的艰难变革

工业历来具有革命性转变的特点，即在连续发展一定时间后发生突变，在新的科学发现和技术发明的基础上，整个工业技术性质特征和工业结构随即发生巨大变化，史称第一、第二、第三次工业革命。所谓工业革命实际上是传统工业（包括工业化之前的工业和工业化发生过程中的工业）技术发展到巅峰时期，新的工业技术全面采用，成为新的经济增长点和国民经济新的主导产业和支柱产业。那么，我们当前是否处于又一次新的产业变革的历史时期呢？更尖锐的问题是，工业发展到今天，是否还有前途？中国越来越多的工业部门或者工业制造环节将成为"夕阳产业"而不得不转移到其他国家，走向"去工业化"的方向吗？一些发达国家曾经就是这样认为的，即当建立了发达的工业体系，产业体系的发展就会向后工业化时代转型。而后工业化时期就是具有工业逐渐萎缩，服务业在国民经济中占据绝大部分的特征。但是，这些发达国家也始终有一种忧虑，工业特别是制造业的萎缩是否会导致国家产业竞争力的衰弱（出现"产业空洞化"现象）？这次国际金融危机中，美国"再工业化"和"重振制造业"的呼声再次强烈，并且成为政府经济政策的重要战略意向。它们的教训值得我们汲取。

对此，中国工业发展面临必须科学判断和作出重大战略抉择问题：中国工业已经发展到一些工业部门成为"夕阳产业"的阶段了吗？当建立了庞大而完整的工业经济体系后，下一步的方向是放弃工业（"去工业化"）还是继续发展新兴工业？

所有的统计数据和可以观察到的经济现象都表明，就全国而言，目前，中国工业没有"夕阳产业"，从最传统的工业部门到先进制造业的各个部门，所有的工业部门在中国都仍然有很大的发展空间。统计数据显示，2010年，我国全年规模以上工业中，农副食品加工业增加值比上年增长15%；纺织业增长11.6%；通用设备制造业增长21.7%；专用设备制造业增长20.6%；交通运输设备制造业增长22.4%，其中汽车制造增长24.8%，铁路运输设备制造增长25.4%；通信设备、计算机及其他电子设备制造业增长16.9%；电气机械及器材制造业增长18.7%。六大高耗能行业比上年增长13.5%，其中，非金属矿物制品业增长20.3%，化学原料及化学制品制造业增长15.5%，有色金属冶炼及压延加工业增长13.2%，黑色金属冶炼及压延加工业增长11.6%，电力、热力的生产和供应业增长11%，石油加工、炼焦及核燃料加工业增长9.6%。高技术制造业增加值比上年增长16.6%。几乎所有工业行业的增长率都高于国内生产总值10.3%的增长率。这表明，工业在国民经济中的比重即使不提高也不会显著下降（当然，由于服务业的价格上涨较快，所以，在以现价计算的三次产业结构中服务业的比重可能上升）。当然，由于土地资源稀缺和要素价格上升等原因，有些地区可能已经没有一般加工制造业的扩张空间，必须"腾笼换鸟"。但是，这些制造业还正是其他地区极为需要和欢迎的产业。例如，作为代工企业的富士康，在深圳地区没有进一步发展的空间，却受到中西部地区的极大欢迎。可见，现在谈论中国的"夕阳产业"，制造业向其他国家大规模转移，还为时过早。所以，中国工业转型升级的意义决不在于"放弃"，而是在于"强化"。向更加发达的工业体系发展，使各工业部门（包括传统产业和高技术产业）都进入世界先进水平，是中国工业体系变革的迫切要务。

放弃工业意味着放弃技术创新的产业载体和工业技术路线极点延伸的前景（我国最发达的地区也不应放弃工业作为），所以，当传统工业发展到发达水平，市场需求扩张空间有限，特别是当经济增长缺乏新的主导和支柱产业时，战略性新兴产业的发展就成为尤其重要的任务。这实际上是各个发达国家也正在面临的难题。当工业扩张到较大规模，工业制造成为高度发达的产业，当然，必然进入现代服务业加快发展的阶段。但即使那样，作为一个大国，也不能走上"去制造业"的道路，制造业是一个大国永远不能消亡也不该衰落的产业，否则，将失去技术创新的载体，必然会导致整个国家失去竞争力。

所以，向现代产业体系转型升级，绝不是放弃传统工业而另搞一个标新立异的产业体系。在现阶段，发展现代产业体系实质上是要在基本完成了初期工业化之后，建立向工业化中后期推进所要求的更先进和发达的产业体系，其中，传统工业的各个部门都有很大的技术升级空间。我们看到，在"十一五"期间，人们所说的传统工业特别是传统重化工业增长强劲，成为中国经济增长的主要推动力。而进入"十二五"时期，中国工业化必须在此基础上继续推进。当然，如前所述，中国工业化的技术路线也必须适时转换。

总之，"十二五"时期相对于"十一五"时期，中国工业转型升级既有连续性，也有非连续性。连续性主要体现为工业化将继续快速推进，各工业部门将实现全面技术升级，非连续性则主要表现为将走向新型工业化的道路，并寻求重大核心技术创新基础上的工业技术路线优化。所以，所谓建立现代产业体系，也就是走新型工业化道路，形成体现新型工业化性质的产业体系。

首先，实施资源战略的重大调整。包括：（1）能源战略。必须实现能源生产结构和消费结构的调整，即推动能源生产和利用方式变革，构建安全、稳定、经济、清洁的现代能源产业体系。一方面在确保能源安全供应的基础上推进传统能源清洁高效利用；另一方面加快新能源开发，逐步推进可再生清洁能源对化石能源的替代。（2）土地和矿物资源战略。更有效和有节制地发挥"土地是财富之母"的作用，做到土地资源的科学规划、集约开发、兼顾各方、合理利用。同时，更科学和合理地开发利用战略性矿物资源，使现代产业体系具有长期稳固的物质资源基础。（3）发展海洋经济，为工业化拓展更广阔的地理空间和资源条件。坚持陆海统筹，制定和实施海洋发展战略，提高海洋开发、控制、综合管理能力。科学规划和合理开发利用海洋资源，发展海洋油气、运输、渔业等产业，保护海岛、海岸带和海洋生态环境。保障海上通道安全，维护我国海洋权益。

其次，形成更加合理的三次产业结构和实现三次产业之间的有效互动。包括：（1）提升和优化工业特别是制造业结构。加强制造业的集约化、清洁化和精致化程度，并且形成大、中、小型制造业企业的有效竞争、分工和合作的产业组织结构。（2）加快发展服务业，包括生产性服务业和生活性服务业。在建立发达制造业的基础上，逐步提高服务业在三次产业中的比重，提高现代服务业在整个服务业中的比重，提高生产性服务业在现代服务业中的比重。推动特大城市形成以服务经济为主要比重，以高端制造业特别是高端制造业的核心技术创新实体为精髓的产业结构。（3）形成第一、第二、第三产业之间的合理分工和有效互动。第一产业是第二、第三产业发展的重要物质基础，而且第一产业的现代化也是第二、第三产业现代化的前提。第二产业要为第一、第二产业提供技术支持，同时也是第一、第三产业市场需求的重要来源之一。第三产业不仅是第一、第二产业的基础条件，而且要为第一、第二产业提供高效率的综合运输体系和信息传送系统，更要为第一、第二产业的高效化、品牌化和延伸化提供必要的支持条件。

最后，培育发展战略性新兴产业。重点培育发展新一代信息技术、节能环保、新能源、生物、高端装备制造、新材料、新能源汽车等产业，加快形成先导性、支柱性产业，拓展产业发展的更大空间和更广阔前景。目前，不仅中国这样的新兴工业化国家需要培育发展战略性新兴产业，而且美国等发达国家也迫切需要发展新兴产业。可以说，全世界都在盼望着一个关系到能否实现持续经济增长的最关键问题的答案：哪些新兴产业，而且是在多大程度上，可以接替传统产业成为未来的主导产业和支柱产业？在应对这一战略问题的严峻挑战上，中国和发达国家站在十分接近的起跑线上。因此，中国工业通过转型升级，将向着世界最先进的工业高地迈进。这正是"十一五"和"十二五"时期之交，中国工业转型升级的重大历史意义，有可能成为中国工业化历程中又一个具有标志意义的里程碑。

四 向高附加值产业端攀升的企业战略转移

工业转型升级不仅仅表现在工业结构和工业体系的总体特征的变化上，更深刻地发生和体现在所有工业企业的战略抉择和战略走势上。在如前所述的经济发展阶段、资源环境条件和产业结构体系发生重大变迁的大背景下，所有工业企业的生产经营条件都正在和将要发生极大的变化。其直接表现就是，工业生产的要素成本不断上升，各类工业品市场更趋饱和，越来越多工业领域的利润空间被严重挤压。工业企业普遍感觉实业经营越来越艰难，除非实现向高附加值的产业领域或者产业链环节转移。

观察企业转型升级同讨论整个工业的转型升级不尽相同。当我们讨论整个工业的转型升级时，主要是在整体意义上关注其结构变化和总体演变方向，可以描述出一个大体一致的基本特征。而企业是多种多样的，遍布于各行各业、各个不同的地区。所以，企业群体转型升级的战略转移是多方位的，而不可能是所有企业的"齐步转"。企业类型的多样化和经营战略选择的各具特色决定了它们的转型升级只能是"八仙过海，各显神通"，而"绝没有两个完全相同的成功企业"。如果一定要说所有工业企业会有什么共同的行动方向，那么，向产业链的高附加价值端攀升可能是其群体行为的共性之一。至于产业链的哪个附加价值端更高，各个企业通过转型升级可以或应该进入哪个具体的产业链环节，则是各有各的选择，各有各的招数。当然，节约能源资源、更高标准地保护环境，是所有工业企业在作出战略选择时的"必选项"或"必答题"。

观察"十一五"期间的工业企业转型升级战略，预见其"十二五"时期的新动向，各工业企业至少可以有以下几种转型升级的可选择方向。

第一，一些企业将生产能力在区域间转移，例如，加工制造业从东部沿海地区向中西部地区转移，采矿业向新探明储量地区转移。典型的案例包括富士康、华能集团等。这些企业的战略基本上体现了以寻求区域比较优势为基础的规模扩张方向。它们是中国现阶段工业化地区梯度推进的顺势而进者，也可以说是一种"顺势而进"的企业经营战略。而在向中西部地区推进的过程中，技术水平，特别是环保技术必须有显著提高，以适应中西部地区生态环境的要求和不断提高的产品和环境质量标准。这种企业转型升级方式可以称为"基于比较优势的空间转移战略"。

中国社会科学院工业经济研究所工业运行课题组的一份报告表明[①]，工业企业向中西部地区转移的速度正在明显加快。当前，适合中国国情的产业结构应当具有高度多样性和区域梯度性，并且能够解决大量低层次劳动力就业问题。在不会造成严重环境损害和大量资源消耗的基础上，几乎任何一种技术水平的产业在中国都能够找到适合其存在的地区空间。在东部，很多发达地区已经进入工业化中后期，一些劳动密集型产业会因为生产要素价格的上升而失去竞争优势。而中西部地区，工业化刚刚进入中期，甚至还是在初期，承接东部的产业转移有利于自身资本的积累，完善产业基础，提高经济发展速度。许多劳动密集型产业对于解决就业有着十分重要的意义，而且在未来很长的一段时间里，劳动密集型产业将仍然是中国在全球市场中十分具有国际竞争力的产业。一些低技术，但并非高污染、高耗能的劳动密集型产业的长期存在具有客观必然性。

国际金融危机发生以前，受人民币升值、出口退税下调、土地资源紧缺、劳动力成本上升、资源环境约束趋紧等因素的影响，东部地区向中西部地区的产业转移速度已经开始加快，大量的东部企业到中西部地区投资，将企业的加工制造环节转移到中西部地区。国际金融危机后，即2010年以后，东部地区生产要素成本上升的问题更加凸显出来，"民工荒"、"招工难"成为困扰东部企业的突出问题。一些劳动密集型产业由东部地区向中西部地区转移的速度将会进一步加快。

除了劳动密集型工业企业加快向中西部地区转移之外，由于中西部一些地区进入以资源开发为重要特点之一的工业化阶段，资源勘探的速度加快，探明储量增加，在我国经济发展对能源资源的需求十分旺盛的条件下，许多能源和矿业企业也大举向中西部地区转移。

第二，不断将主业产品的整个制造产业链做强，将技术、工艺、质量和售后服务做精，成为业内最具竞争力的专业化生产企业，例如湖南的三

[①] 中国社会科学院工业经济研究所工业运行课题组：《2011年中国工业经济运行形势展望》，《中国工业经济》2011年第3期。

一重工、中联中科等。再如比亚迪汽车，其升级战略的方向是力图实现汽车制造全产业链在集团内的一体化，即力图掌握汽车制造全产业链的技术，以此形成本企业汽车制造的更强竞争力。企业转型升级的这种方式可以称为"基于全制造产业链技术优势的一体化战略"。

第三，在产业链的各细分环节中成为持续保持分工优势的专业化制造企业。例如，许多中小型制造企业发展为专业化和工艺水平很高的优秀企业，成为各行业中的"隐形冠军"。在经济全球化条件下，一个产品的生产分工体系中涉及许多合作厂商，甚至形成"世界制造"（部件制造分布于多个国家）的格局。一个企业只要能在分工体系中稳固地占据一个或数个环节，就可以成为行业中的佼佼者。目前，在许多制造业产业特别是在高技术产业体系中，中国企业还处于相当弱势的地位，只是由于产品最后在中国组装而打着"中国制造"的标记。例如美国从"中国进口"的iPhone手机，中国企业在其总价值中的比重不足4%，产品却标注"中国制造"（同时标注"苹果公司设计"）。这同时也表明，在制造业的各个部门以至各种产品的生产领域中都存在着中国工业企业发展的巨大延伸扩展空间。当然，中国工业企业要进入这些制造空间决非轻而易举，而是必须以技术、效率以及管理的更强竞争力为前提。所以，对于许多中国制造业企业，通过不断增强竞争力而进入全球工分体系中具有更高附加值的产业工分环节，是转型升级的可行途径之一。这样的企业转型升级方式可以称为"向全球制造体系渗透的精致制造战略"。这种转型升级对于中国工业的强大具有决定性的意义，它体现了一个国家制造业在国际竞争中的"基本功"。

第四，通过跨行业投资而实现企业主营业务的全面转型。通常是，当企业在某一行业中发展到一定程度，积累了较强或一定的资金、技术、人才和管理能力，而在本行业中继续发展空间有限，或者发现了更有利的发展机会时，通过向其他产业投资而实现跨行业的战略转移，往往是（或者理想的是）进入技术和资本密集度更高的行业。其中，有的制造企业转型成为制造业和产业投资混合型企业，例如，联想集团在电脑制造和产业投资两方面都取得良好业绩，已经不是一个单纯的电脑制造企业。再如，江苏的远东集团，主业生产电缆，同时以投资方式进入其他新兴产业。值得注意的是，也有的企业从工业进入农业领域，发展生态种植业或生态饲养业。因为，这些企业看到在生活水平提高，但食品安全形势却十分严峻的条件下，人们将更关心食品安全和有益健康，所以，生态农业将有很大的发展前景和市场空间。可见，企业的转型升级战略的产业方向可以是多方位的。这样的企业转型升级方式可以称为"跨业转型战略"，其中又可分为"跨业经营转型战略"和"跨业投资转型战略"两种类型。

第五，工业企业实现以核心实体产业为基础的服务业化，例如，一些汽车制造企业发展与汽车制造相关的金融服务业（汽车信贷）；一些工业企业进入银行、证券、物流等服务业；还有一些工业企业进入文化产业。这样的工业企业转型升级方式可称为"向服务业延伸的第二、第三产业互融战略"。

第六，顺应中国工业化进入重化工业强劲增长阶段的需要，向装备制造业特别是高端制造业领域推进。中国工业尽管已经具有相当大的生产能力，但装备制造业特别是高端制造业仍然同发达工业国有很大的差距。因此，中国要真正成为工业强国，必须在装备制造业和高端制造业的发展上有大的作为。这也就意味着，中国工业企业的转型升级在这一广阔领域中有很大的发展空间。这种企业转型升级方式可称为"向重型高端制造领域的顺势攀进战略"。

第七，在高技术和新兴产业中进入世界高端制造业竞争领域，例如华为、比亚迪等。还有众多太阳能、风能、核电、高端电子、生物工程等企业。这类企业又可采取从专业化分工的制造端进入、从组装端进入、从研发领域进入、基于某种制造优势而进入新兴产业等不同的策略。向这一方向转型升级的关键是核心技术上的创新。这一企业转型升级方式可称为"进入高端、新兴产业的新技术突进战略"。

可见，中国工业企业的转型升级具有全方位、宽领域的特点。从总体来说，中国工业企业的转型升级体现了中国工业化的推进和从要素推动向资本推动和技术创新转变的进步过程。各类企业转型升级的共同特点是更加依靠技术创新，尤其是基于自主知识产权的自主创新。当然，工业企业的战略选择中也有一些值得研究并引起很大争议的现象。

例如，不少工业企业进入了并非是"更先进"而是"更赚钱"的产业,成为这些企业重要的"非主营业务",甚至成为一些工业企业主要的收入和利润的主要来源,对利润微薄甚至亏损的主营业务(制造业产品)进行交叉补贴。在一个高端论坛上,一位著名的制造业企业家被问及这样的问题:"由于您的企业进行了大量的投资业务,您认为现在您的企业是制造业企业还是投资企业?您现在仍然是企业家还是已经成为投资家?"他未作明确回答,而是说:"我们可以用丰厚的投资收益来支持制造业的发展。"我们看到这样的客观事实:由于中国改革和发展路径的特殊性(渐进式改革和级差式发展),导致各行业的利润率差距极大,暴利和微利产业共存,所以,一些制造业企业为追求更大利润而进入了高利润的(往往是具有垄断性的或政府管制较强的)传统产业,这成为一种很普遍的现象。甚至像奇瑞这样以发展自主品牌为理想的汽车制造企业也要投资鄂尔多斯的煤矿。因为,专家分析:奇瑞生产一辆车的净利润只有 132 元,而挖一吨煤的利润就有数百元。有报道称,在 2010 年 9 月的青岛住房交易会上,知名家电企业海尔带来了遍布全国的 14 个楼盘项目,包括住宅、别墅等多种类型;海信推出了 13 个新楼盘项目。还有众多家电业的优秀企业,例如,格力、康佳、美的、TCL 等也都进入了房地产业。原因是,家电业的利润只有 3%—5%,而房地产业的毛利润率超过 50%!(中国社会科学院发布的《中国住房发展报告(2010—2011)》说,2009 年,中国房地产行业的平均毛利润率为 55.72%。)在沪、深两证券交易所上市的除房地产、金融保险之外的全部 18 个行业中,都有业内公司涉及房地产业务。通过股权投资和关联企业直接涉足房地产业务的上市公司达 802 家,占 1300 多家 A 股上市公司的 60.53%[1]。这样的普遍现象是否可以称得上是制造企业的"去实业化"或者"逆升级",是一个非常值得观察和研究的现象。

这一现象的普遍存在至少表明,在现实条件下,一些传统产业仍然具有很明显的优势,或者较强的可获利性;工业企业的转型升级决不像是在笔直而畅通的大道上行车,而是常常会曲折绕行,或者因受诱惑而改变方向,也不排除误入歧途的可能。但是,无论如何,企业是在竞争中实现转

---

[1] 宋厚亮:《民营企业:左右摇摆中疯长》,《领先》2011 年第 3 期,总第 44 期。

型升级，寻求更高附加值产业和更高附加值产业链环节，是竞争所迫使的方向，而不是简单地走向理想方向的坦途。企业转型升级没有平坦的大道，只有在崎岖道路的攀登上，才能成为真正具有竞争力的强者。

五　寻求国际竞争力的新源泉

实现工业转型升级，发展现代产业体系，就是要在新的更先进的技术基础上全面提升各个产业的自主发展能力和国际竞争力。在经济全球化竞争格局下，国际竞争力是最具决定性的因素——生存、发展、安全，甚至国家统一和领土完整，都必须以产业国际竞争力为基础。如果缺乏国际竞争力，一切都无从谈起，也没有任何"战略"可言。当前，中国产业经济最迫切的问题就是，必须从主要依靠低价格的资源投入、低标准的环境保护和低水平的劳动报酬社会保障等为依赖的竞争力源泉，转变为主要依靠技术创新和制度优势为特征的新的国际竞争力源泉。也就是说，寻求和拓展产业国际竞争力的新源泉，是中国发展现代产业体系最根本的战略方向。

在寻求提升产业国际竞争力新源泉的过程中，必须坚持发挥市场基础性作用与政府引导推动相结合的基本原则。中国的产业经济具有政府深度参与，可以"集中力量办大事"的优势。实行指向性很强的产业政策是中国发展产业经济的惯常做法。因此，在发展现代产业体系的过程中，政府当然应发挥规划、引导和扶持的重要作用，但也绝不能忽视市场公平竞争而实施过度行政干预。发展现代产业体系归根结底必须以更完善的市场经济体制为基础。市场经济的基本性质决定了，发展现代产业体系必须以市场调节为基础，以公平竞争为原则，以有限政府为特征，以尊崇法制为规范。

提升产业国际竞争力离不开发挥比较优势，而比较优势的基础是比较成本。产业竞争的主题永远是成本竞争，即看谁能够以更低的成本生产和提供同样或更好的产品或服务。如前所述，中国已经越来越不能主要依靠低价格的资源、低标准的环保和低水平的工资福利来维持产业竞争力。那么，中国产业国际竞争力的新源泉在哪里呢？第一，近三十年来的投资建设大大加强了产业的基础设施条件，可以形成更发达的综合运输体系，如果能显著降低物流成本（目前，中国的物流成本远高于发达国家），则显然可以增强中国产业的国际竞争力。第二，如《中共中央关于制定国民经济和社会发展第十二个五年规划的建议》中所提出的，要"全面提高信息化水平。推动信息化和工业化深度融合，加快经济社会各领域信息化"。这也是提升中国产业成本优势的一个重要途径。第三，将传统劳动密集型产业发展为新型劳动密集型产业，即在高新技术产业中以高素质劳动密集为要素特征的产业环节。第四，加快产业内结构升级，提高各产业的工艺技术水平，优化产业链效率。第五，进一步提高政府行政效率，改善实体产业的企业经营环境，降低企业的管制性交易成本。总之，形成中国产业新的成本优势是发展现代产业体系，提高产业核心竞争力的重要战略路径之一。

中国工业的转型升级是一个深刻的系统性变革过程，涉及技术、体制、利益、观念等各个方面。而其中最关键的因素是要形成自主创新，特别是有利于实现核心技术创新的体制机制。从一定意义上可以说，工业转型升级的实质就是要从资源驱动、资本驱动的工业增长方式转变为创新驱动的增长方式。这是工业化初期与工业化中后期的重要区别之一。进入工业化中后期，中国的工业技术水平越来越接近国际先进水平。特别是现代工业产品的生命周期显著缩短，即使是高技术产品甚至产业链的高端环节，也越来越成为具有充分竞争的领域。这就使得成本价格竞争与技术创新突破的关系密切相连，技术创新不仅是为了进入高附加值的产业，获取更高的收益率，而且也是为了实现低成本和低价格优势。工业生产的本质就是通过技术创新，使科学发明成为大众产品：即昨天的奢侈品成为今天的高端产品，今天的高端产品成为明天的大众消费品。汽车的普及、电视的普及、电脑的普及、手机的普及……这就是现代工业发展的逻辑。而支撑这一逻辑的关键就是不断的创新：以不断的创新进入新的生产领域，并且以不断的创新获得生产成本优势。总之，以不断的创新寻求增强国际竞争力的新源泉。

（原载《中国工业经济》2011年第7期）

资源约束与中国工业化道路

早在18—19世纪，西欧工业化所导致的资源环境问题就引起了人们的广泛关注和批评。20世纪中期以来，随着工业化的扩展，自然资源更大规模的开采和利用，以及一些国家工业集中地区环境的过度破坏，使得世界各地要求节约资源和保护自然环境的呼声日益强烈。一些人甚至认为，只有"零增长"才能将人类经济活动控制在资源和环境可以承受的限度内。但事实是，迄今为止，世界大多数国家仍然沿着西方发达国家的工业技术路线推进工业化，这就必然会受到越来越严重的资源约束。

一　工业化时期的资源约束问题

工业化的技术实质是对自然资源更高效率的开发利用。在工业化的带动下，世界大多数国家都会经历从传统社会向工业社会的转变。伴随这一转变，人类社会不仅能够实现经济的高速增长与物质财富的日益丰富，而且能够极大地提高人们的生活水平和社会福利。工业化和工业社会最基本的特征是，工业生产特别是制造业高速增长并成为主导产业，工业生产方式以及与其相适应的经济体制和社会观念成为决定性的力量。而工业生产及其效率追求在技术上的体现就是对自然资源的更大规模和更广泛的开发利用。

事实告诉我们，各国的自然资源禀赋有很大差别。但不论哪个国家，只要走工业化道路，工业生产就要消耗自然资源。那么，对于自然资源稀缺时代的发展中国家来说，怎样才能实现工业化？回答这个问题，关键在于我们对资源的认识。

自然物质之所以区分为"资源"和"废物"，根本上取决于技术水平与工业需求规模。任何一种物质，如果在现有的工业技术条件和水平上可以得到大规模利用，就是现实中的"资源"。也就是说，如果没有工业技术能力，地球上的大多数物质都不是"资源"；而只要工业技术能力达到一定的水平，地球上甚至太空中的物质都可以成为"资源"。从这个意义上说，随着工业开发利用能力的不断提高，人类并不会走到资源枯竭的尽头。

但现实问题是，在一定时期，工业技术水平总是有限的，因而自然物质被区分为可以利用的"资源"和暂不能利用的"废物"。在工业化过程中，尽管越来越多的"废物"在变为"资源"，但工业生产所必需的自然资源总是稀缺的。特别是大规模的工业生产所形成的巨大需求，使得某些资源的供应严重短缺，表现为价格的大幅上涨，致使经济和社会难以承受。因此，提高资源利用效率，就成为对工业活动的本质要求。

纵观人类社会发展的历史与走向，我们可以清楚地看到，工业化是人类解决资源问题的根本途径。因为，只有推动技术进步，才能使新资源不间断地进入工业活动，并将资源利用对环境的不良影响控制在可承受范围之内，进而奠定环境保护与优化的经济技术基础。可以说，工业化既创造着资源，又面临着资源约束，并以更有效利用资源的方式，解决着人类发展中的资源瓶颈问题。

二 中国工业化进程中的资源约束问题

自然资源的大规模开发利用同样是中国工业化的初始条件，但这并不等于说资源是中国工业化的唯一条件。说到底，工业化过程的主要决定因素不是资源投入的数量，而是有多大的技术能力使得地球物质更多地成为资源。一个国家即使资源再丰富，如果选择单纯依赖资源的工业增长道路，也是没有出路的。特别是，相对于巨大的人口规模，没有人认为中国的工业化可以长久地走依赖自然资源优势的道路。现阶段，在中国工业化道路问题上，工业技术能力和创新能力比资源更具根本性意义。

事实是，现阶段的中国工业化与资源约束的复杂关系，在很大程度上缘于巨大的人口规模和经济全球化规则的不彻底性所产生的特殊矛盾。毕竟，一个13亿人口的巨大经济体实现工业化，这是人类历史上从未有过的历程。特别是中国工业化面对的是"跛足"的或者说是有缺陷的经济全球化规则：只强调贸易和投资自由，而技术转移受限，特别是移民严格受限。因此，在现有世界经济体系中，13亿中国人很难顺畅地通过经济全球化机制来实现生产要素的有效配置。

因此，中国工业化的基本性质可以概括为：一方面，中国工业化不可能逾越世界工业化过程所必须经历的各主要阶段，也很难完全另辟蹊径，更不可能脱离经济全球化背景和居主导地位的资本主义国际经济规则，总体上仍须遵循世界工业化的客观规律持续推进；另一方面，中国是发展中国家，工业化起步较晚，工业化进程具有不同于发达国家的条件和特征。因此，必须以更有效的科技进步和工业创新来应对资源约束问题。

实际上，任何工业生产活动的实质都是实现物质形态的转化，即将一定形态的物质（资源）转化为另外形态的物质（产品）。因此，工业化的基本逻辑就是以高效率开发利用资源的方式来解决资源稀缺问题。与传统农业相比，工业是一种更加节约土地、水等资源的生产方式，它可以将对传统农业毫无用处的物质大规模地进行"变废为宝"，成为可贵的资源。例如，工业技术曾使煤炭、原油、矿石等从无用之物变为具有多用途的宝贵资源。因此，中国要实现工业化，就必须以更高效率的工业开发和利用方式来解决面临的资源短缺问题，来实现工业文明的成就，而绝不能用放弃工业化即放弃工业文明的方式来实现资源节约。

今天，中国已经站在工业化进程的新起点上。处于工业化新时代，中国经济发展必须经过的道路是绕不过去的，必须经历的发展阶段是逾越不了的。因此，解决资源问题的态度和方式必须是积极进取，而绝不能消极回避。这就是中国工业化面临的基本现实。只有面对和认识现实，并科学地应对挑战，中国的工业化才有出路。特别是未来10—20年是中国推进工业化的关键时期，我们绝不能错失基本完成工业化的战略机遇。

三　走更节约、更精致、更清洁的新型工业化道路

当今，世界200多个国家（地区）中只有60多个完成了工业化而进入了工业社会，整个世界总体上尚未走过工业化阶段。尽管人们在谈论化

石能源时代的终结，但事实上世界仍处于化石能源时代的巅峰时期，即使是在经济最发达的美国，房地产、汽车制造、航空制造、石油工业等传统产业，依然是国民经济的重要基石。同时，整个世界业已进入了以高新技术产业和现代服务业为代表的新经济崛起时期。在传统产业与新经济相互交织的时代，发展中的中国，必须谋求传统产业、高新技术产业和现代服务业的全方位发展。

因此，在现阶段，中国没有所谓的"夕阳产业"，中国的产业发展仍具有消耗大量化石能源的特征。这必然带来两个突出问题：一是化石能源是不可再生的物质，随着使用会逐渐减少；二是化石能源的消耗过程会造成一定程度的环境污染。面对这样的问题，中国必须加快转变经济发展方式，坚持走新型工业化道路。其中，最重要的是：必须在发展资源密集型产业的同时，形成节能和环保的技术创新机制。

由于经济规模大，中国必须保持较快的经济增长，但这并不是说中国工业发展只能是一个消耗资源与加大环境成本的过程。国内外许多机构与学者的研究结果表明：中国经济发展对更高效率地使用资源，包括对世界能源利用效率的提高，都作出了重大的积极贡献。近年来，在面临日趋严重的资源约束条件下，中国工业化所遵循的效率原则更突出地体现在对自然资源特别是不可再生的自然资源的节约和高效利用上。同时，中国工业化也更迫切地需要在新能源、新材料等方面的技术创新上获得重大突破，以驱动战略性新兴产业的崛起和发展。除此之外，全面提高工业生产的精致化和清洁化也是重要途径。精致化和清洁化的工业生产，体现了更发达的工业技术、更合理的工业结构和更先进的工业文明，具有更高效利用资源的显著效果。

总之，走更节约、更精致、更清洁的新型工业化道路，是中国工业化应对资源约束的可行路径。可以预见，沿着新型工业化道路，中国将对世界工业化的资源技术路线的优化作出历史性贡献。

四 实现能源替代的可行路径

从目前看，包括资源密集型产业在内，中国工业将以显著快于世界平均的速度向更有效利用资源和更清洁的方向升级。同时，中国的能源替代进程（新能源开发）也将以显著高于世界平均的速度发展。但是，必须认识到，新能源开发本身依赖于传统资源密集型产业的发展，新能源产业的崛起更离不开传统产业的支撑。因此，新能源对传统能源的替代和资源密集型产业的发展，将成为中国未来工业发展中两个并行不悖的客观趋势。

当前，由于世界仍处于化石能源的巅峰时期，石油煤炭等化石能源仍然是最经济、易得和安全的能源，还有相当一段可开发利用的时期。近期以来，尽管研究替代能源的呼声越来越高，化石能源短缺越来越明显，但真正实现能源替代的历史变迁，却是一个非常艰巨并充满矛盾的过程。因此，我国坚持新型工业化道路，必须解决三个关键问题。

第一，发展新能源必须跨越两道门槛。其一，实现"能源净收益"为正，即生产出来的新能源要大于为此而消耗掉的化石能源及其他资源。其二，接近并最终超越化石能源的经济效率，即新能源的成本比化石能源更低。在跨越第一道门槛之前，新能源开发是得不偿失的；而在跨越了第一道门槛而未跨过第二道门槛之前，新能源产业是缺乏竞争力的。因此，为了促进新能源产业快速发展，国家应以补贴等政策进行必要的扶持。但在这个过程中，国家应加大监督力度，避免由此诱发的政策性寻租行为，从而导致实质性技术创新不足而虚耗社会资源。

第二，发展新能源必须着力于核心技术进步。迄今为止，新能源的许多关键技术及其产业化的技术路径问题尚未解决。在这种情况下，如果缺乏有效技术支撑就进行盲目投资，风险很大。在新能源开发利用领域，只有真正掌握了最先进有效的技术，才能获得能源替代的实质效果，也才能避免事与愿违的不良后果。当前，尤其要警惕发生核心技术缺乏、市场需求不确定而投资扩张过快的问题，这有可能会破坏实现实质性核心技术进步的市场条件，误导能源替代的技术路线方向。

第三，发展新能源必须建立合理承担成本的激励约束机制。能源替代是一个必须付出巨大成本并具有较高投资风险的艰苦过程，新能源开发必须以有效的激励约束机制为基础，并以合理的成本承担（分担）体制为保障。特别是，能源替代的技术创新具有非常高的效益外溢性，如果没有合理的体制机制和政策安排，就难以实现能源替代的实质性技术进步，甚至可能导致严重的行为扭曲和资源浪费。

（原载《求是》2011年第8期）

牢牢把握发展实体经济这一坚实基础

2011年12月召开的中央经济工作会议强调，要牢牢把握发展实体经济这一坚实基础，努力营造鼓励脚踏实地、勤劳创业、实业致富的社会氛围。这是一副切中时弊、发人深省的清醒剂，可以澄清思想，端正方向，指引正确的发展道路。

一 实体经济与虚拟经济的关系是一个世界性问题

现代经济发展的一个突出特点是，在农业、工业等实体经济发展的基础上，货币金融体系长足发展。进而，整个经济体日益金融化，金融资本激剧扩张并走向虚拟化，导致一些国家实体经济的空心化，形成金融虚拟经济与实体经济"头重脚轻"的不稳定结构。从20世纪中后期以来，经济全球化导致国际产业分工格局发生巨大变化，许多发达国家经济已经越来越具有"金融依赖"性，即实体产业的活力和创新力不足，国际竞争力减弱，经济增长越来越依赖于金融运作（包括各种"资本运作"和证券化手段）；依赖于政府的"宏观经济政策"，采用"刺激"和"宽松"的货币金融工具和财政赤字手段来维持经济增长，实质是货币本位的腐蚀和财政纪律的松弛，放纵虚拟经济泛滥以应对实体产业乏力的窘境。这次国际金融危机的爆发以及至今难以摆脱经济衰退的产业根源，就是实体经济与虚拟经济的严重失衡。极度膨胀的金融经济系统因失去对实体经济的信心而崩溃坍塌，而拯救方式又不得不是饮鸩止渴式的金融"宽松"。"宽松""宽松"何时了，至今难见尽头！

发达国家经济的高度"金融依赖"性不可避免地对开放的中国经济产生很大的影响。实际上，中国经济也出现了一定程度的"金融依赖"

趋势，即经济运行越来越依赖于货币金融活动和政府的货币金融政策的操纵。例如，通过银行和股市从民间抽取资金向企业输送以支持其扩张、不断增大流动性供应以维持高增长、企业普遍地依靠非主营投资（金融投资和房地产投资）获得盈利、社会资源越来越多地流向虚拟经济领域、资产金融化和资产价格泡沫化现象突出。于是，社会投机气氛浓郁，"一夜暴富"的资本神话就可创造令人羡慕的财富英雄，实体产业却越来越失去脚踏实地的耐心。

过度的"金融依赖"导致金融活动的获利性远远高于实体经济活动，而实体产业（特别是中小企业）的经营却感觉越来越困难。这导致产生不适当的"去实业化"和"去制造业"现象，进而完全扭曲了实体经济同金融活动的关系，即金融活动本应是为实体经济服务和支持实体产业发展的，却颠倒为实体产业反而成为金融活动的投资（投机）"标的物"。最终削弱实体产业以至整个经济体的长期竞争力和增长的基础。

中国在金融体制改革尚不充分和金融深化程度也很不高的条件下，就发生了明显的"金融依赖"现象，是一个值得高度重视的问题。

二 实体经济是保持健康快速经济增长的主要推动力

人类的经济活动归根结底是为了取得和创造物质和精神财富以满足日益增长的物质文化需要。所以，具有真实意义的经济活动归根结底是实体经济。最初，人类从自然界直接获取有用物质，这类经济活动称为第一产业，主要包括农林牧副渔业和采掘业（在统计分类上有些国家将采掘业划归为第二产业）。在现代经济增长中，第一产业产品由于需求弹性较小，其增长率相对较低，因而在社会总产出中的比重逐步下降。

进而，人类将自然物质加工制造成各种产品，这类经济活动称为第二产业，主要包括工业和建筑业以及水电供应等，而其最主要部分是制造业。在现代经济增长中，第二产业产品的需求弹性大，可以广泛运用科学发现和技术发明，劳动生产率大幅度提高，在产出量大幅度增长的同时单位产出的价格不断下降。因此，人类社会经济增长和财富增长最快的时期是工业化时代。

除第一和第二产业之外的经济活动称为第三产业，主要包括以下三类[①]：第一类是直接服务业，即以人的体力和技能直接提供服务。这类服务活动的劳动生产率通常难以持续提高，其单位产出价格趋向上升。第二类是工业化服务业，即以工业技术为支撑的服务经济活动。随着工业技术的不断创新和持续进步，这类服务业的劳动生产率会提高，单位产出价格也可能下降。第三类是金融化服务业，即以货币金融运作为对象的经济活动，其性质本应是为第一、第二产业服务的，但也可以自我扩张和衍生膨胀，并可使第一、第二产业产品金融化。这类经济活动的繁荣还必然导致社会价格总水平的不断提高和价格体系的巨大变化，使产出和资产的实际量和名义量显著偏离（通常称为"泡沫"）。

上述第一类服务业通常称为"传统服务业"，第二类和第三类服务业统称为"现代服务业"。广义的实体经济包括第一产业、第二产业和第三产业中的直接服务业和工业化服务业。在工业化时期，实体经济的核心和主体部分是第二产业特别是制造业，这是经济增长的主要动力。在现阶段，将快速增长的期望过度寄托于服务业是不现实的，寄希望于虚拟经济的激剧扩张则更是高风险的。但是，第三产业比重的提高则是可以水到渠成的。因为，一方面，在更发达工业基础上，工业化服务业将加快增长；另一方面，工业产品的价格下降和服务业价格的上涨，也会使以现价计算的三次产业中第三产业比重的显著提高。

需要强调的是，金融业的发展在服务实体经济的合理限度是具有真实增长意义的，其提供的服务有利于促进实体经济产出的增长。但超过一定的限度，金融业无度地自我扩展和衍生膨胀，而且使实体经济的产品（资产）过度金融化，将形成巨大的虚拟经济"泡沫"，并成为吸纳巨大社会资源的引力"黑洞"，危及实体经济的正常运行和导致金融系统的巨大风险。

[①] 这里讨论的是第三产业的理论分类。而其统计分类则可根据实际情况而具体规定。我国的统计分类规定将第三产业分为流通部门和服务部门两类。流通部门包括交通输业、邮电通信业、商业、饮食业、物资供销和仓储业。服务部门包括为生产和生活服务的部门、为提高科学文化水平和居民素质服务的部门和为社会公共需要服务的部门等。

三 解决中国面临的重大问题必须依靠发达的实体经济

实体经济增长的意义不容置疑,问题是,中国已经成为世界第一制造业大国,一些产业已经出现产能过剩现象,还有进一步发展工业的需要和空间吗?其实,从现实国情就可以看到,中国还有巨大而迫切的需要,亟待建立实体经济的坚实基础,特别是强大的先进制造业。

第一,中国城市化进程中的城乡建设任务还非常巨大。中国的基础设施尽管有了迅速地发展,但距离发达国家的水平还有很大的差距。我国广大农村的建设水平和基础设施不仅同发达国家差距很大,而且同国内城市相比也是天壤之别。显然,要完成城乡建设和基础设施建设的巨大工程量,必须以大量的工业品生产和供应为前提。也就是说,城市化必须以加速工业化为基础。

第二,中国要解决所面临的几乎所有重大的经济(包括水利、环境、资源等)、民生(衣、食、住、行、用和健康、文化、休闲、娱乐等)和国防建设等问题,都必须依靠发达的工业生产能力和先进的工业技术水平。人们常常批评工业增长导致了资源枯竭、环境破坏等问题。其实,如果没有工业发展,中国的资源、环境问题将更加严重,而且根本没有解决的条件。只有更发达、更强大的工业体系和更先进的工业技术才能解决中国面临的严重资源环境问题。

第三,中国要成为创新型国家,就必须有发达的工业基础和工业体系,因为工业是技术创新的主要产业载体。不仅工业本身是实现科学成果和技术创新的最重要领域;而且,第一、第三产业的技术进步也必须以工业技术的创新和运用为基础。现代农业的实质就是以工业化为基础而大规模运用科技。

第四,战略性新兴产业的主体是实体产业,主要是制造业尤其是高端制造业。服务业中的战略性新兴产业也必须以先进制造业为基础和技术条件。所以,形成新的产业门类和发展未来的支柱产业和主导产业,必须依赖于先进制造业的更大发展。

四　实体产业必须通过转型升级实现全方位现代化

中国实体经济特别是其核心和主体产业——工业肩负着艰巨的任务，而目前中国工业尚不具备充分的实力和能力，只有实现转型升级，才能为解决中国面临的重大经济、社会和国家安全问题奠定坚实基础和提供技术手段。

中国现有各实体产业的技术水平都同发达国家存在非常大的差距。中国实体产业的转型升级不只是一些产业领域的变革，而是需要全方位的产业转型升级。不能把传统产业和高新技术产业的区别绝对化。将高技术注入具有传统优势的产业，是提升产业国际竞争力的有效路径。这是许多具有坚实实体经济基础的发达国家的重要成功经验。

其实，产业技术高低有两种含义，一是不同行业的物质性质决定的技术含量高低；二是在同一产业中所达到的技术水平有先进与落后的差别。绝不能以为，技术含量高的产业就一定是高附加值的，而技术含量低的产业就一定是低附加值的。各类产业都有产业链的低端和高端环节，从低端向高端产业链提升各产业都有发展空间。而且，即使是在产业低端环节，只要产品做得更高档、更精致、更具有品牌声誉，也可以拥有强大竞争力。总之，产业和产业链的"低级"或"高级"都不是绝对的。各类产业中都可以有拥有精湛技术（或技能、工艺）的和强大竞争力的企业。所以，中国在上述两种产业技术含义上都面临着艰巨的产业转型升级任务。特别是，考虑到中国的劳动力结构现状，高、中、低产业都必须发展，才有助于就业状况的持续改善，而保证就业是首要的民生经济目标。

总之，发展实体经济的坚实基础，不仅仅是培育一些明星企业或兴旺产业，而是要培育和形成全民族的现代工业文明精神，全面提高国民素质和整个产业体系的现代化水平，以更具竞争力的现代产业体系实现中华民族复兴的伟大使命。

五 发展实体经济的关键是完善体制机制

当前，我国实体经济领域存在一些令人担忧的窘境：从事实体经济的企业和人员都感觉经营环境越来越不利，做实业越来越难，产业间巨大的比较利益差距，使人才和资金的流动倾向于"去制造业"和"去工业化"，而追求更具营利性的虚拟经济投资方向。

导致这一现象的原因是多方面的，也跟中国改革开放的路径相关。中国的改革开放是渐进式的，中国的发展道路是级差式的，因而长期存在差别化的体制和政策环境。在这样的发展道路和体制环境下，工业发展多年来实行了"血拼"式的竞争方式，尽管取得了令世界惊叹的巨大成就，但也付出了很大的代价。在此过程中，在工业领域中表现出来的很多问题、矛盾和困难，大部分是由于其他方面的改革开放滞后和不配套所导致的。而这反过来又对工业改革开放的进一步深化形成障碍。我国当前发展中的不平衡、不协调问题，实质上是改革开放进程的不平衡和不协调问题。

尽管实行渐进式改革是中国三十多年的成功经验之一，但从长远看，必须适时实现从渐进式改革开放向全面配套改革开放转变。特别是要尽快改变在改革开放过程中工业"单兵突进"而其他相关领域的改革开放长期滞后的局面，加快深化各领域的改革，扩大对内、对外开放，尤其是要消除影响实体经济发展的各种进入壁垒和制度限制，尽快形成金融财税体系更好地服务实体经济的体制机制。我们没有任何理由可以说实体经济已经发展到了尽头，而只能靠虚拟经济的扩张来开辟发展空间。从一定意义上可以说，实体经济的受限完全是一个体制机制问题。只要建立有效合理的体制机制，中国实体经济的发展前景充满无限希望。

解决实体经济发展中的矛盾和问题，不能以更多、更强烈的政府行政性干预来解决本身就是由过度政府干预所导致的问题，也不能长期以频繁而强力度的政策手段（往往是行政性手段）来替代由体制机制缺陷所导致的矛盾和问题。而更关键性的治本之道是：必须建立有效合理的改革决策机制。要有超越特殊利益集团的改革决策机构，或者建立各利益集团进行公平博弈的正式规则。这样才能避免改革方向发生不合理的利益偏向性，以保证新体制机制的公正性和有效性。从根本上说，只有在有效的体制机制下，才会形成有效合理的经济结构，保证实体经济与金融虚拟经济的平衡协调。而只有建立有效合理的改革决策机制，才能确保建立有效合理的体制机制。

（原载《求是》2012年第7期，有修改）

全球竞争新格局与中国产业发展趋势[①]

人类工业化是一个从个别现象演变为全球现象的历史过程，即工业化现象起先从少数国家产生，然后逐渐发展成为全球性现象，将所有国家均卷入工业化的洪流之中。全球化竞争是近一百年来世界工业化的主要特征之一。当前，全球竞争格局正在发生重大变化，中国等新兴经济体的加速工业化是促进全球竞争格局变化的重要力量，而随着全球竞争新格局的形成，中国等新兴经济体的产业发展也必须与时俱进，转型升级。因此，研究全球竞争新格局与中国产业发展趋势的关系及其未来前景，是一个具有重大理论意义、现实意义和前瞻意义的课题。

一 世界工业化的历史轨迹和当代趋势

近现代世界经济发展的主题是工业化以及由工业化带动的城市化。工业化是迄今为止人类文明进程中最辉煌的阶段。在这一时期，尽管充满了矛盾、艰难、痛苦甚至灾难，但与此前人类文明几千年的历史相比，工业化以无可比拟的强大力量创造了大量的物质财富，并以此为基础使人类生活水平持续提高，生存环境极大改善，其最终表现就是工业化国家的人均寿命预期大幅度提高。凡是经历这一阶段的国家或地区，经济和社会发展水平将从低收入经济体较快地发展为中等收入以至高收入的经济体。世界历史表明，绝大多数国家或地区都必须通过工业化才能实现经济和社会的现代化。

工业化发端于17—18世纪的西欧以及西欧移民国家，这些西方欧美

[①] 本文为中国社会科学院重大课题"全球竞争格局变化与中国产业发展趋势"的总论。

国家不仅成为主要的先进工业化国家，而且成为支持现代西方文明在全球居于主导地位的经济前提和国家实力基础。可以说，现代西方文明的实质就是西方资本主义工业文明，其基本特征就是：在高效率的工业技术基础上大规模地开发资源，扩大市场，无止境地创造和获取财富，因此，扩张、占领、殖民（甚至战争和掠夺）成为那个时代的"英雄史"。从这一意义上说，两次世界大战就是西方资本主义工业文明本质的极端表现。

很显然，以军事战争为手段的工业竞争和国家间竞争必然导致人类的灾难，也是西方文明的绝路。人类发展必须寻找绝处逢生的出路。这就是第二次世界大战之后形成的世界竞争规则和国际关系制度安排的历史根源。其基本原则是：各国开放经济、实行自由贸易、允许跨国投资，不再以殖民地掠夺和占领为竞争方式；其具体国际组织机构就是：国际货币基金组织、世界银行、关税及贸易总协定及后来的世界贸易组织等。如果将此前的西方文明称为其前期的"西欧文明"，那么进入这一时期，由于美国成为西方资本主义工业文明的主导和核心国家，所以可以称为其后期的"美欧文明"，这也可以视为西方工业文明的现代形态，区别于其前期的近代形式。西欧文明阶段的资本主义工业化基本性质是：榨取、殖民占领、世界战争；美欧文明阶段的资本主义工业化的基本性质是：持续扩张、全球化、价值观输出。

可见，工业化不仅仅是一种单纯的物质技术进步，它在本质上是一种物质文明和精神文明融为一体的经济社会复合现象，所以，当世界其他经济体（或文明体）面对美欧文明的强势扩张，必然产生激烈的反应。一些经济体对西方工业文明采取坚决抗拒和闭关自守的对策，禁止西方文明的入侵。另一些经济体对西方文明采取矛盾的态度，既抗拒西方文明侵入，又试图或不得不接受西方文明的物质成就对其发展经济和改善民生有利的因素。这两种经济体的成效通常均不是很好，因为国家的经济和社会发展实质上处于同世界资本主义工业化潮流格格不入或刻意隔绝的状态。

同以上两类经济体不同，有一些经济体对西方工业文明采取主动接受和积极融合的立场，不反对全盘西化，甚至宣称自己实质上已经属于

"西方国家",例如日本①。还有一些国家采取主动接受西方文明,但力图嫁接本体文明的立场。他们希望"西化",但强烈地要求保留本国的文明特质。当然这样的经济体通常为大国,例如俄罗斯和印度等。

可见,自人类进入工业化时代以来,由于西方文明进程率先进入工业化时代,向全世界渗透扩散,表现出强大的实力和强劲的扩张力,几乎可以说是"顺之者昌,逆之者亡",并不断将其他文明体卷入工业化潮流。这自然使得工业化的文明基础发生实质性变化,即经历多次重大冲突和危机后,世界进入现代文明竞争时代。现代文明竞争并不是边界清晰的"文明冲突",而是各主要文明体之间错综复杂的复合交织,包括经济、文化、政治、行为礼仪、价值观念之间的交汇、渗透、竞争与合作,也不可避免地发生一定程度的冲突。

20世纪后半叶尤其是21世纪以来,世界工业化出现了一系列历史性的新变化。除了苏联解体这样的政治性事变导致地域政治格局发生巨大变化之外,促使世界工业化基本格局发生巨大变化的首先是国际经济格局特别是产业发展世界格局的巨大变化。

据美国国家情报委员会的一份研究报告的分析,世界未来十五年将出现一系列基本趋势。

第一,财富和经济权力向东方转移与"国家资本主义"模式兴起是当下全球化的特征。第二,人口增长和人口老龄化给世界各国带来了机遇和挑战。由于高出生率和移民地增加,美国是发达国家中唯一能摆脱人口老龄化的国家。中国的工龄人口规模在2015年左右开始下降,计划生育政策将加剧中国人口的老龄化。第三,全球经济的高速增长使得包括水、食品、能源在内的重要战略资源更为紧缺。第四,未来国际冲突的类型和来源将显著变化。意识形态冲突大大淡化,多数国家将忙于应对实际的经济、政治挑战。第五,到2025年,美国不再具备主导世界的实力,中国、印度将崛起成为重要大国,在影响力方面与美国展开竞争,而欧盟、日

---

① 当然,也有许多日本学者不同意将日本归为西方文明的意见。例如,有的日本学者将近代文明进程归结为西欧开创的单一文明时代,而将第二次世界大战以来的世界现代文明归结为多种文明时代。(参见《事典:90年代日本的课题》,经济管理出版社1989年版。)

本、俄罗斯仍将是重要大国。第六，国家力量对比的变化和新行为主体作用的加强，使2025年的世界成为没有多边主义的多极世界①。

当前，越来越多的人采用"新兴经济体"这个概念来替代"发展中国家"，作为对一些发展态势强劲的后发国家的称谓。因为，这些国家的发展状况和在国际经济体系中所产生的影响已经同过去的"发展中国家"或"发展中经济体"的概念含义有了极大的差距。例如，现在许多外国人已经不相信中国仍然是"发展中国家"，而只接受中国是新兴经济体或新兴的发展中国家。新兴经济体的崛起，正在极大地改变着整个世界的经济格局和产业竞争态势。国际货币基金副总裁朱民先生认为："世界经济增长的重心从发达经济体转移到新兴和发展中经济体，正在对全球经济运行的方方面面产生重大结构性影响。"（1）新兴经济成为全球经济增长和需求的主导。（2）全球资源需求总量和结构正在经历结构性变化。（3）全球农业和食品加工业面临规模和结构性调整。（4）全球制造业生产模式重新定位。（5）南—南主导的新全球贸易结构显现。（6）全球资本大流动和金融结构深刻变化。而且新兴经济体将在未来进行不断的改革，从而产生进一步的世界性影响，包括：（1）改变增长模式，从外部需求拉动到内部供给推动。（2）在全球制造业变局中形成战略优势。（3）努力增加农业产出，不断提高农业和食品加工业的劳动生产率。（4）对服务业给予特别关注。（5）加快财政改革，建立社会保障制度。（6）加快金融改革，防范金融风险。（7）建立宏观经济金融调控框架，确保宏观稳定。（8）平衡经济增长、就业和收入分配，维护社会稳定。（9）探寻新的生活模式。（10）积极参与国际事务，共同制定新的国际规则②。

据中国社会科学院工业经济研究所郭朝先博士等根据联合国数据库的有关资料所作的分析，近五十年来，在美国、欧盟和亚洲三大经济体中，前两者即美国和欧盟（15国）的经济总量所占比重逐步下降，后者即亚

---

① 陈昌胜：《美国对世界未来15年的预测及其国家战略——评美国国家情报委员会〈2025年全球趋势〉研究报告》，《经济研究参考》2011年第46期。
② 朱民：《世界经济结构的深刻变化和新兴经济的新挑战》，《国际金融研究》2011年第10期。

洲的经济总量所占比重逐步上升。1960年亚洲GDP占世界的比重为12.3%，2010年这一比重上升到25.8%。特别具有重要标志性意义的是，2009年和2010年，亚洲经济总量先后超过美国和欧盟（15国），跃居世界第一。

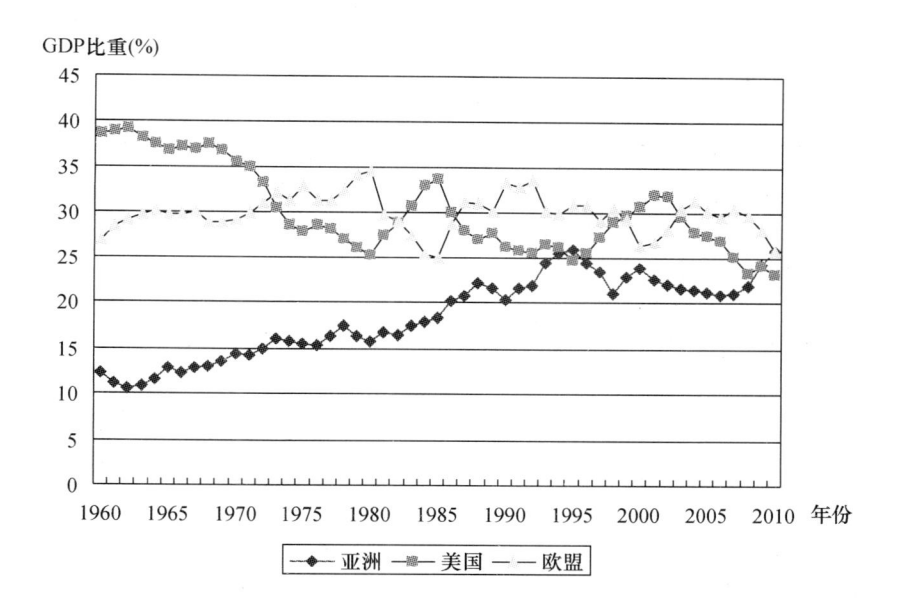

图1　世界三大经济体GDP比重的变化

资料来源：根据联合国数据库（http://www.un.org/zh/databases/）整理。

在世界经济重心东移的过程中，世界的资源消耗也同时发生着重大的结构性变化。以石油消费为例，进入21世纪以来，发达经济体的石油消费量不仅占世界的比重下降，而且消费总量也在减少。即从2000年的171亿桶，下降到2010年的165亿桶，预计2015年进一步下降到162亿桶。而新兴经济体却从2000年的110亿桶增加到2010年的153亿桶，预计到2015年将达到178亿桶，超过发达经济体。也就是说，从2000年到2015年，全球石油消费将增加23.1%，其中，发达经济体将减少5.3%，而新兴经济体将大幅增长61.1%（见表1）。

表1　全球石油消费

年份（年）	全球	发达经济体	新兴经济体
2000	281 亿桶	171 亿桶	110 亿桶
2010	319 亿桶	165 亿桶	153 亿桶
2015	346 亿桶	162 亿桶	178 亿桶
2000—2010 增加	13.5%	-3.5%	39.1%
2010—2015 增加（预计）	8.5%	-1.8%	16.3%
2000—2015 增加（预计）	23.1%	-5.3%	61.8%

资料来源：朱民：《世界经济结构的深刻变化和新兴经济的新挑战》，《国际金融研究》2011年第10期。

由于世界经济重心的东移，全球的需求结构（以进口额计算）也在发生显著变化。尽管迄今为止发达国家的进口需求仍占主体地位，但所占份额逐步下降；而新兴经济体的份额不断上升。这一趋势从20世纪70年代开始发轫，已经持续了数十年，尤其是进入21世纪以来，新兴经济体出口份额大幅度上升。作为最大的新兴经济体和发展中国家，中国是引起

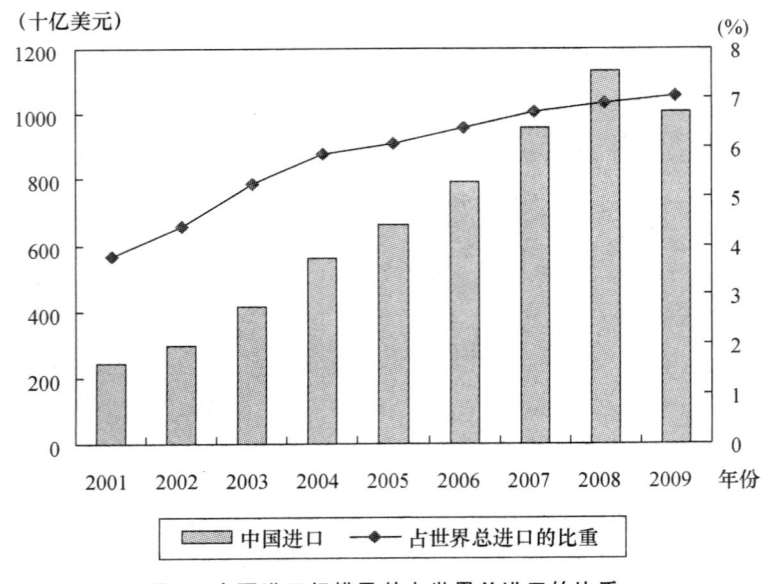

图2　中国进口规模及其占世界总进口的比重

国际需求不断向新兴经济体和发展中国家偏转的一支重要力量。近年来，中国进口增长迅猛，占世界总进口的比重不断上升。2001年中国的进口规模仅为2436亿美元，2008年增加到11326亿美元，年均增长速度高达24.6%，在世界总需求中的比重大幅度上升。由于受国际金融危机的影响，尽管中国2009年进口额有所下降，为10057亿美元，但中国进口占世界总进口的比重仍然继续上升，超过7%（见图2）。

综观世界工业化的历史，从17—18世纪西欧工业化开始，直到20世纪下半叶，全世界有60多个国家和地区基本完成工业化，进入工业社会。这些国家的总人口为12亿多。也就是说，人类经历了近300年时间，使得全世界20%人口进入工业化社会。这是西方资本主义工业化的辉煌成就。而从20世纪后期开始，世界经济的重心逐渐东移，标志着东方文明体开始了加速工业化的进程。而东方国家的人口远远多于西方国家。其中，仅中国大陆的人口规模就超过13亿，也就是说，中国工业化的进程将在一百年左右的时间内，使得全世界工业社会人口翻一番还要多，世界工业化的版图将因此而彻底改变。这是一个人类历史上从未发生过的工业化新潮流。

二 中国崛起成为加速世界经济重心东移的巨大引擎

中华文明是唯一从古代文明不间断地延续到当代的人类文明体。中华经济体曾经历时千余年一直是世界经济的重心，长期占据世界经济总量的最高比重。根据英国经济学家安格斯·麦迪森教授的计算，在1770年，中国的GDP占全世界的22.3%。直到1820年，尽管西欧工业化已历经约200年，中国的GDP仍占全世界的32.9%。但从西方国家入侵中国开始，在同西方资本主义工业化的竞争中，中国一落千丈（见表2）。到开始进行经济体制改革的1978年，中国GDP仅占世界的4.9%，而人口却占世界的22%左右。

对于西方工业化，中国长期处于极为矛盾的心态，开始不屑一顾，视之为"野蛮"；后来既抗拒又羡慕，时时有向西方学习的念头，又怕丧失了自己。有人主张"中学为体，西学为用"，力图在中华传统文明的基础上借用西方工业化所创造的技术,也进行过洋务运动,但效果不佳,而在同西方国家的交往中总是挨打受欺。20 世纪上半叶,中国曾经热烈地欢迎西方的"赛先生"(科学)和"德先生"(民主)。但到 1949 年新中国成立,终于又坚决关上了国门。名曰"独立自主,自力更生",实则是将西方资本主义视为必须隔绝于国门之外的洪水猛兽。同西方工业文明的隔绝,加之国内政治的"折腾",将中国经济引向了"崩溃边缘"。继续封闭还是对外开放,成为决定中华民族命运的生死抉择。

表 2 主要国家占世界 GDP 的比重

(世界 GDP 总额 = 100) 单位:(%)

年份	1700	1820	1952	1978	2003	2030
中国	22.3	32.9	5.2	4.9	15.1	23.1
印度	24.4	16.0	4.0	3.3	5.5	10.4
日本	4.1	3.0	3.4	7.6	6.6	3.6
西欧	21.9	23.0	25.9	24.2	19.2	13.0
美国	0.1	1.8	27.5	21.6	20.6	17.3
苏联*	4.4	5.4	9.2	9.0	3.8	3.4

注:* 按照苏联疆域范围调整了数据。
资料来源:[英] 安格斯·麦迪森:《中国经济的长期表现(公元 960—2030 年)》,上海人民出版社 2008 年版。

1978 年之后的十多年,是中国深刻反思并彻底改变同西方资本主义工业文明关系的历史转折期。中国终于认识到:工业化是不可逾越的发展阶段,西方文明所主导的世界体系以及西方工业强国所制定的资本主义国际竞争和贸易体制是不得不接受的游戏规则,否则,你就会因为封闭落后而被"开除球籍"。其实,如果思想更解放地思考,可以承认,我们曾经用以拒绝西方资本主义工业文明的意识形态——马克思主义,本身也是在西方文明基础上产生的,甚至可以说,它也是西方文明的一部分。因此,信仰马克思主义根本不应推导出拒绝西方资本主义工业文明的结论。但遗憾的是,就是因为拒绝西方工业文明,我们付出了极大的代价。而 1978 年开始的改革开放,是中华民族实现再次崛起的伟大觉醒。特别是 21 世纪初，中国加入世界贸易组织，标志着中国勇敢地融入全球化的经济体系。管他是资本主义也好，是发达国家主导也好，只要能够加速工业化，发展经济，强国富民，中国可以义无反顾地投入最艰险的国际竞争。

中国进入世界经济体系，奋力加速工业化进程，令整个世界和我们自己都未曾料到，成就巨大惊人！有学者进行了计算："中国改革开放以来，在1978年人均GDP仅为155美元的起点上，用了23年的时间就于2001年突破1000美元大关（1042美元），进入下中等收入组，实现了第一次跨越；仅用了9年时间又突破了4200美元大关，从'下中等收入'一跃跻入'上中等收入'行列，完成了第二次历史性跨越。这两次'历史性跨越'意味着，如果将下中等收入和上中等收入视为'中等收入陷阱'的两个不同阶段的话，中国已成功越过'中等收入陷阱'的初级阶段（'下中等收入'阶段），再现了'东亚速度'：这一过程日本用了7年（1966—1973），中国香港也用了7年（1971—1978），新加坡用了8年（1971—1979），韩国用了11年（1977—1988）。""相比之下，在第一次跨越中（冲出人均1000美元），马来西亚用了18年（1977—1995）；泰国用了20年（1988—2008）；拉美国家平均用了22年（1974年拉美国家人均GDP为1188美元），其中，墨西哥用了18年（1974—1992），乌拉圭用了19年（1973—1972），巴西用了20年（1975—1995），智利用了23年（1971—1994），阿根廷用了26年（1962—1988），哥伦比亚用了28年（1979—2007），而其前宗主国西班牙和葡萄牙分别仅用了9年（1969—1978）和15年（1971—1986），意大利用了14年（1963—1977）。"①

中国的加速工业化和迅速崛起，成为全球经济重心东移的巨大引擎。中国社会科学院工业经济研究所专家郭朝先博士根据联合国数据库提供的数据计算出，在1995年之前，亚洲经济比重上升主要是由于日本经济增长带动；1995年之后，亚洲经济比重上升的动力更多来自于中国经济的

---

① 按照世界银行的标准，低收入为人均国民总收入995美元及以下，下中等收入为966—3945美元，上中等收入为3946—12195美元，高收入为12196美元及以上。参见郑秉文《"中等收入陷阱"与中国的三次历史性跨越——国际经验教训的角度》，《战略与管理》（内部版）2011年第5—6期。

增长。期间，由于亚洲金融危机的影响，1995年之后的十多年时间里，亚洲经济所占比重暂时停止了上升，而中国发挥了抵御亚洲经济更大崩溃的中流砥柱的作用。从20世纪70年代至2000年，日本一国的GDP占亚洲经济体比重超过50%。实际上，日本经济在经历了近四十年的快速增长后，于20世纪90年代中期就开始出现停滞态势，出现了"失去的20年"局面。2000年以后，日本经济不再是亚洲经济中的"一国独大"，中国经济占亚洲比重迅速上升。特别是2002年以来，中国进入了新一轮以重化工业为主的经济快速增长时期，以至于在2010年超过了日本经济规模，成为仅次于美国的世界经济第二大经济体。同时，中国经济占亚洲的比重迅速上升，2000—2010年，短短十余年时间，中国经济占亚洲的比重上升了20个百分点（从2000年的15.6%上升到2010年的36.1%），日本经济则下降近30个百分点（从2000年的60.7%下降到2010年的33.7%）。中国和日本经济力量的对比发生了重大转变。中国代替日本成为推动亚洲经济成长为世界第一大经济重心的主导力量（见图3）。

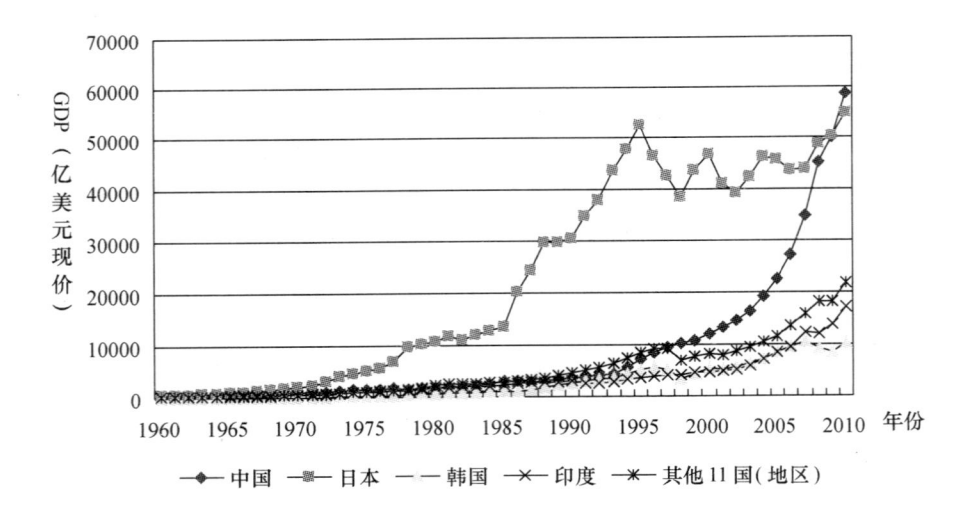

图3　亚洲经济体的经济增长

资料来源：根据联合国数据库（http://www.un.org/zh/databases/）整理。

在中国经济崛起的过程中，2008年开始的国际金融危机是一次严峻的考验，也是中国从逆境中奋起而超越的机会。三十多年高速增长的主要动力是工业特别是制造业。在国际金融危机的冲击下，中国制造业由于其相当高的对外依存度而受到首当其冲的巨大压力。在这突如其来的困境中，中国制造业表现出很强的应对能力和调整能力，不仅将国际金融危机冲击所导致的损失减少到最小，而且从逆境中崛起，反而使中国的国际地位显著提高。

（一）制造业规模超过美国成为世界第一

根据国际货币基金组织（IMF）官方数据库，1990—2010年世界GDP从211420亿美元增加到619440亿美元。期间，主要发达经济体GDP占世界GDP的比重逐步降低，新兴经济体所占比重逐步提高。美国的比重从27.44%降到23.61%，欧盟（27国）从35.44%降到26.03%，日本从14.33%降到8.7%，中国从1.85%大幅增加到9.27%，超越日本成为仅次于美国的世界第二大经济体。

按购买力评价计算，1990—2010年，美国GDP占世界GDP的比重从24.74%降到19.76%，欧盟（27国）从29.94%降到21.09%，日本从9.93%降低到5.93%，中国从3.88%增加到13.63%。

世界制造业增加值从1990年的46090亿美元增加到2009年的96620亿美元。在此期间，美国制造业增加值从10410亿美元增加到17790亿美元，占世界制造业增加值的比重从22.59%降低到18.42%。日本制造业增加值从8100亿美元增加到10506亿美元，占世界制造业增加值的比重从17.57%降低到10.87%。德国制造业增加值从4380亿美元增加到5679亿美元，占世界制造业增加值的比重从9.5%降低到5.88%。法国制造业增加值从2000亿美元增加到2536亿美元，占世界制造业增加值的比重从4.34%降低到2.62%。英国制造业增加值从2060亿美元增加到2176亿美元，占世界制造业增加值的比重从4.47%降低到2.25%。

中国制造业经历了一个在规模上追赶和超过主要发达经济体的过程。1990年中国制造业增加值远远低于美国、日本、德国制造业增加值，与法国、英国也有一定差距，仅为1450亿美元，占世界制造业增加值的3.15%。1990年以来，中国经济快速增长，制造业增加值先后在2006年和2009年突破1万亿美元和2万亿美元，在1993年超过法国、英国，2006年超过日本成为世界制造业第二大国，2008年超过美国成为世界制造业第一大国。2009年，中国制造业增加值达到20499亿美元，占世界制造业增加值的比重增加到21.22%。另据美国研究机构HIS测算，2010年世界制造业总产出达到10万亿美元。其中，中国占世界制造业总产出的19.8%，高于美国的19.4%。总之，中国已稳居世界制造业生产规模第一的位置，结束了美国从1895年以来一直保持的制造业生产规模世界第一的历史。

（二）有能力在强大经济实力的基础上高举自由贸易的旗帜

在世界经济史上，从来是贸易竞争力强的国家主张自由贸易，而贸易竞争力较弱的国家主张贸易保护。中国曾经长期主张贸易保护，加入世界贸易组织之后，非常谨慎地接受和支持自由贸易。而经历这次国际金融危机，由于相对经济地位的变化和产业竞争力状况的变化，中国对自由贸易的认同能力显著提高，彻底地从自由贸易的被动接受国转而成为积极捍卫国和坚定主张国。过去举着"自由贸易"大旗并动辄指责我国违反自由贸易原则的国家，不得不承认我国以极大的努力执行和维护了自由贸易原则。国际金融危机后，世界各国进行重大战略调整，国际竞争规则和贸易规则也发生着重大改变。有学者认为，世界政策取向将从"释放市场力量"向"保护社会"转变。实际上是要在传统自由贸易规则中加入更多非传统的因素，其中有些是为应对中国贸易竞争力提高而"量身定做"的，这也在一个侧面上反映了中国贸易竞争力的增强和各国贸易竞争力的消长变化。面对国际经济形势的变化，中国的应对能力和回旋空间有了显著的提高。

（三）基础设施实力大大增强，发展环境显著改善

在应对国际金融危机中，我国超常规地加大基础设施建设投资。中国的铁路、机场、高速公路、桥梁、城市地铁等的建设大大加快。高速铁路建设成为世界第一强国。以强大的工业生产和建设能力为后盾，中国基础设施建设能力爆发式增长，令世界震惊。过去，基础设施建设滞后曾经是制约中国各地区经济发展的主要瓶颈;现在,中国已经成为基础设施最雄厚、投资和产业发展条件最优越的发展中国家之一,在有些领域甚至超过了发达国家。可以预期,由于投资条件和市场条件的极大改善,世界资本、技术和人才将更大规模地流向我国,进一步增强中国产业特别是制造业的国际竞争力和整体实力。

(四)在国际金融危机中,中国资源密集型产业的发展获得了一次突进机会

在金融危机的宏观经济形势下,资源环境压力在短期内得到一定程度的缓解。一些在资源严重供不应求、资源价格高涨时期办不成的事,在经济低迷的形势下也许正是解决问题的难得良机。同时,国际资产价格大幅度调整,为已经积累了一定实力的中国经济,特别是给一些具有相当优势的中国企业提供了国际战略选择的机会。中国企业"走出去"的步伐显著加快。中国为解决资源、环境问题所进行的投资显著增加。因此,正是在这一时期,中国重工业的增长速度明显高于轻工业。

根据中国社会科学院工业经济研究所原磊博士的分析,中国重工业保持了持续较快增长,在工业中的比重进一步提高(见图3)。2011年六大高耗能产业中,除石油加工、炼焦及核燃料加工业,电力、热力的生产与供应业以外,其他四大高耗能产业投资增速均出现明显回升。同时,由于技术水平的提高,重工业能源的利用效率也快速提高。这表现为,在重工业占工业比重提高的条件下,重工业用电占工业用电的比重却有所下降,即2010年年初重工业用电占工业用电比重曾经达到87%以上,而2011年全年重工业用电占工业用电总量为83%左右。这表明重工业能源利用效率提高速度快于其他工业(见图4)。

(五)企业国际竞争力显著增强

在国际金融危机冲击下,中国产业进行了(或者开始进行)较大幅度的调整,可以说是经历了一次"精洗"和强化过程。加之国家制定和实施了十大产业调整振兴规划,对中国产业竞争力的提升产生了积极作用。2008年由于受到国际金融危机的冲击,中国工业增速下滑到了2003

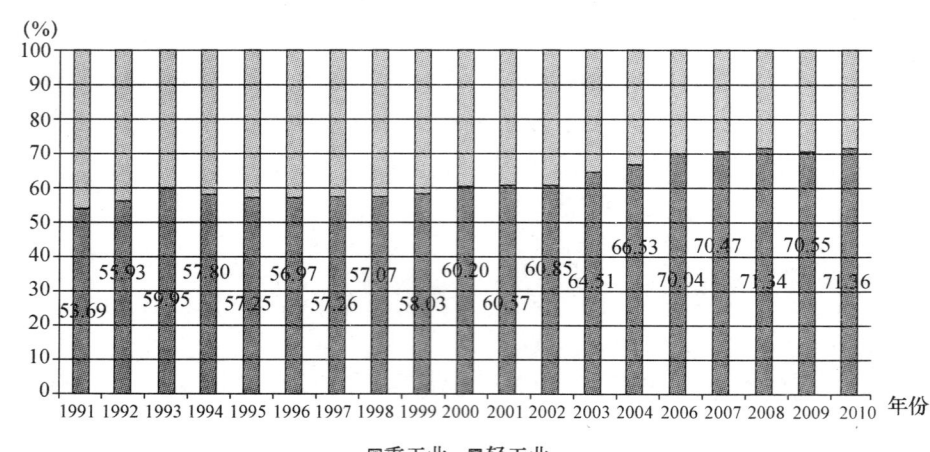

图 3　1999—2010 年我国轻、重工业比重 *

注：* 该比例采取的是工业总产值计算。如果采取工业增加值计算，可以得出相同的结论。

资料来源：中经数据

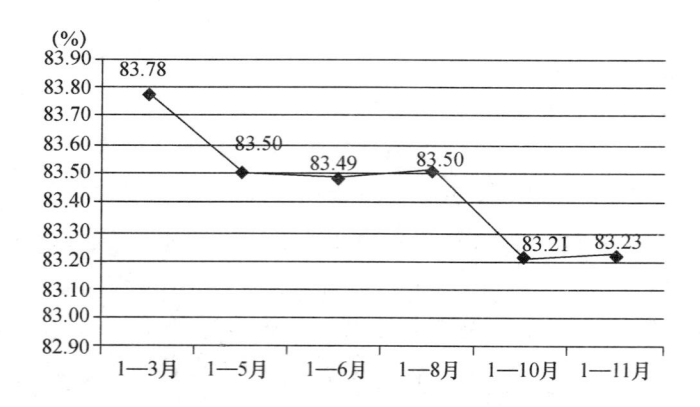

图 4　2011 年重工业用电占工业用电比重的变化

资料来源：发改委网站

年以来的最低点。中国应对国际金融危机，采取的是"组合拳"的方式，从一开始就不仅考虑货币金融层面的政策实施，而且考虑了对实体经济的政策安排，其中，包括推出了 4 万亿元投资计划和重点产业调整振兴规划。这些规划是我国改革开放以来，出台速度最快、密集度最高的政策调控。从 2009 年 1 月 14 日开始陆续出台，到了 2009 年 2 月 25 日就出台完毕。实施这些规划，有利于对我国工业经济的增速下滑作出及时反应，并与货币金融政策形成合力。规划出台以后，得到了各部门和各地区的积极落实。规划中绝大部分政策措施得到了有效落实，但也有一些政策因为经济形势的变化、实施的条件尚不成熟，或者是出于国际贸易自由化的考虑，没有出台相关的实施细则，最终没有真正得到实施。总体上看，这些得到有效落实的政策均是规划中比较"硬"的政策，也是那些能够真正使企业从中获得实际利益的政策。

这些规划促进实体经济发展作为应对危机政策的重要组成部分，也符合中国国情和工业化发展阶段的客观规律。工业尤其是装备、电子、原材料等重工业的充分发展是国家经济实力提高的基础和国家安全的保障，而经历重工业快速增长、比重提高是工业化进程不可逾越的阶段。与西方国家反危机政策不同，中国制定和实施这些规划以促进实体经济，尤其是重化工业发展作为应对危机的主要手段，特别是抓住危机时期的特殊条件投资建设了一些在正常情况下不适合开工的项目，具有积极意义，但也会为此付出一定论证不够充分的代价。产业调整振兴规划中某些政策虽然带来了一些短期负面影响，但对于长期经济发展将起到积极作用。危机冲击下，很多地区纷纷加大基础建设投资，这在短期之内可能会造成高耗能产业的死灰复燃，造成一定的节能环保压力，但基础设施的超速度发展对中国经济长远发展总是有利的。这虽然会带来一定的资源浪费，但弥补和夯实了工业发展中的一些薄弱环节，短期的代价有可能转化为未来的产业竞争优势。

（六）制定国际规则的话语权明显提高

由于中国经济实力的显著增强，特别是在国际金融危机下中国经济所表现出的有效应对系统性危机的能力，世界各国包括发达国家不得不承认中国对国际经济的影响力，甚至常常不得不有求于中国，希望中国在解决国际重大问题上发挥更大作用。因此，中国在决定国际事务包括制定国际经济规则上的话语权显著提高。这一方面有利于中国在国际竞争中的战略实施和利益维护，另一方面也将承受国际社会要求中国承担更多的国际义务和大国责任的更大压力。

三 中国独特的发展道路和经济结构变化趋势

中国工业化进程不仅表现出惊人的快速，往往被称为"压缩式的工业化"，即在一个相对很短的时期内完成其他发展中国家的工业化需要很长时间才能完成的过程；而且突出地具有区别于，甚至是相反于其他发展中国家的许多特点。例如，其他发展中国家大都苦于国内储蓄不足和外汇不足（所谓"储蓄缺口"和"外汇缺口"），而中国却是储蓄和外汇十分充裕，以至被当做"问题"；其他发展中国家大都苦于重型制造业发展不力，而中国重型制造业的增长却似乎是压不下去的"怪兽"；其他发展中国家将GDP的高增长视为梦寐以求的目标，中国却常常为过高的GDP增长率而担忧，甚至诅咒GDP为异端；其他发展中国家通常总是为贸易逆差而忧虑，为获得贸易顺差而努力，而中国却为贸易顺差而"得罪"世界，似乎是做了什么错事。这些令其他国家羡慕而在中国却被视为"问题"的现象，并不是中国"饱汉不知饿汉饥"，没病说病，无病呻吟，而确实是在中国取得巨大成就时所付出的"过犹不及"的代价，导致了经济的不平衡、不协调和不可持续。其基本性质是，在经济规模迅速增长的过程中各种结构矛盾和问题表现突出，有的甚至十分尖锐。当然，对于这些矛盾和问题也要作科学分析，不应简单归结为似乎都是"做了错事"。一种矛盾或一个问题，如果长期存在，即使人们已经认识到它的损害也难以解决，那么，其中一定有深刻的原因，而绝非是人们愚蠢地和缺乏理性地"明知故犯"。

（一）从宏观经济关系看，经济结构主要表现为消费、储蓄、投资及进出口总量之间的平衡与否

在计划经济时代，高积累率曾经被认为是我国经济结构不合理的重要表现之一。在改革初期，曾经进行过大规模的关于"生产目的"的讨论，无非是说应该把储蓄率（当时叫"积累率"）降下来，把消费率提上去，并以为高积累率是计划经济的弊端。但是，实行市场化改革以来，我国的储蓄率不仅没有降低，反而一路走高。储蓄率的提高是"经济起飞"的重要条件，也是工业化的前提。有储蓄才有投资，高储蓄可以实现高投资，促进高增长，这正是中国创造经济发展成就的重要原因之一。问题是，高储蓄也必须要有高投资。如果过高储蓄不能转化为相应的投资就会导致经济衰退，而且可能使宏观经济政策失效。日本的大前研一教授认为，日本人的过多储蓄的保守心理是"经济衰退的痼疾所在"，因此"传统的宏观经济政策无力拯救低迷的日本经济"[①]。可见，中国的高投资是高储蓄的必然对应现象。但是，过高的储蓄和投资也会产生弊端，导致产能过剩，经济结构失衡，人民生活水平提高不快，进而导致经济增长失去内需动力。

我国宏观经济关系的另一个特点是大量的工业品出口。这不仅是发挥比较成本优势的可行途径，而且是在当代经济全球化规则缺陷条件下，即商品、资本可以自由流动，但劳动力不能自由流动的国际规则下，中国进行生产要素国际配置的不二选择。中国有占世界1/5以上的劳动力，国际资本将大量生产能力转移到中国，中国必须通过工业品出口来平衡供求和实现资源有效配置。但是，过高的外贸依赖性会导致过分受制于国际经济形势，而且往往引发国际贸易争端；如果长期采取出口导向型增长模式，还可能扭曲价格汇率体系，加剧能源资源紧张。其实，从宏观经济关系来看，大量出口的根源仍然是高储蓄。因为高储蓄率就是低消费率，必须以高投资率来平衡供求，否则就会发生经济衰退。问题是，高投资的短期效应是增加需求，但长期效应则是增加供给。更大的供给必须有一定的净出口来平衡，否则经济也会衰退。

那么，中国为什么会有储蓄—投资率畸高的特点呢？原因可能是：第一，工业化阶段的客观规律以及我国实行的工业化战略的要求。第二，现行的体制机制使国民收入分配结构倾向于政府和企业，居民消费能力受到限制；政府支出更倾向于投资；各类企业都很少分红，即使分红也很少使人民分享（发达国家消费提高的重要原因之一是实行所谓"人民资本主义"制度，形成"财富效应"），使利润较少转化为消费。第三，中国人

[①] [日]大前研一：《心理经济学》，中信出版社2010年版。

具有很强的节俭意识和财富积累观念①，加之由于社会保障体系不健全，家庭缺乏未来安全感，特别是，收入分配不均，中产阶层弱小，抑制了消费能力，更强化了家庭储蓄倾向。无论原因是什么，高储蓄、高投资恐怕是中国工业化进程中的一个长期现象，短期内难以改变。

可见，中国特殊的宏观经济关系是由客观经济规律、发展路径和战略、体制机制和社会心理等多种因素所导致的。既是中国的特色优势，也是经济结构不平衡、不协调在宏观经济层面的突出表现之一。不过，如果说过去宏观经济关系的中国特色更具有历史合理性，那么，现在我们更要重视的是其越来越突出的矛盾性，必须进行适时调整，才能符合走新型工业化道路的要求。这就成为中国必须着力解决的一个突出的经济结构问题。

（二）科学判断和把握优化三次产业结构的变化方向

协调第一、第二、第三产业的关系是近年来讨论最多的经济结构调整的问题之一。在这一问题上政策和现实往往表现得十分矛盾。大多数人似乎接受了中国第二产业规模和比重过大而第三产业发展滞后和比重过低的判断，但是，大多数地区的发展规划都仍然将第二产业的增长速度定得高于 GDP 增长率和第三产业增长率，实施结果也确实如此。令人不解的是，尽管第二产业的增长率高于 GDP 及第三产业增长率，但第三产业占 GDP 的比重却会上升，而第二产业的比重因而相对下降。

这似乎是个悖论，其实同三次产业的统计方式有关。采用什么统计概念和计量单位来呈现产业结构，会得到不同的统计结果。如果按照实物量来呈现，可以说中国的许多工业产品总产量已达到世界第一、第二的水平，但人均产量却仍然很低。如果按照就业人数来呈现，中国农业劳动的比重仍然相当高，远没有达到工业化国家的经济结构水平。如果按照产出品的现价来计量，则第二产业已达到相当高的水平，而第三产业的比重显

---

① 对"你会把财产留给谁？"的提问，78%的德国人回答"在死之前自己把它花完"。只有20%的中国人这样回答，而51%的中国人回答"留给下一代"。71%的日本人回答"未定"。（大前研一）

著偏低。但如果按照购买力平价（PPP）来计算，中国的第二产业并没有达到先进国家工业化时期所达到的比重，而第三产业的比重并不算很低（见表3）。

表3 以不同价格及就业人数计算的中国三次产业比例

统计方式	第一产业	第二产业	第三产业
现价法	10.1	46.8	43.1
PPP法	4.9	40.5	54.6
就业人数	36.7	28.7	34.6

资料来源：中国社会科学院工业经济研究所李钢博士根据国家统计局（2011年）和世界银行的数据估算。

可见，判断产业结构是否合理、是否严重偏离正常轨道，是一个须特别慎重的问题。中国目前是否已经到了第二产业比重下降和第三产业比重加速提高的时期，也是一个须慎重判断的问题。2011年，我国人均国内生产总值为3.5万元，按年末汇率折算为5555美元，仅为美国人均GDP的11%；以购买力平价计算①为8210国际元，相当于按同样方式计算的美国20世纪40年代和日本1961年的水平。那时，美国和日本的第二产业比例都仍然处于上升阶段。而按同样方式计算，当时日本第二产业比重为44.5%，第三产业比重为44.6%。

根据以上统计数据和国际比较大致可以判断：第一，除少数地区（例如北京等）外，我国总体上处于第二产业尤其是制造业快速增长时期。第二，第三产业统计比重偏低，很大程度上是由于采用现价法的呈现结果，实际的服务经济活动大于其统计表现，这与人们的日常感觉大体一致。第三，就业结构与产出结构的偏离仍然是一个突出问题，主要依靠第二产业还是第三产业为第一产业转移出的劳动力创造工作岗位，是一个重大战略问题。第四，第三产业的价格推进将加速，现价趋近购买力平价水平，这可能会使其统计比重较快提升，而将会产生怎样的社会后果则非常

---

① 以2005年的美国不变价格1美元=1国际元。

值得关注。

因此，优化三次产业结构的方向，不是简单地调整比重，而是更好地协调三次产业之间的合理分工和有效互动。第一产业是第二、第三产业发展的重要物质基础，而且第一产业的现代化也是第二、第二产业现代化的前提。第二产业要为第一、第三产业提供技术支持，同时也是第一、第三产业市场需求的重要来源之一。第三产业不仅是第一、第二产业的基础条件，而且要为第一、第二产业提供高效率的综合运输服务和信息传送服务，更要为第一、第二产业的高效化、品牌化和延伸化提供必要的支持条件。而只有科学把握好三次产业结构优化的方向，才有助于建立适应中国特色新型工业化道路的现代产业体系。

（三）中国经济增长的主要动力和国家竞争力基础

在以上关于三次产业关系的讨论中可以看到，由于中国仍然总体上处于工业化中期，有些地区还处于工业化初期，所以，工业仍然是中国经济增长最主要的产业。而且，从国家的整体经济看，工业是中国当前最重要和最具战略地位的经济部门。如果以500家大企业集团为观察点，中国最强大的企业集团主要集中于第二产业，企业数占73.45%，营业收入占72.6%（见表4）。

表4　中国500家大企业集团在三次产业中的分布（2010年）

	第一产业	第二产业	第三产业
企业数（个）	1	367	132
企业数比重（%）	0.2	73.4	26.4
营业总收入（亿元）	1016	237066	88500
营业收入比重（%）	0.3	72.6	27.1

资料来源：国家发改委产业经济与技术经济研究所、北京师范大学地理学与遥感科学学院：《中国500强企业集团发展报告（2010/2011）》，《经济参考资料》2012年第15C-1期。

工业发展将中国推向世界第一制造业大国、第二大经济体和外汇储备最多国家的地位。工业是中国成为世界有影响大国最重要的经济基础，直接支撑着中国的国际地位。中国目前尚没有其他可与世界强国比试的战略性"法宝"。进一步做强工业是中华民族复兴最重大的战略任务和可行途径。中国的根本性民生改善,也从根本上依赖于工业的更大发展,不可能在没有工业发展的条件下构建民生事业的空中楼阁。

当前,中国工业正处于进军世界先进制造业领域的关键阶段,机会只属于具有顽强拼搏意志和最具耐心的工业技术创新精神的国家。世界上只有少数国家能够达到高端制造业强国的境界。中国能否成为这样的国家,未来10—15年是关键时期,我们决不能错过这一战略机遇期。

中国所面临的几乎一切最重大的经济、社会、民生和国家安全问题都必须有发达的工业,特别是先进制造业的支持。目前,中国工业尚没有具备解决所有重大经济社会和国家安全问题的充分能力。因此,中国的问题不是工业已经过度扩张,而是现行工业技术还不足以保证更好、更快的发展。必须加快工业技术改造和技术创新,为解决中国面临的重大问题提供基础条件和技术手段。中国未来将面临更为复杂和棘手的国内和国际问题挑战,中国的大国地位也使我们将承受巨大的经济、政治尤其是军事压力,亟须加快工业发展,特别是加快高端产业生成、尖端科学成果产业化和精致制造能力的培养和发展。

欧洲学者早在20世纪80年代就提出,人类进入了"风险社会"时代,安全问题将变得越来越突出。随着中国的发展,国家的安全利益将重新定义。不仅是960万平方公里的陆地,而且广阔领海和经济专属区、远海岛屿、外层空间、全球航道,甚至中国企业的海外投资地等,都将是我国的国家安全利益所在。我们拿什么来维护自己的安全利益?如果没有强大的军事装备和应急力量,我们将面临无法承受的风险!那么,谁为我们提供先进的军事装备和应急装备?答案只有一个:中国自己的工业。这实际上正在成为越来越紧迫的国家战略问题,中国必须加快高端和尖端制造能力的培养和发展;否则,中国难以成为真正有影响的世界大国,也难以承担一个大国应承担的更大国际责任。在全球竞争新格局中,中国的地位和国际竞争力在根本上取决于能否成为工业强国。

是否努力建设工业强国,实际上是尊不尊重客观经济规律和中国国情的问题。早在19世纪,主要资本主义国家工业发展中,不平衡和不协调的矛盾和问题就表现出来,并受到激烈的社会批评。20世纪中叶,面对工业化的资源环境约束,国际上就曾出现了"增长极限"(罗马俱乐部报告)和"非工业化"道路或"中间道路"(舒马赫的《小的是美好的》)思潮。这些思潮虽然具有一定的合理因素,值得我们高度重视,但是,世界各国工业化的进程却始终不以人的意志为转移地顽强推进和加速。特别是中国作为一个发展中的新兴大国,工业化的各个必经阶段都不可逾越。例如,在现阶段,资源密集型产业有其发展的客观必然性,不可能把不发展这类产业作为结构调整的方式。因为中国这类产业尚离发达国家的水平有很大的差距,例如,钢铁产能似乎严重"过剩",但这也许同我国的钢铁蓄积量还远低于发达国家有关。美国、日本等发达工业国,人均钢材蓄积量均达到11—12吨。而中国在2004年人均钢材蓄积量仅1.5吨。经过近年来钢铁生产能力的极大增长,估计到2011年我国人均钢材蓄积量达到4吨,与发达国家仍有较大差距(见表5)。中国经济发展的轨迹不可能离开人类工业文明的大道。关键是,资源密集型产业必须通过技术和管理创新来实现产业技术提升,提高生产的节约化和清洁化。实际上,只有在更高水平和更严格标准下发展资源密集型产业,才能更强烈地激励节能减排和环境保护的技术创新。

表5　　　　　　　　　　发达国家与中国的钢材蓄积量

国别	年份	钢铁人均拥有量(吨)
世界	1985	2.1
美国	2004	11—12
日本	2000	11.3
中国	2004	1.5
中国	2011	4

资料来源:联合国环境规划署:《社会中的金属》。中国2011年数据为中国社会科学院工业经济研究所李钢博士根据2004年以来的表观消费量估算。

建设工业强国不只是工业等物质生产部门的事情。工业化的实质也不仅仅是物质财富增长,而且是整个国家的经济和社会结构的重大变化的和社会观念的变革。工业化涉及千家万户，千家万户如何看待工业？每一个家庭都应反思："望子成龙"是否包括成为优秀的技工和工程师？为什么现在我国许多优秀工科院校的录取最高分数线专业已不是工科而是金融等非工科专业？教育界尤其应反思：将教育资源更多投入培养实业人才，还是把使受教育者脱离生产一线作为教育资源的主要投向？① 社会也应反思：我们是否给以制造业为核心的实体经济以充分的尊重？是使发达的制造业成为中等收入阶层的经济基础，还是让制造业成为低收入阶层的集聚地？② 由此可见，建设工业强国是全民族的伟大事业，它不仅是物质生产领域的事情，也是整个国家的国民素质和民族精神问题。

四 中国走向工业强国的艰巨前程

从世界各国工业化的历史看，世界上大多数国家和地区都会走上工业化道路，实现经济发展，进入工业社会。不过，在此之后能否长期保持产业国际竞争力，成为工业强国，则没有相同的归属。有的国家在达到了一定的收入水平后，制造业的竞争力逐步削弱，甚至基本失去制造业的国际地位，而主要靠服务业支撑国民经济。这样的国家大都不可能保持经济和科技强盛国家的地位，南欧的一些国家，例如希腊就是如此。也有一些国家在完成工业化之后，能够长期保持在一些制造业领域的一些产业环节中的竞争优势，尽管要素成本的比较优势已不明显，但主要依赖其特色产业和长期积累的技术、工艺、品牌等优势，仍然可以在传统和先进制造业中占据一定的国际地位，西欧的一些国家大都这样。还有一些国家在历经工业化后由于制度、文化、国家战略意志等一系列原因，坚实的工业文明基

---

① 我国职业技术学校的生源素质和教育质量远不能同德国等发达工业国相比。我国大多数获国家投入最多的高等院校的教学宗旨都是：输送出国和培养非实业一线人才。因此，在国家和家庭的教育投入大幅度增加，劳动力学历水平大幅度提高（以平均受教育年限作为衡量指标，自20世纪80年代以来提高了105%）的条件下，我国制造业产品的"学历水平"平均含量却几乎没有提高（仅提高了2%）。（根据中国社会科学院工业经济研究所李钢等的研究成果）

② 2009年中国制造业从业人员收入仅为全国平均水平的83%，金融行业的44%。而长期以来美国的制造业从业人员收入高出全国平均水平20%，制造业是美国中产阶层的主要产业基础。这也是制造业比重下降引发美国社会忧虑的重要原因之一。

础包括高素质的国民实业意识，从而长期稳固地占据着制造业主要领域的核心技术高地以及精致制造和高端尖端制造的技术平台，使其他国家"望尘莫及"。经过了三百年的世界工业化历史，只有美国、德国、日本、瑞士以及瑞典等为数不多的一些国家，成为这样的工业强国。这些国家至今占据着制造业的产业制高点。中国即使成为世界制造业生产规模最大的国家，大多数产业的技术水平、制造水平特别是核心技术实力仍将长期屈居其后。中国要成为真正的工业强国，绝非一日之功就可成就。

迄今为止，中国工业化基本上是沿着西方国家工业化的技术路线推进的。从全球的角度看，中国工业化技术进步过程总体上是西方工业技术的转移扩散过程，即世界工业化版图演化过程中的工业发展空间和重心迁移。作为一个发展中国家和新兴经济体，中国各产业的发展都大体上会经历四个阶段。

第一个阶段是生产能力国际再配置，即生产能力包括加工组装能力和各类制造能力从发达国家向中国的国际转移，使中国具有低成本生产优势。这一转移过程的主要动力因素是要素比较成本，即中国以低成本的土地、自然资源、劳动力以及低标准的环境保护要求，吸引发达国家将产业链中的低、中端生产环节转移过来。对于发达国家的企业特别是跨国公司来说，就是将生产环节梯级分布到生产成本较低的国家。这一转移过程的市场表现是，中国制造的产品品牌形象从"质次价低"转变为"物美价廉"，越来越多"Made in China"产品成为世界各国一般民众日常生活不可缺少的产品。

第二个阶段是生产设备和技能国际再配置，即先进的制造设施和高水平的技能人力资源从发达国家向中国的国际转移，使中国拥有较高技术水平的生产优势。这一国际转移过程的动力因素主要有两个：一是企业资金积累和设备投资（特别是先进设备国际采购）的实力；二是工程技术人员和熟练技能工人教育培训体系的完善和"工匠"文化的形成。对于发达国家特别是跨国公司来说，是生产的深度本土化和高端产品加工的外包；对于中国来说则是工业生产的技术进步。这一转移过程的市场表现是，中国制造的产品品牌形象从"价廉物美"转变为"质量优良"，越来越多的"Made in China"产品进入国外的中档价位商店或柜台。

第三个阶段是研发创新能力国际再配置，即研发活动的主体从发达国家向中国的国际转移，使中国成为研发基地，具有核心技术创新实力，尤其是在中国进行的研发活动中研究的重要性越来越重于开发。这一转移过程的动力因素是中国经济社会环境整体水平的提高，创新体制和创新文化的形成，产业技术水平接近世界前沿。对于发达国家特别是跨国公司来说，这是制造业的"根系移植"；对于中国来说则是攀登产业制高点。这一转移过程的市场表现是，中国制造的产品品牌形象成为"高新精品"，越来越多的"Made in China"产品成为领先和时尚性产品。

第四个阶段是品牌优势国际再配置，即体现了综合优势的积淀和技术文化实力的最具竞争力的品牌从发达国家向中国的国际转移。这一转移过程的动因是经济、技术、文化的综合优势的形成以及对消费者的"心理征服"。对于发达国家特别是跨国公司来说，这是制造业的彻底的"改换门庭"；对于中国来说则是工业强国地位的稳固。这一转移过程的市场表现是，中国制造的产品品牌形象成为使用者"不可替代"的选择。

很显然，目前中国的绝大多数产业尚处于上述第一、第二个发展阶段。即使是纺织服装等中国最具国际竞争力的产业都没有达到和完成第三个阶段。因此，中国要成为工业强国，还有很长的路要走。我们必须清醒地认识到，现阶段，中国的最重要的实体产业是工业特别是制造业，如果不在制造业的提高上长期努力，中国就不可能成为工业强国，甚至难以保持处于目前产业发展阶段上的竞争力。特别重要的是，工业是技术创新的主要产业载体，没有发达的工业，科学发现和技术发明即使成功也只能是源头溪流，成不了产业发展的滔滔江河。工业化的重要特点之一就是科学用于生产，科技促进发展首先体现为科学成果的工业运用。总之，建设创新型国家必须有强大的先进制造业，不成为工业强国就谈不上成为创新型国家。这正是美国因其制造业比重下降而担心，并提出重振制造业的最主要原因。

在制造业规模已经相当巨大的条件下，继续发展制造业当然会有困难和压力。其中最突出的就是资源环境约束。越来越严峻的资源环境约束虽然对实体产业形成挑战，但不可能以不发展实体产业的方式解决资源环境问题。相反，只有更先进强大的工业才能应对资源环境压力。应对资源环境约束的最根本途径就是向产业高端攀升，实现全产业链的高效化、节约化、清洁化、精致化。

目前，中国工业的绝大多数部门同发达国家仍有很大差距，必须向各产业的高端发展，同时也要实现全产业链的精细化和极致化，在更高的资源效率和环境保护标准下形成更具国际竞争力的现代产业体系。为此，中国需要培育现代工业文明精神，而现代工业文明精神才是工业强国最深层的基因。

进入21世纪以来，关于产业转型升级的问题受到越来越广泛的关注，成为中国转变经济发展方式的核心内容之一。而如何科学认识产业转型升级的实质，使对合理产业发展方向的把握同选择可行的产业转型升级路径相一致，正成为各个产业和各地区确定产业发展战略的关键问题之一。如前所述，从产业国际竞争和国际分工态势的具体分析看，中国几乎所有的主要产业，甚至包括纺织服装业这样的中国最具国际竞争力的产业，都仍然处于大体完成了生产能力和设备技能的国际转移阶段，而还远未完成核心技术创新能力和反映综合竞争力的品牌优势的国际转移过程。这不仅表现在我们的关键技术还有很大差距，更加表现在我国的整体工业素质同发达工业强国的差距更是远远大于在关键技术上的差距。中国远未攀上世界工业的高山之巅！

因此，通过产业转型升级，包括培育和发展战略性新兴产业，来建立现代产业体系，绝不意味着"狗熊掰棒子"式地放弃传统产业，一厢情愿地追求高技术产业，相反，向传统产业植入高新技术才是产业升级的有效途径。就全国而言，目前，中国工业没有"夕阳产业"，从最传统的工业部门到先进制造业的各个部门，都仍然有很大的发展空间。中国产业升级的意义绝不在于"放弃"，而是在于"强化"，即全方位地加强中国产业的国际竞争力。使各产业部门（包括传统产业和高技术产业）都进入世界先进水平，是中国产业体系变革的迫切要务。当前，尤其要正确认识和处理好以下几个重要问题：

第一，关于传统产业的转型升级。我国的劳动力素质是多层次的，产业结构也要以人为本，即必须同劳动力素质结构相协调，中国的就业目标需要有丰富的产业结构。从实质性上说，产业是连续的，产业之间没有绝对的界限，也无绝对的高低之分。任何产业领域中都可以产生具有强大竞争力的企业。例如，美国产业的强大不仅表现在航空航天、高端制造等产业，也表现在可口可乐、沃尔玛、牛仔裤、麦当劳等传统产业企业的强大上。

不断增强传统优势产业的技术水平和国际竞争力，是各工业强国的共同经验。大多数高新技术产生于在传统产业中的运用。高技术产业与传统产业间并不存在绝对的附加价值高低对应关系。传统产业也可以具有高技术因素，同样可以产生高附加值。同样，高新技术产业中也可能有低附加值环节。所以，调整产业结构不应有产业歧视观念。加强各产业的技术改造，是实现产业升级的有效方式之一。

向传统产业植入高新技术的最有效途径之一就是实现工业化与信息化的深度融合。实际上，我国的许多制造业企业已经在两化融合上取得了相当大的进展。不仅在研发、设计、生产过程中，在销售网络中，而且在售后产品的运行监控等方面都采用了相当先进的信息技术。在这方面应该给企业以更大的创新想象空间。

第二，关于培育和发展战略性新兴产业。新兴产业是未来的产业，其主要特点之一就是具有技术路线选择的不确定性和技术产业化的不成熟性。大多数技术前沿的新兴产业的核心技术在发达国家中也还没有成熟，其产业化仍然处于必须依赖政府补贴的阶段；而且即使是发达国家比较成熟和适用的技术路线也未必完全适用于中国现实国情。

对于中国产业发展的现实，所谓战略性新兴产业既包括发达国家已经存在而我国尚没有的高端产业及高端产业链，也包括在发达国家也正在探索的新的产业门类。尽管对于前一类产业我国尚有一定的模仿创新可能，技术路线选择比较明确，但是总体来说，自主创新的决定性作用越来越强。因为，高端技术的国际转移障碍非常高。而发展后一类产业则只能主要靠自主创新，因而其研发成本、风险性和不确定性都是相当高的。

在技术不成熟和技术路线不明确的条件下，不应在低端产业链上铺摊子，过分扩大生产能力。实际上，所谓"战略性新兴产业"也都是很长的产业链，在产业链的有些环节具有资源环保优势，而有的环节并不具有资源环保优势，甚至也有高消耗和高污染的工艺。所以，战略性新兴产业的发展不仅要实现某些产业端的技术创新，而且要培育和实现全产业链以至产业全生命周期的技术成熟和经济合理。

第三，关于发展现代服务产业。现在有一种担忧，认为中国的服务业发展过于滞后，而工业的比重过高，大多数地区都愁于不知道如何加快服务业发展，如何提高第三产业比重。其实，现代服务业的发展是一个循序渐进的必然过程，当经济发展到一定阶段，服务业比重的提高将水到渠成。因为，随着工业的长足发展，支撑现代服务业发展的工业技术正在迅速进步，科技成果和制造业的结合将推动产业分工深化，产业链的分解和产业间融合将拓宽服务业发展空间。现代服务业（例如通信、物流、网络经济、信息产业等）对工业技术具有高度依赖性，其发展的关键在于工业技术的运用和体制改革的深化，特别是开放更大的可进入空间。其实，由于工业品的价格总是不断下降，而一些服务业的价格上升，以现价计算，第三产业的比重会比预期的提高得更快。

第四，关于工业化的区域发展战略。在中国向工业强国发展的过程中，工业发展空间布局将发生重大的变化。中国改革开放三十多年以来工业化的先发地区和经济增长极主要位于东部沿海地区的中心城市圈，形成了若干具有较大经济实力的工业化前沿地区，如长江三角洲、珠江三角洲、环渤海经济圈等。内陆地区也有一些中心城市和经济区获得较快发展，但总体上滞后于沿海地区。尤其是广大县域经济明显落后于中心城市，产业结构大都以农业生产为主，工业和服务业均不发达，农业现代化水平也不高。不仅内陆地区的县域经济如此，沿海地区的许多县域经济也明显落后于城市经济。例如，珠江三角洲的粤北地区、长江三角洲的苏北地区、环渤海的诸多农村地区等，甚至仅距北京和天津数十公里的河北省县域经济都仍是经济发展水平较低的"经济洼地"。工业重地东北三省，总体态势也大体类似较发达的中心城市和不发达的县域经济并存。

可见，中国工业化所导致的经济"高地"和"低地"间发展水平差距很大，而且，高地和高地之间也有许多经济不发达的"洼地"。这是中国经济"不平衡、不协调、不可持续"问题的突出表现之一。因此，中国未来工业化的最显著空间特征将是向三大经济腹地快速推进，这三大经济腹地是：沿海腹地、内陆腹地、县域腹地。沿海腹地是指东部沿海区域中的较不发达地区；内陆腹地是指中、西部地区；县域腹地是指广大的农村。

经过三十多年的快速工业化，中国不仅具有向三大经济腹地推进的必要性，而且也基本具备了可行的条件。一是具有较强的经济实力和技术能力，资金和人力资源较三十年前有了很大增长。二是基础设施条件明显改善，经济腹地相对不利的区位条件有了较大改观。三是企业家队伍已经成长起来，市场经营的经验和抗风险能力有了很大提高。四是中心城市的发展趋向成熟，开始从对资源的强"吸纳"性逐渐向强"辐射"性转变。例如，上海对周边地区的辐射效应以及长江三角洲地区向长江中游地区的辐射效应都逐渐增强，资源吸纳相对减弱。中心城市经济能量的更快扩散将更有助于腹地经济的加快发展。

工业化向三大经济腹地的较快推进反映了中国工业化中期经济发展向增长的多极化、均衡化、一体化和内需化转变的趋势。首先，前三十多年，中国经济增长主要依靠为数不多的一线沿海中心城市的强势发力，使一部分地区先发展起来。除了一些一线城市外，其他地区包括一般城市经济的发展均相对滞后。目前，这些一线中心城市开始出现过度拥挤和增长趋缓的态势，因此，未来15—20年必须形成更多的增长极，才能保持经济稳定和较快增长。其次，中国经济发展具有渐进式改革和级差式发展的重要特点，其后果之一就是不均衡性相当突出，引发出各种不平衡和不协调的矛盾和问题。工业化的重心只有有序快速地向经济腹地大幅度推进，使三大腹地的经济和社会发展水平有更快提高，才可能实现中国经济发展的相对均衡化。再次，随着经济的发展，各地区将形成更大范围的经济一体化趋势，包括省域中心城市与更大范围周边地区的经济一体化、跨省经济合作和市场一体化，以及城乡经济的一体化。只有在普遍实现区域经济一体化的条件下，才能真正实现没有地方保护主义壁垒的经济"全国化"。以全国化的中国经济融入全球化的世界经济，才能实现中国这一大国经济的可持续发展，避免落入"中等收入陷阱"。最后，只有从以中心城市开放为主而腹地经济相对封闭的格局向三大经济腹地全方位开放的格局转变，中国经济才能真正实现以扩大内需为重点的宏观结构转型目标。当前，中国经济内需（主要是国内消费需求）不足的重要原因之一就是经济腹地相对封闭而一线中心城市高度开放，使沿海中心城市同国际经济的联系比同腹地经济的联系更紧密，因此，庞大的生产能力同相对狭小的腹地市场相脱节，不平衡。所以，只有实现腹地经济的全方位对内、对外开放，才能真正奠定内需增长的基础。

第五，关于中国企业"走出去"战略。就国际经济而言，中国工业发展不仅要遵守世界贸易组织所规定的自由贸易规则，而且要做好应对更严格的国际竞争规则的准备。问题是，我们的企业大多数并不熟悉国际规则，更缺乏国际经营的实际经验。尤其是我们的企业组织结构更不适应于国际化经营，这导致了我国企业在国际经营中，一方面决策效率低，缺乏有效抓住商机的决断力；另一方面，又缺乏风险防范的决策安全性，往往因决策失误而招致惨重损失。因此，如果我们期望以更大规模"走出去"的方式促进经济结构的调整和优化，就必须优化企业组织结构。尤其要深化国有企业改革，使之更能适应国际化的市场竞争。

企业"走出去"战略的实施是一个意义深远但难度很大的问题。什么样的企业应该走出去？为什么要走出去？现阶段，中国企业走出去的最重要意义并不只是转移过剩生产能力，而是获取世界最先进的技术资源，形成强大的国际产业链优势和渠道网络。也就是说，鼓励企业走出去的最重要战略意图应是形成中国产业更强大的企业组织结构和全球供应链的国际竞争力。

结语

工业化是一个经济和社会结构剧烈变化并且在其过程中往往会发生各种结构不平衡现象的历史时期，本质上是一个文明进化的过程。中国工业化过程，一方面是西方工业化技术路线的延伸，另一方面也受到东方中华文明的深刻影响。因此，中国工业化尽管在技术路线上同西方工业化没有实质性区别，但在体制机制上却有极大的不同。这种不同既有中国改革开放尚未深化，体制机制尚不健全的因素，也有许多中国特色因素。其中的一个突出特点是，众所周知，在中国的体制下，政府行为对经济结构和经济决策有着重要的影响。中国各地方间的竞争，为了实现"跨越式发展"目标，导致政府更倾向于用行政力量给市场加力，获得"辉煌成就"；同时减弱了社会对市场力量的平衡性，往往产生许多失衡现象。然后，又期望靠政府事后的逆市场政策来调整在政府事前的顺市场干预作用下形成的结构性偏差，往往是难度很大、成本很高的。总之，中国的经济结构问题大多含有政府"好事做过头"的因素，结果往往过犹不及。所以，一些其他发展中国家求之不得的"好事"，例如高储蓄率、高投资率、巨大的工业产能、很强的出口竞争力、大量的外汇储备等，在中国竟然成了"问题"！

政府管理固然重要，由政府组织"集中力量办大事"在特定条件下确实可以产生一些立竿见影的成效，但更根本、更重要的是必须形成公平竞争的市场资源配置机制。中国发展中的不平衡、不协调和不可持续现象，从根本上说是体制机制的不平衡和不协调问题。在高强度的政府干预下，中国三十多年来的工业发展特别依赖于各种各样的"优惠政策"、"特殊待遇"。这在一定的历史时期有其合理性，但不应成为长期政策原则，导致企业市场竞争异化为优惠政策竞争和"特殊待遇"攀比。在完善的市场经济体制下，更有效的发展政策应是无歧视的公平竞争政策。因此，当中国工业化进入在三十多年辉煌成就基础上继续向工业强国迈进的历史时刻，经济体制和政治体制改革问题又成为全社会最关注的焦点。

（原载《中国工业经济》2012年第5期，有修改）

"十二五"开局之年的中国工业

中国国民经济和社会发展第十二个五年规划（简称"十二五"规划）是在非常具有特征性的 2011 年开始执行的。从 2011 年春季到 2012 年春季，渡过了"十二五"的开局之年①。仅在这一年多的日历年度中，中国经济发生了具有戏剧性的显著变化。经济增长走势几乎重演 2007—2009 年的曲折，宏观经济政策的调控方向也在一年中前后掉头。从"十二五"良好开局的乐观到经历数月平稳态势，又出人意料地很快趋向低落，不得不谨慎重拾宏观调控政策的宽松性手段和措施。进而，各种潜在矛盾复杂地交织显露，既表明中国工业增长在很大程度上仍然没有摆脱传统路径依赖，同时也表明中国工业发展进入了必须转型升级的重要历史关头。此时，深入研究中国工业化的一系列根本性认识和内在规律问题，对于探寻中国工业升华之路具有非常重要的理论意义和现实意义。可以说，对于中国经济特别是工业运行的现实态势和未来趋势的判断，即使是做技术性和描述性的分析，也已经不能仅仅停留于现象层面，而必须从更深层面研究和回答中国从工业大国走向工业强国的一系列重大和关键问题。

一 从良好开局步入复杂的经济调整期

2011 年，中国经济在较有效地应对了 2008 年开始的国际金融危机冲击后，较快趋暖而大体回到较高位增长的轨道。全年总体上保持了经济平稳较快增长的基本态势，但也并没有"一路高歌猛进"，而是在实现良好

---

① 严格地说，"十二五"规划的执行是从 2011 年 3 月全国人民代表大会批准之日开始。

开局的基础上，步入了矛盾凸显的深度调整期。宏观政策左右为难，希望在"山重水复"中实现"柳暗花明"，但往往是，刚见起色，又遇风云。总之，大势光明，但路途中荆棘丛生。

"十一五"时期的后三年（2008—2010），受到国际金融危机突如其来的冲击，经济形势十分严峻，但仍然达到了五年发展规划规定和预期的大多数主要目标。中国经济在逆势飞扬中进入"十二五"时期，此时，尽管国际金融危机已经历了三四年时间，但国际国内经济形势仍然处于高度复杂和不确定状态，而且，我国应对国际金融危机的经济刺激政策虽然取得显著效果，但也必然产生一定的副作用。由于经济刺激政策所释放的较大流动性，使"十二五"一开局就遭遇越来越大的通货膨胀压力，出现了物价上升幅度超过控制目标的状况。因此，2011年上半年国务院就提出，当年的"首要经济问题是防通货膨胀"。基于这一判断，很快采取了一系列紧缩性的宏观调控政策措施，同时实行非常严格的商品房限购政策。

同时，宏观经济政策意向也转向弱化对GDP增长率的关注，即宣称不必追求高增长率而应更注重结构调整。于是采取了多种调控增长率的措施，争取实现"稳中求进"的目标。2012年官方正式宣称的经济增长率目标下调到7.5%，低于应对国际金融危机时期的"保八"目标（当时把保持8%的经济增长率作为应对国际金融危机冲击的核心指标）。这样的政策宣示向市场传递了一个倾向性的明确信号：GDP增长率不再是政府所看重的主要的或第一位的宏观政策目标。而且，当时"上山容易下山难"成为一种普遍的社会心理，即认为在中国的现行体制下实现高增长容易，而压低增长率的宏观政策反而会受到各级地方政府的抵制而难以故伎奏效。总之，GDP增长率似乎已经不那么重要了。一些经济学者和研究机构也论证说，中国经济很快将进入中速增长时期，不可再强求GDP的高增长率，GDP增长率的下降是正常的。另一些人更是诅咒GDP，认为正是因为将GDP增长率作为政策目标和政府政绩指标，所以产生了许多令人难以容忍的矛盾和问题。

不过，天有不测风云，由于国际、国内市场总体上需求不足，加之为应对通货膨胀采取了较紧的货币政策，在各种客观和主观因素的共同作用下,2011年的经济增长虽然仍保持在较高水平,但逐季逐月的增长速度显著下行。到2012年第一季度,中国经济增长放缓至8.1%,这是近3年来最低的增速。基于这一经济表现,世界银行在其《东亚经济半年报》发布会上披露,将中国2012年GDP增速预期从半年前的8.4%下调至8.2%。4月的增长速度进一步下降。总之,全国经济增长率虽然没有超出调控区间,但一些主要经济指标加速回落,已经超出了预期,再次发生经济周期和各种政策效应"叠加"而导致的经济波动(下滑)过大现象(见表1)。

表1　　　　2011年各季度和2012年第一季度GDP增长率

2011年第一季度	2011年第二季度	2011年第三季度	2011年第四季度	2012年第一季度
9.7	9.5	9.1	8.9	8.1

资料来源:国家统计局。

工业增长率的下行同经济增长率的下行走势一致。2012年前4个月全国规模以上工业增加值同比增长11%,与上一年同期相比增速下降3.2个百分点。其中,2012年1—3月增长11.6%,4月增长下降2.6个百分点,为9.3%,而且,重工业下滑速度大大快于轻工业。2012年1—4月,轻工业增加值同比增长12.3%,增速同比回落0.6个百分点,重工业增加值同比增长10.5%,增速同比回落4.2个百分点。

到2012年5月,情况虽稍有变化,但经济下滑的态势没有根本改变。规模以上工业增加值同比实际增长9.6%,比4月份加快0.3个百分点。环比增长0.89%。而1—5月,规模以上工业增加值同比增长10.7%,比第一季度低0.9个百分点。重工业增加值同比增长9.8%,轻工业增长9.1%,也都低于1—4月的增长率(见表2)。

表2　　　　2011—2012年4月各时段工业增加值增长率

2011年第一季度	2011年前二季度	2011年前三季度	2011年全年	2012年第一季度	2012年1—5月
14.4	14.3	14.2	13.9	11.6	10.7

资料来源:国家统计局。

经济增长放缓也反映在价格指数上。2012年4月，全国工业生产者出厂价格指数和购进价格指数分别从2011年7月的高点107.5和110.5下降到99.3和99.2，分别回落8.2个百分点和11.3个百分点。与此同时，一些大宗产品市场价格出现明显下降。5月，全国工业生产者出厂价格同比下降1.4%，环比下降0.4%。工业生产者购进价格同比下降1.6%，环比下降0.3%。1—5月平均工业生产者出厂价格同比下降0.3%，工业生产者购进价格同比上涨0.1%（见图1）。总之，从工业价格指数看，工业景气度下降和企业利润空间收窄的表现相当明显。

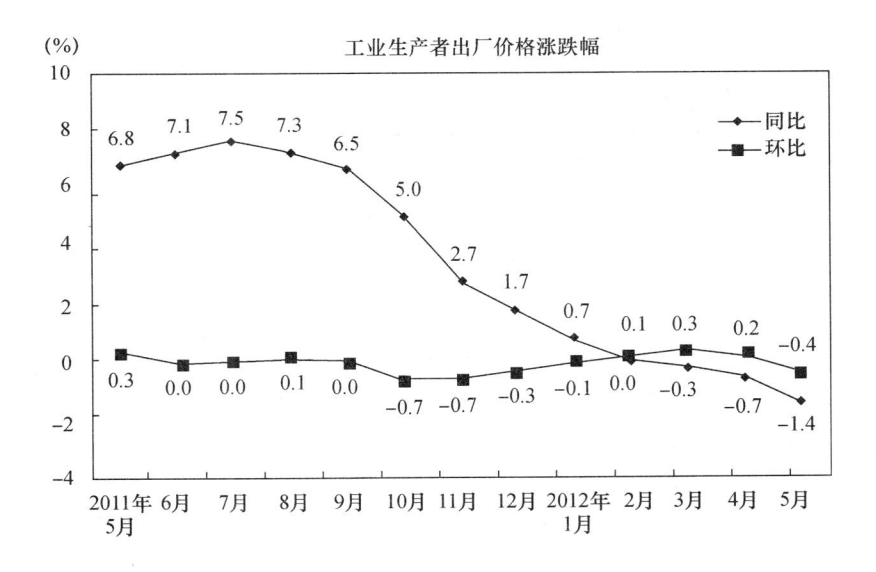

图1 工业者出厂价和购进价波动情况

经济增长速度与企业利润具有高度相关性。2011年，随着经济增长速度下行，全国工业企业的利润总额总体处于下滑态势。这一趋势继续向2012年延伸。2012年1—3月，规模以上工业企业实现利润同比下降1.3%。亏损面高达19%，亏损企业亏损额同比上升76.3%。其中，冶金工业利润同比下降59.2%，利润率仅为1.3%；重点大中型钢铁企业盈亏相抵净亏损10.3亿元，而2011年同期实现利润158亿元。1—4月，全国规模以上工业企业实现利润 14525 亿元，同比下降 1.6%。4 月当月实现利润 4076 亿元，同比下降 2.2%。1—4 月，规模以上工业企业实现主营业务收入 270416 亿元，同比增长 12.7%，为 2011 年以来最低增速（见图 2）。

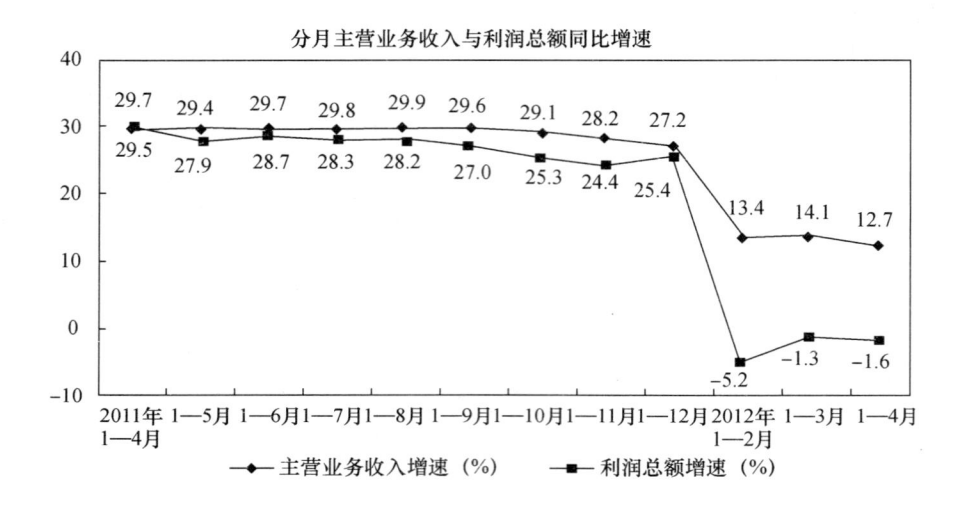

图 2　全国规模以上工业企业利润总额和主营业务收入同比增速

工业形势直接影响国家财政收入，使全国财政收入增幅较大幅度下降。2012 年 1—4 月累计，全国财政收入比去年同期增长 12.5%，增幅同比回落 18.9 个百分点，其中税收收入增长 8.1%，增幅同比回落 22.4 个百分点。4 月，全国财政收入比去年同月增长 6.9%，增幅同比回落 20.3 个百分点，其中税收收入增长 2.6%，增幅同比回落 23.3 个百分点。财政收入增长速度如此大幅度下降，是多年来未曾发生过的。

在此形势下，国务院再次关注经济增长率，明确提出"把稳增长放在更加重要的位置"。由于投资、消费、出口三大需求增速和产出增速普遍低于预期，企业普遍反映经营困难的程度超过了 2008—2009 年的受国际金融危机冲击的时期，情况似乎又变得十分紧急。于是，国务院迅速提出应对经济增速下滑的措施。由于外需由国际因素决定，消费需求在短期内不可能有很大变化，所以稳定增长的主要政策实际上仍然体现在稳定和增加投资上。2012 年 5 月 23 日的国务院常务会议提出的措施包括："抓紧落实扩大节能产品惠民工程实施范围,支持自给式太阳能等新能源产品进入公共设施和家庭,加快普及光纤入户,加大对保障性住房和农村危房改造支持力度。推进'十二五'规划重大项目按期实施,启动一批事关全局、带动性强的重大项目,已确定的铁路、节能环保、农村和西部地区基础设施、教育卫生、信息化等领域的项目,要加快前期工作进度。认真梳理在建续建项目,切实解决存在问题,防止出现'半拉子'工程。鼓励民间投资参与铁路、市政、能源、电信、教育、医疗等领域建设。大力支持小型微型企业创业兴业"[①]。所有这些措施的目标无论是改善民生,还是加强基础设施,或者推进信息化等,其实际的经济活动表现都是扩大当期投资,政府投资审批部门加快项目审批进度和节奏,其短期宏观效应都是尽快形成需求拉动力。

国际、国内经济形势的高度复杂性和政府宏观经济政策的短周期性(政府宏观调控政策在较短时期内的方向变换),是"十二五"开局之年中国经济的显著特点之一。这反映了在增长、结构和物价三个重要调控目标之间困难的政策选择。更深层次的经济实质是,中国工业化已经渡过了规模快速扩张的阶段,正在走上必须摆脱传统路径依赖,走新型工业化的道路。各种复杂的,许多过去未曾发生过的矛盾关系比较集中地浮现出来。可以说是,经济转型的长期性问题正以周期波动的短期性现象表现出来,即短期内宏观经济总供求矛盾的变化和与之相应的政府宏观政策调控方向的变换,实际上反映的是中国经济发展阶段和发展方式正在发生重大变化。

二 走上摆脱传统发展方式路径依赖的方向

从世界范围来看,人类总体上正处于工业化发展阶段。完全进入工业社会的人口只占世界总人口的 20% 多一点。这一过程已经经历了 200—300 年。工业化的成就之巨大是无可比拟的,而它的代价和矛盾也是众所周知的。在工业化早期就产生了激烈批评资本主义工业化的思潮。到 20

---

① 中国政府网,2012 年 05 月 23 日 17:45。

世纪中叶,以化石能源为基础的大工业生产的矛盾日益凸显。于是,一些人断定人类的经济增长必有极限,必须实现"零增长"才可能拯救地球,此观点以罗马俱乐部著名的报告《增长的极限》为代表。另一些人则主张,人类只有摒弃现代大工业生产而采取不依赖化石能源的"中间技术"才能应对资源环境约束,保持经济增长,此观点以舒马赫的名著《小的是美好的》为代表。

平心而论,中国从较早就认识到了二百多年以来以化石能源和大机器生产为特征的工业化所产生的问题,也曾十分犹豫是否应该走上这条传统的工业化道路。例如,"中国不能走小汽车进家庭的发展道路"的主张长期影响着对汽车工业发展的战略和政策,至今还有不少人坚持这样的主张。许多人也曾主张中国不要发展西方采用的大机器生产的工业技术,而应发展"适用技术"。这样的主张还曾一度写入政府的正式文件。但是,客观规律并不以人的意志为转移。中国工业化的加速,实际上,总体上是沿着西方国家曾经走过的工业化路径推进的,我们的工业技术路线同发达工业国没有本质的区别,实际上是西方工业技术和工业化思想向中国的扩散和转移。在现实中,我们并没有发明出本质上区别于西方工业技术路线的中国"适用技术",而是采取积极主动的措施大力引进西方资本和技术。

虽然今天看来,这样的传统工业化道路产生了许多问题,"不平衡、不协调和不可持续"的矛盾十分突出,但是,我们不能享受着工业发展和工业文明的福利的同时,却诅咒工业化的合理性和伟大历史贡献。世界上没有不付出代价就可以获得的利益,经济学的最基本原理就是"天下没有免费的午餐"。当然,我们也绝不能无视传统工业化道路的局限性。特别是当传统工业化已经走到了尽头,必须向新型工业化道路转轨时,更应该深刻认识到传统工业化的弊端。尤其是,以传统工业化方式发展经济具有很强的路径依赖性。技术、利益、观念、体制等各方面都顽强地存在着保守性和强大惯性,非下极大的力气不足以将运行了数十年的中国工业化快速列车转向新型工业化道路的运行轨道。传统工业化形成了若干路径依赖现象。"十二五"正是开始艰难摆脱各种路径依赖现象的重要转折时期。

(一) 低价资源依赖

20世纪80年代以来,中国工业化走过的是一条"血拼"式竞争的道路。这是由一系列历史因素所决定的。"血拼"式竞争的积极意义是对计划经济的彻底否定,是在中国产业的国际竞争力十分低下的条件下,所采取的弱势者的竞争方式。也可以说是当中国进入无情的市场经济,被"逼上梁山"而不得不采取的奋不顾身、不畏牺牲的竞争方式。"血拼"式竞争就是无限制地将"优势"资源用到极端。这样,粗放式增长方式就是必然的选择。这在相当程度上具有"不择手段"的性质。特别是,中国现阶段的经济竞争不仅是企业间竞争,更大程度上是政府直接参与的地区间竞争。地区间竞争的基本规律是:"最大限度利用不可流动的要素(降低价格)去吸纳可流动要素。"不可流动的要素主要是:税收、基础设施、土地、自然资源、生态环境等;在国际间,劳动力也是流动性很差的要素。可流动的要素主要是:资本、企业家、技术等;在地区间,劳动力流动性较强。

值得注意的是,不可流动要素的"价格"通常是由政府决定的,或者是受政府直接干预的,所以,当地方政府成为地区间竞争的重要参与者时,各地区间不可流动要素竞相降价的"血拼"式竞争就成为普遍现象:减税优惠、低地价、低资源价格、低劳动保障、低环保标准。这样,不可避免地加剧了以低价格要素大量投入为基本特点的经济增长的粗放性。

在工业化初期,粗放式增长可以利用低价格资源获得产品的成本价格优势。利用低价格的资源对于使用者可以提高其竞争力,而对于资源的供应者则是需求的来源。在经济发展水平较低的时期,资源物质的机会成本很低,因此大量使用资源具有短期的经济合理性。也就是说,如果没有工业技术和未达到一定的工业发展水平,地球上的绝大多数物质都不是高价值的资源。此时,开发技术的昂贵性和耗时性决定了技术的稀缺性。所以,这使得在一定时期内用价格低廉的"资源"替代稀缺昂贵的"技术",成为获得竞争力的重要手段。从另一角度看,技术的进步依赖于工业的发展和资金的积累,而工业的发展和资金的积累,需要有资源的消费。从这一意义上说,短期内的大量消耗资源是将来高效率利用资源的基础。所以，如果在某种资源的消耗枯竭之前就可以发现或发明新的替代资源，则尽量使用该种资源以获得竞争力优势就成为一种理性行为。

粗放式增长尽管在一定的历史时期具有存在的理由，但毕竟是高代价的和不可持续的。当粗放式增长的弊端越来越凸显的时候，其直接市场表现就是低价资源时代的终结。到"十一五"完成而进入"十二五"时期时，我们看到，各种资源价格均快速上升，即使当发生了严重经济危机而需求明显不足时，资源价格可能会暂时下降，但上升的趋势也没有根本改变。特别是，似乎是中国最丰富的劳动力资源，也几乎"突如其来"地发生了供求关系的显著变化。2011年，工资的增长幅度显著提高，企业普遍感受到工资成本上升的很大压力和"招工难"、"民工荒"。这一情况不仅发生在东部沿海地区，也发生在四川、河南等内陆人口大省中，可以说已经是一个普遍性现象。

这些情况表明，低价资源的时代正在走向终结，也直接意味着"血拼"式竞争的粗放式增长必须转变。但是，长期以来中国工业已经形成了对低价资源的高度路径依赖，即对粗放式增长的高度路径依赖。要摆脱这样的路径依赖绝非易事。从2011年以来的工业经济状况突出地体现了摆脱以低价资源为前提的粗放式增长路径依赖的艰难。例如，一旦增长率下滑，企业的利润增长立即显著下降，甚至出现大面积亏损。再如，企业对资源价格上升的承受能力很低，资源价格上升几乎很快会"吃掉"企业利润。又如，地方政府为了招商引资，往往还是采取老一套的方式：提供低价格土地、减免或"返还"税收等。不过，我们仍然可以看到，进入"十二五"开局之时，有更多迹象表明，中国工业发展确实已经开始走向摆脱低价资源依赖的方向。

（二）投资扩张依赖

由于中国经济具有非常高的储蓄率，因而从宏观经济平衡的角度说，必然具有较高的投资率，否则经济将因供过于求而衰退。不过，中国经济的问题还不是那么简单。由于固定资产投资的效率较低，与过去相比，推动同样的经济增长率必须有更多地投资。所以，即使是为了保持同样的经济增长率也必须投入更多的资金，资金—产出率趋向于不断提高。也就是说，中国经济发展和工业增长都高度依赖于投资扩张。

尤其是作为宏观经济调节的手段，鼓励或限制投资几乎成了最常用和最能取得立竿见影效果的政策工具。2008年所采取的应对国际金融危机冲击最有效的政策之一就是增加"4万亿固定资产投资"。2012年出现经济增长率快速下滑，很大程度上是由于2008—2009年大幅度增加投资而快速上马的项目到2010年以后缺乏后续投资资金所导致的，因此再次应对增长率下滑的主要措施仍然是加大固定资产投资。中国经济对于投资扩张具有很强的依赖性。一定意义上甚至可以说，中国经济增长是对投资具有极强依赖性的模式，而中国工业化同大多数发展中国家的重要区别之一是：中国具有雄厚的储蓄支持着高投资。

尽管对于投资扩张的路径依赖不是在短期内可以根本改变的，但是，自"十二五"开局以来，我们也确实看到了一些倾向于摆脱投资扩张依赖的新现象。其中最具实质意义的是，开始出现了从粗放型投资扩张（需求拉动性投资）向创新型投资推动（供给改善性投资）转变的迹象。前者的性质是，投资的意义更倾向于从需求面拉动增长，其政策着眼点是短期的宏观供求平衡；后者的性质则是投资的意义更倾向于从供给面推动创新和优化结构，其政策着眼点是长期的效率提高和产业升级。当然，我们也看到实现这种转变的艰难性，反映了中国经济投资扩张依赖的顽固性。例如，发展战略性新兴产业的投资鼓励，原本的实质意图是推动产业结构调整升级，但在一些地方却蜕变为在一些新兴产业的低端产业链上铺摊子，进行盲目投资，很快出现"产能过剩"现象，并遭到美欧等国的反补贴、反倾销的贸易保护惩罚。再如，不少地方搞"创意产业园"、"软件园"、"动漫园"等，原本也应是促进创新和产业结构升级的投资行为，但其中一些也演变为政府补贴下的投资扩张、圈地建房。可见，要真正摆脱投资扩张依赖也绝非易事。不过，同以往相比，"十二五"摆脱投资扩张路径依赖的趋势已经确有积极表现。特别是上海等经济发达地区，摆脱投资扩张依赖的表现已经越来越明显，而且，具有内在的真实动因可以使这一趋势得以继续。当然，摆脱投资扩张路径依赖的过程中也一定会出现新的问题甚至矛盾，这些值得我们进一步观察和研究。

(三) 过度外需依赖

我国经济界和学术界大多接受这样的观点，即认为中国经济增长是外需拉动型的。其实，这一判断并不准确。由于中国消费需求和投资需求的总体规模很大，从宏观经济增长的拉动因素看，净出口的贡献率从来都小于内需（消费+投资）。2000年以来，净出口贡献率最高的年份2005年，净出口对经济增长的贡献率也只达到23%左右。近几年来，由于受国际金融危机影响，净出口对中国增长率的贡献大幅度下降，特别是2009年，净出口贡献率为-40%，2010和2011年，净出口对经济增长也几乎没有多少贡献。但是，从进出口的规模看，中国经济的对外依存度又确实比较高，这表明中国产业的开放程度已相当高，同国际经济的联系已相当紧密，有些产业的增长及相关企业经营状况受到外需市场的很大影响，即如果外需减少或增长缓慢，中国一些以外需为主的产业和企业生产的增长率将下降甚至出现负增长状况。

如上所述，从宏观经济来说，实际上中国经济增长已经不是靠外需拉动；外贸依存度虽然仍然较高，但中国经济的国际分工地位和角色确实在发生转变，内需的贡献率将保持主导地位，一些过去主要以国外市场为主的产业和企业也正在向更注重国内市场的方向转变。这样，无论是从宏观经济层面，还是从微观产业和企业层面看，中国经济包括中国工业都必须摆脱对外需的过度依赖，转向内外需平衡拉动的增长形式。

特别须要明确的是，改变过度的外需依赖并不是降低工业品进出口的重要性。由于世界资源分布的不均衡性，而且国际分工是提高效率和实现资源有效配置的重要途径，尤其是我国必须以大量的工业品出口来平衡国内缺乏的资源进口，实现经济的可持续发展，所以，扩大国际贸易和国际投资将是中国长期的重要任务。特别是，中国不可在国际流动的亿万劳动力，必须通过生产的全球化来得到充分就业，所以，工业品出口的不断增长必将是中国的一个长期战略。因此，摆脱过度外需依赖的实质是，更大地促进国内需求尤其是国内消费需求的增长，中国必须从一个生产大国发展为一个生产和消费大国。

(四) 虚拟金融依赖

在各经济领域中，工业是改革最彻底、开放程度最高的领域，因此，竞争也最激烈。与工业相比，其他领域的改革开放相对滞后，特别是金融业改革开放远远没有与工业同步。尽管如此，中国经济却在发达国家经济的高度金融依赖性以及一系列国内因素的作用下，产生了越来越高程度的金融依赖性。这在宏观经济层面表现为，经济增长越来越受到金融流动性和国家的货币金融政策的决定性影响，必须以更多地金融流动性（货币供应）来支撑和刺激经济增长。在产业层面表现为，虚拟经济规模迅速扩张，实体资产（例如房地产）金融化和虚拟经济化的倾向明显，资产价格泡沫化现象突出。而在企业层面则表现为，实体产业包括制造业企业越来越倾向于进行金融性和资产增值性投资，一些制造业企业的非主营（投资性）业务收入和利润超过主营业务。由于金融等虚拟经济领域的获利性远高于实体产业，加之实体产业经营环境恶化，企业负担过重，因而越来越多的制造业企业不再安心于实体产业。在实体产业尤其是制造业基础还很不坚实的条件下，就会产生金融过度依赖现象，对中国工业化的前景将产生非常不良的影响，对宏观经济的稳定也非常不利。因此，2011年的中央经济工作会议明确提出："牢牢把握发展实体经济这一坚实基础。"这是最高决策层非常严肃地提出必须回归对实体经济关注的警告。

那么，究竟什么是实体经济？在中共中央政治局2012年5月28日举行的以"坚持走中国特色新型工业化道路和推进经济结构战略性调整"为主要内容的第三十三次集体学习中，胡锦涛总书记进一步指出，"工业是实体经济的主体，也是转变经济发展方式、调整优化产业结构的主战场"。这就更进一步强调了中国经济必须摆脱过度金融依赖，特别是摆脱虚拟经济过度膨胀的偏向，明确主张将发展工业作为发展实体经济的最重要领域。可以说，这是"十二五"开局之年，中国经济发展的一个关键性动向。

总之，"十二五"开局，各种国际、国内因素共同形成了极大的压力和动力，更强有力地推动着中国经济特别是中国工业的转型过程，特别是指向于摆脱传统工业化路径依赖。2011年，我们既看到这一趋势的积极现象，也看到由于传统路径依赖而产生的不良现象。不过，无论是积极现象还是不良现象，都明显地预示着，"十二五"时期中国工业化路径必将发生重大的甚至是根本性的转轨。

三 遭遇转型升级的矛盾交织期

实现经济结构调整，特别是工业通过创新实现转型升级，是摆脱传统路径依赖的根本出路。经济结构调整特别是产业转型升级需要有一定的条件，主要包括动力和能力两个方面，即当经济体具有较强的创新动力，同时也具有创新能力时，结构调整和转型升级过程才会加速推进。但在现实中，这两方面的条件却往往难以同时具备。当经济高速增长时，企业面临很大的盈利机会和获利空间，虽然具有较强的结构调整转型升级能力（尤其是财力），但往往缺乏动力——日子很好过，为什么要着急进行结构调整和转型升级？而当经济增速下滑时，企业具有调整结构和转型升级的动力和压力，但往往因盈利状况不好而缺乏结构调整转型升级的能力（缺乏资金）——日子难过，最重要的是生存下去，尽管有实行创新的必要性和紧迫性，但心有余而力不足。

"十二五"开局之年，中国经济再次遭遇结构调整和工业转型升级的矛盾交织期。有学者指出，"十二五"时期，国际经济环境将处于相当不利的状况。"世界经济增长的引擎不明确；全球过于宽松的货币环境带来高通胀；全球大宗商品价格高位震荡；泡沫时期制造和创新被长期忽视（自2000年以来，美国在所有技术领域发明专利申请的增长都呈现出20%以上的下降）；全球主权债危机将继续；欧美再工业化，世界经济可能再次陷入'滞涨'。"①

实际上，中国经济也面临着复杂形势：经济增长率下行，企业成本上升，具有显示性意义的数据是，据国家统计局数据，2011年，全国城镇非私营单位在岗职工年平均工资42452元，同比名义增长14.3%，增幅比2010年提高0.8个百分点，扣除物价因素，实际增长8.5%；全国城镇私

---

① 张燕生：《"十二五"时期中国面临的国际经济环境》，《科学发展》2012年第4期。

营单位就业人员年平均工资24556元，同比名义增长18.3%，增幅提高4.2个百分点，扣除物价因素，实际增长12.3%。2011年外出农民工月均收入首次突破2000元大关，达到2049元，比2010年增加359元，增幅达21.2%。2011年各季度直到2012年第一、第二季度，企业利润增速显著下降，同时，通货膨胀隐患未除，如果再次采取增加流动性的宽松政策刺激经济，则物价难以控制，通货膨胀随时可能卷土重来。因此，尽管中国政府的宏观调控政策水平已经非常高，可使用的调控手段也比一般市场经济国家有更多的可选择性，不仅可以采取经济性方式，也可以采取行政性方式，发挥"立竿见影"的调控力度。但是，进入"十二五"时期，宏观调控政策的可操作空间确实也变得越来越小。这表现为任何调控政策特别是力度过强的调控方式，都会导致出现明显的副作用。所以，必须更审慎地运用宏观调控手段，特别是要避免采用很强烈的行政性调控方式。

从理想上说，"十二五"时期不应再追求GDP的高增长率，而可以在增长率下降到7.5%—8%的调控目标区间后，以更大的力量进行经济结构调整，而且可以从投资扩张型增长转向创新驱动型增长。问题是，当GDP增长率真的下行到接近8%时，如果不采取一定的宽松性宏观经济政策和稳增长的产业政策，增长率很可能加速下滑以至跌入调控目标区间的下限，甚至跌出调控目标区间发生难以承受的经济衰退。而且，增长率的下行必然导致财政收入增长率下降。在财政收支趋紧，甚至导致一些地区政府财政困难的条件下，政府财税部门一定会加大税费征收力度，使企业在本身的财务状况已经吃紧的时候还要面临税费征管力度加强的更大负担。因此，尽管政策宣称要减轻企业负担，实行"结构性减税"，实际上是很难真正做到减税的，能够不增加税负，不征"过头税"就很不错了。

此时，政府也会出台一些鼓励民营企业投资，向民营企业开放更多的投资领域，例如铁路、公路等基础设施固定资产投资，以缓解投资资金短缺的困难。但是，一方面，此时民营企业也处于资金较紧状态；另一方面，国有垄断部门宣称的向民营企业开放投资领域（常常表述为允许民营企业"参与"过去不允许投资的领域，例如铁路建设），其实往往缺乏真正的诚意，不过是希望民营资本能帮助解投资资金短缺的燃眉之急，而并不是从更高的立法层面真正给予民营资本平等的权利。其实，在矛盾交织时期，民营企业由于资本实力的削弱或经济增长率下行导致的财务困难，其市场信誉度可能正处于较低状态。所以，无法企望它们像经济景气时那样乐观豪爽和"财大气粗"地大把投钱。

更重要的是，在矛盾交织时期，企业家们的经营理念受到极大挑战：是追求可以看得见的"利润最大化"和"财务保守"，甚至是机会主义地迂回取巧，还是执著进行实业发展，专注于向产业高地进军？因此，"十二五"时期对于许多产业的经营企业而言，可能是一次大浪淘沙，甚至"重新洗牌"的时期。中国从计划经济向市场经济转变三十多年，取得了巨大成就，其中，最大的成就之一是造就了一大批能够在市场经济中适应环境，驾驭企业，取得良好经营业绩的企业家和企业管理者。当进入深度转型的"十二五"时期，中国工业化的进一步推进需要一大批深入理解工业化实质，并带领企业走上新型工业化道路的新一代企业家和企业管理者。在当前这种各类矛盾交织的转型升级时期，更需要有实业专注精神和坚忍不拔毅力的现代工业文明素质，才能攀登上一个又一个产业高地，占据世界产业制高点，使中国真正成为未来的工业强国。从一定意义上可以说，"十二五"开局之年，尽管充满矛盾和阵痛，但正是中国企业和企业家告别"血拼"转向脱胎升华之时。从此，中国工业体系和中国市场经济体制将向着更加成熟的发展阶段前进。

四 中国工业的升华之路

"十二五"开局之年以来的各种经济和社会现象均表明，中国工业化正处于一个极为关键的时期。或者再次重复"扩张—膨胀—紧缩—下滑—刺激—扩张"的周期性波动，使传统路径依赖所积累的矛盾越来越严重，不平衡、不协调、不可持续的问题长期难以解决；或者坚决从传统路径依赖中摆脱出来，走上工业升华之路。很显然，中国工业化的巨大成就已经积累了很大的经济实力和技术能力，完全有条件克服种种困难，在矛盾交织中，闯出一条创新之路，使中国工业实现转型升华，成为真正的世界工业强国。为此，中国工业将逐步实现绿色化、精致化、高端化、信息化、服务化的新世纪攀登之路。

(一) 绿色化

工业化的本质不仅仅是物质生产过程中的技术进步，也不是人类对自然的掠夺，而是一个文明进程；是人类摆脱野蛮，走向现代文明的光明之路。但是，在工业化的早期，工业化过程中确实存在野蛮掠夺的行为，因为人类本身就是从野蛮中进化过来的。野蛮的本质是没有自律的为所欲为和不择手段，而文明的精神实质则是自律。因此，现代工业文明的自律精神是人类进步的集中表现，这种工业文明自律精神的技术路线性质和创新方向就是工业的绿色化。工业的技术性质是将"废物"变为"资源"，制造成可以满足人的需要，提高人的物质福利水平的产品。因此，工业生产过程的节约、清洁、安全，即绿色化，原本就是工业文明的内在要求。问题是，工业化所激发出的竞争性，有可能将"效率至上"的原理异化为为所欲为和不择手段的野蛮掠夺：工业化的"效率至上"中轴原理变为简单的短期"利润最大化"行为，而没有约束和缺乏自律的利润最大化行为，导致工业发展丧失绿色本性而侵入了灰色甚至黑色的异质。因此，实现工业的绿色化，不仅是先进工业的发展要求，而且是工业文明的本质回归：工业化是迄今为止的人类历史上最节约、最清洁、最安全的时代，因而是人类生命预期最长、身体最健康、享受物质和精神福利人数最多的时代。即使是在人类人口极大增长，面临巨大的资源环境压力的条件下，建立发达的工业也是实现资源节约、环境改善的技术条件和物质基础。

绿色生产是工业整体素质的全面提升，而不是关闭或迁移一些工厂或者制造一些新产品就可以达到的目标，更不是为追求"新能源"等设备产业的发展而盲目扩大投资和产能，这实际上往往蜕变为依赖大量财政补贴和资源消耗制造了大量技术尚不成熟、经济尚未合理化的所谓"高技术"产品，甚至可以说，不过是用消耗大量化石能源（电力）的方式来生产"清洁能源"；用导致很大污染的不成熟技术方式来制造清洁能源的生产装备，仍然没有摆脱资源环境困境，"从大门赶出去的魔鬼又从窗户跑进了屋"。因此，工业的绿色化必须成为所有工业领域以至全社会的系统工程。就像是清洁卫生的生活方式是人类现代文明的主要标志一样，工业绿色化就是工业的"卫生化"，也是现代工业文明的主要标志。实际上，人类实现清洁卫生的生活方式主要依赖于现代工业的发展，所以，工业的绿色化（卫生化）也必须以工业技术的全面进步，尤其是以工业技术进步为前提的循环经济体系的全面实现为基础。总之，工业绿色化的实质是更发达的现代工业体系。"十二五"期间正是中国工业进一步发展为更发达的现代工业体系的新阶段。

（二）精致化

精致化是制造文明的实质体现。工业化普遍地、不间断地和无止境地运用科学发现和技术发明的成果，同时，工业支持了更多地产生出科学发现和技术发明。作为工业经济最集中的代表，制造业的经济实质是，以最经济有效的方式使用具有稀缺性的资源，最大限度、精益求精地创造出符合使用者需要的制成品，并且不断提高质量标准以满足使用者日益增长的需要。因此，技术精湛、工艺和产品的精致化，是工业的品格，也是工业生产者和工业化国家获得持续竞争力的素质精髓，而粗制滥造是必然被淘汰的。

特别重要的是，精致化不只是一个技术性准则，更是基于某种文化特质的行为方式，显著地区别于农耕文明、游牧文明和采掘文明。

因此，一个国家的工业能否走向精致化的道路，实际上是工业文明是否真正到来，并扎根于此的最显著标志之一。一个国家或地区如果只是利用自己具有优势的（通常是低价格的）资源和比较成本优势而形成工业生产规模，而没有专注于向精致化方向升级，实际上就未得工业文明之道，难以成为未来的工业强国或强地。

工业的精致化特性决定了其同艺术创意是天然的盟友。高度精致化的工业品必然是具有艺术性的产品，渗透着深厚的人文因素。见物如见其国其人，"美国货"、"德国货"、"法国货"、"日本货"、"意大利货"，都是精致制造的典型，但各自的特质又非常不同，它们都各自占据着一些其他国家难以超越的工业制高点。中国工业化的前途，能否成为工业强国，关键因素之一就是能否形成精致化制造的工业文化，这决定了具有数千年农业文明传统的13亿人口大国能否真正得现代工业文明之道！

（三）高端化

高端化是工业进取精神和科学本质的体现。工业是技术创新的重要产业载体。工业的进步性来源于科学技术，科学技术的不断进步向工业生产注入越来越强盛的生命力。只要科学技术的火焰不熄灭，工业的生命将永远强大。这意味着，工业将以更先进的科学技术武装，不断向高端境界发展，永无止境。作为一个后发国家，中国六十多年来的工业发展基本上是沿着西方工业路线所获得的技术而实现产业扩散的，具有显著的创新性模仿特征。客观地说，就中国各产业所达到的现实技术水平而言，这一过程还没有完结。从这一意义上说，中国工业发展六十多年的技术战略特征是"开阔地推进"，尽管也有崎岖不平，荆棘丛生，甚至艰难险阻，但基本上是走前人走过的路，而且没有高地之艰险，没有迷失方向之忧。而从现在开始，中国工业发展将越来越具有"爬坡"和"登山"的性质。如果不向"高坡险峰"攀登，中国庞大的工业大军将在低洼地中拥挤，永远处于眼界短浅和缺乏控制力的境地，不排除有全军覆没的危险。所以，向制造业高端攀登，以最大的勇气和不屈不挠的斗志占领产业高地和战略制高点，是中国工业发展的不二战略方向。

高端化的意义，不只是盈利机会的猎取，似乎进入产业更高端就一定会有现实的很大盈利。其实，从经济学上说，"高端"和"高技术"并不是更大利润的同义语，甚至"低端"和"传统技术"也未必一定没有高盈利；产生高盈利的经济学根源在于"我会做而其他人不会"，或者"我做得比其他人更好"。而无论其属于产业"高端"还是"低端"，我们看到，即使是"高端产业"或"高新技术产业"，如果其他人也会做甚至做得更好，你照样没有高盈利。这就是为什么我们的一些企业自以为进入了"高端"的"新兴产业"，迎接它们的却是严重的亏损、产能过剩和遭到美国等国的反倾销反补贴惩罚。原因在于，这些企业实际上是以发展一般产业的扩张方式大规模投资高端产业或新兴产业，也就是用"开阔地推进"的方式和心态去攀登"高坡险峰"。这就如同开汽车挂高速挡上陡坡，猛踩油门企图全力加速，没有不熄火的道理。其实，这些企业并没有真正进入产业高端，不过是进入了"统计上的新兴产业"，实际上只是在产业的低层面上铺摊子。

所以,工业发展的高端化实质是通过技术创新和商业模式创新而进入更具独特优势的产业领域,是在运用科学发现和技术发明以及工艺改进上争取先行之势,并且以不断进取的精神和方式,持续保持技术领先的地位。

(四)信息化

工业化与信息化的融合是现代工业发展的基本方向。信息化不仅可以促进工业生产更快地提高效率,实现绿色化和增强精致化,而且将导致工业生产方式和竞争方式的根本性变化。例如,可以更高水平地实现工业设备的数控化,从标准化生产和标准化产品向柔性化生产和个体化产品生产转变,而且可能使工业品的经济性质发生实质性变化。例如,由于生产者与消费者(使用者)的信息不对称,工业品分为三种基本类型:"搜寻品"、"经验品"和"信任品"。这三类产品的共同性质是:对于消费者来说生产企业是"黑箱",即消费者无法获得产品生产过程中的信息,只有通过对产品的观察(搜寻)、使用(经验)或主观认可(信任)来判断产品的质量。除此之外就是厂商通过发布广告进行选择性信息传播,或者政府规定厂商必须披露产品质量(成分)的有关信息。而企业增强和保持竞争力的基本方式之一就是"保密",即控制生产过程的信息外泄。随着信息化融入工业化过程,先进和发达的信息系统有可能改变产品的经济性质,使其变为信息"公示品",即购买者可以通过互联网系统了解产品生产过程越来越多的信息,甚至了解全部生产过程。而且,企业也会有动力和能力将生产过程的信息披露作为增强市场竞争力的手段。即企业不是采用"保密"方式,而是通过生产过程信息的最大限度公开化以获得客户尤其是消费者的信赖,从而增强企业竞争力。我们注意到一些先进企业已经开始有了向这一方向发展的动向。例如,国外有些产品已经以电子信息方式向消费者提供几乎所有的生产过程信息。可以设想,如果有一家乳业企业采用一套生产信息系统,通过互联网将生产过程的全部可公开信息及时提供给消费者,消费者甚至可以实时了解乳品生产的现场过程(从技术上说就是将企业生产调度和监控中心的电子屏幕信息在互联网上公开化），这样的企业将获得强大的市场竞争力。依靠广告宣传向消费者提供信息的同类生产企业将完全不是它的竞争对手。所以，只要有一家企业这样做，其他企业将不得不这样做。而且，互联网不仅可以传递生产过程信息，还可以传递企业承担社会责任的信息。这样，企业就从传统经济学所假定的"黑箱"变为具有相当信息透明程度的"白箱"，市场过程中的信息不对称性发生实质性变化。企业信息公开化程度（或者信息对称性程度）将成为其竞争力的重要因素。可见，信息化与工业化的深度融合将极大地改变工业竞争的方式，极大地促进工业整体素质的提高，而不仅仅是技术的先进和效率的提高。工业将在真实意义上"公开化产生"。国外有的企业已经宣称"我们没有任何不可以向媒体和消费者公开的信息"。可见信息公开将成为比信息保密更强大的竞争方式。我们必须在更深刻的意义上认识信息化对中国工业的极大影响和挑战。

（五）服务化

工业精神塑造现代服务业。三次产业结构变化，服务业比重的提高，其经济性质不是工业与服务业的此消彼长，而是工业特别是制造业产业链的分解分工向服务业的延伸，本质上是制造业文明的深度化和扩展。现代服务业的本质是"工业"，因此可以称为工业化服务业（有人称之为"高技术服务业"）：产品设计、职能分工、生产线构造、流程再造、组织控制、技术运用、成本核算等都会在服务业发展中体现。所以，电影业也叫"电影工业"。一个没有制造文明基础的国家或地区，是难以形成具有竞争力的现代服务业的，因为这样的国家和地区缺乏现代服务业所依赖的工业文明基因。

其实，工业或制造业同服务业的划分在很大程度上是人为设定的。在工业生产过程中包含有大量的服务性劳动，甚至一种活动在本性上是属于"制造"活动还是"服务"活动是很难严格确定的，最终只是取决于我们的概念定义。例如，炼钢是"制造"活动，按电脑程序进行炼钢炉工序操作应属于"制造"活动，那么，调试控制炼钢炉的电脑程序是否仍属于"制造"活动？如果是，那么，编制炼钢炉电脑控制程序的劳动是否还是"制造"？对这套软件系统进行维护和升级的劳动是否算是"制造"？

也许，我们可以将发生在制造业企业中的活动都算作"制造"活动，而同样的活动如果是由其他被认为是不属于制造业企业的"服务企业"来完成就算是提供"服务"？那么，如果一家制造业的活动由另一家制造业企业完成（例如编制软件，或者调试电脑程序，或者修理模具等），是属于"制造"活动还是"服务"活动？其实，除了为实质经济活动提供交易工具的金融业之外，服务业包括直接服务业和工业化服务业两类，在现实中这两者间的界限也不是绝对的。在概念上，直接服务业是由人的体力和脑力完成的不以实物产品为载体（不需将劳动物化在物质产品中，也不主要依赖于服务活动的工具和设备）而满足使用者需要的劳动（完全不借助于作为服务工具的工业品而提供的直接服务是很少的）。工业化服务是由工业产品（设备）和工业技术支持的服务活动，而且以工业文化为基因，实质上是工业流程的分解和专业化。工业化服务业同制造业的区别主要在于前者所提供的"产品效用"一般不以物质形态为载体（不需物化于产品），而只是以物质形态的制成品作为服务劳动工具或劳动对象，而后者的产品效用则依附于物质形态的产品之上（物化为制成品）。所以，随着工业的不断发展，必然会有更多的生产以及同生产相关的流程环节分解出来，尤其是工业产品的广泛使用将形成越来越多地工业化服务业，例如，电话的使用和越来越高级化形成规模巨大的电信业；交通设备的发展形成巨大的物流业。因此，工业的服务化将是一个必然的趋势，本质上是工业的高度分工、专业化和工业产品及工业技术的广泛运用。例如，最大的服务活动莫过于亿万电视观众同时观看中央电视台的春节联欢晚会，其实，这与其说是一次文艺演出，不如说是工业产品、工业技术以及工业组织方式的巨大运用。再如，中国的春运更是全世界规模最大的服务活动，显然，它也是工业产品、工业技术和工业组织方式的巨大运用。其实，只要在产业或企业组织方式上将产品效用与产品的物质实体分离，就可以从制造业中"创造"出服务业，例如，制造汽车是制造业，但是，如果将汽车的设计、销售、修理、改装、装饰等分离出来由专门的企业完成，就"创造"出了"服务"，实际上就是工业产业链的分解，以社会化分工替代企业内部分工。极端地说，甚至可以设想将汽车制造过程的所有工序都外包给提供各种生产性服务的专业企业来完成，那么，汽车制造可以成为主要由一系列"服务"活动来完成的生产过程,参与生产过程的各企业都可以叫做"汽车生产服务商",而制造企业就变为只是拥有劳动对象的所有权。可见,许多服务业都是制造业的衍生物,而且大都以工业品为服务工具和服务对象。这就是我们为什么说"现代服务业本质上是制造业文明的深度化和扩展"的原因。制造文明在根本上支撑着发达的现代服务业尤其是工业化服务业的内在机理,换句话说,现代制造业的经济机理实质上是制造文明本质的体现。可以说,如果没有发达的制造文明,就不会有发达的现代服务业;而发达的制造业必然会孕育出发达的现代服务业。因此,制造业的服务化是工业化的必然趋势,服务业(第三产业)在统计上的比重提高也将是一个水到渠成的现象。

总之,在"十二五"开局之年,由于各种客观和主观因素的作用,中国工业绿色化、精致化、高端化、信息化、服务化的趋势正在形成,比以往任何时候都更显著地出现了加快经济结构调整和产业转型升级,走上新型工业化的道路的态势,这是"十二五"开局之年在中国工业化进程中具有里程碑意义的特点。

(本文为中国社会科学院工业经济研究所《中国工业发展报告》(2012)总论,原载《中国工业经济》2012年第7期)